Susi Coenen • Wie kommt die Frau aufs Pferd?

Susi Coenen

# Wie kommt die Frau aufs Pferd?

Ein neues Leben in Frankreich

FRIELING

Die Deutsche Bibliothek – CIP-Einheitsaufnahme
**Coenen, Susi:**
Wie kommt die Frau aufs Pferd? : ein neues Leben in Frankreich /
Susi Coenen. – Orig.-Ausg.,
1. Aufl. – Berlin : Frieling, 1998
ISBN 3-8280-0697-3


Hünefeldzeile 18, D–12247 Berlin-Steglitz
Telefon: 0 30 / 76 69 99-0

ISBN 3-8280-0697-3
1. Auflage 1998
Umschlaggestaltung: Michael Reichmuth
Bildnachweis: Susi Coenen

Printed in Germany

# Wie kommt die Frau aufs Pferd?

*Sie kommen erst mal an die Longe. Mittwoch um zehn.* Die kräftige Frauenstimme am Telefon klingt energisch und etwas atemlos. Was das wohl sein mag, eine Longe? Meine allererste Reitstunde ist somit gebucht, ich bin auf dieses Erlebnis neugierig. So einfach ist das mit einem neuen Abenteuer, ein Anruf genügt. In den vergangenen Wochen hatte ich einige Sportarten durchprobiert und bin über Squash, Eislaufen und Bodybuilding ans Reiten geraten. Einfach so und weil im Büro die Kollegin von den Teenagerjahren im Pferdestall schwärmte. Keine Spur vom endlich Erfüllung findenden Jungmädchentraum, sondern Neugier, vielleicht auch ein Erprobenwollen der eigenen Grenzen. An solche stößt man ja mit zunehmenden Jahren öfter ganz unverhofft. Bis vor kurzem existierte für mich die Welt der Pferde und Reiter nicht, außer, wenn selten genug einmal jemand hoch zu Roß meinen Weg kreuzte. Für mich unverständlich, warum Menschen sich zur Fortbewegung nicht der eigenen Beine bedienen, sondern ein Tier unter ihrer Körperlast leiden lassen. Sportlich fand ich das nicht, und angesichts der meist so ernst verkrampften Reitergesichter schien es nicht einmal Vergnügen zu bereiten. Weder dem Menschen noch dem Tier.

Am Mittwoch entpuppt sich die Besitzerin der energischen Stimme als kleine, rundliche Mittdreißigerin mit kurzem Haarschnitt und gutmütigen braunen Augen. Entgegen aller Erwartung nicht in schicker Reitkleidung, sondern in abgelaufenen Nikes, die stämmigen Beine von schwarzen Leggings betont, unübersehbare Rundungen kaschiert durch einen weiten, langen Pulli undefinierbarer Farbe. Rosi, die Reitlehrerin, mustert mich kurz und verliert weder Zeit noch Worte mit theoretischen Erklärungen oder Einführungen. In meiner Aufregung bin ich bereits eine halbe Stunde vor dem vereinbarten Termin eingetroffen. Das Reitzentrum liegt etwas erhöht an einem bewaldeten Hügel, der sich gleich neben dem Knotenpunkt wichtiger Straßenverbindungen, der Nord-Südachse der Schweiz, erhebt.

Das Sihltal beginnt hier. Die schmale, stark ansteigende Zufahrtsstraße ist betoniert, schmiegt sich an einen schroff aufragenden Felsen. Und fällt auf der anderen Seite steil, fast vertikal ab ins Tal, ohne jede Sicherung. Die unten vorbeiführende Straße, verdeckt durch einige Nadelbäume, sendet Verkehrsgeräusche herauf, vermischt mit dem sanften Gurgeln der daneben verlaufenden Sihl. So erreiche ich also diese andere Welt, die Welt der Pferde. Der klare Frühherbst-Morgen mit blauem Himmel und Sonne zeichnet alle Konturen klar, Unternehmungslust scheint in der Luft zu liegen. Pferdeköpfe schauen über halbgeöffnete

Außenboxentüren, und junge Mädchen hantieren mit Besen, schieben Karretten voll Mist an mir vorbei. Freundlich grüßen sie alle, manche mustern mich neugierig. Um noch vor dieser ersten Reitstunde einen besseren Eindruck von der tatsächlichen Größe eines Pferdes zu erhalten, trete ich vorsichtig näher an eine Box heran. Der plötzlich auftauchende Kopf mit lustig abstehenden Haarbüscheln entlang des Halses und riesigen braunen Augen läßt mich schnell zurückweichen. Das Pferd schnaubt, schüttelt heftig den Kopf, reckt ihn noch weiter nach vorne in meine Richtung. Auf einem großen, nicht eingezäunten Sandplatz, der zwischen einem Wohnhaus und zwei Reithallen liegt, steht ein Mann mittleren Alters neben einem Pferd, dem er selbstvergessen den Hals tätschelt. Seine Stirn berührt für Sekunden den Pferdehals, es sieht aus, als lehne er sich an das Tier. Unwillkürlich bleibe ich stehen und beobachte, wie der Reiter aufsteigt: so einfach ist das also. Ich habe das tatsächlich noch niemals bewußt gesehen – ein Bein in den Steigbügel, Schwung und hoch …

Mit ruhigen, großen Schritten entfernt sich das Pferd mit seinem Reiter. Aus der weit offenen Schiebetür zur kleineren der zwei Reithallen hin, die nur mit einem hölzernen Querbalken gesichert ist, dringt eine energische Stimme, der folge ich. Nach ein paar Schritten stehe ich also meiner Reitlehrerin gegenüber, nicht ahnend, wie sehr diese in weitestem Sinn mein Leben beeinflußen wird. Schon auf der Fahrt haben sich erste Zweifel gemeldet: was für eine Idee, sich im reifen Alter von siebenunddreißig ziemlich unsportlich verlebten Jahren einem derart großen Tier auszuliefern. Zumal meine bisherige Bekanntschaft mit Pferden sich auf das vorsichtige Tätscheln eines müden Fiakerpferdehalses in Wien beschränkt. Die Zweifel verstärken sich nun, und der Elan, der diesen Herbstmorgen so prickelnd machte, ist dahin. Der Schulstall ist an die kleine Reithalle angebaut und mittels einer breiten Holztür mit dieser verbunden. Einige Pferde stehen in brusthohen Holzboxen ohne Gitter und strecken ihre Köpfe weit vor in den Gang, neugierig den Bewegungen Vorbeigehender folgend. Rosi, als erfahrene Reitlehrerin mit ehrlich nackten Gefühlen ihrer Schüler vertraut, brummelt etwas Unverständliches, wahrscheinlich Beruhigendes. Gebucht ist gebucht, und die Neue sieht so aus, als wolle sie kneifen. Absolut richtig. Um Rosi herum springen zwei sich balgende Hunde, ein betagter großer Berner Sennenhund und eine junge Promenadenmischung, kleine Ausgabe. Laut kläffend spielen sie wenig später in der Reithalle. Ich werde mich an diese beiden Schatten von Rosi gewöhnen, noch irritiert mich das ausgelassene Spielen. Wo ich doch zum Mutfassen absolute Konzentration und Ruhe brauche.

Schulstall. So also wohnen Pferde, die ihr tägliches Brot und Dach über dem Kopf mit Arbeit verdienen. Ein langes Gebäude mit einer breiten Stallgasse, links und rechts entlang der Wand Ständer, an deren Kopfende die Schulpferde angebunden sind. An einer Längsseite verlaufen hoch oben schmutzige Fenster. Die Pferde drehen jetzt neugierig die Hälse, um zu sehen, wer da kommt. Hie und da ein leichtes Blubbern, ob das eine Begrüßung ist? Alle Größen, Dicken und Farben von Pferden scheinen versammelt. Und der Geruch. Pferde, Mist, Schweiß, Heu, Erde und Angst. Aber noch kann ich diesen Geruch nicht definieren, er ist mir fremd, aber ich mag ihn auf Anhieb. Rosi schwenkt festen Schritts in den linken Teil des Gebäudes. Dort sind einige Boxen installiert, und eines der Pferde schlägt bei Rosis Anmarsch sofort heftig mit den Vorderhufen gegen die hölzerne Halbtür. Die Pferdeköpfe in den Ständen starren wieder zur Wand, machen sich in den Heuhaufen am Boden zu schaffen. Kurzes Scharren, Kaugeräusche, Schnauben, leises Kettenklirren und manchmal ein unwilliger Schlag des Hinterhufs an die Seitenwand, Richtung Nachbar. Ein kleiner Vogel flattert aufgeregt durch das Gebäude.

## Pferdelehrer Istanbul

*Das ist der Istanbul*, sagt Rosi dann kurz und öffnet die Boxentür. Wie er wohl zu seinem östlichen Namen gekommen ist? Ein großer Kopf mit braunen, weißen und grauen Haaren neigt sich mir zu, ein festes Maul mit langen Barthaaren bewegt sich über meine Schulter, ich schlucke mein Entsetzen. Daß dies ein Altherrengesicht mit weißen Schläfen und tiefen Einbuchtungen über den Augen ist, erkenne ich noch nicht. Wieviele Male seine Nasenlöcher wohl größer sind als meine? Ein Riesenpferd, dieser Istanbul, der fixfertig vorbereitet in seiner Box auf mich wartet. Hoffentlich hat ihm jemand gesagt, daß ich blutige Anfängerin bin. Rosi stapft wortlos, das Pferd an einem von seinem Kopf herabbaumelndem Lederriemen führend, aus der Box, durch die Stallgasse in die Reithalle. Ich bin im Weg, weiß nicht, ob ich neben oder hinter dem Pferd herlaufen soll. Über den Pferderücken hin kann ich trotz meiner ein Meter achtundsiebzig nicht sehen. Und meine Gedanken schweifen zurück zum Büro, wo um diese Zeit neben dem Computer eine Tasse Kaffee zur Inspiration verhilft und leises Surren von Maschinen eine vertraute Geräuschkulisse bildet. Gelassen und würdevoll folgt Istanbul der Reitlehrerin, mit respektvollem Abstand mache ich die Nachhut, schließe auf Rosis Anordnung das Tor zum Stall. Allein in der Manege, abgeschnitten von der Außenwelt, sind wir Drei jetzt im Halbdunkel allein.

Rosi hantiert am Lederzeug an Istanbuls Kopf herum und spricht entweder mit sich selbst oder mit dem Pferd – genau kann ich das nicht ausmachen. Dann erklärt sie mir, daß die Lederriemen um den Kopf herum Zäumli genannt werden, daß die Zügel eine direkte Verbindung zur Trense herstellen, die im Maul des Istanbul liegt. Aus schwerem Metall ist diese Trense und liegt direkt auf dem Zahnfleisch: dort, wo links und rechts im Kiefer eine große Zahnlücke klafft. Und daß man sich einem Pferd nur nähert, wenn man es vorher angesprochen hat. Etwas verloren stehe ich mit meinen Winterstiefeln in der hohen dunkelbraunen Holzlohe der Manege und sehne mich nach meinem Schreibtisch. Durch eine Reihe von Fenstern, hoch oben an der Längsseite der Halle angebracht, fällt spärlich Licht ein, schwach sind undefinierbare Geräusche von draußen zu hören. Ich fühle mich lebendig, intensiv nehme ich alles um mich herum wahr, jedes kleine Detail. An der Stirnseite der Halle führt ein Tor ins Freie, auf den Sandplatz. Ob der hölzerne Querbalken den Istanbul davon abhalten kann, mit mir dort hinaus zu laufen? In der kleinen Zuschauertribüne gleich neben der Tür zum Stall haben sich zwei kichernde Mädchen eingefunden, sie beobachten erwartungsvoll die Vorbereitungen. Auf wackeligen, bunt zusammengewürfelten Hockern und Stühlen sitzen sie neben Papiersäcken mit hartem Brot, schmutzigen Pferdedecken, alten Eimern, neuen Reisigbesen und knabbern an Karotten.

*Aufsteigen*, sagt Rosi dann kurz. So über die Schulter nach hinten in meine Richtung. Und etwas milder fügt sie an, daß der Istanbul ein erfahrener Lehrer sei, ein Pferdeprofessor sozusagen. Mit dem Gesicht zum Hinterteil des Pferdes soll ich mich eng an Istanbul stellen, den linken Fuß in den Steigbügel setzen, mit der linken Hand den Sattel vorne packen, mit der rechten Hand am hinteren Sattelrand mich nach oben hieven und hinaufschwingen ... Alles klar. Nur – der Steigbügel hängt etwa auf Augenhöhe, jedenfalls unerreichbar fern für meine ungeübten Zehenspitzen, die ja offensichtlich da hinein gehören. Mein bisheriges Leben hat mich auf derartige Klimmzüge einfach nicht vorbereitet. Geduldig wartet Istanbul, von Rosi gehalten. Sie grinst, als sie meine linke Stiefelspitze irgendwo einen halben Meter unter dem Bügel in der Luft zappeln sieht. Dann hilft sie tatkräftig mit einer Hand nach. Es klappt tatsächlich, der Schwung hätte mich fast auf der anderen Seite wieder hinunterbefördert. Mit einem fast hörbaren Plumps lande ich im Sattel, der leidgewohnte Istanbul zuckt zusammen. *Herrschaftszeiten, wieder so eine, die nichts kann.* Er seufzt resigniert und läßt den Kopf hängen. Rosi verstaut meine Stiefelspitzen ordentlich in den Steigbügeln, verknotet den Zügel und weist auf die kleine Lasche vorne am Sattel: *Da können Sie sich anhalten, wenn Sie Angst haben. Nicht den Zügel berühren.*

# Machen Sie die Beine lang

Und dann zählt sie auf, woran der Reiter denken muß, sobald er auf dem Pferd sitzt. *Die Fußballen fest in die Steigbügel drücken, Beine lang machen, an den Pferdeleib legen. Knie am Pferd lassen, Absätze immer tief halten. Nur etwas mehr als die Stiefelspitze darf im Bügel ruhen, muß mit der Bewegung des Pferdes mitfedern. Gewicht in die Füße legen, auf dem Steißbein sitzen. Kreuz anspannen, Schultern nicht hochziehen, sondern aufmachen, Arme locker lassen. Kopf heben und den Blick zwischen den Pferdeohren geradeaus vorwärts richten. Auf Arme und speziell Hände kommen wir später zu sprechen*, beruhigt Rosi. Unglaublich, was man mit seinem Körper machen kann …

Wie sitze ich denn auf dem Steißbein, wie spanne ich das Kreuz an, wie mache ich die Beine lang? Rätsel über Rätsel. Unwillkürlich versteife ich mich merklich. Rosi, die sich zu meinem Schrecken mittlerweile einige Meter von uns entfernt hat, schnalzt leise mit der Zunge. Gottlob, es besteht noch eine Verbindung zu ihr. Istanbul hängt irgendwie an der erwähnten Longe, einem starken, einige Zentimeter breiten Band, dessen Ende Rosi fest in der Hand hält. Zumindest hoffe ich das. Doch ich habe keine Zeit, mir alle furchtbaren Eventualitäten genüßlich auszumalen. Denn nun setzt sich Istanbul gemächlich in Bewegung, den Plumpser auf seinen Rücken vorhin, den hat er mir offenbar nicht übel genommen. Altes Anfängerproblem. Vorsichtig geht er im Schritt um Rosi herum im Kreis, und ich habe das Gefühl, auf hoher See inmitten trockener Wellen zu sitzen. Alles unter mir bewegt sich. Ich fühle die Wärme und die Arbeit der Muskeln, nach oben, nach unten, seitwärts und vorwärts. Ich schlucke die Panik hinunter und versuche, Rosis Kommandos zu folgen. Sie zeigt Verständnis für die ängstliche Anfängerin, bleibt mit Istanbul im Schritt. Hoch oben sitzt man auf so einem Pferderücken, der sichere Boden scheint weit weg. Kann man eigentlich das Fallen üben? Nach einigen konzentrierten Minuten versinke ich in der Faszination, von diesem starken Tier getragen zu werden, geschaukelt eigentlich.

Der Geruch des Fells, die Wärme, das Atmen des riesigen Körpers, die Gutmütigkeit dieses Tieres, das einen Menschen auf seinem Rücken duldet. Ich versuche auf die Bewegungen des Pferdes zu horchen, es existiert plötzlich nichts anderes – eine andere Welt ist das. Irgendwie ausgeliefert und machtlos, gleichzeitig aber geborgen, eben getragen, fühle ich mich. Beide Hände umklammern die Sattellasche, die Beine baumeln mit jedem Schritt. Den Kopf halte ich krampfhaft geradeaus gerichtet, was später zu leichter Genickstarre führen wird. Und meine Fingerspitzen werden weiß vom verbissenen Festhalten. Die Knie rutschen ohne mein Zutun immer höher, und die Steigbügel wandern zielstrebig zur

Mitte der Sohle. Tatsächlich: meine Absätze heben sich von selbst, und die Stiefelspitzen drücken, tief nach unten gerichtet, in den Pferdeleib. Geduldiger Istanbul. Nach zwanzig Minuten findet die erste Longenstunde ihr Ende.

Irgendwie komme ich aus dem Sattel, auf den Boden und in sichere Entfernung vom Pferd. Ich fühle mich wackelig. Ganz schön warm ist mir geworden, mit feuchten Händen tätschle ich nach Rosis Vorbild den muskulösen Hals von Istanbul. Und weiß nicht, ob Faszination oder Angst überwiegt. Rosi arbeitet wieder am Lederzeug Istanbuls und führt ihn dann zurück zur Box. Dort räumt sie ihn ab, nimmt das Lederzeug vom Kopf, den Sattel vom Rücken. Legt sich beides über den Arm und überläßt den Istanbul einem bürstenbewehrten Mädchen. Tür zu. Unentschlossen bleibe ich im Gang stehen, während Rosi die Ledersachen in einem Kämmerli vor ihrem Büro versorgt. Erleichtert betrachte ich derweilen aus sicherer Entfernung die verschiedenen Pferdehinterteile in den Ständen. Tatsächlich, jeder ist irgendwie anders … Eigentlich bin ich ein wenig stolz auf mich selbst, so wie früher, wenn ich in der Turnstunde trotz klopfender Angst am schwingenden Seil hochgeklettert war. Fast ohne abzurutschen.

Ein flaues Gefühl im Magen bleibt. Dennoch buche ich für die kommende Woche wieder eine Longenstunde, und es folgen derer noch viele. Ich bin ängstlich, ausgestattet mit einem Katastrophenhirn, das Unfälle in drastischer Klarheit vormalt. Positives Denken werde ich üben, verspreche ich mir. *Das Pferd riecht die Angst des Reiters, Sie haben zuwenig Selbstvertrauen, zuwenig Härte gegen sich selbst*, rügt Rosi erbarmungslos. Man muß hart sein. Hart gegen sich selbst und gegen das Pferd, nur so kommt man weiter. Rosis Lebensphilosophie? Vielleicht hat sie ja recht … Dennoch drängt Rosi nicht zu schnellen Fortschritten. Langsam werden die zweimal wöchentlichen Longenstunden zu einem je halbstündigen Ritual, unendlich langsam zeigen sich winzige Fortschritte. Noch immer muß ich mich dazu überwinden, mich meinem Pferdelehrer zu nähern. Aber Istanbul scheint mit der Zeit etwas zu schrumpfen. Die krampfhafte Steifheit aller Glieder läßt etwas nach, ich getraue mich, auf Istanbuls Rücken den Kopf zu bewegen und sogar mit den Armen zu kreisen. Der schmerzende Muskelkater in den Beinen, der mich jeden Tag an die Longenstunden erinnert, kommt im schicken Kostüm und auf Stöckelschuhen im Büro reizvoll zur Geltung. *Wie der John Wayne gehst du ja schon*, meinen fachmännisch und ein wenig schadenfroh die Kollegen.

# Koordinationsschwierigkeiten

Eines Tages darf ich dann die Zügel aufnehmen, vorsichtig, ohne mich daran festzuhalten, um ein Rucken im Maul des alten Pferdelehrers zu vermeiden. Wieder zählt Rosi alle Pflichten des Reiters auf und fügt jetzt feierlich auch noch die Arm-, Hand- und Fingerhaltungen dazu: *Arme locker hängen lassen mit offenen Schultern, lockere Ellenbogen, lockere Handgelenke, spielende Finger, die den Zügel wie einen Schwamm pressen, ganz vorsichtig. Zwischen Ringfinger und kleinem Finger verläßt der Zügel die Hand, die Finger geschlossen lassen, den Daumen fest auf den Zügel legen, die Fäuste aufstellen, niemals rucken, weich im Maul des Pferdes sein ...* Breitbeinig, in den Knien gebeugt, steht Rosi unten in der Lohe und demonstriert die korrekten Handhaltungen ... Beunruhigt werfe ich zwischendurch rasche Kontrollblicke auf meine Hände, meine Finger, die einfach nicht spielen wollen ... Meine Daumen tendieren zum Umfallen, wer hätte das gedacht? Ob es den anderen auch so geht? Ob ich bisher unerkannte Koordinationsschwierigkeiten meiner Gliedmaßen habe? Nach jeder Longenstunde erzähle ich im Büro ausführlich die Abenteuer der Manege. Und geduldig hört auch mein Mann den begeisterten Schilderungen zu. Wohl mit einem versteckten Schmunzeln, denn als früherer Gelegenheitsreiter in Wald und Wiese kann er das lange Longengetue nicht so ganz verstehen. Aber für mich hat sich eine neue Welt aufgetan. Eine mit neuen Gerüchen, Ansichten und Herausforderungen. Faszinierend und total anders als der mehr oder weniger berechenbare Büroalltag, die gepflegte, schicke Kleidung und jene Situationen, die im besten Fall geistige Wendigkeit verlangen.

Gleich nach der zweiten Longenstunde kaufe ich stolz die erste Reithose meines Lebens. Mit Sitzfläche aus Leder, wenn schon, denn schon. Und ich lege den Grundstein für meine Sammlung von Pferdebüchern, die ich ab sofort gewissenhaft allabendlich studiere. Daß man Reiten nur durch Reiten lernt, keinesfalls aber durch Lesen, hat man mir warnend gesagt. Doch ich benötige Zusatzinformationen, Erklärungen, denn für Theorie bleibt in den Longenstunden nicht viel Zeit. Mittlerweile habe ich den ersten Trab hinter mich gebracht, auf und nieder hüpfend und dem armen Istanbul heftig in den Rücken fallend. Mich dafür dann, mangels Schwung, am Zügel gleichsam hochziehend ... Die ersten Galoppsprünge auf und mit Istanbul lassen meinen Kopf hochrot und meine Hände naß werden. Istanbul hat Altherrenflausen im Kopf, lüpft mitten im Galopp einmal herzhaft das Füdli. Sozusagen um zu zeigen, daß er das auch noch kann. Oder um sein Mißfallen auszudrücken. Aber weil ich ja ohnehin mit hochgezogenen, angepreßten Knien und Stiefelabsätzen am Pferdekörper klammere, bleibe ich im Sattel. Immerhin. Und Istanbul tut, als wäre nichts gewesen und kassiert nach der Stunde sein obligates Rüebli mit selbstverständlicher Würde.

Nach einigen Wochen wird deutlich, daß Longenstunden relativ teuer sind und in dieser Form wenig Fortschritt bringen. Wann immer möglich, besuche ich den Stall rasch zwischendurch, eine kurze Rast in einer anderen Welt, die gleich neben der Autobahn liegt. Ich habe mich inzwischen an die besorgten oder stolzen Mütter, Väter und Großeltern gewöhnt, die ihre Kleinen zum wöchentlichen Reitunterricht, meist Mittwoch nachmittags, abliefern. Und dann unruhig während der Reitstunde in der Tribüne sitzen oder stehen. Ihre Blicke sind fast unentwegt auf jenen Vierbeiner gerichtet, dem für diese Stunde das Wohl ihres Nachwuchses anvertraut ist, selbst bei kurzen Gesprächen mit der Nachbarin haften die Augen am Geschehen in der Manege. *Mein Gott, hat sie schon wieder diesen Teufel zugeteilt bekommen*, murmelt eine Mutter und beißt sich auf die Lippen. Eine Leidensgenossin seufzt, daß diese lahme Ente einfach eine Zumutung sei, ihre Kleine müsse ja ständig treiben …

Pferdeleiber ziehen dampfend unter der Tribüne vorbei, ihr Schweiß, Mist und Angstschweiß mancher Kinder vermischen sich zu einer feuchten Wolke, die in den Nasen kitzelt. Rosi brüllt jedes Pferd drohend mit seinem Namen an, sozusagen zum Auftakt. Gemeint ist damit der jeweilige Reiter, das spart Zeit und Energie. Die Pferde bleiben, die Schüler wechseln. Manchmal sind ihre Zurufe beleidigend und hart – nicht selten verbeißt eine zartbesaitete Kleine sich verkniffen die Tränen, hoch da oben am Pferd. *Bist du wieder mal eingeschlafen da oben, treib ihn ordentlich vorwärts, wozu hast du deine Beine, muß ich mit der Peitsche nachhelfen*? Manche Mutter drückt schnell die Augen zu, wenn die Situation in der Manege gefährlich erscheint. Einige wenige ziehen es vor, die Stunde im Reiterstübli, fernab vom Ort der Gefahr, zu verbringen. Einige Monate später werde ich, in einer anderen Reitschule, noch einen speziellen Typ besorgter Mutter kennenlernen. Während in der Halle das etwas übergewichtige Töchterchen gemeinsam mit neun Kolleginnen im ohnehin zu hektischen Trab am Fenster zum Reiterstübli vorbeirüttelt, stößt jene besorgte Mutter mit Getöse das Verbindungsfenster zur Halle auf. Schwenkt vor dem herannahenden Pferdekopf heftig die rote Strickjacke ihrer Jüngsten: *Schatzi, zieh dir lieber die warme Jacke an.* Der Kuddelmuddel von scheuenden Pferden, kreischenden Kindern und entsetzter Reitlehrerin in dieser Anfängerstunde ist sehenswert. Glücklicherweise kommt niemand zu Schaden, nur die Mutter fühlt sich durch die scharfe Rüge der genervten Reitlehrerin beleidigt.

## Könner und Wenigerkönner

Rosi hat ihre Schüler ordentlich in verschiedene Könnerklassen eingestuft – oder zumindest einen entsprechenden Versuch unternommen. Die erwachsenen Anfänger reiten meist vormittags an der Longe und wechseln, falls sie durchhalten, später zu Privatstunden oder auch zu Anfängerklassen. In der sogenannten Hausfrauengruppe reiten einmal wöchentlich vormittags Frauen zwischen 25 und 60, alle bereits mehrere Jahre an einmal wöchentliche Reiterschmerzen gewöhnt. Die meisten davon absolvieren die Reitstunde genauso gewissenhaft und eifrig wie die wöchentliche Yoga-, Strick- oder Gymnastikstunde und sind teilweise durchaus fortgeschritten. Vor allem haben sie offenbar Spaß an der Sache, sogar während des Unterrichts wird manchmal gelacht. Was sonst selten vorkommt. Denn Reiten ist anscheinend eine ernste Sache, soviel habe ich inzwischen schon begriffen.

Kindergruppen in verschiedenen Könnerklassen hat Rosi mittwochs und am Wochenende angesetzt, abends und samstags kommen die gemischten Könnerklassen zum Zug. Jene Berufstätige, die freie Zeit fürs Reiten reservieren. Zu den richtigen Assen zählen für mich aber vor allem die Pferdebesitzer. Viele leisten sich einmal wöchentlich eine Lehrstunde zur Sitzverbesserung, dies meist abends und belohnt durch einen gemeinsamen Umtrunk in der nahen Beiz. Ausritte in Begleitung von Rosi finden selten und immer sonntags statt. Wo sie dann wie der Rattenfänger von Hameln mit einem langen Schwanz von zehn bis fünfzehn Kindern hinter sich die gefährlichen Straßen unter dem Reitzentrum kreuzt. Und, obwohl sie's nicht gern zugibt, Blut dabei schwitzt. *Einmal sind sie mir abgegangen*, erzählt sie, *zwölf Kinder wie die wilde Jagd den Waldweg hinauf im Galopp, ich hab sie nicht mehr gefunden ... Erst ganz oben, da sind sie alle keuchend und strahlend gestanden und haben es lässig gefunden ...* Mit einer Standpauke, Absitzen und Pferde-an-der-Hand-Heimführen hat Rosi darauf reagiert.

Langjährige Reitschüler dürfen nach Voranmeldung auch alleine oder in Gesellschaft von Gleichgesinnten mit einem Schulpferd ins Gelände. Aber an so etwas denke ich noch lange nicht. Der Gedanke, ein Pferd im Freien, ohne die Begrenzung der Hallenwände alleine zu lenken, scheint mir furchterregend. Wenn ich von Bekannten höre, die sich im Urlaub einfach so zum ersten Mal aufs Leihpferd setzen und einen Gruppenritt mitmachen, sinkt mein Herz. Dazu wäre ich schlicht zu feige. Ob ich vielleicht doch für Pferde ungeeignet bin? Die nachmittäglichen Kinderreitstunden sind auch für den Zuschauer kein reines Vergnügen, man fühlt sich an eine Kombination von Zirkusmanege und Exerzierplatz erinnert. Mit einer stimmgewaltigen Dompteuse in der Mitte. Sobald Rosi das Kommando zum Vorwärts, Schritt gegeben hat und sich der beste Reiter auf dem willigsten Pferd an der Spitze des Zuges der Pferdeleiber in Bewegung setzt, ruckt dieser Zug schnaufend an, Kopf an Schweif. Im dämmrigen Braun der Halle schweben kleine Atemfahnen wie weiße Wolken über den Pferdeköpfen. Die acht- bis zwölfjährigen Reiterinnen und Reiter stolz konzentriert im Sattel, nur wenige sind ängstlich. Alle reiten mit Helm. Und die Pferde traben, wechseln die Richtung, wenden auf der Vorhand, stehen, traben an … Rosi ruft das Kommando, das erste Pferd setzt ein, automatisch folgt der Rest. Immer schön im Kreis, pardon, in der Volte. Den Abschluß der Stunde bildet der von vielen ersehnte Galopp. Zwei Volten linksherum, zwei Volten rechtsherum. Dampfende Pferdeleiber, aufgerissene Mäuler, stampfende Hufe, stoßweise keuchender Atem der Tiere. Hie und da ein kleiner Furz aus einem voluminösen Pferdehinterteil und eventuell darauffolgend ein übermütiger Zusatzhopser. All das durchzogen von den scharfen Zurufen der Reitlehrerin und gehüllt in den durchdringend warmen Geruch von Pferde- und Menschenschweiß. Nichtgefügige, Reiter(in) oder Pferd, putzt Rosi vor versammelter Mannschaft sofort ordentlich zusammen. Nicht selten sieht man ein schluchzendes Häufchen Elend auf einem Pferderücken, Rosi ist halt für Härte. *Du streichelst ihn ja mit dem Gertli, gib ihm einen ordentlichen Hieb – ja, so*. Der aus dem gemütlichen Trab gerissene Freiberger macht einen erschrockenen kleinen Satz vorwärts. Einige wenige Kinder drükken sich vorm Reiten, arbeiten lieber ums Pferd herum, fachsimpeln ernst über Pflegearbeiten. Nur die Mutigeren bleiben, machen Fortschritte.

Die Könner zu Pferd beobachte ich gerne. Jene, die alle vier Ecken der Halle wirklich ausreiten und nicht in der vorgestampften schmalen Spur bleiben. Jene, die ihre Pferde offenbar im Griff haben, aufrecht ruhig sitzen und allerlei Übungen mit ihrer Montur durchführen. Diese Könner, die ohne Steigbügel galoppieren, wenn's denn sein muß, die Übergänge zwischen Schritt, Trab und Galopp ohne Stimmkommandos von Rosi und ohne sichtbare Einwirkungen, die man euphemistisch Hilfen nennt, zustande bringen … Und sogar über kleinere Hindernisse springen. Eine gewisse Spannung liegt dann in der Luft, Rosis Ausdrucksweise ist gemäßigter, aber nicht minder energisch. Das Zugaloppieren aufs Hindernis, das Zusammenballen der Kraft beim Absprung, die Last von Pferd und Reiter auf beiden Vorderbeinen nach dem Sprung und das Zugaloppieren auf den nächsten Sprung. Atemlose Stille bei den Reiterkollegen, nur das Stampfen der Hufe, das Keuchen des Pferdes und hie und da unwilliges Schweifschlagen und Gezappel bei den Wartenden. Ein einziges Mal nur entledigt Rosi sich ihrer warmen Jacke und legt sie über den Sprung, als verschärfte Übung, sozusagen.

Die herannahenden Pferde sollen trotz dieses unbekannten Objekts korrekt springen – und gleich der erste Kandidat läßt, nach fast unmerklichem Zögern kurz vor dem Sprung, eine saftige Ladung Pferdeäpfel direkt auf Rosis Jacke plumpsen … Rosis Fluchen und das Gelächter der Anwesenden machen diese Springstunde zu einem besonderen Ereignis. Aber doch ziehen die ohnehin selten angesetzten Springstunden mich nicht an. Lieber schaue ich dem sogenannten Abteilungsreiten mäßig Fortgeschrittener zu, Dressurstunde nennt es Rosi. Zumeist nehmen zwischen acht bis zwölf Pferde mit ihren Reitern an dieser Stunde teil, wobei meist die Pferde Rosis starke Stimmkommandos von alleine, ohne – oder trotz – reiterlicher Hilfen, befolgen. Aber hinter diese traurige Wahrheit kommt man im frühen Reiterleben noch nicht.

## Es ist so weit

Heute steht Istanbul ohne Longe in der Halle. Beim Aufsteigen hält Rosi ihn wie immer am Zügel fest, nickt mir aufmunternd zu. Die erste Stunde frei mit Istanbul … Mit bedeutungsvollen Blicken leiht sie mir einen alten Reithelm und ein Gertli mit der Empfehlung, sich diese beiden unerläßlichen Instrumente sofort zu besorgen. Reitstunde ab sofort nur mit Helm, Gerte und Handschuhen – es scheint nun gefährlich zu werden. Was für gemischte Gefühle, ich werde sie mein ganzes Reiterleben lang nicht vergessen. Da oben auf Istanbul spüre ich, daß dieses riesige, starke und vibrierende Tier nie von zwei vergleichsweise schwachen Menschenhänden gehalten werden kann. *Wohin soll er denn schon rennen,* beruhigt mich Rosi, *sind ja überall Wände.* Und Istanbul darf somit mit mir überall dorthin, wo er hin möchte.

Glücklicherweise ist der Istanbul ein altgedientes Schulpferd, der seine Runden mit oder ohne Longe brav abdreht. Und auch jetzt gemütlich durch die Manege schlurft, ohne sich viel um das steife Gewicht auf seinem Rücken zu kümmern. Verkrampft wegen der neuen Situation, begehe ich wahrscheinlich sämtliche Todsünden eines Reiters. Rucken am Zügel, Schultern hochgezogen, Oberkörper zu weit nach vorne geneigt, Fersen hoch und ins Pferd gedrückt. Was Pferde und auch Reitlehrer doch für eine engelsgleiche Geduld haben müssen. Zum soundsovielten Mal kommt von Rosi das Kommando *Fersen runter.* Was tatsächlich runterkommt, ist allerdings das Gertli, das ich heute zum ersten Mal in der Hand halte und das immer im Weg ist. *Die Gerte liegt auf dem Oberschenkel des Reiters und wird von der inneren Hand gehalten.* Sagt Rosi bestimmt zum sechsten Mal. Oft habe ich Mühe, oben auf dem Pferderücken links und rechts auseinanderzuhalten, was soll denn eine innere Hand sein ? Die knappe Erklärung Rosis vergesse ich sofort wieder, man muß hier oben an so vieles andere denken … Abends finde ich in meinen gescheiten Büchern entsprechende Hinweise und pauke sie brav ein.

Rosi lenkt ihre Schulpferde mit der Stimme, kann sie anfeuern, beruhigen, strafen und loben. Und Istanbul macht brav, was Rosi sagt. Daher fällt der alte Herr tatsächlich bei ihrem entsprechenden Stimmkommando in Trab, was mich mit unberechtigtem Stolz erfüllt. Immerhin habe ich ja tatsächlich mit meinem Gesäß und meinen Beinen … na ja, vermeintlich, Trabkommandos gegeben. Rosis scharfe Zurufe wie *Kopf gerade, Beine ruhig, Finger zu, Gelenke beweglich, federn in den Fersen, Füdli in den Sattel, Schultern öffnen* nehme ich gelassen hin. Stolz und erleichtert bin ich nach dieser halben Stunde. Der Durchbruch, sozusagen. Zum ersten Mal alleine mit dem Pferd unterwegs, vollkommen dem Tier ausgeliefert. So etwas wie eine vage Zusammenarbeit war schließlich doch deutlich, denn schlußendlich ist der Istanbul ja in die von mir gewollte Richtung gegangen. Es ist nicht so einfach, ein einzelnes Pferd in der Halle zu lenken, denn beim sogenannten Abteilungsreiten folgt ein Pferd einfach dem anderen. Der Herdentrieb, das Gruppenverhalten – daß dies andere, neue Probleme bringt, weiß ich noch nicht. Ich bin vorerst einmal dankbar und erfüllt vom eisernen Willen, von jetzt an Riesenfortschritte zu machen. Dazu kaufe ich gleich das erste Paar lederne Reitstiefel, deren Schaft sich später als zu kurz erweisen wird, lege mir Gerte, Reithelm und spezielle Handschuhe mit dicken Noppen an den Handflächen zu. Damit die Zügel nicht rutschen.

Trotz der feuchten Hände während der Anfahrt zur Reitstunde, der zahlreichen Angstpipis und des Bauchkitzels vor dem Aufsteigen halte ich durch. Wie ein Magnet zieht mich der Stall an, witzeln meine Freunde. Noch immer kostet das Reiten Überwindung, aber Angst und Anziehung halten sich die Waage. Und so ein Reiterleben hat ja auch noch andere, recht angenehme Seiten. Man lernt viele neue Leute aller Altersstufen in der Reitanlage kennen. Alle verbindet Liebe und Faszination zum Pferd, Gesprächsstoff gibt es in Hülle und Fülle, und ich lerne in Reiterstübli und Stallgasse ebensoviel wie aus meinen Fachbüchern. Das Reiterlatein treibt bunte Blüten, und ich höre erstaunliche Geschichten vom und ums Pferd … *Meiner bekommt jetzt keine Karotten mehr, das macht ihn nur übermütig, gestern hat er mich im Wald einfach abgesetzt … Meine Alte ist mit dem Vorderbein in einen Kanaldeckel getreten, sind gerade noch einer Verletzung entgangen, habe jetzt Probleme mit der Stadtverwaltung, muß dafür zahlen … Heute zieh ich beim Ausritt das Sacktuch aus der Tasche, meine Tunja schreckt das dermaßen, daß sie mir quer durch den Acker Richtung Heimat abgaloppiert ist. Hast du gehört, was dem Peter passiert ist?* … Es fällt mir auf, daß niemand Angst hat, ich bin deutlich die einzige mit diesem Problem. Das werde ich möglichst wenig zeigen, verspreche ich mir selbst. Ausgelacht will ich nicht unbedingt werden …

Vor allem lerne ich, daß nur Individualisten echte Reiter sind. Jeder Pferdebesitzer oder Reiter schwört Stein und Bein auf die Richtigkeit seiner Methoden im Umgang und Reiten mit dem Pferd. ... *Man reitet im Gelände einfach nicht ohne Gamaschen ... nein, Gamaschen im Gelände sind gefährlich, Schmutz fällt rein, reibt und verwundet die Haut ..., ein Martingal ist unerläßlich ..., nur ja nicht mit Hilfszügel wie Martingal reiten ..., bei Regen muß das Pferd einen Regenschutz auf der Kruppe tragen ..., Pferde müssen abgehärtet werden, Regen schadet nicht ..., beim Reiten immer mit dem Pferd reden ..., entweder reiten oder reden, nicht beides gleichzeitig ..., vor dem Reiten das Pferd longieren ..., niemals vor dem Reiten longieren, das bringt das Pferd erst recht in Fahrt unter dem Sattel ...*

Ich stelle viele Fragen. Antworten kommen je nach Laune und Mensch etwas herablassend, oft mit milder Nachsicht für die Anfängerin. Manchmal voll missionarischer Überzeugungskraft, aber immer bereitwillig. Jeder scheint erfreut über gezeigtes Interesse, die meisten können begeistert stundenlang von ihren Erlebnissen und Erfahrungen ums Pferd herum erzählen. Und die Verschiedenartigkeit der Ratschläge und Ansichten entspricht genau der Anzahl der Befragten. Alles ist richtig und gleichzeitig falsch oder zumindest umstritten. Ziemlich ratlos kehre ich oft nach Hause zu meinen Büchern zurück, um dort dasselbe Phänomen festzustellen. (Fast) jeder Autor hat eine andere Meinung zu (fast) jedem Thema. Es gibt keine absolute Richtlinie. Nur über den nötigen Respekt vor dem Pferd sind sich alle einig, doch wie der in der Praxis aussieht, ist eine andere Sache. Zudem ist jedes Pferd eben ein lebendes Wesen mit eigener Identität. Und mit Stimmungen, Gefühlen, Erfahrungen und körperlichen Voraussetzungen … Absolute Regeln gibt es nicht. Für einen Anfänger ist das ziemlich beunruhigend, da es gründlich verunsichert. Ob gerade darin der besondere Reiz liegt ? Schließlich ist tatsächlich jedes Pferd so wie jeder Mensch anders, eine eigene Persönlichkeit, und die Komposition von Mensch und Pferd ergibt unendliche Möglichkeiten des Zusammenspiels. Es ist so, kann aber auch ganz anders sein, je nachdem …, läßt einen weiten Spielraum für Kopf, Herz und Geldbeutel.

## Reiterschmerzen und Reiterlatein

Die sogenannten Reiterschmerzen, die Rosi bei der allerersten Longenstunde bereits mit wissendem Lächeln erwähnt hat, machen mich auf bisher unbekannte, protestierende Muskeln an den unglaublichsten Körperstellen aufmerksam. Der Schritt schmerzt. Dasselbe tun die Innenseiten der Ober- und Unterschenkel, jene Muskeln, die sich angeblich bald willkürlich bewegen lassen werden. Unvorstellbar. Ich probiere insgeheim, doch nichts rührt sich unter der Haut. Meine verkrampfte Haltung bringt mir steife Arme und Schultern, Rosi empfiehlt Ausgleichsgymnastik, Schwimmen. Ich arbeite mit Wundcreme, Wundpuder und neuen Garnituren von Unterwäsche. Schnell lerne ich, daß jede Naht an Körperstellen, die am Pferd oder Sattel anliegen, bei Anfängern tiefe Spuren im Fleisch hinterlassen kann. Im Lauf der ersten Monate meines Reiterlebens behandle ich so des öfteren bis aufs Blut aufgescheuerte wunde Stellen an Füdli, Schritt und Oberschenkeln. Schlechter Sitz, konstatiert Rosi erbarmungslos. Sie hat einfach recht. Alte Wunden machen sich während der ersten Minuten im Sattel besonders deutlich bemerkbar. Kaum ein wenig eingeritten, ist der Schmerz jedoch vergessen, man hat anderes zu tun ... Nur einmal eine unglückliche BH-Wahl, feine Spitze, und beim sogenannt ausgesessenen Trab, den ich aushopse, sägt das feine Garn tief ... Rosi grinst über den großen roten Fleck in meiner Herzgegend, der sich auf dem weißen T-Shirt ausbreitet.

Ein guter Reiter handelt sich solche und ähnliche Wunden nicht ein, sein Körper geht geschmeidig mit den Bewegungen des Pferdes mit. Wie wahr. Daher also die Wichtigkeit nahtloser, beziehungsweise nirgendwo einschneidender Wäsche und Reithosen für Anfänger. Wahrscheinlich aber gehören Reiterschmerzen einfach dazu, denn: was nicht zum Aufgeben bringt, macht hart. Gespräche von Frau zu Frau enthüllen, daß fast alle Anfänger ähnliche Probleme haben. Wie das wohl bei männlichen Reitschülern ist? Wir kichern und bedauern die Kollegen ein bißchen.

Den Besitzern von Pferden, die im Privatpferdestall aus und ein gehen, sehe ich mit großem Respekt zu und nach. Mit welch grandioser Selbstverständlichkeit diese Männer und Frauen aller Altersstufen mit ihren Pferden umgehen. Sie führen, putzen, satteln, zäumen und schließlich reiten, als wäre das die normalste Sache der Welt. Ich beobachte die Pferdebesitzer beim Abspritzen der Beine ihrer Pferde, beim Putzen und Einfetten der Hufe. *Oh, jetzt bekommt es sogar Nagellack*, ruft begeistert eine pferdefremde Besucherin, die Zeugin dieser Prozedur wird. Ich lerne, daß dieses Fett die Feuchtigkeit in den Hufen halten soll, darum müssen Hufe auch immer vor dem Einfetten gewaschen werden. Später höre ich, daß Huffett anscheinend die Glasurschicht des Horns angreift und von manchen Hufschmieden und anderen Experten abgelehnt wird. Daß manche Leute voll Überzeugung Hufteer auf die Hufe schmieren. Und möglichst schwarzfarbenes Huffett nur vor dem Ausreiten auftragen, weil die Hufe dann beim Ritt so schön glänzen. Kopfschüttelnd beobachtet von den Verfechtern der Methode Huffett nach der Arbeit...

*Oski hat sich gestern das rechte Auge böse verletzt, hat im Galopp einen tiefhängenden Zweig übersehen ..., hast du gehört, der Werni ist im Spital: ist mit seiner Silva heimwärts galoppiert und einem Baum zu nahe gekommen – nein, dem Roß ist nichts passiert. In der NZZ steht, daß vorige Woche ein Brauereivierspänner mitten in Zürich durchgegangen ist. Stell dir vor, vier rasende Kaltblüter. Fünf Verletzte, bevor ein beherzter Passant die Tiere beruhigen konnte ... Jetzt hat man der Romy schon wieder zuviel Kraftfutter gegeben, ich kann sie einfach nicht mehr halten ... Du mußt die Wally unbedingt vor jedem Reiten oder Beschlagen longieren, das nimmt ihr die Hitze ... Der Fredi hat seinen Vollblüter vor dem Beschlagen longiert, der war dann so aufgeheizt, daß er durchgedreht ist ... Die neuen Kunststoffsättel sollen ausgezeichnet sein, und so leicht fürs Pferd ... Aber wo, darauf schwitzt man, Leder bleibt eben doch Leder ... Die Margrit hat letzten Sonntag im Springen gewonnen, aber der Bock von der Anna hat dreimal verweigert ... Hast du gehört, der Maria ihre verrückte Stute ist mit ihr durchgegangen, quer über eine verkehrsreiche Autostraße.*

Ich höre von Unfällen, Zwischenfällen, Krankheiten, neuen Produkten, Wundermitteln, Pferdelaunen, Wettereinflüssen, Hufschmieden und Tierärzten. Die Sattelkammer für Pensionäre ist meist tadellos aufgeräumt, das Leder gewissenhaft geputzt, die Steigbügel von Schmutz gesäubert und die verschiedenen Bürsten im Putzkasten geordnet. Und jeder hat seinen eigenen Putzkasten, stelle ich fest. Die Schulpferde dagegen teilen sich die Bürsten. Vor dem Schulstall ist eine kleine betonierte Pferdeschwemme entlang der Mauer gebaut, mit einem Eisengeländer zur Begrenzung. Viele führen ihr Pferd nach dem Reiten hinein, lassen es im nicht allzu klaren Wasser planschen, reiten auch hinein. Faszinierend, wie viele Pferde lustvoll immer wieder mit einem Vorderbein ins halbmeter hohe Wasser schlagen und offensichtlich die aufspritzende Gischt genießen. Im Gegensatz zu den Reitern. *Gut für die Sehnen, nach der Arbeit, dieses kühlende Wasser ..., aber unbedingt immer nach dem Waschen in den Fesselbeugen trocknen, sonst gibt's Mauke*, wird gewarnt. *Unsinn, Mauke kommt nur von schmutzignasser Einstreu*, widerspricht ein Profi, dem sofort von dritter Seite entgegengehalten wird, daß Mauke von Stoffwechselstörungen ausgelöst wird ... *Immer nach dem Abspritzen oder Abwaschen mit kaltem Wasser die Beine wieder warm-*

*frottieren*, wird eingeworfen, *nach jedem Reiten die Beine abtasten, keinen scharfen Wasserstrahl, nicht zu kaltes Wasser verwenden*. Nicht so einfach, diese Pferdebeine.

## Rosis Stallkinder

Schließlich kann ich kaum die nächste Reitstunde erwarten. Und fahre immer öfter nur mal so bei den Pferden vorbei, um sie zu riechen, das Klappern der Hufe auf dem Beton im Hof zu hören, die energischen Kommandos, die aus der Reithalle ins Freie dringen. Um mit den fast immer am Hof arbeitenden Kindern zu plaudern, ihre Neuigkeiten zu hören. Oder um auf der Zuschauertribüne einer Reitstunde zuzusehen. Viele Mädchen zwischen sechs und vierzehn verbringen hier in der Anlage fast jede freie Stunde mit Arbeit rund ums Pferd. Wischen, putzen, misten die Boxen aus, jagen Bollen und helfen beim Füttern. Mit Begeisterung in den Augen, weil's für die Pferde geschieht. So manche Mutter seufzt beim Anblick der fleißigen Tochter wehmütig. Und wartet beim Abholen geduldig: *noch zehn Minuten, denn, Mama, den Gang muß ich noch unbedingt wischen ...* Zu Hause dagegen wird körperliche Arbeit empört abgelehnt. Doch wissen die Eltern den Wert dieser Nebenausbildung wohl zu schätzen. Oft bringen sie ihren Nachwuchs von weither, um deren freie Stunden mit sinnvoller Beschäftigung gefüllt zu wissen. Diese Arbeiten fördern das Verantwortungsbewußtsein, die Toleranz, die Liebe zum Tier und halten die Kinder von der Straße fern, erklärt mir Rosi. Obendrein gibt's manchmal gratis eine Reitstunde. Sozusagen für besondere Verdienste.

Rosi ist, wenn sie will, eine gute Pädagogin, geliebt, respektiert und manchmal gefürchtet. Ein- bis zweimal im Jahr organisiert sie Reitlager für ihre Schüler, einwöchige Kurse. Die Mädchen, Jungen sind ausgeschlossen, schlafen gemeinsam in einem großen Raum in Notbetten und Schlafsäcken, ein Abenteuer für sich. Werden von Rosi in der großen Küche kulinarisch versorgt und schaffen tagsüber fleißig im Schulbetrieb. Ein Heer von weiblichen Heinzelmännchen wimmelt und wuselt dann den ganzen Tag im Stall herum. Da werden alle Schulzäumlis endlich auseinandergenommen und gewissenhaft mit Sattelseife geputzt, mit Fett eingelassen und repariert, wo nötig. Dasselbe geschieht mit Sätteln, Hilfszügeln, sogar die Bürsten werden gewaschen, und natürlich werden in dieser Woche die Schulpferde besonders ausgiebig und liebevoll geputzt. Und Reitunterricht gibt's dann als Draufgabe. Zum Herumstehen kommt niemand, Rosi delegiert gut. Daß in Reitlagern auch Theorieunterricht geboten wird, Spiele zu Pferd, Videos und richtige hippologische Weiterbildung, erfahre ich erst viel später.

Derweilen steigt der Karottenkonsum in meinem Haushalt steil an, gemessen an den Kilos, die nach Hause und gleich darauf weiter in den Stall geschleppt werden. Als Bestechung für Istanbul vor der Stunde und als Belohnung nach vollbrachter Arbeit. Und auch die anderen Pferde im Schulstall gehen nicht leer aus.

## Grey Girl

Von Istanbul werde ich eines Tages ungefragt auf Grey Girl, eine zierliche Schimmelstute, umgesetzt. *Du hast Fortschritte gemacht*, begründet Rosi kurz ihre Entscheidung, wir sind jetzt, nach etlichen gemeinsamen Kaffees, per du. Am Anschlagbrett hängt die allmorgendlich handgeschriebene Liste mit der Pferd/Reitereinteilung jeder Lehrstunde des Tages. Jeder Ankömmling stürzt erst einmal zum Anschlagbrett, um zu sehen, ob er sein Lieblingspferd reiten darf, Rosi kennt ihre Pappenheimer und nimmt meist Rücksicht. Zu Grey habe ich gleich volles Vertrauen, empfinde sie sozusagen als Beförderung, als weitere Stufe der Reiterkarriere. Sie ist kleiner als Istanbul und bewegt sich unter mir nur langsam, zögernd. Was ich als durchaus angenehm empfinde, jedoch Rosi zu immer schärfer werdenden Zurufen veranlaßt. Ohne Erfolg. Eine wöchentliche Lehrstunde teile ich nun mit einer jungen Schweizerin. Sie reitet die nervöse, hübsche Sandra, eine dunkelbraune Stute. Bestechungsversuche auch hier, denn wir beide versuchen, unsere Pferde vor Beginn der Stunde durch Zureden und Streicheln gnädig zu stimmen.

Auch in diesen Halbprivatstunden bewegt Grey sich nur sehr widerwillig unter mir vorwärts, so daß ich langsam doch dem vergleichsweise rasanten Istanbul nachtrauere. Meine Versuche, von Rosi ein anderes Pferd zugeteilt zu erhalten, scheitern kläglich. Bis der Rosi die Geduld reißt. Mitten in der Stunde zieht sie grimmig entschlossen ihren dicken Lodenmantel aus, kommandiert mich zum Absitzen und schwingt sich trotz ihres Leibesumfangs mit erstaunlicher Gelenkigkeit auf Grey. Diese zuckt vor Schreck tief bis in die Beine zusammen und muckst nicht. Zum ersten Mal sehe ich meine Lehrerin im Sattel. Die recht rundliche Frau sitzt mit streng entschlossener Miene auf dem zarten weißen Pferdchen, das in Erwartung des Kommenden wie gelähmt scheint. Dann wird's ernst. Rosi klopft mit beiden runden Beinen entgegen aller Reitvorschriften energisch an die Flanken Grey Girls, die macht einen entsetzten Hopser vorwärts. Sie weiß noch nicht, was sie von dieser Last auf ihrem Rücken halten soll. Rosi läßt das Pferd Vorhand – und Rückhandwendungen durchführen, zurücktreten, vortreten. Stillstehen, ausgesessener Trab, die Fettpölsterchen hüpfen lustig unter dem Pullover mit. Rosi setzt ihr unübersehbares Füdli energisch und tief ein, ihr ganzer Körper schwingt mit dem Pferd. Richtig sichtbar wird uns beiden Reitanfängerinnen nicht, warum Grey plötzlich so tadellos funktioniert. Ein anderes Pferd ist das plötzlich geworden. Sie steht, geht und trabt mit Hals und Kopf tief unten, also am Zügel, wie man das wohl nennt. Bewegt die dünnen Beinchen mit weiten, schwungvollen Tritten eifrig vorwärts und ist voll konzentriert auf ihre Reiterin. Ich seufze tief und voll Bewunderung. Ich darf dann wieder auf die neue Grey hinauf, und es braucht genau eine halbe Volte, bis Grey begreift, daß sich die Dinge auf ihrem Rücken geändert haben. Man kann wieder zur Tagesordnung, sprich Schlurfschritt, zurückkehren … Mit ziemlich angeschlagenem Selbstwertgefühl gestehe ich mir ein, daß Grey mir eben gar nicht liegt. Hängt also wirklich immer alles nur vom Reiter ab? Rosi läßt sich lange bitten, bis sie mir schließlich doch ein neues Pferd zuteilt. Dem noch so manche andere folgen werden.

In Reitschulen findet man aus Organisationsgründen oft die Pferde bereits gezäumt und gesattelt in ihren Ständen oder Boxen vor. Man muß sie dann nur noch in die Halle bringen, aufsteigen und reiten. Richtig geführt wird ein Pferd immer von links, lerne ich. Links, vom Pferd aus gesehen. Auch das wird in meinem späteren Reiterleben widerlegt von jenen, die ein Pferd ans für mich logische Führen von beiden Seiten gewöhnen wollen. *Direkt neben dem Pferdekopf gehen, das Pferd beim Gehen niemals ansehen. Vorwärts schauen und bestimmt vorangehen, niemals ziehen, das Pferd ist immer stärker. Nein, neben der Schulter des Pferdes gehen, – Unsinn: ein paar Schritte vor dem Pferd gehen, als Leittier sozusagen.* Logisch einleuchtende Begründungen gibt es für jede dieser Positionen. Richtig aufgestiegen wird immer von links, sagt man mir. Ein Überbleibsel aus der Ritterzeit, als die Schwerter der Ritter ein Aufsteigen von rechts erschwerten … Doch in einigen Ländern, wie zum Beispiel in Schweden, steigt man rechts auf. Ich lerne, daß gewisse Riten im Umgang mit Pferden peinlichst eingehalten und nicht hinterfragt werden. Schulpferde zum Beispiel sind zumindest hier meist gut in Leder verpackt. So soll das Martingal, eine Hilfszäumung, das Hochschlagen des Kopfes verhindern, sitzt der deutsche Reitzaum festgezurrt tief auf der empfindlichen Pferdenase. Hilfszügel diverser Art sollen dem Pferd den Weg nach unten weisen, wie man so schön sagt. Sollen zum Untersetzen der Hinterbeine weit unter den Körper anhalten. Eingerollte Hälse, Pferde, die nicht locker aus den Schultern gehen, Pferdenasen fast am Pferdehals, dünne Trensen, schlecht passende Zäume und Sättel … Ich kann mir keine Meinung anmaßen, Kenner und Könner wissen über Sinn und Zweck der verschiedenen Ausrüstungen und erzieherischen Maßnahmen besser Bescheid. Ein Sattelgurt, der nach dem Aufsitzen beileibe keine Hand zwischen Haut und Gurt läßt? Der Gurt muß eben stramm sitzen, sonst rutscht der Sattel und reibt den Pferderücken auf. Die Definition des Wortes stramm variiert stark. Schulpferde, und nicht nur diese, müssen geduldig sein, sonst taugen sie nicht für diesen Beruf. Reitanfänger müssen flexibel sein und sollten die Worte der Kenner und Könner nicht anzweifeln, wie können sie das auch …

## Gib den Fuß …

Eine der Aufgaben des Reitschülers ist es, seinem Pferd vor Verlassen des Standes, der Box oder der Halle alle vier Hufe von Mist oder Erde zu reinigen. Oft schon beobachtet, bringe ich bei der sicher angebundenen Grey diese gar nicht so ungefährliche Prozedur erfolgreich hinter mich. Nähern von vorne links, vom Pferd aus gesehen. In Schulterhöhe des Pferdes stehen und leicht mit der linken Hand von oben das linke Pferdebein entlang hinunterstreichen, ein bestimmtes *Fuß*, gleichzeitiges Führen der Hand an die Vorderseite des Beins und Anheben des Hufes. So einfach geht das. Auskratzen der Furchen links und rechts des Strahls, mit der Rechten, mittels Hufkratzer, ohne den Strahl zu verletzen. Behutsames Abstellen, nicht Fallenlassen, des gereinigten Hufes mit einem beruhigenden Wort. Diese Prozedur wird mit jedem Bein wiederholt und birgt besonders bei schlagfreudigen Hinterbeinen aufregende Momente. Nach jedem Reiten wird dieser Vorgang wiederholt, um eventuelle Steine und Fremdkörper zu entfernen. Mein bittendes *Fuß* bringt erst einmal trotz dreimaliger Wiederholung nur Greys neugierigen Blick in meine Richtung, das angesprochene Bein bleibt am Boden. *Energischer*, kommandiert Rosi. Und tatsächlich lüpft Grey nach einigen Versuchen von selbst den Huf, dann, schön der Reihe nach, die restlichen: vorne links, vorne rechts, hinten links, hinten rechts. Dabei läßt sie den Kopf hängen und seufzt. Vorteil eines erfahrenen Schulpferdes. Man gibt die Hufe, einen nach dem anderen, immer in der gleichen Reihenfolge, routinemäßig. Ein neuer Fortschritt, den ich stolz für mich verbuche. Die wichtigste Erkenntnis: bestimmt und sicher auftreten. Dennoch erinnere ich mich bei jedem Hufauskratzen an Gespräche im Reiterstübli: *die Renate wurde vom Huf ihres Bobo mitten auf die Nase getroffen, er ist in die Höhe gezuckt, und sie war mit dem Gesicht zu nahe …, dem Beat ist sein Roß nach dem Hufauskratzen direkt auf den Fuß gestanden, er hat zwei Zehen gebrochen ..., hast du gehört, die kleine neue Stute gibt die Hufe nicht und hat die Margot durch einen gezielten Schlag am Knie verletzt …* In Amerika ist man angeblich versicherungstechnisch verpflichtet, auch bei den Arbeiten rund ums Pferd einen Helm zu tragen. Und erst vor kurzem habe ich von einem bekannten Trabrennfahrer gelesen, der beim Anschirren seines Pferdes vom ausschlagenden Hinterhuf am Kopf getroffen und tödlich verletzt worden war … Der Hinweis, bei jeder Hantierung möglichst nahe am Pferd zu stehen, da die Wucht des möglicherweise schlagenden Pferdebeines dann gemindert wirkt, leuchtet mir ein.

Rosi nickt ernst, wenn ich ihr diese Geschichten erzähle, und meist fügt sie aus ihrem reichen Erfahrungsschatz noch einiges zur Abhärtung dazu. Voll Genuß zergehen ihr die Worte auf der Zunge, und ihre Augen funkeln. Obwohl sie das Gesicht in betrübte Falten legt. Sie erinnert sich laut an die Reitschülerin mittleren Alters, die partout ohne Helm reiten wollte und dann im Galopp vom Pferd voll mit dem Kopf gegen die Hallenwand gefallen ist. Oder an den Reitschüler, der aus Prinzip nur mit Helm geritten ist und dem der Schirm seines beim Sturz nach vorne verrutschten Reithelms das Nasenbein gebrochen hat. Ja, es ist gefährlich rund ums Pferd. Ich tauche in Wechselbäder zwischen Faszination und Entsetzen.

## Avon Lea

Die erste Reitstunde mit Avon Lea fällt in die Herbstferien der Schulkinder. Der Schulstall ist an diesem Vormittag voll von eifrig arbeitenden Mädchen. Avon Lea steht in einer der wenigen Boxen neben Istanbul und ist dessen Herzblatt. Er hat seinen Kopf ständig bei ihr drüben und nibbelt zärtlich an ihrer Mähne, während Avon Lea weiblich kokett diese Liebkosungen über sich ergehen läßt, sich näher an die Boxentrennwand Richtung Istanbul drückt und zufrieden die Augen halb schließt. Das Idyll wird durch ein dünnes Mädchen um die dreizehn gestört, die Avon Lea für mich zäumt und sattelt. Durch ihre Zahnspange hin erzählt sie stolz vom eigenen Pferd, das sie mit ihrer Mutter teilt und das beide reiten, hier bei Rosi in einer Außenbox steht ihr Diego. Er sei lange krank gewesen und konnte einige Monate nur im Schritt geritten werden. Stallunfall. Er war in seinem Stand angebunden gewesen, der über Nacht mit einer Kette, quer hinter dem Pferdepopo, abgeschlossen wurde. *Diego hatte sich mit dem Hinterbein in der Kette verfangen und das Bein aufgerissen*, erzählt die Kleine etwas atemlos, während sie an Avon Lea herumhantiert.

Diese scheint wenig erfreut über die Störung ihres Liebeslebens, demonstrativ dreht sie das breite Füdli in meine Richtung. Sehr einladend ist so ein großer Pferdepopo von hinten nicht gerade. Marianne, so heißt die kleine zahnspangenbewehrte Helferin, verstaut den Zügel von Avon Lea unter einem Steigbügel, damit das Pferd nicht in den Zügel treten und in Panik geraten kann. Sie spricht mir freundlich Mut zu, schaut mir ernst direkt in die Augen. Doch die große, etwas derbknochige Fuchsstute wirkt abweisend, nicht zuletzt wegen der angelegten Ohren … Avon Lea hat vom Stehen dick angelaufene Beine mit weißen Stiefeln, einen schönen Kopf mit großen Augen, aber eine recht schüttere Mähne. Auch ein Bestechungsrüebli hilft nicht. Marianne hat eine pädagogische Ader, sie macht sich zumindest nicht sichtbar über meine Angst lustig, sondern hilft mit beruhigenden Worten, Avon Lea aus der Box zu führen. *Immer das Pferd ansprechen, wenn Sie von hinten kommen. Und einfach das Pferd energisch am Zügel nehmen, beide Zügel unter dem Pferdemaul in die Rechte, herumschwenken und vorwärtsgehen. Dabei das Pferd nicht anschauen, vorausschauen und gehen, ohne zu ziehen. Zug erzeugt Gegenzug, und ein Pferd ist immer stärker. Wenn sie absolut nicht geht, Helfer holen und von hinten treiben, nie vorne ziehen.* Was die Kleine alles weiß. Respekt. Pferde scheinen für Marianne ganz selbstverständlich und alltäglich. In der Halle wartet neben Rosi schon Fritz, der Mann für alles im Schulstall und in Rosis kleinem Pensionsbetrieb. Nur reiten kann er nicht. Dafür hätte er auch gar keine Zeit, denn er mistet, füttert, wischt, zäumt, sattelt, putzt die Schulpferde, lockert und befeuchtet den Boden der Reithalle. Denn immer sind die Schulmädchen ja nicht verfügbar. Und er versorgt die kostbaren Pensionspferde, die monatlich das so nötige Geld bringen, um neben der Pacht der Anlage Futter, Schmied und Tierarzt für die Schulpferde zu zahlen. Normalerweise hält Rosi das Pferd am Zügel fest, während ein Anfänger sich in den Sattel hievt. Heute aber steht Fritz beim Kopf des Pferdes, und ich sitze kaum im Sattel, als ich entlang Avon Leas Rücken nach hinten rutsche und mich schließlich am Boden, den rostroten Pferdeschweif zwischen den Beinen, wiederfinde: Avon Lea hat sich aus Protest gegens zu feste Gehaltenwerden einfach auf die Hinterbeine gesetzt und die Vorderbeine in den Boden gestemmt. Die erste Bekanntschaft zwischen Hosen- und Hallenboden … Schnell sind wir beide wieder auf den Beinen, der erregte Disput zwischen Rosi und Fritz trägt nicht zu meiner Beruhigung bei. *Du weißt doch, daß die Avon Lea im Maul empfindlich ist und überhaupt spinnt*, zischt Rosi. *Die darf man einfach nicht festhalten, sonst dreht sie durch …* Aha, schöne Aussichten, denke ich mit klopfendem Herz. Avon Lea ist ein sogenanntes Halbprivatpferd, ihr Eigentümer läßt sie im Schulbetrieb einsetzen und bezahlt dafür weniger Pension. Eine Standesklasse höher als ein Schulpferd, daher mit etwas mehr Nachsicht behandelt. Rosi hilft beim Abklopfen meines Hosenbodens, und ich fasse neuen Mut. Etwas anderes bleibt mir nicht übrig.

Avon Lea ist mit Istanbul nicht zu vergleichen. Fast nichts kann Istanbul aus der Fassung bringen, ausgenommen Avon Lea selbst. Auch während der Stunde wiehert er aus seiner Box noch fragend nach seiner Nachbarin, die ihm manchmal kurz, für mich klingt's unwirsch, antwortet. Pferdesprache müßte man verstehen. Sein *hier bin ich, wo bist du*? und ihr *ich bin da, ich hör dich ja*, beeindrucken mich. Istanbul begrüßt Avon Lea mit einem freudig-zärtlichen Blubbern, wenn sie endlich in ihre Box zurückkommt, dann drückt er seine Nase in ihren willig hingestreckten Hals. Oder versucht, seine Nüstern auf die ihren zu legen. Versunken stehen sie dann, mit wegen der trennenden Boxenwand verdrehten Hälsen, Nüster auf Nüster, stockstill. Bis Avon Lea aufquietscht und ein Vorderbein gegen die Trennwand schlägt. Sie hat offenbar genug, man muß es ja auch nicht übertreiben ... Manchmal, wenn Rosi Zeit und gute Laune hat, dann dürfen die beiden Verliebten ein paar Minuten gemeinsam frei in die Halle, meist über Mittag oder am frühen Morgen, wenn keine Reitstunden angesetzt sind. Istanbul wird dann wieder jung, zeigt seine Vitalität durch eine Reihe neckischer Bocksprünge und schwingt seine steifen Beine mühelos an Avon Leas Seite. Nach einigen gemeinsamen Schritt-, Trab- und Galopprunden bleiben die beiden dann einträchtig vor dem großen Hallenspiegel stehen und schauen sich an. *Was für ein schönes Paar*, blubbert Istanbul und drückt seine Nüster auf die von Avon Lea. Die quietscht anstandshalber kurz auf, schüttelt kokett den Kopf, dann bewundern beide wieder ihr Spiegelbild. Der alte Filou. Später muß Istanbul aus seiner Box in einen Stand übersiedeln, trotz seiner 27 Jahre. Geschäftsinteressen, in diesem Fall ein neues Pensionspferd, gehen vor. Die Sehnsucht nach seiner Freundin bewegt ihn dann des öfteren dazu, sich im Laufe der Nacht aus dem ihm wegen seines Alters zugestandenen Halsring zu wurmen und in der Stallgasse, vor Avon Leas Box, zu übernachten. Irgendwann aber nimmt er es ihr übel, daß sie jetzt so unverschämt untreu mit ihrem neuen Nachbarn, dem weißen Sandokan, flirtet. Und von da an ist Avon Lea für Istanbul Luft, und sein großes Wallachenherz wendet sich voll seiner neuen Standnachbarin, der nervösen, hübschen und feingliedrigen Sandra zu. So geht das halt auch im Pferdeleben. Als Sandra verkauft wird und an ihrer Stelle die fuchsfarbene Simetria in den Nachbarstand einzieht, verliert Istanbul sein Herz eben an sie und bewacht sie eifersüchtig ... Zufällig sehe ich, wie berufsgeschädigt Istanbul ist: wenn Rosi ihn selten genug allein in die Halle läßt, läuft er immer nur seine Links- und Rechtsvolten, wie von einer unsichtbaren Longe geführt, ohne auch nur einen Tritt zur Seite zu tun.

Ja, Avon Lea ist mit Istanbul nicht zu vergleichen. Sie ist schreckhaft und tendiert dazu, plötzlich, in allen Gangarten, kleine Seitensprünge zu machen, die Reitanfängern verständliche Sorgen bereiten. Sie ist fein im Maul, wie man sagt, und starkes Rucken oder Ziehen läßt man bei ihr besser sein, wie Rosi recht eindrücklich betont. Rosi weiß, daß ich aus Angst, dem Pferd wehzutun, meist die Zügel ohnedies viel zu locker halte und mich im Notfall eher an Martingalriemen oder Mähne festkralle als am Zügel. Und dann ist er da, der erste richtige Sturz. Draußen vor der Halle verschiebt jemand Blechtonnen, Avon Lea macht einen entsetzten Hopser zur Seite, und ich finde mich mit ausgestreckten Beinen am Boden sitzend vor. Ein kleiner Schock, – so ist das also. Recht tief kann man fallen, unglaublich schnell geht das. Das Hinterteil tut weh, ich rappele mich auf, Rosi kommt besorgt gelaufen. Alles in Ordnung, lächle ich scheinheilig tapfer und bin insgeheim froh, daß der erste Sturz ohne ernstere Folgen geblieben ist. Denn was man sonst so von Stürzen hört … Avon Lea ist in die andere Ecke der Manege geflüchtet und betrachtet sich dort ganz unbeteiligt im Eckspiegel. Sofort wieder aufsteigen, das ist das Wichtigste jetzt. Auch wenn die Knie noch wackeln und das Vertrauen ins Pferd und in sich selbst ziemlich erschüttert ist. So werde ich im Lauf der Lehrzeit mit Avon Lea noch einige Male diesen nicht sehr gastlichen Pferderücken unfreiwillig verlassen. Die in manchen Reitställen üblichen Schnapsrunden für jeden Sturz bleiben mir erspart.

Weiterkommen, reiterliche Fortschritte will ich machen, mehr und schneller lernen. Vorbei die Zeit, als ich die Reiterlasten tragenden Pferde bedauert habe. Es scheint mir nun selbstverständlich, daß Pferde eben in Ständern oder Boxen stehen, diese ein oder zweimal am Tag zur Arbeit eine Stunde verlassen, oder in der Stunde gehen. Ich habe Respekt, Bewunderung und noch stets etwas Angst vor diesen starken Tieren, die so unberechenbar in Panik geraten können. Wovor ich Angst habe? Vielleicht vor der Unberechenbarkeit, vor der Kraft und der Schnelligkeit … Noch bin ich vollauf damit beschäftigt, meinen Körper möglichst ruhig da oben auf dem Pferd zu halten und irgendwie mit dem Tier zu kommunizieren. Sprechen mit dem Pferd darf man beim Reiten allerdings nicht bei Rosi. Anweisungen, die als Reithilfen bezeichnet werden, erfolgen mittels Beinen, Sitz und Zügel. Die Koordination der verschiedenen Körperteile ist manchmal schlichtweg verwirrend. *Jetzt wird geritten, nicht geredet*, ist einer von Rosis oft zitierten Grundsätzen.

## Winterseitensprung mit Hero

Rosi hat Zeitprobleme, so suche ich eine zusätzliche Reitschule, um dort Extrastunden zu nehmen und vielleicht schneller dazuzulernen. Große Auswahl herrscht in meinem Umkreis nicht. Die neue Schule liegt dann idyllisch in einem Hochtal, in einer Waldlichtung. Ein großer Reitplatz, der teilweise mit Hindernissen bestückt ist, ein Weg durch holzzaunbegrenzte Weiden führt zu zwei Stallgebäuden und einer Scheune. Etwas entfernt davon das Wohnhaus des Reitlehrers, der gleichzeitig Pächter der Anlage ist. Er ist grobknochig, lang, wortkarg und schaut grimmig drein. Eine Reithalle gibt es nicht, einige private Pensionspferde stehen in passablen Außenboxen aus Holz, die Schulpferde allerdings sind in Außenständen untergebracht, Füdli gegen den Hof. Wenn's schneit, eiskalt regnet oder der Wind pfeift, zieht der Besitzer eine löchrige Plastikplane notdürftig als Schutz vor die Hinterteile. Hero heißt der hochbeinige Eidgenosse, der trotz seiner Größe und seinem zottigen Fell – es ist mittlerweile Winter geworden – mein Herz sofort gewinnt. Er hat einen strubbeligen Kopf mit freundlichen großen Augen, bewegt sich langsam, etwas steif, aber das bemerke ich nicht. Für meine erste Stunde wird Hero vom Lehrer auf den Sandplatz geführt zum Aufsteigen. Ab dann wird von mir erwartet, den Hero zu zäumen, zu satteln und auf dem schmalen Weg vom Hof zum Sandplatz zu reiten. Ersteres schaffe ich mit Hilfe einer freundlichen Helferin, der kurze Weg zum Sandplatz hingegen schreckt mich. Der erste Vorgeschmack aufs Draußen-Reiten, aufs Gelände, wie Rosi das immer so bedeutungsschwer nennt. Überhaupt ist das Reiten auf einem Sandplatz unter freiem Himmel eine neue Erfahrung, der Wind bewegt Zweige und sonstige lose Dinge, bei beginnender Dämmerung verlieren die Konturen an Schärfe, der Blick zwischen den Pferdeohren geht ohne Hallenwandgrenze ins Weite. Ins Weite, das so ein Pferd mühelos durch einen Sprung über den nicht sehr hohen Holzzaun des Platzes erreichen könnte. Mit oder ohne Reiter …, besorgt beobachte ich den großen Kopf vor mir, ob Hero wohl Lust hätte, einfach abzuhauen, weit weg davonzulaufen? Der Boden ist uneben, teilweise morastig, so daß Pferd und Reiter nach der Stunde schlammbesprenkelten Motocrossfahrern ähneln. Und jenseits des Holzzauns, der das Sandviereck umgibt, dehnt sich eine einladende Wiese, man sieht eine kleine Straße und Wege, die von buntgekleideten Wanderern benützt werden. Alles lenkt ab. Die Unterrichtsmethode ist anders, härter. Und doch werden Pferd und Reiter für jede gutgemachte Sache geduldig gelobt. Ich lerne dazu.

Abends einmal, als der Platz in goldenes Flutlicht getaucht ist, teilt mein Mann eine Stunde mit mir. Seine Stute ist schreckhaft und ähnelt darin Avon Lea. Er hat Freude am Reiten, er akzeptiert den schroffen Lehrer, der später oft nach der Stunde mit uns in der nebenliegenden Wirtschaft einen Tee oder Kaffee fertig nimmt. Oder zwei. In der niederen holzgetäfelten Wirtsstube sitzen wir dann beim warmen Getränk, noch erfüllt von der Bewegung auf dem Pferd, dampfend, und beobachten durch die winzigen Scheiben im einfallenden Dämmerlicht die Vorbereitungen der Schüler draußen für die nächste Reitstunde. Der Lehrer schickt ein Mädchen hinaus in die beißende Kälte, der Atem weht wie eine weiße Friedensfahne vor ihr her. *Laß sie alle aufsteigen, anreiten, warmreiten, ich komm in zehn Minuten, dann geht's gleich voll los*. Ich beobachte mit den anderen Gästen, meist älteren Wanderern, die Formierung der Reitergruppe zur Schlange im Schritt rund um den Platz.

Nach wie vor absolviere ich zweimal wöchentlich meine Vormittagsstunde bei Rosi. Meist nehme ich gemeinsam mit ihr vor der Stunde einen Kaffee im Stübli, wo sich andere Angestellte der Anlage oder Schüler, alle meist weiblich, einfinden. Rosis Pachtbetrieb ist nur ein kleiner Teil dieser großen Reitanlage. Man spürt die Müdigkeit der hier Arbeitenden, sie haben seit sechs Uhr morgens die insgesamt siebzig Boxen der Pensions- und Handelspferde geräumt und neu eingestreut, alle diese Pferde gefüttert, wo nötig von Hand getränkt und jetzt, vor dem Bürsten und dem Bewegen der Pferde, bietet der Kaffee eine willkommene Gelegenheit zur Verschnaufpause. Dunstig warm ist die Luft, es riecht intensiv nach Pferdemist und Menschenschweiß. Nach einigen Minuten der müden Stille beginnen Fachsimpeleien, werden Erlebnisse mit Pferdebesitzern erzählt, Tips und Neckereien ausgetauscht. Ich tauche gern in diesen wohligen feuchtwarmen Dunst und versuche, als geduldeter Grünling unauffällig dazuzugehören.

Mein Bruder samt Frau, die mich in der Schweiz besuchen, absolvieren bei Rosi ihre erste Reitstunde, sie wird der Grundstein für weitere Pferdebegeisterung in der Familie. Gleich nach der Rückkehr nehmen die beiden regelmäßigen Reitunterricht, und bei unserem nächsten Österreichbesuch buchen wir zu viert eine Reitstunde. Leo heißt der Schimmel, den Robert, mein Mann, zugeteilt erhält. Während wir drei Anfänger brav neben unseren Pferden stehen und auf Aufsteighilfe warten, juckt Robert der Ehrgeiz. Schließlich ist er früher ja regelmäßig mit Nachbars Pferd alleine im Wald geritten. Doch kaum hat Robert einen Fuß im Steigbügel, beginnt der gute Leo loszurasen, erst noch im Trab, immer schön in einer kleinen Volte, an und neben ihm hängend Robert, sich am Sattelkopf festklammernd. Ich halte meinen Max an der Hand, kann nicht eingreifen, wüßte auch nicht, was tun, und kann einen Schreckensschrei nicht unterdrücken. Der feuert den Leo offenbar weiter an, hilflos beobachten wir das Schauspiel. Leo beschleunigt, bleibt jedoch brav in seiner kleinen Linksvolte, ein gut ausgebildetes Schulpferd eben. Die riesige Halle interessiert ihn nicht weiter, er gibt seine Vorstellung direkt vor dem versammelten Publikum. Robert, das Gesicht schreckverzerrt, nimmt alle Kräfte zusammen, schwingt sich höher und durch die Fliehkraft ungewollt über den Rücken Leos hinweg, hängt nun an dessen Außenseite. Leo legt ob der Gewichtsverlagerung einen noch schnelleren Gang ein. Immer gefährlich nahe der Hallenwand entlang. Nach drei Runden entscheidet Robert: er läßt los und knallt voll mit dem Rücken gegen die Holzbande der Halle … Rippenbruch, mehrfach. Einige Wochen im engen Verband, schlimme Schmerzen bei jedem Atemzug, Lachen und Niesen sind verboten … Die Stunde absolvieren wir drei in gedämpfter Stimmung. Obwohl Max ein super Pferd ist, ein richtiger Lehrmeister, ruhig, freundlich, in allen Künsten bewandert und gehorsam. Ich bin von ihm begeistert. *Nicht zu haben*, winkt der Schulbesitzer ungefragt ab. *Zu wertvoll als Schulpferd.*

## Meister Kaftan

Zurück in der Schweiz, helfe ich manchmal Samstagmorgens beim Putzen, Zäumen und Satteln der Schulpferde für die meist gut besuchten Vormittagsstunden. Als Belohnung sozusagen läßt Rosi mich zum ersten Mal auf einem alten Meister reiten. Kaftan ist ein gutmütiger, festgebauter brauner Wallach, der den größten Teil seines 25jährigen Lebens in der Schweizer Kavallerie verbrachte und von seinem Besitzer als Dank für geleistete Dienste die gar nicht so billige Pensionsboxe auf Lebenszeit bei Rosi erhielt. Und der, wenn sein Besitzer keine Zeit hat, von ihr maßvoll im Schulbetrieb eingesetzt werden darf. Von ihm spricht selbst Rosi mit einem Gemisch aus Bewunderung und Respekt. Und handelt auch danach. Wie ein Juwel bekomme ich Kaftan zugeteilt, und gleich in der ersten Stunde weiß ich, warum. Vergessen sind alle bisherigen vierbeinigen Lehrmeister, denn hier ist ein wahren Könner, ein Professor. Gelassen und gekonnt führt Kaftan alle Lektionen durch, zum allerersten Mal spüre ich eine gewisse Einheit mit dem Pferd. Die Reitstunde ist zum ersten Mal reines Vergnügen, ohne Schrekken oder Angst. Von nun an darf ich alle Reitstunden auf Kaftan lernen, werde sicherer, mache Fortschritte.

Wieder einmal, wie nach jedem Vormittagsunterricht, führe ich Kaftan in seine Außenbox, eine in der langen Reihe hinter der Reithalle. Decke ihn ein, gebe ihm sein Mittagessen, Körner und Heu. Wasser hat Kaftan nicht nötig, in den recht notdürftig zusammengezimmerten Außenboxen sind Selbsttränken eingebaut. Ich verlasse den alten Kavalleristen vor seiner vollen Futterkrippe gegen elf Uhr. Beobachte ihn noch einige Sekunden beim Fressen, kraule ihm die Ohren, das mag er. Beim Weggehen wechsle ich noch ein paar Worte mit Fritz. Der hockt in einer angrenzenden leeren Außenbox und versucht, mittels eines Bunsenbrenners die eingefrorene Wasserleitung zu den Selbsttränken aufzutauen. Eiskalt ist es, minus 10 Grad Celsius zeigt das Thermometer. Zur Wahl steht das Auftauen der Leitungen oder das Schleppen von Wassereimern, denn ein Pferd trinkt durchschnittlich 40 Liter pro Tag. Und es stehen immerhin 16 Pferde in diesen Außenboxen …

Kaum zurück im Büro, kommt der Anruf einer Kollegin: ein Brand ist in den Außenboxen ausgebrochen. Kaftan, den alten Soldaten, hat es quasi beim Fressen erwischt, er ist tot. Erstickt und versengt.

Kurz nach elf hatte Fritz als letzter seine Mittagspause angetreten. Die Leitungen hatte er erwärmt, die Selbsttränken in den Außenboxen funktionierten, gaben Wasser. Das gesamte Personal der Anlage war um den gemeinsamen Mittagstisch versammelt, Rosi hatte wie üblich für alle gekocht. Den verspätet eintreffenden Lastwagen, der bereits vor Stunden den Mist hätte abholen sollen, beachtete man nicht. Er würde eben bis nach dem Essen warten müssen. Und es war der Fahrer dieses Wagens, der hinten in den Außenboxen das Feuer entdeckte, Alarm schlug. Von der Dramatik der Situation erfahre ich aus späteren Erzählungen: Fritz war der erste am Brandort, riß mit bloßen Händen die glühendheißen Metallriegel der Boxentüren auf und zog sich so schwerste Verbrennungen an beiden Händen zu. Starker Rauch behinderte die Retter. Verzweifelt wurde versucht, die Pferde aus den hölzernen Boxen zu treiben, doch in der herrschenden Panik fühlten sich die Tiere dort sicherer. Sie weigerten sich, das in ihren Augen sichere Zuhause für ein Chaos aus Rauch, Gestank und Lärm draußen einzutauschen. Daß die meisten der Pferde – richtigerweise – in der Box kein Halfter trugen, erschwerte die Situation. Die Helfer rissen sich Jacken und Pullover vom Leib, hielten und banden diese vor die Augen der Pferde und konnten so fast alle, auch die stark widerstrebenden Tiere, rechtzeitig aus ihren Boxen treiben, hinaus in den Hof. Doch für drei Pferde kam die Hilfe zu spät, und unter ihnen war auch Kaftan. Erstickt im Rauch und angesengt, der Geruch verbrannten Fleisches hing noch nach Stunden über der Anlage. Ein weiteres Opfer war Diego, das Pferd meiner jungen Helferin Marianne.

Nachdem die Feuerwehr die vielen versteckten Glutherde gelöscht hatte, die obdachlosen Pferde notdürftig in der Reithalle versorgt waren und nur die Kadaver der verendeten Tiere in ihren Boxen auf die Abholung warteten, legte sich eine seltsame Stille über die Anlage. Eine Stille, die einige Tage anhielt und wie der einsetzende graue Nebel auf die Stimmung der Menschen drückte. In diese

Stille komme ich am Abend des Unglückstages, möchte irgendwie helfen, etwas tun. Ich weiß, daß Heidi nur Fritz und seit einigen Tagen auch Janine, eine Lehrtochter, als Mitarbeiter hat, und Fritz liegt schwer verletzt im Spital. Niemand spricht von ihm. Ich möchte noch einmal die Box von Kaftan sehen – oder das, was davon übrig geblieben ist. Die Henkersmahlzeit habe ich ihm serviert, für die hat seine Lebenszeit gerade noch gereicht ... Die verkohlten Reste von Mauern, Dächern, Türen, Stroh und Lederzeug erinnern an Krieg. Und sie werden aus unerfindlichen, offenbar versicherungstechnischen Gründen noch viele Wochen später nicht weggeräumt. Nur jene Boxen, die nur angesengt worden waren, werden notdürftig hergerichtet, eingestreut und ihren früheren Bewohnern übergeben. Die alarmierten Besitzer der geretteten Pensionspferde treffen nach und nach ein, blaß, verschreckt, erleichtert. Die Besitzer der toten Pferde sehe ich nicht. Erst viele Wochen später holt der Besitzer von Kaftan seinen Sattel und sein Putzzeug aus der Sattelkammer ab. *Ein so altes Kavalleriepferd, einer der so viel erlebt hat, so einen Tod hat er nicht verdient*, weint Rosi ...

Rosi hat rote, verschwollene Augen und akzeptiert, daß ich ab sofort jeden Morgen einige Stunden im Schulstall helfen werde. Ohne Erfahrung, ohne Ausbildung, ohne Entlohnung. Ich mache mir Vorwürfe, trauere um Kaftan. Wäre ich nur etwas länger geritten, hätte ich ihn nur noch in der Halle etwas freilaufen lassen, hätte ich ihm nur noch länger beim Fressen zugesehen ... Marianne, deren Diego der Nachbar von Kaftan war, kommt einige Tage nicht in den Stall. Dann steht sie eines Tages mit roten Augen vor der abgebrannten Box ihres Pferdes, umringt von ihren Freundinnen, die rührend zu trösten versuchen. Sie soll ein neues Pferd erhalten, ihre Mutter hat zugestimmt. Sie wollen das neue Pferd wieder gemeinsam reiten und pflegen. Marianne probiert dann jede Woche ein anderes Pferd vom Handelsstall aus. Sie hat ja Zeit. Und sie erzählt mir noch oft von ihrem toten Diego.

## Schulstalldienst

Der erste Morgen im Schulstall, Antritt zur Arbeit, nicht zum Reiten. Leidtragend ist mein Ehegefährte, der ab sofort sein Frühstück alleine einnehmen muß und vormittags auf mich im Büro verzichtet, denn wir arbeiten gemeinsam. Er trägt es gut, versteht, daß ich meinen Kummer abarbeiten möchte. Und ich genieße die frühmorgendliche Frische und Stille, die kurze Fahrt zum Stall und dort die Arbeit. Es tut gut, morgens aus der trockenen Januarkälte in den vergleichsweise feuchtwarmen Schulstall zu kommen. Scharfer Pferdegeruch und freudiges Blubbern aus den Reihen schlägt mir entgegen, wenn ich Licht und Radio andrehe. Pferde mögen anscheinend Musik. Daß feuchtwarme Ställe absolut nicht gut sind für Pferdelungen, das weiß ich noch nicht. Fenster und Türen des Stalls bleiben jetzt im Winter Tag und Nacht geschlossen. Alle Schulpferde sind geschoren und eingedeckt, die schmutzigen Decken hängen meist quer über den Pferdeleibern, man hat sich nachts trotz des engen Stands hingelegt. Die Boxenpferde klopfen mit den Hufen ungeduldig gegen die Holztüren in Erwartung des Morgenessens. Das ist dann auch die erste Aufgabe für mich: Verteilen des sogenannten Kraftfutters in die Futterbehälter.

Rosi hängt mit dem Oberkörper in der großen, verschließbaren Holzkiste, in der sie verschiedene Futtersorten aufbewahrt. Sie steht auf einem Holzblock und verschwindet samt Futtereimer jedesmal bis zur Taille in der Kiste. Beim Auftauchen leert sie schwungvoll Futter in die von mir bereitgehaltenen Eimer und nennt dazu die Namen der Empfänger. Die Rationen per Pferd fallen nach bevorstehender Tagesarbeit und Kondition aus. Zackig geht das. Jeweils zwei Eimer, die nicht verwechselt werden dürfen, damit im Laufschritt zu den Ständen. Dort ist große Unruhe entstanden, vorbei die friedliche Morgenstimmung. Ketten klirren, unwillig wird gegen Seitenwände getreten, Pferdeleiber bewegen sich wie Wellen von links nach rechts, vor und zurück, einige Tiere schnauben, Köpfe werden hochgerissen, dem Standnachbarn wird unmißverständlich mit zurückgelegten Ohren gedroht, und einige besonders Findige streifen mit den Zähnen entlang des kurzen Gitters, das die Pferde im Bereich der Futtertröge voneinander trennt. Wie Sträflinge, die mit dem Löffel an ihre Gitterstäbe schlagen. Die logischerweise vorne an der Wand, beim Kopf der Tiere angebrachten Futterbehälter sind zu füllen. Die Stände sind relativ eng, und der Fütternde muß sich energisch mit seinem Eimer von hinten nähern, sich entlang des Pferdeleibes, zwischen Pferd und Holzwand, zum Behälter drücken. Gewahr, daß er jeden Moment gegen die Holzwand gequetscht oder von einem dem Nachbarn geltenden Hinterbein getroffen werden kann. *Nie vergessen, das Pferd beim Namen scharf anrufen, wenn du von hinten kommst. Sie treten alle brav zur Seite, rede mit ihnen*, sagt Rosi streng. Ich schwitze vor Angst, will mir nichts anmerken lassen. Was für eine Überwindung das ist ... Nach dem Rufen des Namens schnell zwischen Pferdeleib und Wand zur Krippe, mit beruhigenden Worten, die eigentlich mir selbst gelten. Schwungvoll wird der Eimer in den Futtertrog geleert, gierig fährt der Kopf in die Krippe, haarscharf an meiner Nase vorbei. Dann vorsichtiger Rückzug, rasch vorbei am bereits drohend erhobenen Hinterbein des Fressenden, der meint, sein Futter gegen den unruhig zappelnden Nachbarn verteidigen zu müssen. *Futterneid ist das*, erklärt Rosi fachmännisch. So geht es von Stand zu Stand.

Ich lerne die Namen der Pferde auswendig, nach einigen Tagen kenne ich die wichtigsten Eigenheiten jedes Tieres. Bei genügend energischem Anrufen treten die Pferde auch tatsächlich brav zur Seite und lassen mich ohne Behelligung zur Krippe vor. Von manchen werde ich schließlich sogar mit lautem Blubbern begrüßt, oder gilt das doch nur dem Futtereimer? Auch die Boxenpferde bereiten mir anfangs Probleme, alleine mit einem fremden Pferd auf engem Raum … Nach dem Öffnen der Tür steht ein riesiger Körper vor mir, schwenkt mit mir zur Futterkrippe – oft müssen Leib und Kopf energisch beiseite geschoben werden, um den Eimer leeren zu können. Eine anfangs schwierige Sache, die aber mit jeder Fütterung an Schrecken verliert und schließlich Freude macht. *Laß dir nicht auf die Füsse steigen, mach die Tür hinter dir zu, damit sie nicht aus der Box laufen, laß dich nicht beißen*, warnt Rosi …

## Mistzeit

Während die Tiere noch den Kopf tief in die Futterkrippen stecken, beginnen wir mit dem Ausmisten der Stände. Der in der Nacht produzierte Kot und Urin muß entfernt werden, das Stroh ist naß, bräunlich und stinkt durchdringend nach Ammoniak. Pferdestallgeruch eben, der jeden Morgen so scharfwarm in meine Nase zieht und auf mich heimelig wirkt. Die angebundenen Pferde stehen mit ihren Hinterhufen voll im Nassen, Boxenpferde haben den zweifelhaften Vorteil, dies mit allen vier Hufen tun zu können. Das Ausmisten geht bei den Pferden in den Ständen relativ schnell: Um jedes Hinterteil herum werden nasses Stroh und zertretene Pferdeäpfel aufgesammelt, nach entsprechendem Zuruf tritt das Tier, den Kopf noch immer in der Krippe, brav zur Seite. Gemistet wird mit entsetzlich scharfzinkigen Gabeln. Meine Angst, eine der langen Zinken versehentlich in ein Pferdebein zu stoßen, wird von Janines Schauergeschichten zu diesem Thema genährt. Diese Art von Verletzung kommt anscheinend doch häufig vor, beim Reinigen der Außenboxen wundert mich das nicht mehr. Je nach Charakter sind die Boxenbewohner zutraulich, neugierig, frech, doch meist freundlich. Was bedingt, daß sie meist sehen wollen, was vor sich geht und auch Tuchfühlung mit dem Ausmister suchen. Ich verliere allmählich die Angst vor den großen Hinterteilen, vor den mir über die Schulter guckenden Pferdeköpfen, den Beinen, die in der Box so unglaublich scharfe Wendungen machen können … Ich gewinne auch Lieblinge, wie den weißen Sandokan. Der lebt jetzt in einer Außenbox und nibbelt mit Begeisterung vorsichtig an meinen Haaren, sobald ich ihm nahe komme. Oder der noch herrenlose Candlelight, der mir verschmust die Nüstern in den

Nacken drückt, mich warm anbläst und leise blubbert. In seiner Box dauert das Misten am längsten ... So gibt es einige, und bald kann ich es morgens fast nicht erwarten, in den Stall zu kommen. Die vollen Scheibtruhen sind schwer, und mehr als einmal fühle ich beim Leeren der Karrette den Zug hinunter in die Tiefe der Mistgrube. Janine teilt mir die Arbeiten zu, die Außenboxen besucht Rosi seit dem Brand nicht mehr. Janine wacht darüber, daß dort alles im Sinne ihrer Lehrherrin erledigt wird. Nach dem Misten gibt's einen schnellen Kaffee im Stübli. Oft gemeinsam mit den anderen, die sich hier um die Handelspferde und die Pensionspferde des nicht zu Rosi gehörenden Betriebs auf derselben Anlage kümmern. Die Haut an meinen Händen wird hart, ich bekomme Schrammen und Schmutz unter den noch immer rotlackierten Fingernägeln. Die Rösser werden deine Nägel für Rüebli halten, lacht Rosi.

## Putzrituale

Jedes Schulpferd muß morgens geputzt werden, wird mitten auf der Stallgasse links und rechts am Halfter angebunden. Ich werde in die höheren Geheimnisse der Pferdepflege erstmals so richtig eingeweiht. Zwischendurch muß auch mal ein Pferd parat gemacht werden, damit es gezäumt und gesattelt zu einer Vormittagsstunde bereitsteht. Ich beobachte dann neugierig die Vormittagsreiter, Erwachsene, die meist Einzelstunden nehmen. Und erkenne mich tröstlich selbst wieder, wenn diese mit gemischten Gefühlen ihr Pferd für die Stunde in Empfang nehmen. Manchmal darf ich das Pferd in die Halle führen, dem Schüler beim Aufsteigen helfen. Deren Dank wehre ich immer verlegen ab. Wenn die wüßten, wie es um meine Reitkünste steht ... Zum Zusehen beim Unterricht bleibt keine Zeit. Das Putzen von 18 Schulpferden in einer Stunde ist für zwei Personen eine rechte Aufgabe, langsam nur gewinne ich Routine. Lerne die Putzreaktionen jedes einzelnen Pferdes kennen. Lerne, daß Schimmel mit Vorliebe im eigenen Mist schlafen und die braungelben Flecken fast nicht aus dem weißen Fell zu reiben sind. Allerlei Tricks und Mittel von Essig bis Chemie gibt es dagegen. Ich lerne, wie man sogenannte Schläger am Schweif hält, damit sie nicht mit den Hinterbeinen ausschlagen können. Und daß es immer Ausnahmen von der Regel gibt, auch hier. Wie man Pferden Nüstern, Augen und Popo mit verschiedenen Schwämmen wäscht und Hufe richtig einfettet, wie man mit Hufteer umgeht. Ich lerne, daß der Striegel nicht auf den knochigen Teilen des Pferdekörpers angewendet werden darf, daß die Bürste nach den festen Fellstrichen auf dem Striegel gereinigt wird und dieser auf dem Boden ausgeklopft wird. Die feine Bürste für den Kopf und der Kamm für die Mähne, und schließlich abstauben mit einem Baumwolltuch. Für den schönen Glanz des Fells. Und daß der Schweif am besten von Hand, einzeln Haar für Haar, zerpflückt wird … Es gibt eine Menge zu lernen in dieser neuen Welt. Nach dem Putzdurchgang wird gegen elf Uhr wieder gefüttert, Stallgassen werden saubergefegt. Damit sind die Morgenarbeiten beendet.

Zuweilen packt Rosi das Gewissen oder vielleicht eher die Angst vor Unfällen in der Stunde. Dann läßt sie vormittags, sofern kein Unterricht gebucht ist, jeweils einige speziell selektierte Pferde gemeinsam oder einzeln frei in der Halle laufen. Insbesondere jene Tiere, die am Vortag durch Bocken, Durchgehen oder sonstigen Ungehorsam in der Stunde überschüssige Kraft gezeigt haben, die sie loswerden müssen. Und das tun sie dann auch, diese paar Minuten in der begrenzten Freiheit der Halle, ohne Reitergewicht. Ich höre das Donnern der Hufe, das Schnauben, sehe manchmal kurz zu, wie die Tiere übermütige Bocksprünge machen und sich Wettrennen von einem Ende der Halle zum anderen liefern. Oder sich mit genüßlichem Grunzen ein Sandbad gönnen und erst nach einigem Hin- und Herrollen mit freudigen Sprüngen den Staub abschütteln. Manche schaffen es nicht, sich ganz rundherumzurollen. Rosi hat aus Putzgründen die mit brauner Lohe panierten Pferde nicht so gern. Denn beim hier praktizierten Putzen im Stall wirbelt der feine Staub noch lange in der Luft. Zu kalt zum draußen Putzen, winkt Rosi energisch ab. Manchmal schwingt Rosi in der Mitte der Halle die lange Longierpeitsche und animiert so die Tiere zu weiteren Galopprunden. Diese Ausflüge in die Freiheit dauern nie lange, und zum ersten Mal beobachte ich die Pferde im Stand etwas nachdenklich. Fütterungszeiten ausgenommen, stehen sie meist resigniert und uninteressiert, den Kopf zur Wand, relativ kurz angebunden, damit sie nicht in den Strick treten und sich verletzen können. Es gibt ja auch nichts zu sehen, außer man renkt den Kopf und beäugt die Hinterteile der Kameraden auf der anderen Seite der Stallgasse … Die entlang einer Längsseite des Stalls laufenden Fenster liegen zu hoch zum Raussehen. Die Köpfe lassen die Tiere meist tief hängen und starren die schmutzige Wand mit halbgeschlossenen Augen an. Manche legen sogar abwehrend die Ohren zurück, wenn sich jemand nähert. Was für eine Verwandlung, sobald so ein Tier allein, frei in der Halle seine Runden zieht … Rosi läßt aber nur jene ihrer Schützlinge manchmal frei, die Flausen im Kopf haben, wie Rosi das nennt. Ich finde es ungerecht, daß die brav problemlos Dienenden diese paar Minuten Freiraum nicht erhalten. *So ist das Leben*, seufzt meine Lehrmeisterin.

Manchmal verschwindet ein Schulpferd über Nacht, und Rosi liebt diesbezügliche Fragen nicht. Kurz wehrt sie ab: *der ist jetzt auf einer großen Weide.*

Daß dies der Pferdehimmel ist, setzt sie nicht hinzu. In meiner noch recht naiven Vorstellung freue ich mich für das Tier, das nun endlich nach Herzenslust laufen und fressen kann. Andere Schulpferde werden verkauft, an Fremde, aber auch an ehemalige oder momentane Reitschüler. Sandra, die hübsche Stute neben Istanbul, wird von allen Stallmädchen, die regelmäßig nachmittags nach der Schule aushelfen, zärtlich verabschiedet. Auch Muscade, eine hübsche Braune, die immer ein wenig traurig im Stand steht, wird eines Tages weggeführt. Und kehrt wunderbarerweise nach drei Tagen zurück. *Sie hatte solches Heimweh*, erzählt Rosi, *sie hat vor Heimweh nicht gefressen.* So wurde der Kauf rückgängig gemacht. Ich beobachte Muscade verwundert, wie kann man Heimweh nach dem Stand haben? Die Stute zeigt die Freude an der Heimkehr nicht, sondern läßt den Kopf womöglich noch tiefer als sonst hängen. Und legt sicherheitshalber die Ohren an: *laßt mich alle bloß in Ruhe.* Muscade bewahrt ihr Geheimnis für sich. Und hat weiterhin ihre regelmäßigen kleinen Kolikanfälle als schmerzhafte Zeichen ihrer Probleme. Dann wird sie von einem der Mädchen auf dem Hof lange an der Hand geführt, bis der Tierarzt eintrifft und mit einer Injektion Erleichterung schafft.

Müde, aber rundherum glücklich und erfüllt von neuen Erlebnissen in der Pferdewelt, kehre ich jeweils ins Büro zurück. Heißhunger macht die ungewohnte Arbeit. Und auch der Reitunterricht geht weiter, Einzelstunden gibt Rosi aber aus Zeitgründen nicht mehr. So buche ich Halbprivatstunden, werde also mit ein oder zwei anderen unterrichtet. Und samstags darf ich manchmal, wenn die Arbeit erledigt ist, in einer Gruppe gratis mitreiten. Wieder zurück auf dem Rücken der nervösen Avon Lea, notgedrungen.

Im Laufe der Wochen läßt Rosi mich nach stetem Drängen immer wieder mal ein anderes Schulpferd versuchen. Den rasend schnellen Kif Kif, der versucht, vor seinen Schmerzen im Rücken wegzurennen, den alten, schwarzen Gundemar, der einem Friesen ähnelt und unter mir fast stehenbleibt. *Vorwärts, ein Pferd muß unter dem Reiter vorwärtsgehen*, wird mir eingetrichtert. Den steifen, aber braven Woody, den ich nicht zum Galopp bewegen kann, und noch einige andere. Aber ich kehre schließlich zu Avon Lea zurück, unter dem zufriedenen Grinsen von Rosi. Der Frühling kündigt sich an, und immer öfter spricht Rosi vom Gelände. *Jetzt geht's bald hinaus ins Gelände, bereitet Euch vor.* Ich freue mich – oder doch nicht? In der Stunde wird nun das Wegreiten von der Gruppe und der leichte Sitz im Galopp geübt. Ein Hauch Spannung liegt in der Luft, keiner in meiner Gruppe war jemals zu Pferd draußen. Mein Fremdgehen auf dem Sandplatz habe ich weise verschwiegen. Das zählt ja auch nicht als Gelände … Ein Wermutstropfen trübt die Vorfreude: mit boshaftem Grinsen flüstert man mir zu, daß Avon Lea draußen ganz schön schnell sei ... Mein Katastrophenhirn malt sich Schreckvisionen aus. Ich frage Rosi, ob ich die Strecke nicht vorher zu Fuß abgehen könne, um mich mit dem mysteriösen Gelände etwas vertraut zu machen. *Nein*, wird mir kurz beschieden. *Wir werden querfeldein reiten, wirst dann schon sehen*, brummt Rosi, und grinst in sich hinein, weil sie meine Angst spürt.

Mittlerweile werfen große Ereignisse ihre Schatten voraus. Alle laufen wichtig mit Papieren herum, es wird getuschelt und schließlich schwarz auf weiß angeschlagen: es findet wieder ein Hallenturnier in der Hauptanlage statt. Von nationaler Bedeutung, ein Springen für mehrere Klassen, das sich über drei Tage erstreckt, Freitag bis Sonntag. Freiwillige Helferinnen sucht Rosi. Und wird natürlich bei mir fündig. Schon bei den Vorbereitungen und Planungen schnuppere ich neugierig mit. Tippe schriftliche Notwendigkeiten, wie Menüs, Preislisten, Infos, Startlisten und ähnliches, kopiere, falte, und kopiere wieder. Gratisbons fürs Essen und Trinken der freiwilligen Helfer und der Wettkampfteilnehmer. Warme Menüs zur Auswahl, die jeden Mittag angeliefert werden, Kuchenspenden von allen weiblichen Reitschülern, Riesentöpfe mit Suppe, Hunderte von Würsten, die in großen Töpfen gewärmt werden, Kaffee, Tee, Wein, Bier, Frischgetränke. Obst, Schoggi und Chips für die Kinder. An fast alles ist gedacht, und der Teil des Hauses, der normalerweise als Jugendlager dient, wird mit Tischen und Bänken ausgestattet, mit bunten Girlanden geschmückt und gereinigt. Preislisten werden ausgehängt, und in der geräumigen Küche eine provisorische Schank aufgebaut. Eiskästen sind voll, kräftige Männer helfen beim Heranschaffen und Verstauen der Getränke, später beim Leeren der Mistsäcke.

Ab acht Uhr morgens stehe ich parat. Freiwillige Parkplatzhelfer tummeln sich am Gelände, Pferdeanhänger fahren vor, Pferde werden ausgeladen, es herrscht Kommen, Eilen und Gehen. Und das sonst so idyllische Fleckchen Erde versinkt für einmal in Hufgetrappel, Stimmengewirr, Türenschlagen, Musikfetzen, Lautsprecher aus der Halle, Kindergeschrei, Wiehern und Schnauben der Pferde. Eine erwartungsvolle Stimmung liegt über allem, in kleinen Gruppen stehen ernst diskutierend die Startenden; Familienmitglieder und Zuschauer durchstreifen neugierig die Anlage. Nur wenige finden so früh schon den Weg in die Beiz, meist um einen Kaffee mit Gipfeli. Davon liegt ein Berg bereit, der stetig schwindet. Die Startenden lassen sich jetzt noch nicht sehen, sie sind beschäftigt mit den Vorbereitungen zum Concours, fesch sehen sie aus und wichtig in den weißen Hosen und schwarzen Röcken und meist blankgeputzten Stiefeln. Helferinnen führen die neu eingelangten Pferde zum Wärmen herum, die einheimischen strekken neugierig die Nasen aus den Boxenfenstern. Sie haben heute Ruhetag, sofern sie nicht am Wettkampf teilnehmen. Die kleine Halle wird als sogenannter

Abreitplatz genützt, das Wort *abreiten* finde ich abscheulich ... Spannung liegt in der Luft, die Pferdehälse sind tief geknickt, die Reiter üben guten Sitz und ernste Miene ... Locker und leicht scheint das nicht zu sein.

Ich bin zur Bedienung in der Festbeiz eingeteilt, habe meinen Mann zu Hause gelassen, nur schnell die während dieser drei Tage erbarmungslos angebunden bleibenden Schulpferde begrüßt und unterwegs Rosi gesehen, die ganz in ihrem Element ist. Dann der mittägliche Andrang, servieren auf doppelt gestellten Plastiktellern, die sich unter der heißen Gulaschsuppe gefährlich verbiegen, komplizierte Getränkebestellungen, Kuchen-Sonderwünsche, Würste mit und ohne Senf, Balanceakte zwischen sitzenden und stehenden Gästen. Zigarettenrauch, Dunst, Schweiß und Pferdegeruch gemischt mit Gulaschsuppe, Bier und verschüttetem Wein. *Schwacher Kaffee, Kaffee fertig, nein, lieber doch einmal Schwarztee – oder haben Sie Hagebutte*? Zurufe, Fragen, *Fräulein, haben Sie meinen Roten vergessen?, ich habe keinen Senf bestellt ...*, wer hat bloß diese Limonade gewollt?..., flinkes Kopfrechnen, kassieren und kramen nach dem Wechselgeld ... Dann kommt es, das erste Trinkgeld meines Lebens. Mit rotem Kopf, etwas verschämt, schiebt mir ein junger Bursch in Turnierkleidung fünfzig Rappen über den Tisch. *Für Sie, Fräulein ...* Ich muß gerührt schlucken, lächeln. Erstens über das Trinkgeld und zweitens über das Fräulein. In meinem Alter ... Abräumen der Tische, sortieren von Flaschen, Gläsern, Tellern, Abfall. So also leben Kellnerinnen, denke ich zwischendurch respektvoll. Die Zeit verfliegt. Dann kurze Pause in der Halle, zum Zuschauen.

Die aufgeräumte Feststimmung wogt nachmittags auch in die Beiz. Menschen lachen, erzählen, bestellen Wein und sitzen in großen, lauten Runden mit erhitzten Köpfen und funkelnden Augen um die Tische. Kinder tollen zwischendurch herum, besorgte oder stolze Familienmitglieder schildern mit lebhaften Gesten den Parcours ihrer Lieben, Hunde liegen oder streunen herum. Ein Aufschrei aus vielen Kehlen vor dem eigens installierten Fernseher: ein Lokalmatador hat eine gute Zeit, einen fehlerlosen Parcours absolviert ... Drei lange, arbeitsreiche, aber interessante Tage, die allerdings relativ früh, um acht Uhr abends, enden. Dann, wenn sich die meisten Pferdeanhänger wieder auf dem Heimweg befinden und nur einige Unentwegte erst so richtig in der Festbeiz zu feiern beginnen.

## Rosis Entschluß

Rosi hat meine Versuche auf den verschiedenen Schulpferden aufmerksam verfolgt. Offenbar ist in ihr ein Gedanke gereift, den sie pädagogisch gezielt sät. *Mit einem eigenen Pferd wären deine Fortschritte schneller, gemeinsam mit deinem Pferd könntest du lernen, es immer zur Verfügung haben*, erwähnt sie immer öfter so quasi nebenbei. Aber im jeweils genau richtigen Moment ... Der Wunsch nach einem eigenen Pferd ist bei mir allerdings nicht vorhanden, über etwaige Konsequenzen eines Pferdekaufs habe ich mir den Kopf noch nicht zerbrochen. Für mich besitzen nur gute, alterfahrene Reiter ein eigenes Pferd, Leute, die von diesen Tieren auch etwas verstehen, Punkt. Rosi ändert daraufhin leicht ihre Taktik und macht gemeinsame Sache mit dem Besitzer des Handelsstalls, von dem sie ihren kleinen Schulbetrieb gepachtet hat. Und immer öfter steht nun des Morgens ein neues Pferd im Schulstall. *Zum Ausprobieren, für ein paar Tage*, sagt Rosi. Ganz nebenbei denkt sie laut nach, ob das nicht etwas für mich wäre, ich stelle mich taub. Auf einem unerprobten, allen unbekannten Pferd will ich nicht sitzen. Ganz im Gegensatz zu den Stallmädchen, die mit leuchtenden Augen die Neuen ausprobieren dürfen. Rosi selbst schwingt sich mittlerweile auch kaum mehr für die Sonntagsausritte in den Sattel. Rückenprobleme. Einige Handelspferde kommen und gehen, meine Ausreden versiegen nicht. Rosis Verkaufsversuche lasse ich eher amüsiert über mich ergehen, manchmal heuchle ich Interesse, oft lehne ich geradeheraus ab. Zwei oder drei der Kandidaten probiere ich im Lauf der Wochen in Rosis Gegenwart minutenweise vorsichtig in der Halle aus, um ihr einen Gefallen zu tun. Robert hört von Rosis geschäftstüchtigen Versuchen und zählt vorsorglich die Nachteile eines Pferdebesitzes auf, die Verantwortung, Pflichten, Zeitaufwand, Risiken und vor allem Kosten: Tierarzt, Schmied, Pension, Futter, Ausrüstung. Ich bin seiner Meinung, nicke zustimmend und lächle ruhig, denn ich will ja gar kein Pferd besitzen. Aber ich möchte Rosi bei Laune halten, weil ich den Unterricht auf möglichst ruhigen Pferden absolvieren will. Und wenn man sich Rosis Grant zuzieht, gibt's genau das Pferd, mit dem man nicht zurecht kommt. Ganz abgesehen von der unerbittlichen Schärfe der Kommentare zum Reitstil ... Rosi ist eben allmächtig, was die Zuteilung der Schulpferde betrifft. Ihre Allmacht billigt Robert nicht, er liefert sich Rosis Fuchtel nur einmal aus und lehnt dann jede Wiederholung kategorisch ab.

Den fliegenden Hufschmieden kann ich manchmal vormittags bei der Arbeit zusehen. Säuberlich werden die zum Beschlag fälligen Schulpferde nebeneinander an der Eisenstange entlang der großen Reithalle draußen angebunden. Der Schmied kommt mit einem Kleinbus voller Gerätschaften, einem Elektroofen und einem Helfer, der die Beine der Tiere während des Beschlagens aufhält. Dann hämmert, klopft, feilt, brennt der Schmied die Eisen aufs Horn, taucht die rotglühenden neuen Pferdeschuhe zischend ins Wasser und nagelt sie mit schnellen Schlägen fest. Alle Pferde lassen das ruhig über sich ergehen, nur wenige schnauben aufgeregt beim Gestank des verbrannten Horns und des Rauchs, der sich beim Aufdrücken der heißen Eisen entwickelt. Ich verstehe nicht, daß die Tiere sich diese Prozedur so ruhig gefallen lassen. Und bewundere den Schmied, einen noch jungen Mann, der so treffsicher die Nägel einschlägt, ohne die empfindlichen Stellen im Huf zu verletzen.

*Ankaufsuntersuchung ist morgen, du mußt den Candle dem Tierarzt vorführen.* Rosi hat endlich für die kleine Marianne ein Pferd gefunden, und Tochter wie Mutter sind begeistert von dem braunen, freundlichen Iren. Aus dem verschmusten Candlelight, der mir beim Boxenmisten immer so freundlich in den Nacken bläst, ist ein Candle geworden. So darf ich ihn also halten und führen, mit ihm nach Angaben des Veterinärs gehen, traben, Wendungen auf dem harten Betonboden machen. Ich beobachte die verschiedenen Untersuchungen, lammfromm steht Candle neben mir, fordert zum Schmusen auf. Ein Schmusepferd. Alles OK, Candle ist gesund. Und Marianne schließt dann abends überglücklich ihr neues Pferd in die Arme. Im wahrsten Sinn des Wortes, um den starken Hals herum, sein weiches Maul tief in ihren Haaren.

## Stürze mit Folgen

Meine Parallellreitschule hatte ich ein wenig vernachlässigt in den letzten Wochen, jetzt kehre ich zurück. Mein suchender Blick findet Heros Stand leer. *Ist vorige Woche in die Wurst gegangen*, grinst Markus, der Reitlehrer, feinfühlig. Der zweite Verlust innerhalb kurzer Zeit, und was für eine charmante Mitteilung. Ich finde mich mit dem neu zugeteilten Pferd ab, doch es ist halt nicht mein zotteliger alter Hero ... Auch mein Mann nimmt nun öfter mit mir wöchentlich eine Reitstunde bei Markus. Auf einer etwas temperamentvollen Stute, die deutlich ihren Willen zeigt. Irgendwann findet Markus ihren Galopp nicht ausreichend, langt mit der Spitze seiner Longierpeitsche mal kurz ans Füdli der unentschlossen Galoppierenden ... Der daraus resultierende Bocksprung befördert meinen Mann direkt in den Holzzaun. Lachend wendet sich der Stürze gewohnte Reitlehrer seinen übrigen Schülern zu, über die Schulter hin kommandiert er den Gefallenen zum Wiederaufsitzen. Was dieser mit zusammengebissenen Zähnen mühsam tut. Besorgt beobachte ich das Gesicht meines Mannes, erkenne, daß er Schmerzen hat, sehe, daß er seine linke Hand nicht bewegt. Mach kein Getue, eine kleine Verstauchung, hopp weiter. Sagt Markus, der Reitlehrer, ganz souverän. Aber nach einer Volte im Trab gibt mein Mann auf, trotz des mißbilligenden

Kopfschüttelns des Lehrers. Hart muß man sein. Im Nehmen und im Geben. Wo habe ich das denn nur schon mal gehört? Sind denn alle Pferdeleute aus ähnlichem Holz geschnitzt?

Mein Mann versorgt sein Pferd selbst, und der anschließende Besuch beim Arzt zeigt einen mehrfachen Bruch der linken Vorhandknochen. Einige Wochen Gips sind die hinderliche Folge. Schon nach drei Wochen fühlt Robert, mir unbegreiflich, sich wieder zu den Pferden gezogen, bucht trotz Gipshand und trotz meiner Proteste eine Reitstunde bei Markus. Und verletzt sich durch seine Behinderung schon beim Aufsteigen, so daß er sich einen weiteren Bruch an derselben Hand zuzieht … Glücklicherweise ist es die Linke, grinst Robert tapfer. Männer …

## Traumpferd, passend zum Blondhaar

*Nächste Woche kommt das Traumpferd für dich.* Der Pferdehändler steht neben Rosi und grinst mich charmant an. Er ist ein fescher Mann und ein guter Reiter. *Frisch aus Deutschland kommt sie, hab ich extra für dich ausgesucht. Eine Schwarze, kohlrabenschwarz. Was meinst Du, wie gut die zu deinen blonden Haaren passen wird …* Ich lächle verlegen, bin sprachlos, bleibe höflich. Der Scherz ist an mir verloren. Sucht man ein Pferd passend zur Haarfarbe aus? Zudem trage ich beim Reiten grundsätzlich meinen Helm, den ich wegen meiner verklebt-verschwitzten Haare nach dem Unterricht jeweils sofort gegen eine Sportkappe tausche. Na ja, ein netter, aber mißglückter Versuch, mich zu motivieren. Also wieder eines zum Ausprobieren, denke ich nachsichtig. Ich weiß, Rosi wird langsam ungeduldig, will eine Entscheidung.

Aber erst mal entkomme ich der Neuen, fahre eine Woche nach Österreich, besuche meine Eltern. Ich genieße die heimatlichen Klänge, die gemütlichen Abende beim Heurigen, das Wiedersehen mit alten Bekannten. Und ich genieße auch die vormittägliche Reitstunde mit meinem Bruder. Bei meinen unregelmäßigen Besuchen wird mir stets der Superlehrer Max zugeteilt, ein echter Pferdeprofessor, so wie Kaftan einer war. Eine Superstunde ist das diesmal, alles klappt. Begeistert buche ich gleich für denselben Nachmittag nochmals eine Stunde, ich will meine offensichtliche Bestform nützen … Eltern und Patentante bringen mich hinaus zur Reitschule, auch mein Bruder schaut kurz vorbei, gemütlich sitzt die Familie hinter der großen Glaswand, die das Stübli von der Reithalle trennt. Sie diskutieren bereits, bei welchem Heurigen man anschließend den Tag ausklingen lassen wird. Den Max bekomme ich entgegen meiner Erwartung diesmal nicht zugeteilt, den bekommt eine andere. Ich erhalte die Rosi, eine nervige braune Namensvetterin meiner Schweizer Reitlehrerin ... Eine herbe Enttäuschung, nicht unbekannt von anderen Schulen her. Ob ein eigenes Pferd, das immer zur Verfügung steht, vielleicht doch keine schlechte Idee wäre?

Rosi ist der krasse Gegensatz zu Max, ich finde mich auf der Stute nicht zurecht. Und werde bei einem nervösen Seitensprung der Dame gleich aus dem Sattel geschleudert. So eine Blamage. Ich vermeide den Blick in Richtung Fenster, wo die Köpfe in Bewegung gekommen sind. Energisch steige ich wieder auf, verbringe den Rest der Stunde mehr schlecht als recht. Nichts klappt. Wo ich doch der versammelten Familie stolz mein Können vorführen wollte ... Während der abschließenden Galoppvolte öffnet jemand die Hallentür, ich lande nochmals am Boden. Zweimal in einer einzigen Reitstunde, bisheriger Rekord. Äußerlich ist mir nichts passiert, meine inneren Blessuren dränge ich tapfer in den Hintergrund. Hab ich denn seit heute morgen alles verlernt, sind zwei Reitstunden am Tag zuviel? Ende der Stunde. Endlich. *Bleibt noch stehen, wartet*, bestimmt die junge Reitlehrerin. Sie nimmt eines jener Pferde, die sich wie Rosi besonders widerspenstig zeigten, am Zügel und führt es samt Reiterin über die am Boden ausgelegten Trabstangen. Ich sitze entspannt und fast versöhnt auf meiner Rosi, beobachte erleichtert die Übung. Die Gefahr ist vorbei, mir kann nichts mehr passieren. Eine zackige Seitwärtsbewegung von Rosi aus unerfindlichen Gründen – und zum dritten Mal komme ich aus dem Sattel, ramme im Fall den rechten Ellenbogen tief in die Holzlohe der Manege.

Meine Familie beachtet den neuerlichen Sturz fast nicht mehr, man sammelt sich schon zum Weggehen. *Warum fällt sie denn so oft?* fragt die Taufpatin meine Mutter. Erst als ich einfach liegenbleibe, kommt Bewegung in meine Richtung. Mein Bruder ist als einer der ersten da. Ich liege gekrümmt am Boden, ringe nach Luft und weiß, daß irgend etwas nicht stimmt. Etwas mit meinem rechten Arm. Der baumelt da aus der Holzlohe, als gehöre er nicht zu mir. Als wäre er ein loses, zufälliges Teil ohne Verbindung mit meinem Oberarm. Dann erst kommen die Schmerzen. Irgend jemand fängt Rosi ein, irgendwie komme ich ins Auto meines Bruders. Der rast mit mir ins Spital, mir beruhigend zusprechend, immer mit einem besorgten Seitenblick auf mich. In mir mischen sich Wut, Angst, Schmerzen und Ärger über die eigene Ungeschicklichkeit. Vom stehenden Pferd fallen, wo gibt's denn so was? Spital, Unfallabteilung in einer kleinen Provinzstadt. Ich bin voll Erde und Lohe, die schweren Reitstiefel zieht mir irgend jemand mit viel Mühe aus. Reitunfall, flüstert irgendwer zu irgendwem. *Werde ich wieder reiten können*? frage ich ziemlich dumm den beim Röntgen mit meinem Arm beschäftigten Arzt. Der bejaht, beruhigend lächelnd. Und erzählt seiner Assistentin von dem schrecklichen Reitunfall vorige Woche mit dem Bruch der Wirbelsäule, während er an der Maschine hantiert. Ich versuche, nicht hinzuhören. Zwei fröhliche Männer in Weiß nehmen mich im Gipszimmer in Empfang, der Schmäh rennt, wie man hier so sagt. Man ist nahe bei Wien, das hört man. Mir wird der Ellenbogen eingerenkt, mir wird schwarz vor den Augen. *Schock*, konstatiert grinsend einer der beiden. *Offener Gips eine Woche lang, dann Leichtgips für vier Wochen. Haben Sie mal Zeit für ein Glaserl Wein?*

Eine Schwester fragt, ob ich lieber die Nacht im Spital verbringen will. Will ich, ja. Ich will allein sein. Die Familie besucht mich, gruppiert sich ums Spitalbett, lächelt aufmunternd. Ein Zweierzimmer habe ich bekommen, liege neben dem Fenster und schaue hinaus auf einen noch kahlen Baum. Meine Mutter hat Waschzeug und Nachthemd gebracht, unruhig und verlegen stehen alle herum. Dann gehen sie zum Heurigen. Ich weine noch ein wenig vor Wut, Schock und Ärger, der Arm schmerzt. Eine Bettnachbarin wird hereingefahren, Sturz vom Fahrrad. Auch nur für eine Nacht aufgenommen. Zur Beobachtung. Eine dicke Schwester teilt Tee aus und ein belegtes Brot. Beide verzichten wir, erhalten unsere Schlafpille. Und erzählen uns gegenseitig von unseren Unfällen in den Schlaf. Gegen Mitternacht werde ich an der Schulter gerüttelt, *Telefon für Sie.* Ich schlurfe auf den Gang, es ist mein Mann, besorgt, noch immer mit dem linken Arm im Gips. *Bei mir ist's der Rechte*, murmle ich. *Mein Gott, der Rechte …*

Am nächsten Morgen gibt's die obligate, stopfende Krankenhaus-Buttersemmel zum Kaffee, dann darf ich nach Hause. Mit offenem Gips, denn der Arm schwillt noch an. Ich bleibe die Woche über bei den Eltern, rufe Rosi an. Noch bevor ich meine Neuigkeit los werde, überfällt sie mich sprudelnd: *Sie ist da, dein Pferd ist da. Ein Traumroß, alle finden sie so schön, wann kommst du denn endlich zurück?* Rosi stößt ein gutschweizerisches *Gopferdelli nomal* aus, als sie von der Luxation hört. Und ich bin fast erleichtert, daß ich zumindest diesmal nicht nach einer Ausrede suchen muß. Wer kauft denn schon mit einem Gipsarm ein Pferd? Rosi faßt sich schnell, versichert mir, die Neue aufzuheben: *Du mußt sie sehen, sobald du zurückkommst …* Dabei mag ich an Pferde momentan gar nicht denken. Mein Bruder hat mir erzählt, daß die arme vierbeinige Rosi an diesem Unglückstag noch strafweise eine Stunde longiert worden war. Strafweise longiert? Einige Wochen später wird Rosi verkauft, sie ist anscheinend eine notorische Abwerferin … Über die sicher vorhandenen Gründe für Rosis unglückseliges Temperament mache ich mir zu dieser Zeit noch keine Gedanken. Trotz Gips genieße ich die folgenden Tage, umsorgt von den Eltern, angenehm bemitleidet. Mache Ausflüge, Besuche und lerne, ohne den Gebrauch der rechten Hand durch den Alltag zu gehen. Mit dem neuen Leichtgips kehre ich nach Zürich zurück, werde am Flughafen vom links vergipsten Ehemann in Empfang genommen. Zwei Reitopfer. Ich bin absolut nicht sicher, daß ich dieses Hobby weiterführen will. Eigentlich habe ich innerlich bereits Abschied genommen: es war ein schöner Ausflug in eine andere Welt, aber doch zu aufwendig, zu gefährlich, zu zeitraubend. Und Angst habe ich wieder bekommen. Sollte der Unfall als Warnzeichen zu deuten sein? Arbeiten im Büro, frisieren, waschen, kochen, Hausarbeit – alles geht langsamer mit der Linken. Ich genieße es, nun des öfteren im Restaurant zu essen, mir vom Friseur die Haare waschen zu lassen, ein kleiner Luxus. Alles Schlechte hat sein Gutes, sagt man doch. Bei der gemeinsamen Geschäftsreise nach Athen bringen uns beiden Vergipsten die Stewardessen Champagner als Trost, und unsere Geschäftspartner schießen Fotos von uns. Als Abschrekkung für die reitbegeisterten Töchter.

Und schließlich besuche ich auch wieder den Reitstall. Aus Anstand der Rosi gegenüber, aus Gewohnheit und aus Neugier. *Endlich*, sagt Rosi bei meinem Erscheinen im Stall nur. *Ich laß sie dir vorführen, warte mal. Sie ist eine Schöne, du wirst sehen* ... Ich lächle höflich und rücke meinen Gips besser ins Blickfeld.

## Schwarzer Blitz

Dann kommt eines der Stallmädchen. Und hat am Seil neben sich ein mageres, mittelgroßes, schwarzes Pferd mit zerbrechlich dünnen hohen Spinnenbeinen, mit glänzendem Fell und unruhigen Augen. Eine Renntraberin kurz vor dem Start, fährt es mir durch den Kopf. Nervös tänzelt die Stute herum, bleibt keinen Moment still stehen. Rosi greift ein, führt die zappelnde Schwarze zur leeren Halle und läßt sie dort frei. Falsch. Absolut falsch, falls dies als positive Entscheidungshilfe für mich gedacht war. Ein schwarzer Wirbelwind saust durch die Lohe, donnert an uns vorbei. Auch ohne anfeuernde lange Peitsche von Rosi rast die Schwarze mit voller Geschwindigkeit und verzweifelter Kraft auf die Stirnseite der kleinen Halle zu, rammt knapp vor der Wand die Vorderbeine in den Boden, wirft sich herum, stellt den Schweif hoch, streckt mit langem Hals den Kopf weit nach oben, rollt die Augen, schnaubt wie ein Drache und trabt, nein – federt hoch über dem Boden ein paar Meter. Was für ein Gang, muß sogar ich zugeben. Bis ein neuerlicher rasanter Galopp und übermütiges, mehrmaliges Füdlilüpfen mir, der entsetzt zusehenden Käuferin in spe, den Atem nehmen. Fontänen von Spänen und Sand spritzen in die Tribüne, die Galoppsprünge tönen wie dumpfer Donner und bringen neugierige Zuschauer zur Hallentür. Blaß sitze ich in der Tribüne, umklammere hilfesuchend meinen Leichtgipsarm und lächle krampfhaft. Die neugierigen Stallmädchen um mich herum haben leuchtende Augen beim Anblick des Wirbelwinds, ergehen sich in Ahs und Ohs, sind begeistert von dem Temperament. *Hast du gesehen, wie sie federt, wie die galoppiert? Mal was anderes als die lahmen Schulpferde …* Wie kommt denn Rosi bloß auf die Idee, das wäre ein Pferd für eine vorsichtige, ziemlich ängstliche Reitanfängerin in den sogenannt besten Jahren? Ich getraue mich nicht einmal an das Temperamentbündel heranzutreten.

Wenig später wird Quirina, so heißt die sechsjährige, heftige Baden-Württembergerin, in einem Stand des Schulstalls angebunden und Rosi schützt Geschäfte vor, um mich mit ihr alleine zu lassen. Weiße Dampfwolken steigen von dem schwarzen Fell auf, feuchtverklebte Haare an Hals und Rumpf, ein heftig atmender Körper. Quirina denkt nicht daran, wie die Kameraden links und rechts einfach die Wand anzustarren. Sie dreht den Kopf erst nach links, dann nach rechts bis hin zur Flanke, rollt die Augen und schnaubt fragend in meine Richtung. Ich stehe hinter ihr, mit Respektabstand, und beginne zögernd, mit ihr zu sprechen. Aufmerksam spitzt die Schwarze die Ohren, sie spielen unentwegt. Ein schönes Tier, das muß ich zugeben. Doch sie macht keinen gemütlichen, friedlichen Eindruck: Neugier, geballte Energie, Geschwindigkeit strahlen von ihr aus, sogar jetzt im Stand, angebunden. Schade um sie, denke ich unwillkürlich. Stelle sie mir frei irgendwo auf einer großen Weide laufend vor. Bin neugierig, was Rosi mit ihr weiter vor hat. Für den Unterricht? Nein, zu unruhig. Verkaufen, an den Meistbietenden … Quirina scharrt ungeduldig mit dem rechten Vorderbein: *wo bleiben die Guezis, ich will, ich will …*

Ich fühle mich merkwürdig traurig, als ich endlich den Stall verlasse. So, als ob ich versagt hätte. Die Schwarze schaut mir aufmerksam nach, verfolgt mit weit zurückgedrehtem Kopf mein Verschwinden hinter der großen Tür. Ich drükke mich an Rosi vorbei, verspreche, am nächsten Tag wiederzukommen, zu überlegen. Rosi nickt schweigend und grinst.

*Die Neue muß bewegt werden*, sagt Rosi bei meinem nächsten Besuch gedankenvoll – ich bin froh, daß Reiten für mich momentan außer Frage steht. So wird Quirina in den Schulunterricht eingeteilt, einer fortgeschrittenen Reitschülerin anvertraut. Ich sehe einige Male so einer Stunde zu, und was ich sehe, bestätigt meinen ersten Eindruck. Schnell ist die Schwarze, ungeduldig und absolut nicht an den Zügel zu bekommen. Sie reckt Hals und Kopf hoch, tritt wenig mit den Hinterbeinen unter, belastet somit die Vorderbeine zu stark und drückt beim Reiten den Rücken weg … Aber das sehe ich selbst noch gar nicht. Ich sehe nur ein unruhiges, gar nicht glücklich ausschauendes Pferd, das ständig herumzappelt. Das im Schritt zackelt und beim Annehmen der Zügel losrast. Einige Tage später wird Quirina erstmals auf einen Ausritt mitgenommen. Ihre Reiterin nickt nach der Rückkehr uns Wartenden herablassend zu: *brav war sie, die Schwarze. Die ganze Zeit zwar getänzelt, aber sonst sehr brav. Hast ihr zuviel Kreuz gegeben*, meint Rosi. Unverständliches Fachchinesisch, ich frage nicht weiter nach. Rosi selbst schwingt sich nicht auf die Neue, *ich bin zu schwer*, meint sie entwaffnend. Ihre Kollegin Rita, die Reitunterricht für gehobenere Ansprüche erteilt, macht in der großen Halle ein paar Sprünge mit der Schwarzen. *Gar nicht so schlecht*, urteilt sie. *Aber eine hysterische Ziege ...* Ich selbst beschränke mich darauf, lange stumme Zwiegespräche mit Quirina zu halten.

Quirinas Ruf als Schlägerin festigt sich schnell in der Anlage. Alle kommen, um die schöne Neue zu sehen und sich in natura davon zu überzeugen, daß sie ihre Hinterbeine nicht im Zaum halten kann. Versuche, die Hinterhufe zu reinigen, scheitern meist kläglich, denn die Schwarze wehrt sich mit verzweifelter Kraft, schlägt links und rechts um sich. *Kein Problem*, sagt Rosi fachmännisch und hält ein Vorderbein hoch, während ein erfahrenes Stallmeitli versucht, den diagonalen Hinterhuf auszukratzen. Von diesem Moment an kommt Quirina zu zweifelhaften neuen Ehren: sie ist das einzige Roß des Betriebes, das auf nur zwei Beinen stehen und trotzdem mit einem Hinterbein kräftig ausschlagen kann. Scheibenwischerartige Fegebewegungen macht sie, stampft dann das Bein auf den Boden, einem trotzigen Kind gleich. Je mehr Leute davonstieben, desto begeisterter legt Quirina sich ins Zeug. Rosi verliert schließlich die Geduld, nimmt die Gerte und zieht der verdutzten Schwarzen kräftig damit über die Kruppe. Die ist eben ganz ruhig gestanden, auf allen vier Beinen, ohne zu schlagen. Und begreift natürlich den Sinn dieser unzusammenhängenden Erziehungsmaßnahme nicht. Der Radius des Trittes vergrößert sich als Antwort. Panikartig versucht sie, sich vorne vom Strick loszureißen, wirft den Kopf mit rollenden Augen hoch, zieht ruckartig nach hinten. Rosi brüllt, die Schwarze spitzt die Ohren und hält eine Sekunde lang inne. Allerdings nicht länger. Je mehr Leute zusammenlaufen, Ezzes geben, Gerten schwingen, herumfuchteln, desto ungebärdiger wird das Pferd. Bis man aufgibt, sie in den Stand zurückzerrt. Ich beobachte die Machenschaften rund um Quirina aus der sicheren Entfernung meines Gipsarms, entsetzt, zweifelnd und nachdenklich. Zu meiner Angst mischt sich Mitleid mit dem offensichtlich verstörten Tier. *Blödsinn, die spinnt einfach*, weist Rosi diese Gedanken zurück. *Die braucht eine feste Hand, ein paar kräftige Hiebe ...* Mit großen, verschreckten Augen dreht Quirina im Stand sich zu mir um.

Immer drängender fragt Rosi nach einer Entscheidung. Schließlich bietet sie mir den gemeinsamen Kauf der Stute an: 2/3 Quirina für mich und 1/3 Quirina für Rosi. Bei der sie ein wenig im Unterricht mitlaufen soll, die nötige Bewegung hätte und quasi nebenbei besser ausgebildet würde. Gemeinsam mit mir könnte Quirina so Schritt für Schritt lernen. Pensionskosten müßte ich nicht zahlen und hätte Quirina für jede gewünschte Stunde zur Verfügung … *Junges Pferd und junger Reiter lernen gemeinsam,* sagt Rosi. Altes Pferd, junger Reiter, klingt mir zwar in den Ohren, aber was weiß ich als Laie schon von der Pferdewelt?

## Teilpferd

Mein Ehemann findet Rosis Angebot fair, ich eigentlich auch. Obwohl ich nicht sicher bin, ein eigenes Pferd zu wollen, Quirina im speziellen zu wollen. Ein Pferd teilen zu wollen. Oder mein Pferd im Unterricht laufen lassen zu wollen … Aber so hätte ich wenigstens die Möglichkeit, über Quirinas Zukunft zu entscheiden. Gemeinsam besuchen wir die Schwarze, spazieren mit ihr auf der Anlage, wir beide mit unseren Gipsarmen. Schwere Entscheidung. Quirina zappelt neben uns her, die Kollegen machen einen weiten Bogen um uns, grinsen kopfschüttelnd.

Eines Tages verliert Rosi die Geduld. Ganz nebenbei erwähnt sie, daß sie Quirina am nächsten Abend an eine junge Reitschülerin verkaufen werde. *Du kannst dich ja doch nicht entscheiden*, meint sie verkniffen. Ich bin verunsichert, habe das Gefühl, mir eine unwiederbringliche Gelegenheit entgehen zu lassen. Und neben dem Warnbild der schlagenden, nervösen Stute sehe ich den fragend nach mir zurückgedrehten Kopf des Pferdes vor mir. *Nimmst du mich jetzt oder nicht* ? Irgendwie spüre ich, daß die Stute, auch wahrscheinlich durch Transport und Stallwechsel, verunsichert ist, Angst hat. Daß ihre ungebärdigen Reaktionen eine Art der Verteidigung vor all dem Neuen sind. Das verstehe und begreife ich gut. Und ich fühle mich verantwortlich, einfach so.

So werde ich etwas überstürzt mit Rosi handelseinig. Gleich am nächsten Morgen, über den Tisch hin, besiegeln wir nach alter Pferdehändlersitte mit einem Handschlag das Geschäft. Ich habe einen Vertrag aufgestellt, der die vereinbarten Punkte festhält und den Rosi etwas verdutzt unterschreibt. Papier ist geduldig und jeder Vertrag ist so gut wie seine Unterzeichner … Ich bestehe auf einer Ankaufsuntersuchung und blättere mit klopfendem Herz der Rosi den Zweidrittel-Kaufpreis auf den Wirtshaustisch. Es ist Ende Mai, Frühling, den rechten Arm habe ich noch in Gips, und mein Zweidrittel-Pferd habe ich noch nicht mal selbständig an der Hand führen können, geschweige denn reiten … Trotzdem. Ich bin voll Wunder über mich selbst, über die neue Tatsache. Ich besitze jetzt ein Pferd, ein richtiges, großes, warmes, lebendiges Pferd. Für das ich sorgen, über dessen Leben, Wohlergehen und Tod ich entscheiden muß. Für das ich die Verantwortung übernommen habe.

*Sind Sie sicher, daß Sie dieses Pferd kaufen wollen? Es gibt so viele andere, warum wählen Sie nicht ein einfacheres?* Der freundliche, etwas rundliche Tierarzt schaut mir über die Brillengläser hinweg prüfend und ernst in die Augen. Den verschmusten Candle hat er damals auch untersucht. *Ich kenne viele Pferde in meinem Beruf, dieses hier ist sicher nicht einfach im Umgang…* Er seufzt, denkt an die eben beendete Untersuchung und wie Rosi die aufgeregte Stute kaum halten konnte. Er will sicherheitshalber auch noch Röntgenfotos von den Beinen machen, will mich vor Schaden bewahren … Wegen meinem Gipsarm habe ich die Untersuchung nur vom Rande aus mitverfolgt, habe das abwehrende Schlagen, das unmutige Aufstampfen der Vorderbeine, die Ungeduld, das nervöse Getänzel um den Arzt herum gut gesehen.

Ein Stein liegt in meinem Magen – ob ich dieser Herausforderung wirklich gewachsen sein werde? *Das ist sicher kein Pferd für einen Anfänger, ich reite schon lange und hätte Mühe mit ihr*, brummt der Tierarzt zu Rosi. Ein böser Blick streift ihn. Rosi meint spitz, er solle sich um die Gesundheit des Rosses kümmern, dafür sei er ja gekommen. Unter dem Sattel, da sei Quirina eine wahre Perle … Gesundheitlich ist die Schwarze in Ordnung, stellt sich heraus. Der Tierarzt kann es sich nicht verkneifen, in der Rubrik Charaktereigenschaften groß das Wort *nervös* einzutragen … Sechs Jahre ist sie alt, der Vater ein vollblütiger Angloaraber, der Großvater mütterlicherseits ebenfalls Vollblut, Trakehner finden sich auch in der Ahnenliste. Eingetragen ins Stutbuch, eine Baden-Württembergsche Züchtung, Stockmaß 1,68 m, Rappe. Viel Glück, lächelt der Tierarzt halbherzig und drückt mir Hand.

Eine Außenbox habe ich mir für Quirina ausbedungen, eine von den kleinen, etwas baufälligen, durch deren Dach bei starkem Regen das Wasser tropft, gleich neben den Brandruinen. Quirina schnaubt die verkohlten Boxenreste beim Vorübergehen an und schlägt dann in der neuen Box erst mal kräftig um sich. *Hengstmanieren*, flüstern sich die neugierig Zusammengelaufenen zu. Ich bin inzwischen endlich meinen Gips los, doch der Arm ist schwach, muß noch bandagiert werden. Jeder zeigt sich informiert: *Aha, hast du dich endlich entschieden, wie geht's deinem Mädchen, kommst du zurecht mit ihr?* Glückwünsche, Schmunzeln, wahrscheinlich verstecktes Kopfschütteln. *Was will die bloß mit so einem Pferd.*

So finde ich mich also zum ersten Mal auf dem Rücken meines eigenen Pferdes, gleich nachdem Quirina eine Schulstunde unter einer weit fortgeschritteneren Reiterin absolviert hat. Letztere steigt mit leuchtenden Augen ab, begeistert vom Ritt. Verkrampft und steif sitze ich dann im noch warmen Sattel. Alles unter mir vibriert, geballte Energie dringt mir entgegen. Immerhin habe ich einige Wochen mit dem Reiten ausgesetzt, muß mich neu zurechtfinden. Die Schwarze reißt sofort den Kopf hoch, wenn ich die Zügel nur etwas aufnehme, rollt mit den Augen und drückt den Rücken weg. Sie tänzelt auf der Stelle, wenn Rosi das Stehenbleiben befiehlt. Läuft im Trab davon und galoppiert nicht an, schöne Aussichten sind das. *Du mußt sie einfach jeden Tag in der Halle freilassen, mindestens zwei Stunden am Tag muß sie geritten werden. Und du mußt sie regelmäßig longieren*, rät Rosi. Ob ich das zeitlich schaffen werde?

Zum meinem Geburtstag gibt's Trense, Zäumli, Martingal und Sattel, alles in Schwarz, passend zum Roß, steif und neu riechend. Der Sattel wird unter den fachmännischen Augen von zwei Fachfrauen Pferd und Reiterin angepaßt und wenige Wochen später dann doch durch einen anderen ersetzt. Der dann zwar nicht schwarz ist, diesmal dafür aber beiden paßt. Gemäß den Ratschlägen alter Pferdekenner reibe ich das neue Leder großzügig mit Salatöl ein – biegsam und weich soll das machen. ... Könnte ich für mich selbst auch gut gebrauchen ...

## Rasante Stunden

Rosi zeigt mir richtiges Longieren, Neuland ist das, denn die Schulpferde werden nicht longiert. Daß es auch zu dieser Prozedur viele Möglichkeiten und Ansichten gibt, weiß ich noch nicht, Rosi ist in meinen Augen noch die allwissende Meisterin. Selbst wenn sie trotz wiederholter Bitten noch immer nicht auf Quirina gesessen ist und dies anscheinend auch nicht vorhat. Quirina rast in großem Kreis um die kleine runde Rosi herum, die mit fester, lauter Stimme Kommandos gibt. Die Quirina nicht zu hören scheint. Mit panikartig aufgerissenen Augen rast die Schwarze in halsbrecherischem Galopp im Kreis, geht regelrecht an der Longe durch, bis sie endlich nachgibt und in einen ruhigeren Trab fällt. *Laß sie einfach austeufeln*, wird mir gesagt, *sie wird schon müde werden*. Mir wird gezeigt, daß die Hinterbeine meines Pferdes absolut nicht genügend weit untertreten, nicht einmal die Spur des jeweiligen Vorderhufs erreichen. Deutlich sichtbar ist das in dem weichen Boden der Halle. Rosi schüttelt den Kopf. Ein Hilfszügel wird Quirina verpaßt, ein sogenanntes Tiedown, ab sofort und in allen Unterrichtsstunden anzuwenden. Eine elastische Gummikonstruktion, die Trense und Bauchgurt verbindet, so das Pferd zum Senken des Kopfes, zum Schwingen des Rükkens, zum vermehrten Untertreten der Hinterbeine veranlassen soll. Zumindest verstehe ich das so.

Longiert wird mit Ausbindern, Ledergurten, die zwischen Trense und Longiergut angebracht sind. Sie verhindern fast jegliche Bewegung des Kopfes, zwingen die Pferdenase Richtung Boden. Jämmerlich rollt Quirina die Augen, um mich anzusehen, der Kopf sitzt wie im Schraubstock, denke ich besorgt. *Ja, schau nur nach deiner Mutti, die kann dir jetzt auch nicht helfen*, ruft Rosi, es klingt fast zufrieden. Nein, Quirina liebt die Rechtsvolten nicht und wirft sich daher mitten im Trab und Galopp ohne Vorwarnung einfach herum, macht linksherum weiter. Für Rosi kein großes Problem, für mich Ungeübte bald ein Alptraum. *Gopfverdorri*, brüllt Rosi mit rotem Kopf, und für einige Sekunden läuft Quirina vor Schreck ganz brav. Dann fällt sie in ein paar Galoppsprünge und rast wie ein Kamikazeflieger in die Mitte auf Rosi zu. Streng wird sie wieder hinaus auf die Volte geführt, erhält neue Befehle ... bis zur nächsten Unwillensäußerung. Ich hoffe immer, daß meine Longierversuche niemand beobachtet. Ständiger Wechsel zwischen Brüllen à la Rosi, Schimpfen und Bitten, oft mit Tränen in den Augen, aus Wut über meine Ohnmacht. Quirina läßt mich im Vorbeiflitzen nicht aus den Augen, sieht man eigentlich bei allen Pferden das Weiß der Augäpfel?

Die Schulstunden mit Quirina werden zumindest in der Gruppe erträglich, denn sie ist schnell. Zurückhalten quittiert sie mit unwilligen Körperäußerungen, und bald strapaziert Rosi ihre Kehle nicht länger und reiht Quirina als Tête ein. Sie bestimmt dann die Geschwindigkeit der Abteilung, und so manches müde Schulroß reißt verwundert die Augen ob des neuen Tempos auf, im Versuch, einigermaßen Schritt zu halten. An die langsame Grey denke ich zurück, aus der kein schneller Schritt zu pressen war, an den gemächlichen Gundemar, den ruhigen Woody an Kaftan, Hero und so manche mehr.

Rosi teilt unser gemeinsames Pferd fast täglich zur Schule ein, meist in den Abendstunden, Quirina läuft unter fortgeschrittenen Könnern. Und ich nehme meine Reitstunden fortan natürlich ausschließlich auf und mit Quirina. Eine gewisse Routine pendelt sich ein, oft beobachte ich mein Zweidrittel-Pferd unter einem anderen Reiter, immer bringe ich für sie Karotten oder Äpfel mit. Kraftfutter erhält Quirina mittlerweile nicht mehr, der Hafer würde sie völlig durchdrehen lassen, zuviel Energie geben, erklärt man mir. Cavallino – also gepreßtes Heu – erhält sie statt dessen und wird etwas ruhiger. Lange stehe ich oft vor ihrer Box, beobachte sie, spreche mit ihr, versuche, ihr Vertrauen zu gewinnen. Und immer öfter stören mich die von anderen Reitern nicht gereinigten Hufe, nicht ausgebürstete Schweißflecke im Fell. Die Machtlosigkeit hinsichtlich der Auswahl der Reiter ... *Stell dich nicht so an*, sagt Rosi, *dafür wird sie geritten, auch im Gelände, sie lernt mit den anderen, und das kommt dir zugute*. Alles richtig, dennoch reift der Wunsch, Quirina ganz alleine zu besitzen. Mit allen daraus entstehenden Konsequenzen.

## August, erster Ausritt

Noch ist es nicht so weit. Vorerst einmal steht der allererste Ausritt im Gelände auf dem Programm. Mit Quirina. In Begleitung von Rosi und meinem Mann, der Muscade reitet, eine mittelgroße Braune mit großen, orientalisch geschlitzen Augen, schwarzen Beinen, Schweif und Mähne. Jene, die damals angeblich wegen Heimweh zurückgekommen ist. Meist steht sie resigniert mit hängendem Kopf in ihrem Stand, legt vorsorglich die Ohren an, wenn sich jemand nähert. Um Meinungsverschiedenheiten mit einem Reiter zu unterstreichen, kann sie jedoch recht kräftig bocken. Und sie hat Feuer und Pfiff, wenn sie will. Muscade ist deswegen beliebt bei den jungen Reitschülern, ihre konstant schlechte Laune wird ihr deshalb verziehen. Sommer ist es mittlerweile geworden, August, sehr heiß und Rosi hat nur gegen Mittag Zeit zum Ausreiten. Die Nacht vorher schlafe ich schlecht, erlebe in Halbwachträumen gefährliche Situationen da draußen im Gelände. Was, wenn Quirina einfach durchgeht, nicht mehr zu halten ist? Was, wenn das Pferd meines Mannes in Panik gerät und Quirina ansteckt? Rosi verabreicht vor dem Abritt Beruhigungsmittel an Reiterin und Pferd. Etwas benommen, mit unklarem Kopf und einem Stein im Bauch beginnt so der erste Ausritt. Wie gefährlich diese Sedierung von Pferd und Reiter im Gelände sein kann, weiß ich gottlob nicht.

Der einzige Zufahrtsweg zur Reitanlage ist eine enge, ziemlich steile Betonstraße, auf einer Seite von einer Felswand begrenzt, an der anderen liegt steil abfallend ein schütterer Wald, weit unten führt eine Straße vorbei. Anschließend muß der Parkplatz des immer gutbesuchten Mövenpick-Restaurants gekreuzt werden, hier mündet auch eine Tankstellenausfahrt in die Hauptstraße. Und an der Parkplatzausfahrt müssen wir eine der meistbefahrenen Straßen der Schweiz überqueren, die Nordsüd-Achse des Schweizer Fernverkehrs Richtung Zürich. Schwere, rumpelnde Lastkraftwagen mit und ohne Anhänger, Tankwagen, Baufahrzeuge, Motorräder und endlose Ketten von Autos ... Einen Zebrastreifen gibt es wohl, doch keine Ampel. Endlos scheinende Minuten des Wartens, eingeklemmt zwischen aus dem Parkplatz biegenden Fahrzeugen, die knapp hinter uns warten, und vorne vorbeipreschendem Verkehr. Der Fahrtwind nimmt oft den Atem, es stinkt nach Benzin, Gas und Gummi. Bis schließlich irgendein Fahrer Erbarmen hat, stehenbleibt. Manchmal mit quietschenden Bremsen, was zur Beruhigung der Pferde nicht beiträgt.

Rosi macht die Vorhut. Verkrampft sitze ich auf Quirina, die mit nervösen Hackschritten die Straße passiert. Neugierig den Kopf nach rechts und links dreht, um alles genau in Augenschein zu nehmen. Lärm, Gestank und die Bewegung der Fahrzeuge rundherum, harter Betonboden und ein zackelndes Pferd. Warm ist mir geworden. Wann wohl die Beruhigungstablette wirkt? Eine kleine Grüninsel trennt die beiden Fahrbahnen, dort warten wir auf die Möglichkeit zum Kreuzen der Gegenfahrbahn. Wieder eingekesselt vom hinten und vorne vorbeiziehenden Schwerverkehr. Mit unheimlichem Ächzen der Hydraulik kommt ein Camion zum Halt, Quirina macht einen erschreckten Satz seitwärts. Dann folgt sie schnell dem Füdli von Muscade … Der Fahrer grinst, erfreut ob der kleinen Einlage, hinter seinem sicheren Lenkrad. Wir danken den anhaltenden Fahrzeugen mit erhobener Hand, die ich möglichst schnell wieder zum Zügel senke.

Überstanden, denke ich aufatmend, an der anderen Straßenseite angelangt. Und finde mich nach wenigen Schritten auf dem großen Parkplatz eines italienischen Restaurants mit Gastgarten. Reges Kommen und Gehen herrscht hier um die Mittagszeit, Sonnenschirme flattern über den Tischen, Geschirr klirrt. Die Mülltonnen vor der offenen Küchentür werden vom Küchenjungen mit einem Rums geschlossen, entsetzt hopst Quirina zur Seite. Der grauweiß gekleidete Koch pfeift schrill aus dem geöffneten Küchenfenster, Pizzaduft weht uns um die Nasen. Links hingegen liegt eine Autoreparaturwerkstätte, vor den weit geöffneten Garagentüren wird fleißig gearbeitet. Argwöhnisch beäugt Quirina den halb im Motorraum verschwundenen Mechaniker. Ein halber Mensch, nur Füdli und blaue Beine, gibt's denn das? Mein Blick schwenkt zum vor uns liegenden Parkplatz für Fernlaster, die sich hier täglich Stelldichein geben. Dahinter erst steigt der schmale Betonweg zum Sihlwald hin an … Natürlich überträgt sich meine innere Besorgnis aufs Pferd. Als Autofahrerin kenne ich die Gegend, doch so von hoch oben herab sehen die Dinge etwas anders aus. Oft schon habe ich, im Gastgarten sitzend, vorbeiziehende Reiter beobachtet und mit den anderen gelächelt, wenn Pferd und Mensch offenbare Meinungsverschiedenheiten auf dem glatten Asphalt austrugen. Unbekannte Gefahren lauern jetzt in und hinter alltäglichen Gegenständen, ich lächle nicht. Schauen deswegen die meisten Reiter so ernst, wenn man ihnen begegnet? Rosi vor uns sitzt schwer auf dem etwas steifen Woody, der vollkommen ruhig und gelassen bleibt.

*Pfffffft* … Quirina springt entsetzt zur Seite, rutscht auf der gummiglatten Straße etwas aus, wir beide sacken hinten etwas ab … Ein Mechaniker dreht einen zischenden Schlauch an, sein Kollege schletzt kraftvoll einen Kühlerdeckel zu. Und auf dem Parkplatz hupt ein verärgerter Autofahrer mehrmals kurz und heftig. Diesmal springt auch Muscade erschrocken vorwärts, selbst Woody versucht einen ungeschickten kleinen Hopser, ein paar aufgeregte Trabschritte folgen, dann geht alles wieder im Normalschritt. *Tief einsitzen, Beine ans Pferd, Zügel kurz halten*, kommandiert Rosi. Der hungrige Fernfahrer, der knapp vor unserer kleinen Truppe seine Wagentür weit aufreißt, sorgt für neues Leben in Quirina. Schweiß rinnt mir in kleinen Bächen den Rücken entlang, versickert im Hosenbund. *Ist doch gar nicht so schlimm*, grinst Rosi aufmunternd nach hinten. *Bist ja oben geblieben, bis jetzt …*

Ein schmaler Betonweg, steil ansteigend, führt endlich vom letzten Parkplatz weg zum Sihlwald. Entlang des Weges liegen Gerätschaften, Maschinenteile, Drahtrollen, an denen Quirina schnaubend, mit hoch erhobenem Kopf vorbeitänzelt. Ich halte die Zügel locker, weil jedes Annehmen die Stute zum Rennen bringt. Auf der anderen Seite des Wegs fällt steil ein Grashang ab, hinunter zur Durchzugsstraße, wo der Verkehr vorbeibraust. Alpin geschulte schwarzweiße Kühe weiden auf diesem steilen Flecken, ihr Glockengebimmel läßt Quirinas Ohren rotieren, und sie bleibt plötzlich stocksteif stehen. Ob es wohl die ersten Kühe sind, die sie in ihrem Leben sieht? Zumindest wahrscheinlich die ersten schwarzweißen Schweizer Kühe … *Zieh ihr eine mit dem Gertli über, damit sie weitergeht*, schreit Rosi von vorn. Erstens müßte ich dazu eine Hand vom Zügel nehmen, zweitens habe ich Angst vor Quirinas möglicher Reaktion … Mit dem Hinterteil rutsche ich im Sattel vor und zurück, drücke die Beine in die Flanken – woraufhin Quirina gehorsam einige trippelnde Schritte, allerdings leider rückwärts, macht. Bergab, die steile Betonstraße hinunter. Rosi oben flucht gut schweizerisch, mein Mann schüttelt den Kopf. Die Rettung kommt unverhofft. Unten, neben der Straße liegt ein Ferienheim für Hunde. Die haben jetzt erst die Reiter da oben entdeckt und das plötzlich einsetzende Gebelle und Gekläffe bringt Quirina zu einem erschrockenen Satz vorwärts, hinauf zur Sicherheit der wartenden Pferdekollegen, schwarzweiße Kühe hin oder her …

Rosi seufzt und zieht die Augenbrauen hoch. Und ich rücke mich wieder im Sattel zurecht, lockere den Griff im Martingalriemen. Man kann sich daran – und in der Mähne – gut festhalten in Notsituationen. Schweißtropfen bahnen sich unter dem schwarzen Samthelm ihren Weg in die Augenbrauen, beißen in den Augen. Die Augenschminke hätte ich heute besser bleiben lassen können. Robert versucht indessen, möglichst locker zu sitzen, schaut sich in der Gegend um, plaudert mit Rosi. Ich hingegen konzentriere mich auf die beiden Pferdeohren vor mir und auf den dazwischen sichtbaren Weg. Links und rechts wage ich nicht zu schauen. In den Wald geht es jetzt, einen schmalen Sandweg bergauf im Gänsemarsch. *Fertig zum Trab*, kommandiert Rosi, und Quirina ruckt auch schon an. Dieses Kommando kennt sie gut. Ich hatte die Zügel zu lange, falle auf den Pferdehals und klammere mich mit den Absätzen fest. Dementsprechend machen wir beide einen Satz vorwärts und überholen Muscade, die eine Herausforderung zum Wettrennen durchaus spannend findet. Ein furioser Blick meines

Mannes streift mich, dann greift Rosi brüllend ein, sichtlich gestreßt. *Niemals den Vordermann überholen ohne vorherige Absprache. Abstand halten, Gopfverdeli nomal.* Später, im Schritt bergauf, wirkt Quirina dann endlich müde, die Sedierung beginnt offenbar zu wirken. Leider wird ihr Gang auch ein wenig unsicher, torkelnd, und sie versucht, sich an den Woody zu lehnen. Seufzt mehrmals tief. Mir selbst ist ein wenig schwindlig, schwer und müde fühle ich mich, die Hitze macht uns allen zu schaffen. Fliegenschwärme umkreisen die Pferdeköpfe, unwillig schüttelt Quirina immer wieder heftig den Kopf, um die Quälgeister loszuwerden. Muscade stapft hinten ruhig nach, mein Mann beginnt offensichtlich, sich vorsichtig wohlzufühlen.

Der Sihlwald ist durchzogen von an- und absteigenden Erd-, Schotter- und Teerwegen. Forststraßen. Rosi scheint den Ausflug nun zu genießen, erklärt Wege und Reitmöglichkeiten, nur halb höre ich hin. Angenehmen Schatten spenden die hohen, dunklen Tannen im Sihlwald. Nasse Stellen bilden sich im schwarzen Fell meiner Montur, und unter dem Reithelm juckt die naßgeschwitzte Kopfhaut. Das ist es also, das Gelände, von dem alle so schwärmen ... Nicht überzeugend für mich. Immer wieder legt Rosi nun kleine Trabstrecken ein. *Wechsel mal den Fuß*, ruft sie mir über die Schulter hin zu. Eines der magischen Geheimnisse des Reitens. Man trabt auf der linken oder der rechten Hand, je nachdem, ob die rechte oder linke Schulter des Pferdes beim Aufstehen des Reiters im Sattel vorgeht...eine Eselsbrücke für den sogenannten Englischtrab. Für solche Details habe ich jedoch jetzt keine Zeit. Rosi hat mit uns eine große Schleife durch den ruhigen Wald gezogen, jetzt gelangen wir hinaus ins Freie zwischen sattgrüne Wiesen, blauer Himmel spannt sich über uns. *Galoppiert wird heute noch nicht*, informiert Rosi uns gütig und fügt ein paar scharfe Ermahnungen bezüglich unseres Sitzes an. Oben auf dem Berg sind wir inzwischen angelangt, weit unten liegen vor uns ausgebreitet die vorhin überquerten Straßen und Parkplätze, die Autos reflektieren im Sonnenschein. Und vor uns windet sich ein schmaler betonierter Weg durch die Wiesen wie ein schmales Band hinunter dem Tal zu. Quirina schlägt im Gehen schläfrig mit dem Hinterbein nach einer Bremse auf ihrem Bauch, kopfüber rutsche ich durch diese ruckartige Bewegung nach vorne, fange mich am Pferdehals.

Langsam und vorsichtig beginnt der Abstieg auf dem glatten Beton, die Sonne brennt unbarmherzig, die Fliegen werden auch für uns Reiter unerträglich. Auf dem steil abfallenden Beton gleiten die Pferde regelmäßig aus. *Laßt die Beine dran am Pferdekörper beim Runtergehen*, schnauft Rosi. *Damit sie die Hinterbeine gut untersetzen ..., lehn dich nach vorn, stütz dich in der Mähne ab.* So kopfüber bergab nach vorn gebeugt auf einem unsicher wackelnden Pferd ist ein pikantes Gefühl. Fast ständig schlagen unsere Pferde nun mit dem Kopf, vertreiben mit Schweifschlagen lästige Insekten, die der Schweißgeruch in Scharen anzieht. Später höre ich, daß viele Reiter hier absteigen, ihr Pferd ohne Last an der Hand ins Tal hinab führen. Das hätte ich vorgezogen. Der alte Woody scheint Probleme mit der schweren Rosi zu haben, er wird immer langsamer, Quirina stelzt vorsichtig, wankend, und auch Muscade scheint müde ... Die Schreckstationen im Tal müssen nun in umgekehrter Richtung passiert werden, fällt mir ein. Doch die Mechaniker sind inzwischen in Mittagspause, die Parkplätze liegen ruhig, sogar der Verkehr hat abgenommen. Flimmernde Mittagshitze liegt über den Betonflächen, die Sonne brennt. Ein im Gastgarten knallender Korken schreckt niemanden mehr. Überraschend schnell können beide Straßen gequert werden, dann geht's die schmale Betonstraße hinauf zur Anlage ... Gleich nach der engen Kurve steht plötzlich ein Auto vor uns, weckt uns aus unserer Benommenheit. Pferde und Reiter drücken sich gegen die Felswand, machen Platz: *Nicht dem Abhang zu ausweichen*, mahnt Rosi. *Wenn das Pferd scheut, stürzt ihr hinunter* ... Neugierig umringen uns wenig später ein paar Stallmädchen, *schön war's*, nicke ich. Was für eine feige Lügnerin ich bin.

## Ganzpferd

Für längere Zeit bleibt dann dieser erste Ausflug hinaus ins Freie mein letzter. Ich verlege mich aufs Hallenreiten. Jeden Donnerstag vormittag reite ich in der sogenannten Hausfrauengruppe mit, die aus insgesamt acht Frauen jeder Altersklasse besteht. Die meisten von ihnen reiten schon seit Jahren, doch in unregelmäßigen Abständen, auch Mariannes Mutter auf Candle stößt zur Truppe. Nicht schlecht, der Sitz ist gut gefestigt, lobt Rosi die Neue. Und zählt flugs auf, was hingegen bei jeder von uns reiterlich verbessert werden könnte ... Beim Traben über am Boden ausgelegte Stangen passiert es dann. Mein erster Sturz von Quirina. Eigentlich gleite ich nur an ihrer Seite hinunter, im Zeitlupentempo. Neugierig beäugt von meinem Pferd, das ganz ruhig stehenbleibt und den Kopf verwundert zu mir hinunterbeugt. *Was machst du denn da unten*? Gar nicht so schlimm, so ein Sturz vom eigenen Pferd, ich bin Schlimmeres gewohnt.

Wenige Tage später trage ich den Rest des Kaufpreises zu Rosi, blättere ihr die Scheine in die Hand. Lange habe ich überlegt, weiß die Konsequenzen. Pensionskosten für Box und Futter kommen auf mich zu. Selbst muß ich jetzt für ausreichende Bewegung des Pferdes sorgen, für Tierarzt und Schmied. Mein Mann schüttelt den Kopf, innerlich mache ich das auch. Was mache ich denn da? Doch teilen will ich Quirina nicht mehr. Zu oft habe ich sie nach einer Schulstunde ungeputzt in der Box gefunden … Ich will selbst bestimmen, wer wie lange auf meinem Pferd sitzt, wann es wo geritten wird, wie es gefüttert, gehalten und behandelt wird. Trotz des willkommenen Geldes ist Rosi nicht erfreut, sie verliert ein zugkräftiges Schulpferd, von vielen fortgeschrittenen Schülern begehrt.

Unmerklich anfangs, schrittweise, ändern sich Quirinas Lebensbedingungen. Sonderbehandlung von seiten Rosis wird meinem rasanten Mädchen immer seltener zuteil. Bisher durfte sie jeden Morgen während des Mistens fast eine Stunde frei in der leeren Halle herumtoben. Was sie auch weidlich zu wilden Galoppaden, wunderschön federnden Trabeinlagen und herzhaftem Wälzen nützte. Immer öfter muß ich um diese Vergünstigung bitten und erhalte regelmäßige Absagen. *Reite sie eben mehr, wenn sie mehr Bewegung braucht*, rät Rosi ein wenig boshaft. Quirina ist nun also wirklich und leibhaftig alleine mein Pferd.

Jeden Morgen gilt mein erster Gedanke Quirina. *Ich habe ein Pferd, ein wirkliches Pferd*, staune ich mich selbst in den Morgen und kann es kaum erwarten, in den Stall zu kommen. Quirina ist jetzt vom Halbprivatpferd in den Rang des Privatpferdes aufgerückt, höher kann sie auf der Karriereleiter fast nicht kommen … Turnierpferd wäre die nächste Stufe.

Ich beobachte meine neue Sorge in der Box: endlose Runden dreht Quirina, streckt zwischendurch ungeduldig den Kopf aus dem Fenster, beißt kurz, heftig und unwillig ins bereits arg zerkaute Holz des Türrahmens, bevor sie ihre endlose Runde wieder aufnimmt: *Hinaus will ich, hinaus*, scheint alles an ihr zu sagen, *hinaus, mich bewegen, laufen, meine Energie loswerden* … Ich habe damit begonnen, Quirina vormittags alleine in der Halle zu reiten, noch zappelt sie beim Aufsteigen herum, muß von Dritten gehalten werden. *So bring ihr das Stillstehen doch endlich bei*, murrt Rosi böse. Wie macht man das? Helfer sind nötig, rät mir meine Reiterbibliothek, doch Rosi mag es nicht, wenn ihre Stallmädchen solche Hilfe leisten, es hält von der Arbeit ab.

Meist absolviere ich mit Quirina einige Schritt- und Trabvolten, einige Wendungen, kurze Galopprunden. Sie galoppiert wackelig und endet meist im Renntrab. Und sobald sie genug von den Volten und der Last auf ihrem Rücken hat, spaziert sie seelenruhig in die Mitte der Bahn. Genau dorthin, wo normalerweise auf- und abgestiegen wird. Stocksteif steht sie dann, und wenn die Last nicht sofort von ihrem Rücken rutscht, dreht sie fragend den Kopf zu mir nach hinten: *Auf was wartest du, steig schon ab ...* Meine mangelnde Durchsetzungskraft, meine zweifelhaften Reitkenntnisse hat sie gut erkannt und nützt sie weidlich aus. Ein möglicher Kampf ängstigt mich, also gebe ich meist schon nach einer halben Stunde zielloser Volten nach und entlasse mein Mädchen in die Freiheit der Halle. Plötzliches Leben schießt dann in die vorher so müde wirkende Stute, Hufe donnern, das Füdli wird gelüpft, und sie läuft und läuft und läuft ... *Schon wieder fertig*? rügt Rosi kopfschüttelnd, wenn ich kleinlaut mein Lederzeug in der Sattelkammer versorge. Selten gewährt Rosi länger als eine halbe Stunde Hallenfreiheit: *hol sie endlich raus.*

Das Rausholen ist fast schwieriger als reiten – denn vor Verlassen der Halle sind alle vier Hufe auszukratzen, die festgetretene Lohe soll den saubergefegten Stallboden nicht beschmutzen (und die solcherart gereinigten Hufe können voll den Ammoniak der Boxenstreu aufnehmen.) Quirina gibt ihre Beine noch immer nicht, sie schlägt vorne und hinten unwillig nach jedem Nähertretenden, auch nach mir. Stampft unwillig auf, tänzelt herum, wischt unmutig mit dem Schweif – das allgemeine anfängliche Wundern über Quirinas Benehmen hat leisem Vorwurf mir gegenüber Platz gemacht. Entschlossen grinsende Männer, gestandene Reiter greifen ein, um mir zu zeigen, wie man mit so einem Pferd umgeht, und resignieren mit Flüchen. Von jenen, die es mit Schlägen versuchen, will ich nichts mehr wissen, andere schreien oder schimpfen. Aber auch jene, die ganz ruhig wirken, freundliche Stallmädchen, die liebevoll versuchen, den dünnen Beinen nahezukommen, sind nicht erfolgreich. Quirina hält alle auf Respektabstand mit ihren zuckenden Beinen. Ich bin verzweifelt, enttäuscht, oft den Tränen nahe. Versuche ruhige Zwiesprache mit Quirina, die mich mit großen, verschreckten Augen ansieht. *Muß früher mal schlechte Erfahrungen gemacht haben*, meinen meine Reitkollegen, *du mußt sie anders anpacken. Energischer*. Und lassen mich kopfschüttelnd mit meinem Nervenbündel allein. Viel später einmal sagt mir jemand, daß man immer das Pferd erhält, das man sozusagen verdient. Daß man sich quasi in seinem Pferd (wie in seinen menschlichen Partnern) widerspiegelt. Eigene, nicht bewußte Eigenschaften im Tier zurückfindet, wie in einem Spiegel vor sich sieht. Kein angenehmer Gedanke, es wäre wohl einfacher, sich selbst als perfekt und den anderen als mangelhaft zu sehen. Ich lerne einiges aus diesen Überlegungen. Ungern gestehe ich mir ein, daß ich Angst vor Quirina habe. Diese Angst versuche ich zu analysieren, zu verstehen. Ist es ihre anscheinende Unberechenbarkeit, die Schnelligkeit ihrer Bewegungen, ihre Kraft, die Möglichkeit eines Sturzes, des Durchgehens, des Ausgeliefertseins? Ich weiß es nicht.

Mauke hat Quirina entwickelt und auch Strahlfäule – die Mauke in den hinteren Fesselbeugen zu behandeln, ist bei ihr schlichtweg gefährlich und braucht viel Geduld. Der Tierarzt und dessen Assistent lassen Salben und Lotionen zur Behandlung da, weigern sich, sie aufzutragen. Schon das Berühren der Hinterbeine, besonders rechts, führt noch immer zu wildverzweifeltem Ausschlagen. Schließlich wird Quirina mit Rüebli oder Guezi ablenkend gefüttert, während ich blitzschnell Salbe und Lotion auf gut Glück in der fraglichen Gegend anbringe. *Die Strahlfäule kommt, weil ihr die Hufe nach dem Reiten nicht genügend schön auskratzt*, schimpft Rosi. Die besonders nachts über recht nasse Boxeneinstreu hingegen gerät nicht in Verdacht. Die Wundertinktur des Schmieds hilft ein wenig.

Der erste Beschlagstermin als Privatpferd naht, Rosi ermahnt mich, während der Prozedur anwesend zu sein. *Es ist schließlich dein Pferd*, erinnert sie mich nachdrücklich. Die Wunde ist also noch offen. Der von mir gewählte junge Schmied runzelt die Stirn, als er Quirina sieht. *Recht lebig*, stellt er kurz fest und kratzt sich bedächtig am Hinterkopf. Dann bindet er sie neben einem ruhigen Pferd an, das eben beschlagen wird. *Zum Gewöhnen*, erklärt er mir. Quirina beobachtet mit rollenden Augen, zuckenden Ohren und unruhigem Zappeln die Arbeit am Kollegen. Als dem die Eisen aufgebrannt werden, fährt ihr das Zischen, der weiße Rauch und der durchdringende Gestank nach verbranntem Horn direkt ins Herz und durch den Körper. In Panik reißt sie ruckweise am Strick, die Hinterbeine tief unter den Leib gesetzt, die Vorderbeine festgestemmt, den Kopf hoch, das Weiß der Augen sichtbar ... Das Halfter reißt, sie ist frei, macht ein paar Sprünge, auf dem glatten Betonboden rutschend. Dann steht sie zitternd mitten im Hof, weiß nicht, wohin. Mein Herz krampft sich zusammen vor Angst, vor Mitleid, vor Nichtwissen-Was-Tun. Der Schmied flucht kräftig, einige Helfer kommen gelaufen, Quirina läßt sich nach einigen Versuchen ein neues Halfter umlegen. Der Schmied besteht auf Sedierung, Rosi drückt der Stute mit einigen Schwierigkeiten die weiße Paste ins Maul. Nur wenige Minuten später steht Quirina mit hängendem Kopf, lammfromm. Zwar zuckt sie noch deutlich beim Aufbrennen der Eisen, doch den Rest des Tages verbringt sie erstmals ungewöhnlich still in der Box.

## Erziehungsversuche

Irgendwie fühle ich mich schuldig, die Kollegen sprechen mich in den nächsten Tagen auf den in der Anlage ungewöhnlichen Vorfall an. Gute Ratschläge in allgemeiner Form setzen ein. Und immer wieder, von allen Seiten, höre ich, daß ich mein Roß besser erziehen muß ... *Zeig ihr endlich, wer der Herr ist, du bist zuwenig energisch, setz dich durch.*

Diese Erziehung schaffe ich als Reitanfängerin nicht alleine, das wird mir klar. Rosi will aus Zeitgründen nicht helfen, Rita, die zweite Reitlehrerin der Anlage, die auf einem abgesonderten Teil selbst eine kleine Pferdepension betreibt und im übrigen den Reitkönnern meist abends in der großen Halle Unterricht erteilt, nimmt die Herausforderung an. Zweimal wöchentlich wird sie Quirina jetzt Manieren beibringen, das wäre doch gelacht … Zusätzlich werde ich einmal wöchentlich bei Rita eine Reitstunde nehmen. Schon beim Aufsitzen der energischen Rita mistet Quirina, keine fünf Minuten später gleich wieder, diesmal in der Halle. *Hoppla. Da oben ist plötzlich ein Körper, der weiß, was er tut* ... Deutlich erschrocken, gehorcht mein Mädchen erst mal fast vorbildlich Ritas Hilfen. Nur gelegentlich, wenn Rita eine Sekunde abgelenkt scheint, versucht Quirina, den eigenen Kopf durchzusetzen … Wirft sich im Trab herum, weil sie Rechtsvolten nicht mag, zackelt im Schritt, steht nicht still. *Eine hysterische Ziege*, wiederholt Rita ihr seinerzeitiges Urteil, *aber intelligent und nicht bösartig*. Sie springt mit Quirina, findet das Springvermögen gut, sogar fliegende Galoppwechsel schaffen die beiden nach kurzer Zeit. Aufmerksam und konzentriert befolgt mein Pferd jeweils für eine gewisse Zeit alle Anordnungen, bis es anscheinend einfach zuviel wird und sie explodiert, wie man das so nennt … *Kriegen wir schon hin*, murmelt Rita beruhigend.

Ich muß nach vielen Monaten wieder an die Longe, doch nicht Istanbul ist unter mir, sondern mein eigenes Pferd. Quirina hält von diesen Übungen nicht viel und zeigt das deutlich. Und eines Tages, beim Galoppieren in der ihr verhaßten Rechtsvolte, geht Quirina an der Longe mit mir durch … Ohne Steigbügel und ohne Zügel klammere ich mich an der Mähne fest, wir zischen haarscharf in immer kleiner werdenden Volten an Springstangen und Hallenwand vorbei … Die anderen um uns arbeitenden Reiter halten ihre Pferde an, stehen erst atemlos still, dann stimmen einige in Ritas beruhigende Worte ein. Doch mein Pferd rast weiter an der Longe in wildem Galopp, endlose Minuten sind das, bis Quirina endlich zum Trab und dann zum Stillstand kommt. Ein hörbares Aufatmen geht durch die Halle, Rita lobt mich. Weil ich oben geblieben bin. Verraten fühle ich mich von meinem Pferd, ich bin enttäuscht. Stelle sie zum ersten Mal ohne große Putzrituale zurück in die Box und habe die Nase voll. Und ich vertraue Rita an, daß ich Quirina verkaufen möchte, mich von ihr trennen, weil ich nicht mit ihr zurechtkomme. Lang schon keimt dieser Gedanke in mir. Rita wird böse und deutlich: *Lauf nicht davon, stell dich. Du hast sie gekauft, steh dazu und mach das Beste draus* … Longieren soll meinem rasanten Pferdemädchen die Energie brechen. Daß Quirina an der Longe durchgeht, mit oder ohne Reiter, hat sich herumgesprochen. Jeder hat einen sicheren Trick, einen tollen Tip, wie ich mein Pferd vom Boden aus durch Longieren beruhigen könnte. Daß longiert werden muß, ist unbestritten. Nicht am Halfter, sondern mit Longierzaum oder Zaum, Ausbindern und Longiergurt wird gearbeitet. *Ausgebunden wird ein Pferd lon-*

*giert*, versichert man mir – die Ausbinder sind Hilfszügel, die zwischen dem Zaum und dem Longiergurt verlaufen und Hals und Kopf des Pferdes in eine tiefe Position zwingen. Die Beine sollen dadurch weit unter den Leib treten, die Vorhand entlasten, der Rücken soll schwingen. Rita unterrichtet mich nun im Longieren, langsam resigniert oder begreift Quirina, wir machen Fortschritte. Oder doch nicht?

Gleich neben den Autoparkplätzen steht eine sogenannte Pferdeführanlage, kurz Stevi genannt. Ein großes, horizontal liegendes Stahlrad, an dem die Pferde mit Halfter und Strick befestigt werden und durch die Bewegung des Rades zum Schrittgehen oder Traben gezwungen sind. Meist werden Handelspferde, die zuwenig Bewegung erhalten, ans Stevi gebunden, Rosi rät es mir für Quirina. *Das verschafft ihr die nötige Bewegung*, meint sie. Mein Pferd sieht das anders, nach nur wenigen Metern hat Quirina nach heftigem Widersetzen das Halfter zerrissen und steht quer in der Anlage ... *Geh doch mit ihr ins Gelände, du diplomierte Hallenreiterin*, spöttelt Rita. Und trifft damit einen weiteren Schwachpunkt in meiner langen Mängelliste.

## Mitreiter

Kurz darauf spricht mich eine Freundin von Marianne an. Alexandra hat selbst ein Pferd, muß Noblesse jedoch mit ihrer Mutter und zwei Schwestern teilen. Wir werden uns schnell einig. Alexandra wird Quirina zweimal wöchentlich draußen oder in der Stunde reiten, ich bin erleichtert. Meine Mitreiterin ist geduldig, energisch, angstfrei und gewissenhaft. Sie läßt Quirina nichts durchgehen, besteht trotz Gegenwehr auf dem Hufegeben, kommt gut mit der Stute zurecht, reitet regelmäßig mit ihr aus. In Begleitung von Marianne, die auf ihrem Candle weitere reiterliche Fortschritte macht. Ich mache die erstaunliche Entdeckung, daß Alexandras kleine Schwester, pferdebeinhoch, munter unter dem Bauch meines Rosses durchgeht und sich fest an alle Beine lehnt, ohne auch nur ein Zucken zu verursachen. Quirli wird mein Pferd jetzt auch von mir genannt, in Anlehnung an ihren Charakter. Bald fragt mich eine jener fortgeschrittenen Reiterinnen, die dazumal Quirina im Unterricht reiten durften, um mein Pferd für regelmäßige sonntägliche Ausritte, was mich weiter entlastet. Langsam, ganz langsam, scheint alles sich in Wohlgefallen aufzulösen.

# Barmherzige Martina

Der wunderschöne Herbst lockt hinaus, die einsamen Vormittage in der halbdunklen, feuchtkalten Halle bereiten weder mir noch meinem Pferd Freude. Über Mariannes Vermittlung und meine schüchterne Anfrage erklärt sich Mariannes Mutter, die ihren Candle jeden Vormittag alleine in den Wald hinausreitet, bereit, mich auf einen Ritt mitzunehmen. Was für einen Mut diese Frau hat. Ich nehme mich sehr zusammen, um das Vertrauen der Reitkollegin zu rechtfertigen. Diese beobachtet mit etwas gerunzelter Stirn die schon beim Satteln tänzelnde Quirina und streicht ihrem verschmusten, ruhigen Candle über den Hals. Dem gefällt die Schwarze offenbar, er blubbert ihr freundlich zu. Abritt, erstmals ohne Sedierung von Pferd und Reiter. Das Stürzli hinunter, unten tost der Verkehr, souverän und ruhig geht Candle unter Martina voran, die Ruhe der beiden beeinflußt uns wohltuend. Ich genieße jede Minute des Ritts, plaudere sogar ein wenig mit Martina, wage, den Kopf zu drehen, die Gegend anzusehen. Sogar die Straßenüberquerung verliert etwas an Schrecken.

Von da an reite ich meist zwei- oder dreimal in der Woche vormittags mit Martina und Jolle, der Mutter von Alexandra, aus. Nicht länger als eine Stunde dauern unsere Ausflüge jeweils. Candle und Noblesse sind ein bewährtes Gespann, und Quirina bringt die beiden Wallache nicht aus der Ruhe. Meist reiten die beiden vorne, wobei Quirina versucht, ihren Kopf womöglich in Candles Schweif zu stecken, bis dieser mit warnendem Hopser und angehobenem Hinterbein den Respektabstand wiederherstellt. Klarer Reiterfehler. Abstand halten, muß ich lernen, gar nicht so leicht mit meinem rasanten Mädchen, denn ein Zurücknehmen quittiert sie noch immer mit Kopfschlagen und Unwillen. Die Ritte verlaufen meist ruhig, die beiden Frauen vorne plaudern, lachen, erzählen, – ich höre zu, mische mich selten ein, konzentriert aufs Reiten. Selten treffen wir auf Wanderer, die wir immer höflich grüßend im Schritt passieren, oder sogar anhalten, um Platz zu machen. Mit manchen wechseln wir ein paar Worte, die meisten machen einen großen Bogen um uns. Holzarbeiter sehen oder hören wir oft im Wald, das Surren der Sägen tönt von weither und bringt Quirina meist zu nervösem Tänzeln. Tiefes Durchatmen, lange Zügel und beruhigende Worte helfen uns beiden.

Galoppwege gibt es nur wenige. Und die werden natürlich entsprechend genützt, so daß die Pferde schon beim Annähern Spannung sammeln und ans Losstürmen denken. Ich lerne von meinen Begleiterinnen, niemals eine Strecke in der gleichen Gangart zu reiten, zumindest nicht immer auf Galoppwegen zu galoppieren … Wir galoppieren im Gänsemarsch, schön hintereinander, Quirina zuletzt. Noch immer muß ich tief durchatmen, wenn ich fühle, wie der große Körper unter mir sich anspannt und dann geballte Energie in kraftvollen Sätzen frei wird. Manchmal dürfen Candle und Quirina nach der Rückkehr frei gemeinsam in die Halle: die beiden liefern sich Wettrennen, wälzen sich nach Herzenslust im Sand. Candle ist eines jener wenigen Pferde, die beim Aufstehen kurz auf dem Füdli sitzenbleiben, die Vorderbeine weit in den Boden gestemmt.

## Ich schwanke

Das nässende, schuppende Ekzem, das wochenlang Quirinas rechte Kopfseite verunstaltet und wunderbarerweise nach vielen Mitteln einfach mit Merfen-Puder verschwindet ... Die hartnäckige Strahlfäule, die schlagenden Hinterbeine, die Unmöglichkeit des Stillstehens, das Rasen beim Annehmen der Zügel – mit anzüglichem Grinsen werde ich im Reiterstübli begrüßt. Ich bin die mit dem komischen Pferd, jene, die ihr Pferd nicht erziehen kann ...

Viel Zeit verbringe ich nicht mehr im Stübli, auch Rosi helfe ich nicht mehr, ich nutze die Zeit, Quirina ausgiebigst zu putzen, durch Hautkontakt eine bessere Verbindung zu ihr zu bekommen. *Die glänzt ja schon wie eine Speckschwarte*, spötteln die Vorübergehenden und ich denke an das Tellington-Buch, das ich schon seit Wochen zu Hause studiere. Die erste zaghafte Anwendung dieser speziellen Berührungen löst großes Hallo unter den zufälligen Zuschauern aus. *Lern sie lieber ordentlich reiten, anstatt sie zu streicheln*, wird mir kopfschüttelnd geraten. Als Anfängerin widerspricht man nicht, was soll man auch darauf sagen? Die sattelfeste Martina teilt mein Problem insofern, als auch sie den Ttouch bei Candle anwendet, allerdings klugerweise insgeheim, ohne Zeugen.

Quirina ist anstrengend. Sie nimmt einen großen Teil meines Tages zumindest im Kopf ein, und unter dem Strich meine ich, alle dem Pferd zugedachte Sorge und Liebe nicht zurückzuerhalten. Irgendwo stimmt die Balance nicht. Ich lese von Leuten, die sich von Pferden trennen, die für ihre Zwecke nicht geeignet sind. Normal, sagen die einen – wenn das Pferd nicht zu dir paßt, tust du weder dir noch dem Tier einen Gefallen, du mußt es verkaufen, ein anderes suchen. Dem Pferd damit die Chance geben, doch jemanden zu finden, der mit ihm besser zurechtkommt. Andere widersprechen. Man hat sich für ein Roß entschieden, man muß sich durchbeißen, dabeibleiben. Ein Pferd ist kein Auto, das man einfach so wechselt. Ich schwanke.

Vor einem unserer Dreierausritte kommt der junge neue Tierarzt auf Jolle zu, schüttelt den Kopf. Sie hat eben den Sattel auf Noblesse gelegt, ist fast bereit zum Ausritt. *Er hat Schmerzen*, sagt der Veterinär mit Kennerblick, *Sie wissen das doch. Wollen Sie ihn nicht endlich erlösen*? Wohl ist mir bekannt, daß Noblesse mit seinen 16 Lenzen an Arthrose leidet, daher bergab nur an der Hand geführt wird und hartes Pflaster meidet. Doch bislang war er bei unseren Ausritten immer guter Dinge, beileibe nicht lahmend – oder habe ich das nicht gemerkt? Wir Drei reiten ruhig draußen, plaudern, genießen die Natur, reden mit unseren Pferden.. Die Mädchen nehmen allerdings schon seit Wochen keine Dressurstunden mit ihm, das würde seine Beine zu sehr anstrengen.

Nach einem kurzen Gespräch mit dem Tierarzt kehrt Jolle mit Tränen in den Augen zu uns zurück, nimmt den Sattel von Noblesse. *Er wird noch heute nachmittag eingeschläfert werden, im Tierspital, nicht im Schlachthof*, teilt sie uns mit. Wie ein Stich trifft mich das, ich verstehe nicht. Der hübsche Braune kaut derweilen vergnügt an einer Karotte, sieht aus wie immer und ahnt nicht, daß soeben sein Todesurteil gefällt wurde. *Aus Mitleid müssen wir das tun*, sagt Jolle. *Denn man kann ein Tier nicht so leiden lassen*. Nachmittags ist Noblesse tatsächlich verschwunden, und weder Alexandra noch ihre Geschwister tauchen während der nächsten Tage in der Anlage auf. Gruppiert um ihre Mutter, mit verweinten Augen, kommen sie nach einer Woche wieder und versichern auf meine Fragen, daß Nobli gelitten hatte, von seinem Schmerz erlöst werden mußte … Die Jüngste schaut mich mit großen, ernsten Augen an: *weißt, es war besser für den Nobli …*

Es beschäftigt mich, dieses Problem. Zum ersten Mal ahne ich die Schwierigkeit dieser Entscheidung über Leben oder Tod und begreife dennoch den Entschluß nicht. Doch ich weiß: Der Tierarzt hat Autorität, die Pensionskosten sind für ein nur halbwegs einsatzbereites Pferd hoch, die Kinder brauchen ein Pferd für die Stunde, zwei Pferde sind teuer, Weideland für alte, nicht mehr reitbare Pferde ist offenbar schwer zu finden …

In derselben Woche noch ringt sich eine andere Reitkollegin zum anscheinend lang fälligen Entscheid über Leben und Tod durch. Wieder habe ich nichts gemerkt, fast täglich hat sie mit ihrem Pferd ruhige Ritte im Gelände unternommen. Ich sehe ihr beim Verladen ihres langjährigen Gefährten zu, sie schluchzt herzzerreißend, bringt ihn ganz alleine zum Schlachthof. *Das bin ich ihm schuldig*, erklärt sie mir, und alle nicken zustimmend. *Warum wird er nicht hier in der gewohnten Umgebung eingeschläfert, wenn es denn schon sein muß*, frage ich naiv. *Warum kann er nicht bis zu seinem natürlichen Tod auf einer Weide laufen*? Nachsichtiges Lächeln von allen Seiten, Schulterzucken. *Nicht mehr reitbare Pferde werden im Schlachthof erschossen, das war schon immer so. Ist doch logisch.* Ich sehe die Pferdebesitzer um mich herum mit neuen Augen an. *Dir fehlt die Härte*, rügt Rosi, *das ist nun mal das Leben.*

Die momentan pferdelose Alexandra reitet Quirina nun jeden Tag, erst bin ich erleichtert, fühle mich aber bald überflüssig. Nein. Nicht ganz überflüssig. Denn die monatlichen Pensionskosten, der Schmied, der Tierarzt wollen berappt werden. Und auch die vielen kleinen unnötig nötigen Dinge rund ums Pferd. Die Pferde der Anlage werden für die kühlen Herbstnächte eingedeckt, strafende Blikke streifen mich und Quirinas nackten Rücken. Also kaufe ich die nötige Decke, so wie ich vorher schon die nötigen Gamaschen, Schabracken, Bürsten und Lotionen für den Fellglanz gekauft habe. *Niemals ausreiten ohne Gamaschen*, hat Rosi mir eingebleut. Quirina haßt die unschönen Dinger, versucht anfangs sogar, sie gleich beim Anlegen abzuschütteln. Man erklärt mir den Nutzen, die Vorteile, die Gründe, und ich tue, was man mir sagt.

Wenige Wochen später, es ist Dezember geworden. Alle Privatpferde stehen mit dicken Decken im Stall oder in den Außenboxen, nur meine Quirina schaut noch unter dem dünnen Tuch hervor. *Läßt du dein Pferd frieren?* fragt man mich anzüglich mit einem Blick auf meinen warmen Anorak. Man, das sind die Kollegen, die richtigen Pferdeleute. So komme ich im Lauf weniger Wochen zu drei Decken, denn nach einigem Zögern lassen mich die tiefen Januartemperaturen doch eine der vielgelobten Thermodecken anschaffen. Federleicht und warm fürs Pferd. Dick verpackt steht mein Roß nun, ungeschoren in der Außenbox, putzen wird fast überflüssig. Auch meine Reitkleidung ist nicht nur praktischer, wärmer, sondern auch modischer geworden, ich will mithalten können. Mein Kästli füllt sich: Longierpeitsche, Longiergurt, Ausbinder, Gerten, Schabracken, Gamaschen, Bandagen, Handschuhe, Pflegemittel, Schwämme, Bürsten, Tücher, Kämme … Vor- und Nachteile der verschiedenen Produkte werden ausgiebig im Reiterstübli diskutiert, ich höre zu.

Auf Ritas Ermahnungen hin versuche ich, meine Beziehung zu Quirina positiv zu betrachten. Ihr energischer gegenüberzutreten, weniger mit ihr zu sprechen, sie vermehrt zu reiten … Doch tief drinnen weiß ich, daß ich mich auf meinem Pferd nicht wohl fühle, es vermittelt mir nicht die Ruhe und das Vertrauen, das ich beispielsweise an Candle sehe. Ob Quirina so etwas wie eine für mich nötige Herausforderung ist? *Bestimmt und konsequent werde ich mit ihr sein. Vorbei mit den Guezis, dem Streicheln, statt dessen zackige Anordnungen* – heissa, Quirina durchschaut mühelos meine oberflächliche Bestimmtheit und läßt sich nicht beeindrucken. *Intelligent ist sie schon*, bestätigt Rita grinsend. Reiterliche Fortschritte mache ich mit meinem Pferd kaum, denn viele meiner sogenannten Hilfen scheint Quirina nicht zu verstehen … Sie muß selbst noch lernen, und das muß auch ich. Junger Reiter, altes Pferd. *Vom älteren Pferd kann der Anfänger lernen, erst als Könner soll man ein junges Pferd reiten, ihm etwas beibringen,* sagen mir dieselben Leute, die mir vorher zum Kauf von Quirina geraten haben …

Manchmal bespreche ich mein Gefühl der Ohnmacht mit meinem Mann. Komme mir schäbig vor, weil ich eigentlich von Quirina Abschied nehmen will. Sicherlich gibt es jemanden, der besser mit ihr umgehen kann, tröste ich mich. Warum habe ich nur so ein schlechtes Gewissen? Die Stute kennt mich jetzt, blubbert mir zu, läßt sich endlich – unter fortwährend beruhigendem Sprechen – sogar alle vier Hufe säubern. Lasse ich sie im Stich, jetzt, wo sie langsam zu mir Vertrauen faßt? Liefere ich sie an irgend jemanden aus, der ihre Wehrbereitschaft vielleicht mit Hieben quittiert? Oder sie mit allen möglichen Hilfszügeln und Methoden als Springpferd bei Wettbewerben startet? Und warum eigentlich nicht, vielleicht würde ihr das Spaß machen? Was weiß ich, was in Kopf und Herz von so einem Pferd vorgeht … Bei der Krampusfeier werde ich mit Rosi sprechen, ihr klarmachen, was anscheinend ohnehin allen lange klar ist: daß ich mit Quirina einfach nicht zurechtkomme, zu schwach für ihren ausgeprägten Charakter bin. Ich habe mich schweren Herzens entschieden. Gegen Quirina. Bei der Klausfeier ruft mich der stattliche Nikolaus auf, ermahnt mich, strenger mit meinem Pferd zu sein, im übrigen aber so weiterzumachen … Und Rosi überreicht mir überraschend ein riesiges Farbfoto vom Kopf meiner Quirina. Mit überlebensgroßen, ängstlichen Augen schaut mir mein Pferd beim Aufschnüren des Pakets entgegen, und meine Entscheidung ist vergessen. *Irgendwie werde ich mich mit Quirina durchschlagen, wir werden es schaffen …*

## Erster Winter mit Quirina

Ein kalter Winter mit viel Schnee und Eis ist das. Hallenreitzeit. Ganz langsam machen wir beide Fortschritte. Ihren Unmut zeigt Quirina immer durch Losrasen, niemals durch Buckeln oder Steigen. Sie hat ihren eigenen Kopf, wie man so sagt, und versucht prinzipiell erst mal, sich durchzusetzen. Neugierig ist sie, intelligent – und sie bekommt langsam Geschmack am Gestreicheltwerden, am Geputztwerden. Schlägt sie tatsächlich weniger oft, weniger schwungvoll aus? Mit einiger Vorsicht kann ich jetzt alle Hufe reinigen, doch beim Berühren kitzliger Stellen an Flanke und Bauch schießt noch immer ein Hinterbein hoch. Und verharrt dann warnend in der Luft. Tatsächlich geschlagen hat mein Pferd noch niemanden, auch mich nicht. Ich lerne die Macht der ruhigen Worte auf mein nervöses Pferd und mich kennen, bei allen Arbeiten um sie herum spreche ich fast dauernd leise mit ihr. Immer öfter streckt sie den Hals lange nach unten, entlastet seufzend ein Bein und gibt sich dem Tellington Ttouch auf ihrem Rükken hin. Ihre Zungenspiele bei weit geöffnetem Maul und zugedrückten Augen sind ein Zeichen ihrer Entspannung. Auch die Tellington-Beinübungen schaffen wir mit einiger Vorsicht schon. Drei Halfter hatte Quirina in den ersten Monaten zerrissen, aus Abneigung gegen das Angebundensein, trotz Panikhaken. *Du mußt ein Strohschnürli zwischen Strick und Halfter knüpfen*, wird mir geraten: *es reißt sofort und läßt das Pferd frei*. Ich nehm's wörtlich und knüpfe einen festen Strohhalm zwischen Panikhaken und Halfter, zur allgemeinen Erheiterung. Und wechsle kleinlaut den Strohhalm gegen ein Stück Schnur. Man erzählt mir von Pferden, die sich durch das heftige Ziehen das Genick gebrochen haben ... Schließlich wechsle ich Halfter gegen einen Halsriemen und das Ziehen hat ein Ende: Quirina fühlt sich relativ frei, kann den Kopf nach Lust und Laune rundherum bewegen. Legt ihn manchmal auf meine Schulter, wenn ich sie bürste.

Die Schulpferde werden von Rosi und ihren Mädchen geschoren, Mähnen und Schweife gekürzt, mit schmutzigen, oft zerrissenen Decken versorgt. Quirina bleibt ungeschoren, sie hat dünnes Fell, und außerdem würde es wohl niemand wagen, ihr mit der lärmigen Schermaschine nahe zu kommen. Und gegen das sogennante Verziehen der Mähne, das Ausrupfen und dadurch entstehende Kürzen der Haare, bin ich sowieso – soll die Mähne doch wachsen, so lang sie will.

Einen neuen Reitlehrer und Mann für alles hat Rosi engagiert. Als früherer Pferdestuntman hat er einen halben Fuß verloren, er erzählt stolz seine Tricks. Wie man Pferde im Galopp zu Fall bringt ... Er ist groß, grobknochig, mit rauhen Händen und oft lallender Zunge. Er trinkt gern, seine Fahne weht schon morgens vor ihm her. *Ihre Ziege hab ich Ihnen schon gesattelt*, begrüßt er mich oft, wenn ich morgens in den Stall komme. Nicht nur deshalb mag ich ihn nicht, das Gefühl beruht auf Gegenseitigkeit. Ich meide ihn und vermeide seine Stunden: *Für Sie wäre ein Tennisschläger richtiger, spielen sie lieber Tennis*, pflaumt er mich wiederholt an. Zu meinem Schrecken vertritt er unvorhergesehenerweise Rosi in einer Samstagstunde, die ich gebucht habe.

Er bringt die Schar verängstigter Reiterlehrlinge gehörig ins Schwitzen, verlangt das Reiten ohne Steigbügel in allen Gangarten, was Rosi uns selten auferlegt. In Schritt und Trab müssen wir den Oberkörper so weit zurücklegen, daß der Kopf auf die Kruppe des Pferdes zu liegen kommt. Ein heilloses Durcheinander entsteht in der kleinen Gruppe, Pferde wie Reiter kennen diese neue Übung nicht und reagieren entsprechend. Zu guter Letzt gestaltet er die immer so harmlose Rundumstunde zu einer Springstunde. Stellt Kavalettis auf und gibt Kommando zum Springen, ohne Erklärung, ohne Warnung. Noch niemand von uns ist über Kavalettis gesprungen, unschlüssig steht die Gruppe wie ein Mann. Erst die Drohung, mit der Peitsche dreinzufahren, läßt mich mit Quirina losziehen, der erste Sprung meines Lebens … Quirina scheint begeistert, sie ist nach dem Sprung kaum zu bremsen. Die Zuschauer auf der Tribüne – meist Familienangehörige der Reiter, raunen und halten den Atem an, als ihre Lieben irgendwie über die Kavalettis purzeln. Auch ein paar Stürze gibt es. Und unser rauher Meister requiriert die fuchsfarbene Simetria, um einhändig im Showstil über ein meterhohes Hindernis zu fegen … Gottlob platzt in diesem Moment Rosi in die Stunde und bewahrt uns schwitzende Angsthasen vor weiteren Höhen … Der immer öfter betrunken grölende Ex-Stuntman verschwindet nach einigen Wochen wieder, niemand trauert ihm nach.

Eine Fuchsjagd findet wie jeden Winter im Nachbarort statt, einige Dutzend Reiter versammeln sich in aller Herrgottsfrühe in ihren schwarzen und roten Röcken, auf meist ziemlich enervierten Pferden. Die Jagdhörner funkeln in der Sonne, die Hundemeute ist nervös, viele der Reiter sind es ebenfalls. Ein schönes, buntes Bild bieten die Aufbrechenden. Der zu jagende Fuchs ist ein erfahrener Reiter. Er hat einen Fuchsschwanz an die Schulter geheftet, dieser muß unter Einhaltung strenger Jagdregeln von den Reiterkollegen erlangt werden … Viele Privatpferde der Anlage und fast alle Schulpferde nehmen an der Jagd teil, Rosi läßt Decken und Futter zum Mittagsstop der Jagdgesellschaft bringen. Auch die braune Muscade macht mit. *Deine ist viel zu nervös für eine Jagd*, grinst Rosi. Ich sehe die wilde Horde später über in Feld und Wald aufgebaute Hindernisse springen, im weiten Feld galoppieren und stimme ihr voll zu.

Sechseläuten. In Zürich wird wie alljährlich zur Austreibung des Winters der Böög, eine Art Strohpuppe gefüllt mit Knallkörpern, auf einem Scheiterhaufen verbrannt. Schon Wochen vorher kommen die Zunftleute zu Rosi und machen sich mit den Schulpferden vertraut. Auf ihnen ziehen sie dann am Sechseläuten-Tag durch Zürichs Straßen, galoppieren an diesem naßnebligen Februarmorgen in alten Zunftkostümen rund um den lichterloh brennenden Scheiterhaufen, solange bis der Böög mit lautem Knall platzt … Ich sehe die Übertragung im Fernsehen und versuche, in der Pferdemenge Muscade zu entdecken. Gute Schüler dürfen am frühen Morgen des Sechseläutens die Pferde nach Zürich reiten, damit die Tiere müde und dadurch ruhig werden. Zurück geht's am Abend dann im Transporter. Muscade bleibt, wie die meisten anderen, ganz cool, wie mir die Stallmädchen erzählen … Quirina würde in der Menge der rundgaloppierenden Pferde, dicht neben dem Feuer und den einsetzenden Knallkörpern, wohl durchdrehen. *Na ja, sie ist halt heiß, fast ein Vollblut*, tröstet mich Rita.

# Frühlingsdrang

Alexandra und ihre Familie haben inzwischen ein neues Pferd gefunden, den braunen Iren Papillon. Er ist jung, kräftig und steckt offenbar voller Flausen. Jolle longiert ihn vor jedem Ritt, sein Kraftfutter wird knapp bemessen. Das kommt mir bekannt vor, ich lächle in mich hinein. Quirina ist nun wieder ganz mein Pferd, nur mehr durch mich geritten und weiterhin von Rita ausgebildet. Das alljährliche große Hallenturnier des Winters kommt und geht, auch diesmal helfe ich, jedoch weniger engagiert. Ich muß zwischendurch immer mal nach meinem Pferd schauen, und erst spät am Abend wird die kleine Halle für Quirina frei. Ein paar Runden in begrenzter Freiheit, besser als nichts ...

Zaghaft nähert sich endlich der Frühling. Der erste Frühling mit Quirina. Robert hat den Winter über manchmal Reitstunden bei Markus genommen, sogar mit ihm einige Ausritte auf den vereisten Wegen entlang der Reuss gewagt. Ist draußen galoppiert und hat wieder Gefallen am Reiten gefunden. Ich würde ihn gerne zurück zu Rosi gewinnen. Wenn er an einem der Schulpferde Gefallen fände, könnten wir gemeinsame Ausritte machen ... *Keine Chance*, winkt er meine diesbezüglichen Vorschläge entschieden ab. Jeden Samstagmorgen schließe ich mich nun einer kleinen Truppe an, die auf Rosis Schulpferden einen wöchentlichen Ausritt unternimmt. Vier bis sechs Männer verschiedener Altersstufen, diverser Berufe, alle mit gleicher Freude am Reiten, am Pferd. Immer ist der gutgenährte Ali auf dem gemütlichen Gundemar dabei. Gundemar sieht aus wie ein Friese und hat sich damals im Unterricht unter mir fast nicht vorwärts bewegt. Unter Ali marschiert der dicke Schwarze ganz brav und strahlt auf dem Heimweg unter seinem Reiter. Er bleibt stehen, läßt es einfach laufen, gleich, ob auf Betonboden oder Sandweg. Ali stellt sich dann in die Steigbügel, entlastet den breiten Rücken. Augenzwinkernd entschuldigen die Männer die offenbare Dringlichkeit der Blasenentleerung mit Gundemars Alter, über 20 soll er schon sein. Obwohl niemand Genaues weiß. Wir machen längere Ausritte, sind zwei oder drei Stunden unterwegs, durch den Wald bis hinauf über die Nebelgrenze, wo das drückende Grau einem blendend blauen Himmel Platz macht und uns die Sonne wärmt. Oben auf der Hochebene ist Sommer, wir strecken die Gesichter in die Sonne, Vögel zwitschern, und unsere nebelfeuchten Pferde prusten. Wie Flugzeuge tauchen wir auf dem Rückweg in dichte Nebelwolken, die uns grau und feucht verschlucken, selbst das Klappern der Hufe dämmen. Ich lerne viel in dieser Gruppe. Manchmal kehren wir oben am Schweikhof ein: Eine spezielle Unterkunft für die Pferde der hier Einkehrenden gibt es dort: Anbindemöglichkeiten in einem Stall und außen entlang der Scheunenwand. Quirina ist anfangs so aufgeregt, daß sie innert einer Stunde dreimal mistet … Besen und Schaufel stehen bereit, selbstverständlich entsorgt jeder Reiter etwaige Pferdeäpfel auf dem Misthaufen um die Ecke … Wanderhalfter aus Schnüren führen wir in den Taschen mit, die Pferde werden angebunden, erhalten Wasser und Heu. Bei längeren Aufenthalten satteln wir ab, sonst wird nur der Sattelgurt gelockert. Dann sitzen wir drinnnen in der dunkeln, niedrigen Wirtsstube oder in der Sonne draußen an den blankgescheuerten Holztischen, genießen Kaffee, Kaffi fertig oder Brotzeit, eine Jause. Weit herum sehen wir die Bergketten, unten liegt das Sihltal mit seinen dichtbefahrenen Straßen und ganz hinten erhebt sich das weißbezuckerte Alpenpanorama. Erst viel später, an weit entfernten Orten, werde ich diese atemberaubende Bilderbuchlandschaft richtig zu schätzen wissen. Jetzt ist sie Alltag.

Endlich, es ist so weit. Gerüstet mit Helm, innerem Zuspruch und äußerlicher Ruhe sitze ich auf. Heute werde ich zum ersten Mal ganz alleine ausreiten. Ein paar Kollegen wünschen mir im Vorbeigehen lächelnd Glück. Daß meine Sicherheit nur äußerlich ist, merkt die Schwarze unter mir natürlich sofort. Ein paar Schritte macht sie willig voran, bleibt dann stocksteif stehen, als sie merkt, daß ich aus der Anlage reiten will. Verweigert jeden weiteren Schritt und reagiert auf meine halbherzigen Ermutigungen mit unwilligem Aufstampfen des rechten Vorderbeins. *Mal sehen, wer hier der Chef ist.* Im Hintergrund beobachten einige Sachkundige den Vorgang, sparen nicht mit Kommentaren, Ratschlägen, anfeuernden Rufen. *Gib ihr das Gertli, zwick sie fest*, schreit Rosi. *Sitz gerade, hau ihre eine rein*, ruft Rita. So drücke ich die Absätze in die Seiten von Quirina, halte die Zügel lang in einer Hand und klatsche das Gertli vorsichtig auf die Kruppe. *Du streichelst sie ja,* knurrt Rosi von hinten böse. Quirina macht einen Satz vorwärts, zackelt dann aufgeregt schnaubend einige Schritte das betonglatte Stürzli hinunter zu. Bleibt plötzlich stehen und geht dann entschlossen rückwärts. Schnell, gerade und sicher. Ziemlich unglücklich sitze ich mit hochgezogenen Fersen, vorgefallenen Schultern und rundem Rücken da oben. Zwischen Rosi und Rita entspannt sich ein Disput, Rosi will mit der Gerte von hinten nachhelfen, Rita rät ab. Zu gefährlich, wenn Quirina daraufhin die schmale Betonstraße mit mir hinunterrasen sollte, ausgleiten könnte, ein Auto entgegenkommen würde … Noch einmal versuche ich, quetsche ein paar zaghafte Schritte aus meinem Pferd, dann stehen wir wieder steif. Der Schweiß rinnt in kleinen Bächen unter dem Helm hervor, fängt sich in den Brauen, juckt in den Augen. Ich gebe auf, bin böse auf mich selbst, weniger auf Quirina. Das war er also, mein erster Ausritt allein. *Mir haben sie damals bei meinem ersten Ausritt allein Steine nachgeworfen*, erinnert sich Ali schmunzelnd, *wie zwei Verrückte sind wir dann das Stürzli hinuntergerast, mein Pferd und ich …*

Wenige Tage später reitet Ritas Assistentin alleine mit Quirina aus. Auf deren kurzes Zögern reagiert sie mit der richtigen Handlung im richtigen Moment und hat anscheinend keinerlei Probleme. Einige Male üben die beiden, manchmal wird, kaum im Hof angekommen, gleich wieder weggeritten, und wie ein Lamm fügt sich meine Stute. Ich weiß, ich weiß, es liegt an mir. Das ist eine der unangenehmen Erkenntnisse im Reiterleben: eigentlich immer hat man selbst Schuld an einem auftretenden Problem. Man kann die Schuld nicht bequem auf andere, in diesem Fall auf das Pferd schieben. Umzusetzen aufs tägliche Leben …

Die Straßenüberquerungen verlieren für Quirina und mich langsam an Schrekken. Noch immer höre ich von Pferden, die auf dem schmalen Grünstreifen zwischen den Fahrbahnen fast nicht zu halten sind, tänzelnd vor- oder zurückpreschen möchten. Eine geforderte Reiterampel wurde von den Behörden abgelehnt, der Verkehrsfluß zwischen dem Süden und dem Norden der Schweiz könnte gestört werden. Ich höre auch von Abwürfen oben im Wald und von Pferden, die reiterlos die gefährlichen Straßen queren und alleine zurückkehren. An Verkehr und Lärm sind wir beide mittlerweile gewöhnt, Quirina steht meist ruhig und entspannt vor der Überquerung. Sie bleibt auch unbeeindruckt von Luftdruckbremsen, Werkstattgeräuschen, Kühen und Hundegebell. Ein Zucken, ein Schritt zur Seite, das war's. Eine gute Schule, um verkehrstüchtige Pferde zu erziehen.

## Muscade

Meine begeisterten Erzählungen von den langen Samstagritten zeigen nach einigen Wochen endlich Wirkung, bringen Robert doch zu Rosi zurück. Er probiert einige Schulpferde aus, die nach Rosis Meinung für ihn als Ausrittpferd in Frage kämen. Mit Woody kommt er gut zurecht, doch immer öfter hat der alte Herr Beinprobleme. Schließlich hängt Robert sein Herz an einen Neuankömmling im Schulstall, einen riesigen, heftigen Wallach. Quirina scheint vor ihm Angst zu haben, hält Respektabstand und versucht, ihn möglichst nicht mal anzusehen. Bei den ersten gemeinsamen Ausritten wird klar, daß sich die beiden Pferde nicht sonderlich gut verstehen. Kleine Zeichen. Dann fällt mir Muscade ein, die Braune mit hässig zurückgelegten Ohren, die Kolikanfällige, die vom allerersten gemeinsamen Ausritt. *Zu klein für deinen Mann*, lacht Rosi erst, läßt sich dann aber umstimmen. Das ist mir schon mehrmals aufgefallen: ein Pferd muß anscheinend unbedingt *groß* sein. Meine Fragen nach dem *Warum* werden nachsichtig belächelt: *stell dir vor, wie komisch ein großer Reiter auf einem kleinen Pferd aussieht, einfach lächerlich.* Aha.

Noch nie war Muscade frei in der Halle, denn das dürfen eben nur Schulpferde, die wiederholt Flausen im Kopf haben, und die hat die Braune mit den schrägen Augen selten. Ich nütze eine weiche Minute Rosis und lasse Muscade einmal in der Mittagszeit frei in der Halle laufen, bringe wenig später Quirina dazu. Mit deutlicher Begeisterung blubbert mein Schwarze der leider recht uninteressiert wirkenden Muscade zu. Sie kann vom Wälzen in der hohen Lohe nicht genug kriegen und ist sich vorerst mal selbst genug. Dann aber beriechen sich die Stuten vorsichtig, quietschen ein wenig, traben nebeneinander, die Freundschaft ist besiegelt. Erst viele Jahre später erfahre ich zufällig, daß beide Pferde denselben Großvater haben, obwohl eine aus der Westschweiz, die andere aus Deutschland stammt … Eine eigenartige Fügung. Von nun an wird Muscade das Ausreitpferd meines Mannes. Er versteht sich gut mit ihr, und Rosi beobachtet die Sachlage mit Kennerblick. Sie will Muscade, die ihr seit zwei Jahren als ausgezeichnetes Schulpferd dient, nicht verlieren, könnte allerdings einen finanziellen Zustupf gut brauchen. Rosi wiederholt das gehabte Muster, so wird Muscade bald das Zweidrittelpferd von Robert. Er ist stolz auf seine ökonomische Lösung der Sache, frei von übertriebenen Gefühlen … Doch Hoppla. Immer schwerer entläßt Robert nach dem Reiten Muscade in ihren trüben Stand, bearbeitet immer intensiver ihr struppiges, glanzloses Fell. Ihre orientalischen Schlitzaugen sind traurig; bitten sie um Hilfe? Noch immer legt sie die Ohren an, sobald sich jemand ihrem Stand nähert, versucht sogar manchmal, Menschen wegzubeißen. Und beißt sich frustriert dann schnell in die eigene Brust. Doch sie blubbert uns zu, wenn wir den Stall betreten und ihren Namen rufen, dreht den immer so resigniert tief hängenden Kopf in unsere Richtung. Was sie wohl alles in ihrem zehnjährigen Leben erlebt haben mag?

Zu viert erobern wir jetzt auf acht Beinen nach und nach die Umgebung, lernen langsam die Reitmöglichkeiten im Umkreis von zwei Stunden kennen. Die beiden Pferde verstehen sich gut, bewegen sich in etwa derselben Geschwindigkeit, scheinen miteinander zu kommunizieren. Hie und da entringt sich während des Reitens ein tiefer, langgezogener Seufzer Quirinas Brust, beantwortet von Muscades kurzem Blubbern – was sich die beiden wohl erzählen? Hin und wieder packt es meine quirlige Schwarze wieder. Plötzliches Kopfschlagen, tänzeln und unwillige Seitwärtsbewegungen zeigen ihrem Mißfallen an irgend etwas – ein zuwenig nachgebender Zügel, eine nicht genehme Geschwindigkeit … *Sie muß widerspruchslos gehorchen*, wiederholt Rita, *schließlich zahlst du für sie, das ist sie dir einfach schuldig*. Ob mein Pferd das weiß, und ob mein Pferd das will? *Sie schenkt dir nichts*, sagen mir erfahrene Reiterkollegen und beobachten Quirinas kurze Unmutsanfälle kopfschüttelnd. Sie prüft, wie weit sie mit mir gehen kann. Nehme ich dann den Zügel an, wird es noch schlimmer, sie wehrt sich sogar mit kleinen Hopsern. Absolutes Ruhigbleiben, Geduld und möglichst tiefer Sitz helfen, fallen mir jedoch sehr schwer. Aha. Ich erinnere mich all jener zahlreichen Gelegenheiten, wo man mir Ungeduld und übertriebene Reaktionen vorgeworfen hat. Spiegelbild Quirina? Keine angenehme Schulung, da oben auf dem Pferderücken, aber im eigenen Interesse wirksam. Ob ich das im Alltagsleben umsetzen kann?

Alexandra reitet nun Quirina doch hin und wieder, schließlich wird ihr Papillon noch von drei weiteren Familienmitgliedern gefordert. Ihre Passion gilt neuerdings dem Springen, und sie weiß, was ich davon halte: nämlich nichts. Oder zumindest nicht viel. Jeder sollte tun, was er für sein Pferd und sich als richtig empfindet, für mich aber ist Springen kein Thema. Feige? Wahrscheinlich, ja . Es zieht mich nicht an, ich finde keine Harmonie, sondern so etwas wie Gewalt darin. Rita hat einige Sprünge mit Quirina im Zuge der Ausbildung absolviert, offenbar springt mein Pferd gut und hat anscheinend auch Freude daran. Sagt Rita. Für mich sind Sprünge, die über Kavaletti-Höhe liegen, schlichtweg nur ein Vergnügen für den Menschen, und ich stehe mit dieser Meinung recht alleine da. Macht nichts. Jeder, wie er will. Doch die stallinternen Frühlingswettbewerbe nahen, und schließlich gebe ich Alexandras langem Drängen nach. Sie darf mit Quirina beim internen Springwettbewerb starten. Unter der Bedingung, vorher mit meinem Pferd ein paar Springstunden zu buchen, ein wenig zu trainieren … Rita und Rosi winken ab, haben keine Zeit. So startet Quirina absolut unvorbereitet, ihr letzter Sprung liegt Monate zurück. Alexandra springt erst mit ihrem Papillon, mit dem sie auch trainiert hat, und erreicht einen passablen Rang. Die Sprünge sind draußen auf dem Sandplatz aufgebaut. Gleich neben dem Platz stehen Tische und Bänke; Würste, Kuchen, Wein und Bier werden ausgeschenkt, eine Volksfeststimmung liegt über der Anlage. Man trifft Kollegen und deren Familienmitglieder, spricht mit alten Bekannten und knüpft neue Kontakte. Neugierig recken die Pferde in den Außenboxen die Hälse zu uns, in die Richtung der Musik und Lautsprecher. Quirina ist schon beim Putzen und Satteln durch die ungewohnte Festatmosphäre aufgeregt. Schnaubend tänzelt sie am Anbindeseil mit hochgerecktem Hals. Besorgt beobachten Robert und ich ihren Einritt in den Parcours, sie ist offenbar kaum zu halten. Alexandra hat einen hochroten Kopf und bemüht sich in ihrem tadellosen schwarzen Rock um guten Sitz. Ich mag kaum hinsehen, ich weiß, daß Quirina im Moment vor Aufregung und Nervosität für den Reiter fast nicht erreichbar ist.

So schießt sie gleich nach dem Abläuten unkontrolliert los, Alexandras wildentschlossenes Gesicht fliegt an uns vorbei – und *nein*. Gleich vor dem ersten

Sprung rammt Quirina aus dem vollen Galopp die Vorderbeine in den Boden, verweigert den Sprung. Alexandra ist mit Mühe im Sattel geblieben, lenkt zu einer kleinen Volte, reitet nochmals an … Wieder verweigert Quirina, bleibt stocksteif stehen, mit hochgerecktem Hals und weiten Nüstern. Es wird abgeläutet, trotzdem versucht Alexandra noch zwei weitere Sprünge. Gehorsamkeitssprünge nennt man das, glaube ich. Das Resultat bleibt gleich. Klatschnaß wird mein Pferd aus dem Parcours geritten, ich fühle mich verantwortlich. Wie konnte ich nur meine Einwilligung zum Springen mit einem untrainierten Pferd geben? Ich habe dazugelernt, hoffe ich.

## Geländezeit

Lange schon will der Reitkollege Moritz mit mir einen längeren Ausritt machen, sein betagter Wallach Bodo steht bei Rita in einer Außenbox mit kleinem Privatfreilauf. Eine Luxusunterkunft, sozusagen. Moritz ist freundlich, ruhig und reitet sommers wie winters mit seinem Bodo nur draußen. An einem klaren, sonnigen Maimorgen reiten wir um sieben Uhr dreißig ab, wollen vor der Mittagshitze zurück sein. Mein Kollege hat Nachsicht mit uns beiden Neulingen, er bemängelt richtigerweise, daß ich Quirina mit zu knappem Abstand zum Vordermann reite. Sie sucht das Füdli des geduldigen Bodo … *Treib sie, kommt neben uns*, ermahnt er mich, *man muß korrekt reiten*. Ich weiß. Und bemühe mich, erstmals muß ich mein Pferd treiben. Vor einer großen Wiese halten wir an, hier gibt Moritz für mich überraschend das Kommando zum Galopp … Unser erster Galopp auf einer Wiese, ohne vorgegebenen Weg. Erst galoppieren wir brav hinter dem alten Bodo, dann ändert Quirina etwas die Bahn, beschleunigt und überholt. Eine Todsünde unter Reitern, gottlob läßt Bodo sich nicht aus seinem ruhigen Galopp bringen. Mein Kollege Moritz ist mit Recht böse, ruft hinter uns her. Ich genieße den Galopp, keine Spur von Angst – erst knapp vor der Straße bleiben wir stehen, weit hinter uns nähert sich Bodo mit seinem Reiter. Nach der verdienten Standpauke ziehen wir im Schritt weiter.

Fast zwei Stunden lang durchqueren wir auf Naturwegen Felder, kleine Wälder und reiten durch malerische Dörfer, begleitet von strahlender Sonne und blauem Himmel. Mitten in einem Dorf machen wir vor einer einladenden Beiz halt. Auf dem kleinen Platz vor dem Eingang steigen wir ab, währenddessen die Serviertochter schon aus der Wirtsstube kommt. Sie bringt uns kurz darauf den Kaffee heraus und, ungefragt, Wasser für die Pferde. Später werde ich diesen freundlichen Service noch in vielen Beizen der Umgebung kennenlernen. Wir halten die Pferde an der Hand, genießen die Sonne und den Kaffee, wechseln mit einem Vorbeigehenden ein paar Worte. Irgendwo plätschert ein Dorfbrunnen, alle Häuser haben adrette Kästen mit leuchtendroten Geranien unter den Fenstern, eine Szene aus dem Bilderbuch. Ruhig und ein wenig müde stehen die beiden Pferde, Moritz lehnt die Stirn an die seines Gefährten. *Hoffentlich macht er noch einige Zeit mit*, seufzt er. Mit halbgeschlossenen Augen und tiefhängendem Kopf steht Bodo mucksmäuschenstill. Die Meine tut das nicht, sie versucht, ihren schweißnassen Kopf an meinem Arm zu reiben, was den Kaffee mehr als einmal deutlich in Gefahr bringt. Später, auf dem Rückweg, spaziert Quirina wie ein Tourist durch das für sie neue Dorf. Wendet neugierig den Kopf nach links und rechts, schaut über Gartenzäune in bunte Blumengärten und auf kläffend herbeieilende Hunde.

Heimzu wählt Moritz einen Weg, der über einen kleinen Flugplatz führt, der an diesem schönen Vorsommermorgen stark frequentiert ist. Gut, daß ich das nicht vorher wußte. Wir reiten wegen des schmalen Weges Schritt im Gänsemarsch, vor uns wandert ein älteres Paar. Plötzlich scheint die Luft zu vibrieren, anschwellendes Brummen nähert sich von hinten, wir reiten gerade unter der Anflugschneise des Flughafens dahin ... Der dumpf-grollende Lärm wird lauter, die Spaziergänger haben uns Platz gemacht. Die beiden Pferde bleiben ganz ruhig, als die kleine zweimotorige Maschine so dicht über uns hinwegfliegt, daß ich den starken Luftzug spüre. Beim schnellen Blick nach schräg-oben sehe ich die einzelnen Schrauben an der Unterseite der Flügel. Nur einen kleinen Hopser macht Quirina vorwärts, als auch sie den starken Sog spürt, der ihre Mähne wirbeln läßt, dann ist das Flugzeug vor uns, sinkt tiefer, berührt wenig weiter drüben den Boden der Landebahn. Die Wanderer lachen über unseren Hopser, die Luft ist wieder ruhig, die Motoren nur mehr entfernt hörbar. Todesangst hatte ich, warum nur ? Alles geschieht im Kopf, sagt man. Und mein Mann würde sagen, daß die *Angst* vor dem *Schrecklichen* viel schlimmer ist als das Schreckliche selbst. Ich male positive Bilder in meinem Kopf.

Das letzte Stück bergab heimzu führt mein Kollege seinen Bodo auf der Betonstraße, um die alten Gelenke zu entlasten, wie er sagt. Mittag ist es unterdessen, die späte Maisonne brennt, die ersten Bremsen und Fliegen umkreisen uns, werden lästig. Endlich zurück in der Anlage, gönnen wir unseren Pferden eine Dusche. Moritz befreit seinen Bodo von Zaum und Sattel, völlig frei trottet der Wallach hinter ihm her, gleich einem riesigen Hund. Mit einem liebevollen Klaps auf die Kruppe wird er entlassen, schwenkt dem ausgestreckten Zeigefinger nach gehorsam zur Schwemme, tritt vorsichtig ins Wasser. Planscht dort dann ausgiebig im kühlenden Naß, wartet auf das Zeichen seines Herrn, um wieder ins Trokkene zu gelangen. Den kleinen, unerlaubten Abstecher zum gegenüberliegenden

Heuvorrat der Anlage kann er sich nicht verkneifen. Er zupft mit Genuß einige Halme aus den Ballen, kaut genüßlich vor sich hin, bevor er auf Pfiff seines Herrn zu uns zurückschlendert.

Geduscht werden die Pferde ein wenig nach dem Kneipp-Prinzip: Hufe, die Beine aufwärts, Kruppe, Brust, Lenden, Rücken, Hals, kein scharfer Strahl. Wasser soll nicht in die Ohren gelangen, daher wird der Kopf abgeschwammt. Quirina mag nach einigem Hin- und Hertänzeln diese erste Dusche. Auf Anraten von Moritz binde ich sie los, halte sie an Strick und Halsriemen. Sie hat so mehr Bewegungsfreiheit, gerät weniger leicht in Panik. Nach einigem Prusten und Schnauben versucht sie schließlich, in den breiten Wasserstrahl spielerisch zu beißen, offensichtlich genießt sie die Abkühlung. Brav schüttelt sie sich, ich bekomme meinen Teil ab. Dann wird mit dem Schweißmesser das Wasser vom Fell gezogen. Knochige Stellen, Kopf und Beine werden frottiert, lerne ich. Den Schweif faßt Moritz oben an der Rübe, dreht ihn kräftig, schleudert so das Wasser heraus … Geschlechtsorgane und Füdli werden mit einem extra Schwamm gereinigt – und wenig später läßt auch Muscade dieselbe Prozedur mit sichtlichem Wohlgefallen über sich ergehen. Bodo schaut den beiden Damen beim Duschen mit Vergnügen zu, mit glänzend dunklem Fell stehen die drei schließlich in der Sonne, aufgereiht wie dunkle Wäschestücke an der Leine. Dann zieht sich Bodo, frei hinter seinem Herrn hertrottend, zum Mittagessen zurück. Duschende Pferdedamen hin oder her …

Ein einziges Mal reite ich mit einer Gruppe junger Mädchen aus, locker und entspannt reiten sie. Drehen sich im Sattel um 180 Grad, um lachend mit der nachfolgenden Kollegin zu plaudern, erzählen, kichern … Einen schmalen Waldweg galoppieren wir bergauf, die ersten sind schon hinter der Wegbiegung verschwunden, Quirina legt zu, trotz Steigung sind wir schnell. Kaum im rasanten Galopp um die Kurve gebogen, kommen wir mit knapper Not zum schnellen Stillstand abseits des Weges, neben Papillon: Eine Gruppe von Kindern überquert mit ihrem Lehrer den Weg gleich hinter der Kurve, böse Blicke streifen uns. Verständlicherweise. Ich weiß: nie in eine unübersichtliche Kurve galoppieren, nie das Pferd einfach laufen lassen, Kontrolle behalten …

Bald reiten Robert und ich jeden Tag aus, erkunden neue Gegenden, immer länger werden die Ritte. Wir kehren in Beizen ein, fast jeder Ritt bringt ein besonderes Erlebnis. Der riesige Camion, der uns nach einer Kurve, mitten im Wald, auf der schmalen , steil abfallenden Teerstraße entgegenkommt und an dem man wegen seiner Breite nicht vorbeireiten kann. Riesige Baumstämme am Wegrand, die von Kränen auf Camions verladen werden und gefährlich über uns in der Luft baumeln. Krachen, Splittern, kreischende Motorsägen und der dumpfe Fall eines Baumes schrecken uns zu Seitensprüngen. Hunde, die kläffend hinter uns herlaufen. Wir lernen, die Pferde in Richtung der Hunde zu drehen, einfach abzuwarten. Selbst der mutigste Hund hält der ruhigen Konfrontation nicht lange stand, verstummt, bleibt stehen oder zieht sich zurück. Und die Pferde selbst bleiben ruhig, weil sie den lärmigen Angreifer sehen können. Die beiden Rückepferde, die wir eines Tages bei ihrer Arbeit im Wald überraschen, neugierig bestaunt von unseren beiden vergleichsweise zarten Stuten. Mountainbike-Fahrer, die sich lautlos von hinten nähern und knatternde Mopeds. Oder die Sache mit den Fliegen: Wir reiten bergauf, vor uns liegt mitten auf dem Weg ein Haufen Pferdemist, unübersehbar groß. Als wir näherkommen, hebt sich mit lautem Gesurre ein schwarzer Schwarm Fliegen und veranlaßt Quirina zur Kehrtwendung und Galopp den steilen Weg bergab, in Sicherheit.

Wir durchqueren auf der Hochebene malerische kleine Dörfer mit Brunnen, aus denen die Pferde trinken, plaudern mit den in den Gärten arbeitenden Menschen, lassen Kinder unsere Pferde streicheln. Alle Leute grüßen freundlich, scheinen Pferde zu mögen, wechseln gerne ein paar Worte mit uns. Eine gute Übung für Quirina, sie lernt das Stillstehen schnell. Sie mag es, wenn ihr Reiter in ruhigem Ton mit wem auch immer plaudert, ganz mucksmäuschenstill und gelassen steht sie dann. Später höre ich, daß sie von einem Mädchen eingeritten wurde, das in Begleitung einer Freundin Quirina an Spazierritte mit Plaudern im Sattel gewöhnte.

Zweimal finden wir auf abgelegenen Waldwegen ein abgestelltes Velo, das anderntags noch immer am Wegrand liegt, und verständigen die Polizei. Junge Stallkolleginnen berichten, daß der offenbar jeden Frühling wiederkehrende *Mann mit Mantel ohne nichts darunter* wieder aufgetaucht sei, und Rosi empfiehlt grinsend, das Gertli anzuwenden und dann wegzugaloppieren. Uns zeigt er sich nicht.

## Auslauf, Wind und Wetter?

Das satte Grün ringsum verleitet unsere beiden Pferde zum schnellen Imbiß, zum Abreißen saftiger Zweige entlang des Wegs. Oder zum hastigen Reißen eines Grasbüschels, wenn der Kopf mangels Reiterachtsamkeit blitzschnell tiefgezogen werden kann. Oft lassen wir die Pferde gewähren, gönnen ihnen auch kleine Graspausen unterwegs. Bis Quirina sich eines Tages beim schnellen Zupfen am Haselstrauch mit Trense und Zügel im Gezweig verfängt und in kurze Panik fällt … Ich weiß, unter dem Sattel muß das Pferd gehorsam sein, naschen am Wegrand ist eine Unart … Immer öfter werden wir nachdenklich, wenn wir an Pferdeweiden vorbeireiten. Auslauf, Gras, Wind und Wetter, ist es nicht das, was Pferde brauchen? Immer öfter erinnert Robert mich an dieses Manko, immer öfter führen wir die beiden Stuten nach dem Reiten zur kleinen Grasfläche hinter der Halle. Lassen sie an der Hand einige Minuten grasen. Unser Beispiel macht Schule, eine Reitkollegin bricht sich auf diese Weise den Arm. Beim Grasenlassen ihres Wallachs, durch eine unglückliche Bewegung zwischen Pferdekopf und Menschenarm. *Die Pferde müßten natürlicher leben*, wiederholt mein Mann. *Auf einer Weide, in einer schönen Reitgegend, ohne die gefährlichen Straßen und die Teerwege im Wald.* Ich weiß, er hat recht. Immer schwieriger wird es, Muscade in den Stand zurückzustellen, doch es gibt keine freien Boxen.

Manchmal kehren wir bei unseren Ritten auf dem Schweikhof oben auf der Anhöhe ein, dort, wo ich mit meiner Samstagsgruppe so oft Halt gemacht habe. Andere Reiter treffen wir dort oder verabreden uns dort mit pferdelosen Freunden. Hier sehen unsere Pferde auch die ersten Schafe, etwas aufgeregt und neugierig beobachten sie deren lustige Sprünge, während sie das von der Wirtin servierte Heu fressen.

*Candle und Papillon werden den Sommer wieder auf der Weide verbringen*, kündigt Martina eines Tages an. *Fast drei Monate bei einem Bauern, mit täglichem Weidegang. Grasen nach Herzenslust, kein Sattel auf dem Rücken …* Das möchten wir auch für unsere beiden Pferde, wir entschließen uns schnell. Und finden einen jungen Bauern in der idyllischen Stadelmatt, einem winzigen Dorf nahe der Reuss. Den zweiten Sommer mit Quirina, den ersten mit Muscade, wollen wir im Grünen verbringen …

Im idyllischen Reusstal hat Jürg seinen Schweinestall pferdegerecht umgebaut, er zeigt uns stolz die geräumigen Boxen. Jede hat ein Außenfenster, die Boxentür öffnet sich in einen breiten Gang, der sich an der Längsseite des Gebäudes hinzieht. Gleich nebenan ist die Scheune, dahinter sind die Stallungen. Dort zieht Jürg Kälber auf, Munis werden sie hier genannt. Rundherum liegen Wiesen, eingezäunt mit verwaschen-rotem Elektroband, auf einigen Weiden grasen schwarzweiße Kühe. Im saubergefegten und blumengeschmückten Hof stehen allerlei landwirtschaftliche Gerätschaften, Traktoren mit Zubehör, Werkzeuge. Daneben liegt ein umzäunter Sandplatz, der an die schmale Dorfstraße und an Weidland grenzt. Alle anderen Wege sind naturbelassen, wir freuen uns für die Beine unserer Pferde. Kinder spielen im Gras, Hühner laufen frei, Katzen wärmen sich den Bauch in der Sonne, und eine Ziege mit Nachwuchs grast unweit vom Stall, die Idylle verschlägt uns fast den Atem. Ganz still ist es hier, nur ein Traktorenbrummen von fern, Vogelgezwitscher und hie und da Kinderlachen … Stolz zeigt uns der junge Bauer sein Reich, stellt uns die vier Pensionspferde vor. Wegen der Hitze dürfen sie täglich vom frühen Morgen bis zum Einsetzen der Mittagshitze auf einer der rundum liegenden Weiden grasen, den Rest des Tages und die Nacht verbringen sie in den Boxen.

Unweit des Stallkomplexes liegen einige malerische Holzbauernhäuser mit Geranien unter den Fenstern und bunt leuchtenden Blumengärten vor den Türen. Mit Hühnerausläufen, säuberlichen Holzstapeln und satten Wiesen rundherum. Die Entscheidung steht sofort fest. Zumindest die Sommermonate sollen unsere beiden Pferde hier verbringen dürfen.

Robert erwirbt seine Muscade nun ganz, sonst dürfte sie nicht in die Sommerferien. Rosi ist gar nicht begeistert, muß aber kapitulieren. Sie hätte Muscade gerne für die Sommerreitlager der Kinder eingesetzt, denn Muscade ist bei ihren kleinen Schülern beliebt. Rita erklärt sich bereit, mit ihrem Pferdeanhänger unsere beiden Pferde in die etwa 15 km entfernte Stadelmatt zu bringen. Wir können die Abreise kaum erwarten. Unsere beiden Pferde. Plötzlich ist die Familie gewachsen, auch ohne Kindersegen. Unser Rauhhaardackelherr und unsere Siamkatze sind von dem Zuwachs allerdings nur am Rande betroffen, ihr Leben geht wie gewohnt weiter.

Steif staksen unsere beiden Pferde dann eines schönen Tages in ihren hohen Transportgamaschen zum Zweipferdehänger. Die beim Einstieg nur eine Sekunde zögernde Muscade erhält von Rosi mit dem Riemen einen kleinen Hieb über die Kruppe, sozusagen zum Abschied. Quirina folgt ihr ganz gelassen ins Halbdunkel. Noch wissen wir nicht, dasß wir uns für immer von hier verabschieden. Die für uns große Fahrt geht los, wir sind aufgeregt. Voller Erwartung. Wie die beiden wohl auf die großen grünen Wiesen in Freiheit reagieren werden? Vollbepackt mit nötig Unnötigem folgen wir den Pferden, diesen zwei Hinterteilen im Anhänger vor uns. Die Straße durchquert riesige Maisfelder, dann den majestätisch-dunklen Frauenwald, wir kommen am malerischen kleinen Kloster Frauental vorbei. Sehen hinter der weiten Ebene das hügelige Land Richtung Zürich und Aargau vor uns, drei Kantonsgrenzen finden sich hier an der Reuss, diesem breiten, gemächlichen Fluß, den wir bald entlang galoppieren werden. Und gleich neben der Stadelmatt liegt ein weites Naturschutzgebiet.

## Neue Freiheit

Jürg steht bei unserem Eintreffen mit einem Helfer bereit, als hätte er uns den ganzen Morgen schon erwartet. Im blitzblauen Himmel leuchtet die Sonne, die dörfliche Stille wird nur vom Meckern der nebenan grasenden Ziege unterbrochen … Kein Verkehr, keine Menschen, alles ist sauber, blumengeschmückt, friedlich und grün. Was für ein Paradies, seufzt Rita beeindruckt. Muscade wird vorsichtig aus dem Hänger geführt und senkt sofort den Kopf zum grünen Gras. Zielsicher hat sie das einzig Wichtige an der Sache erkannt. Quirina hingegen schnaubt tänzelnd die Umgebung an, sieht sich neugierig um. Die beiden werden in zwei nebeneinanderliegenden Boxen untergebracht, die wir auswählen konnten. *Die benimmt sich wie ein Hengst*, grinst eine kleine Frau mittleren Alters, als sie die schnaubende, in der Box kreisende Quirina sieht. Unsere verfressene Muscade hingegen widmet sich sofort ganz sachlich, nach schneller Prüfung der Aussicht, dem duftenden Heuberg. Wie das klingt, *unsere Muscade*. Zögernd verabschiedet sich Rita, *schön habt ihr's da*, seufzt sie. Die neue Reitkollegin macht uns mit ihrem Wallach Orkan bekannt und wünscht uns viel Glück und Freude im neuen Stall. Dann lassen wir unsere Pferde erst mal über Mittag in ihren Boxen. Zum langsamen Gewöhnen an die neue Umgebung.

Nachmittags kehren wir zurück, wir wollen beim allerersten Weidegang dabeisein und ihn auf Video festhalten. Jürg ist vorsichtig, wir führen die beiden zuerst auf den mit Elektroband umgebenen Sandplatz. Sie sollen beim ersten Herumteufeln nicht das Weidegras zertrampeln … Aufgeregt schnaubend laufen die beiden dann über den Platz, ziehen zwei Runden, beäugen neugierig die Umgebung, die weite Sicht nach allen Seiten, über die Maisfelder hin bis zu den Bergen und Hügeln am Horizont. Dann bleiben sie ruhig stehen, sehen gespannt in die Ferne …, sie sind bereit für die Weide. Vorsichtig betreten sie dann die grüne Fläche, gehen zögernd einige Schritte, reißen hastig Riesenbüschel des saftigen, hohen Grüns ab. Links und rechts hängen die Halme aus den Mäulern, als beide wie auf geheime Verabredung losteufeln. Eine rasende, glückliche Jagd mit Bocksprüngen und Halsverrenkungen ist das, die Grasbüschel wehen im Galoppwind aus den Maulwinkeln, jede Ecke der Weide wird erkundet. Keine Zeit zum Fressen. Jürg grinst mit uns über die offensichtliche Freude der Tiere, dann runzelt er in seiner Eigenschaft als Bauer ein wenig die Stirn, das schöne Gras. Doch auch er kann sich der Begeisterung nicht entziehen, die die beiden Pferde ausstrahlen. Ich glaube, wir beschließen in diesen Sekunden, die beiden nicht mehr nach Sihlbrugg in Box, Stand und Halle zurückzubringen. Erst nach Minuten beruhigen sie sich, widmen sich dann hastig dem Grasen, bewegen sich Schritt für Schritt, den Kopf tief, in der Sonne. Die ersten Stunden in Semifreiheit, auf der Weide. Glücklich und zufrieden kehren wir nach Hause zurück.

Eine neue Zeit der Lernens beginnt, nachdem wir uns in der Stadelmatt installiert haben. Die wenigen Kollegen sind hilfsbereit und freundlich, drei Turnierreiter sind darunter. Doch auch sie reiten ihre Pferde täglich draußen im Gelände, bei jedem Wetter, denn eine Halle gibt es nicht. Nach und nach füllt sich die Sattelkammer mit Tisch und Sesseln, mit Kaffeemaschine und Getränken. Zwei weitere Neue stoßen in den nächsten Wochen zur kleinen Truppe, acht Pensionspferde stehen nun in den Boxen. Mit dem Pferd von Jürg leben nun 9 Pferde in der Stadelmatt, fast hundert waren es dagegen in Sihlbrugg ... Ländlich entspannt geht es hier zu, familiärer und individueller.

Jürg verspricht, uns einige Reitwege der Umgebung zu zeigen. Frisch geduscht, rasiert, gekämmt und in tadellosem Reitdreß kommt er zur Verabredung. Er hat sein eigenes Pferd, den großen roten Paprika, gesattelt und führt den Weg. Quirina ist von dem grobknochigen Roten auf Anhieb fasziniert. Jürg zeigt uns einige Runden und Schleifen, führt uns in den Wald, an die Reuss, ins Naturschutzgebiet, durch Dörfer, auf Hügel und in Beizen. Vorsichtig erkunden wir, unsere Pferde sind in der neuen Umgebung etwas aufgeregt, wir auch. Das Reitgebiet scheint uns fast unendlich, verglichen mit dem gewohnten Sihlwald.

Unsere beiden Pferde ziehen in den hinteren Teil des Stalls um, die niedrige Trennwand zwischen den beiden Boxen läßt viel Kontakt zu. Doch müssen wir beim Verlassen des Stalls die Box Paprikas passieren – und als Quirina rossig wird, machen wir eine neue Erfahrung. Sie ist nicht an dem Paprika vorbeizubringen. Blockt ab, steht breitbeinig da, mit verdrehten Augen schmachtend an seinen Hals über das kurze Gitter hin gelehnt. In ihren Augen liegt ein eigenartiger Ausdruck, sie blubbert sehnsüchtig und läßt literweise laufen, was da laufen will ... Paprika selbst scheint auch nicht uninteressiert, er zwickt Quirina zärtlich dort, wo er sie halt erreichen kann. Alles neu für mich, meine klugen Bücher verschweigen dieses Problem. Pedro, der immer lächelnde portugiesische Helfer von Jürg, versucht den starken Gestank mit viel Wasser vom Betonboden zu entfernen. Später steht dann immer ein Eimer parat, der Quirinas Liebesflüssigkeit auffängt ... Nur ein energischer Klaps von hinten kann – erst nach Entleerung und Geschmuse – Quirina weiter vorwärts bringen, sie ist bald Stallgespräch. Meine unzüchtige Stute, die sich dem Erwählten so offensichtlich an den Hals wirft ... *Die geniert sich ja gar nicht*, grinst der Reitkollege Kurt anzüglich. Muscade hingegen läßt das alles vollkommen kalt, sie findet weder an Paprika noch an den anderen Wallachen etwas, ihr ausschließliches Interesse gilt dem Grasen, dem Grasen, dem Grasen ... Jahre hat sie nachzuholen.

Jürg hat ein zeit- und energiesparendes System entwickelt, um seine Schäfchen auf und von der Weide in die Boxen zu bringen: Mit gelbem Plastikband schafft er eine Art Gasse vom Stallausgang über den Hof bis hin zum Weg, der zu den einzelnen Weiden führt. Dann öffnet er einfach der Reihe nach die Boxentüren, und brav trotten die Pferde entlang des Gangs zum Tor, überqueren den

Hof in der Gelbband-Gasse und gelangen über den Weg direkt auf die Weide … Seltsamerweise gibt es keine wilde Jagd, nur die ersten Male greift Jürg mit beruhigenden Worten ein. Die Heimkehr funktioniert umgekehrt genauso, und wir beobachten, wie sich die Tiere bereits vor dem Stalleingang in der richtigen Reihenfolge einordnen. Dann brav einzeln nacheinander Stall und Gang betreten und in die eigene Box einbiegen. Müßig zu sagen, daß natürlich ausgerechnet Quirina manchmal erst schnell zur Kontrolle in Muscades Box einschwenkt, bevor sie sich freiwillig in ihre eigene bequemt. In den frisch eingestreuten Boxen wartet bereits Heu und Kraftfutter, die Pferde sind somit beschäftigt. Die Boxentüren müssen nur mehr geschlossen werden. Genial, vor allem, weil die Pferde diszipliniert mittun … Zweimal allerdings gehen unsere beiden Mädchen einfach durch das gelbe Band hin, laufen dann vergnügt die Dorfstraße entlang, zwischen zwei Häusern und Gemüsegärten nach hinten zu einer saftigen Wiese, die der Besitzer fürs Futterheu bewahrt. Dort findet Jürg dann die beiden und hat Mühe, sie mit Hilfe herbeigelaufener Kollegen einzufangen. Das bis jetzt jungfräulich gewesene Gras ist arg zertreten. *Immer Eure beiden*, schimpft Jürg gutmütig, er mag sie trotzdem, er mag Pferde überhaupt. Glück gehabt mit der Wahl der Stadelmatt.

Auf der Weide erhebt Quirina definitive Besitzansprüche auf *ihre* Muscade. Sobald ein Pferd beim Grasen etwas näher an Muscade kommt, tritt Quirina in Aktion, schirmt die Freundin gekonnt ab. Sie hat's nicht einfach, meine Schwarze, denn Muscade ist bei den anderen Pferden offenbar beliebt. An manchen Tagen kommt Quirina kaum zum Grasen. Ständig gilt es, irgend jemanden mit dem Füdli wegzudrängen, rechtzeitig Drohgebärden einzusetzen, Muscade von der Menge weg in eine unbelebte Ecke zu lotsen. Muscade läßt das gutmütig zu. Solange sie nur grasen kann. Noch läßt Jürg alle Pferde gemeinsam auf eine Weide, er hat anfängliche Rangeleien beobachtet. Es gibt keine Verletzungen, die Tiere kommen gut miteinander aus. Und Quirinas warnende Hopser und Füdlilüpfer in Richtung der anderen werden als Drohung verstanden und akzeptiert. Oft grasen unsere beiden alleine in einer Ecke der Weide, abgesondert von den anderen.

Meist am späten Nachmittag erkunden wir die Gegend zu Pferd. Unzählige Möglichkeiten gibt es in alle Richtungen, selten sind Straßen zu überqueren. Wir reiten durch Wälder, Felder und Wiesen, halten uns an die zahlreichen Wege. Wir kommen an malerischen, allein liegenden Bauernhäusern vorbei, reiten entlang der breiten Reuss unter dem Damm. Das Bereiten des Dammes ist verboten, lernen wir. Wasservögel ruhen in den Büschen längs des Ufers, ihr plötzliches Auffliegen schreckt uns lange. Dann gewöhnen wir uns, die Pferde zucken nur schnell zusammen. Ruhig zieht die Reuss neben uns dahin, herrliche Sonnenuntergänge spiegeln sich in ihrem Wasser, bevor der rote Ball hinter der Hügelkette verschwindet. Später überqueren wir die Reuss auf der schmalen Betonbrücke, gerade ein Auto breit. Auf der anderen Seite der Reuss gelangen wir entweder ins Naturschutzgebiet, zum Reuss-Spitz, oder wir reiten den Berg hinauf. Entlang der wenig befahrenen Straße, dann oben in den Wäldern. Unsere Reitkollegin Pia zeigt uns auf ihrem Orkan neue Wege, wir überqueren mit ihr eine mannsschmale Brücke, die hoch über Eisenbahngeleisen liegt. Unter uns brausen Züge vorbei, die Brücke federt und schwankt bei jedem Tritt. Ich mit meiner Höhenangst. Pia zeigt uns jene Stelle in der Reuss, wo man mit dem Pferd gefahrlos ein paar Meter in den Fluß reiten kann. Ein richtiger kleiner Schotter- und Sandstrand liegt da unter den tiefen Weiden und Büschen. Nach erst entsetztem Sträuben planscht Quirina den anderen Pferden nach, schlägt begeistert ihr Vorderbein ins Wasser, macht Anstalten, sich hinzulegen. Gleich so, mit mir auf dem Rücken. Pias Sohn, der so nebenbei den gutmütigen Orkan zu Kantonsmeisterehren im Springen reitet, durchquert mit uns einen schmalen Fluß in der Nähe, wir sind tatsächlich bis zu den Stiefelspitzen im Wasser, unsere Pferde recken die Hälse hoch. Jemand erzählt uns von den Mädchen, die mit ihren Pferden durch einen Fluß schwammen, wobei eines der Tiere ertrank. Es war auf Martingal gezäumt gewesen, das Pferd konnte den Kopf nicht hoch genug recken …

## Meinungsverschiedenheiten

Immer wieder stellen wir fest, daß unsere Pferde an manchen Wegstellen unsere Meinung über den weiteren Verlauf des Ritts nicht teilen. Vor allem Quirina weigert sich an bestimmten Stellen, weiterzugehen. Dreht plötzlich um oder läuft rückwärts, tänzelt seitwärts … Sind es imaginäre Ungeheuer, Lichteinfälle, simple ungewohnte Gegenstände? Ich weiß es nicht. Wir kämpfen. Wir üben, wir planen die Problemstellen in die Ritte ein. Ich lerne, bei Quirina meinen Willen durchzusetzen. Konsequent lasse ich ihr keine Verweigerung durchgehen, langsam haben wir Erfolg. Wie alles andere, geschieht auch das Reiten im Kopf, das lerne ich langsam. Auch dank Robert, der zwar zuweilen mit seiner störrischen Muscade zu schaffen hat, mir dennoch erfolgreich zuspricht. Immer schneller geben unsere Pferde nach, immer weniger oft scheuen oder verweigern sie. Endlich genügt ein rechtzeitiger Schenkeldruck, ein tiefes Einsitzen, um sie in imaginären Gefahrsituationen vorwärts zu bringen. Muscades Spezialität ist das Buckeln als deutlicher Ausdruck des Mißfallens. Wo Quirina tänzelt, rückwärts rennt, plötzlich kehrt macht oder heftig den Kopf schüttelt, lüpft Muscade machtvoll das Füdli, wenn's sein muß, auch mehrmals hintereinander. Mein Mann hat einen guten Sitz, den braucht er auch. Er arbeitet an der Eliminierung dieser Flausen. Und hat mit viel Geduld, Mühe und Konsequenz Erfolg. Doch es dauert einige Monate, bis wir wirklich auch in schwierigen Situationen auf unsere Pferde vertrauen können. Rückfälle kommen vor, werden aber seltener. Auch Pferde haben ihre guten und ihre schlechten Tage …

Dann kommt er, der zweite Sturz vom eigenen Roß. An einem schwülen Sonntagnachmittag durchqueren wir den Wald heimzu, ich fühle die Unregelmäßigkeit in Quirinas Trab. Sie stolpert plötzlich, bricht mit beiden Beinen vorne ein. Unaufmerksam und müde falle ich nach seitwärts vorn, falle neben dem Pferdkopf auf den Wegrand. Quirina rappelt sich schnell auf, mit blutenden Schürfwunden an beiden Vorderbeinen bleibt sie neben mir stehen. Ich bin wieder einmal auf meinen rechten Arm gefallen. Direkt ins Gestrüpp, die Schürfwunden sehen schlimm aus. Irgendwo habe ich gelesen, daß man zum Reiten immer Kleidung mit langen Armen tragen sollte, um just solche Wunden zu vermeiden … Wer macht das schon im Hochsommer? Robert führt Muscade und Quirina an der Hand nach Hause, kleinlaut folge ich dem Trupp. Mein Popo tut ziemlich weh, mein rechter Arm ist blutverschmiert. Wir begegnen Sonntagsspaziergängern, die höflich unseren Gruß erwidern und ohne einen zweiten Blick ihren Weg fortsetzen. Ob sie blutende Pferde und humpelnde Reiter zu Fuß gewöhnt sind? Schweizer Zurückhaltung. Gleichgültigkeit, sagt Robert. Jürg unterbricht sofort die Familienjause und verarztet Quirinas Wunden mit beruhigenden Worten. Wie sich die Stute geändert hat. Nur mehr ganz selten hebt sie abwehrend ein Bein zum Schlag, ruhig läßt sie jetzt Jürg werken.

Stallkinder finde ich hier wieder, besonders die zwei Töchter von Jürg haben es mir angetan. Isabelle erwartet mich bei meinem Eintreffen meist schon vorne an der Wegbiegung und erzählt mir von den neuesten Begebenheiten in Familie, Stall und Schule. Mit großen Augen hört sie mir dann zu, wenn ich mit ihr spreche … Ein Pony will sie und eines Tages scheint es soweit. Ganz aufgeregt zieht sie mich zu einem kleinen Verschlag im Stall, der gestern noch nicht da war. *Schau mal. Darin wird mein Pony wohnen*, sagt sie ganz stolz. Und so steht eines Tages ein fettes kleines Pony mit einer wilden Mähne in diesem Verschlag. Isabelle strahlt übers ganze Gesicht, ihre Augen leuchten und zwinkern, als sie mit dem Pony an der Hand die Dorfstraße auf und ab geht. Brav trottet die kleine Fette neben ihr her, Jürg bleibt sicherheitshalber in der Nähe … Viel später wird sich das fette Pony als werdende Mutti entpuppen, und dann wird Isabelle stolz neben Mutter und Sohn auf der extra abgesteckten kleinen Weide stehen. Das erste Fohlen, das ich hautnah erlebe.

# Esel-, Apfel-, Schweine- und Ruebli-Bauern …

Eine gewisse Reitroutine pendelt sich ein, wir haben unsere Fixpunkte. Da ist zum Beispiel der Eselbauer. Sein nicht eingezäuntes Anwesen liegt alleine auf einer großen Lichtung zwischen zwei Wäldern. Die öffentliche Sandstraße verläuft gerade zwischen seinem Wohnhaus und den Stallungen, das finden wir in dieser Gegend oft. Eselbauer nennen wir ihn wegen seines Eselpärchens, das vollkommen frei ums Haus spaziert, auf den umliegenden Wiesen grast oder auf der Sandstraße die Sonne genießt. Als ich die beiden freien Grautiere zum ersten Mal von weitem sehe, möchte ich umdrehen, einen anderen Weg wählen. Doch Robert mag Herausforderungen dieser Art, seine Zuversicht hilft mir. *Bleib ruhig, mach die Quirina nicht nervös*, ordnet er an. Beim Näherkommen sehen wir, daß die Eselin entweder sehr dick oder hochschwanger ist. Beide bleiben stocksteif mitten auf der Straße stehen und beäugen uns neugierig.

Robert nimmt Muscades Zügel auf, bei mir kommt nur ein vorsichtiges Nachfassen in Frage. Zügelaufnehmen bedeutet für Quirina nach wie vor nervöses Losrennen. Was wir nicht wollen … Sie scheint interessant zu riechen, meine Schwarze. Sie tänzelt und schnaubt, als beim Vorbeireiten der Eselhengst frech an ihrem Schweif zu schnuppern beginnt. Mit einer tragenden Eselin an seiner Seite scheint er Lust auf Neues zu haben … Ruhig im Schritt bleiben, vor sich hin summen, gleichmäßig atmen, keine Panik zeigen … Muscade trottet unbekümmert Richtung Heimat, die Esel sind ihr ziemlich egal. Robert plant den Eselbauern nun öfter in unsere Routen ein, zur Abhärtung, sozusagen. Langsam gewöhnen wir uns aneinander. Manchmal schreien die Esel hinter uns her, was für herzzerreißende Laute das sind …

Wieder einmal haben wir den Eselbauer hinter uns gelassen, biegen in den Wald. Ein Blick zurück zeigt die beiden Grauen etwas verloren mitten auf dem Weg, wir mußten wie so oft einen Bogen um sie herum machen. Keinen Schritt sind sie zur Seite gewichen, nur die hier auch freilaufenden Hühner, Enten und Gänse sind links und rechts am Wegrand verschwunden … Meine Spannung löst sich, in gemächlichem Schritt reiten wir heimzu, plaudern entspannt. Da machen unsere beiden plötzlich einen gewaltigen Satz vorwärts, bringen uns kurz aus dem Sattel, wecken uns aus unserer Beschaulichkeit. Unbemerkt ist uns der Eselhengst diesmal nachgelaufen, ein paar Schritte weiter hinten folgt zögernd seine Gefährtin … Ob Quirina so gut gerochen hat, daß sie den Ausflug wert schien? Wir versuchen, die beiden loszuwerden, drehen um, sie folgen uns brav zum Hof zurück. Immer dicht am Schweif von Quirina. Haus und Stall liegen verlassen, unsere Rufe bringen niemanden herbei. Wieder folgen uns die beiden Esel durch den Wald, Richtung Stadelmatt … Nach einigen Versuchen geben wir auf, wir reiten jetzt mit Eselbegleitung heim. Wie Fohlen trotten sie brav hinter uns her. Quirina zeigt ihre Begeisterung durch tanzende Ohren und beschleunigten Schritt, auch Muscade will nach Hause … Einige Meter lang müssen wir eine selten befahrene Straße passieren, ausgerechnet jetzt überholen uns langsam zwei Autos. Beäugen unsere seltsame Prozession neugierig und mißtrauisch. Die Esel scheinen verkehrssicher zu sein. Jürg kratzt sich bei unserem Eintreffen den Kopf. Die Esel werden auf eine Weide gelockt, der Besitzer verständigt. Quirina wiehert verlangend nach dem Grauen, der bricht in klagend tönendes Geschrei aus, als wir im Stall verschwinden.

Die Esel wiederholen ihren Ausflug nicht. Wir machen unsere Übungen jetzt beim Schweinebauern. Er mästet Schweine, und der Geruch liegt wie eine Wolke um das Anwesen. Sichtbar sind die Tiere nicht, nur Grunzen oder Quieken ist manchmal hörbar. Der Geruch der Schweine scheint unseren Pferden äußerst unangenehm zu sein, beide verweigern regelmäßig das Vorbeireiten an den langgezogenen Ställen. Wir reiten zu zweit und einzeln an der gefährlichen Geruchsquelle vorbei, immer wieder, mit beruhigenden Worten und festem Schenkeldruck.

Zwischendurch üben wir auch das Trennen im Wald, eine Idee von meinem Mann. Ich selbst habe den Wunsch nach Trennung eigentlich nicht. Doch ich sehe ein, daß im Fall eines Unfalls diese Übung nützlich sein könnte … An einer Weggabelung also biegt Robert mit Muscade rechts ab, ich mit Quirina links. Zumindest versuche ich das. Mein Pferd merkt meine Halbherzigkeit. Läuft rasant und schnurgerade rückwärts, geradewegs hinter Muscade drein. Welche von meinem Mann mit viel Mühe eben um die Kurve gebracht wurde. Ein wütender Blick meines Mannes in meine Richtung, dann lenkt Muscade seine Aufmerksamkeit voll auf sich. Sie bockt wie ein Rodeopferd, und Robert steht in den Steigbügeln, hoch über dem Sattel. Quirina tänzelt um das Schauspiel herum, und ich schicke kurze Stoßgebete zum Himmel. *Lieber Gott, laß ihn bitte nicht herunterfallen* … Der eheliche Friede ist manchmal gestört: *Kannst du dein Roß denn nicht halten? Verwöhnt ist sie, einfach verwöhnt* … Schweißnaß, verbissen und immer wieder üben wir. Ganz am Anfang mußte ich über Quirinas Rückwärtsgang-Künste lachen, das hat der Sache nicht genützt. Man muß voll hinter dem stehen, was man vom Pferd verlangt. Zumindest das habe ich gelernt. Schließlich schaffen wir es. Auf zwei veschiedenen Wegen reiten wir auf tänzelnden Pferden in entgegengesetzte Richtungen. Geschüttelt von nicht enden wollendem Gewieher der beiden Stuten, die so Kontakt halten. Quirinas ganzer Körper unter mir zittert und bebt, wenn sie mit weit aufgerissenen Augen und Nüstern tief wiehert und, kaum hat sie die Antwort ihrer unsichtbar entfernten Muscade vernommen, gleich wieder ansetzt … Kein reines Vergnügen. Wie machen das die anderen bloß? Die grinsen, wenn ich von dem Problem erzähle: *Du mußt hart sein. Du bist zuwenig hart mit deinem Pferd.* Das habe ich schon gehört.

Wir lernen den Rüeblibauern kennen, eigentlich ist es eine Bäuerin. Wenn wir an ihrem blumengeschmückten Bauernhaus vorbeireiten und sie uns sieht, ist unseren Pferden ein Rüebli sicher. Selbst wenn sie oder eines ihrer Kinder dafür extra in den Keller laufen muß. Manchmal spielen ihre Kinder vor dem Haus, und mit Einverständnis der Mutter nimmt Robert dann schon mal eines der Mädchen vor sich auf den Sattel. Ganz vorsichtig. Ein paar Schritte nur, und die Kleine jauchzt vor Freude, die anderen wollen auch einmal so hoch droben auf dem Pferderücken sitzen … Nächstes Mal, vertröstet Robert, und unsere beiden Pferde schmatzen an ihren extra Rüeblis.

Unweit vom Rüeblibauern, etwas höher gelegen, hat der Apfelbauer sein Anwesen. Nein, einen Apfel bekommen unsere Pferde hier beim Vorbeireiten nicht, doch kaufen wir hier kistenweise unseren Vorrat an prächtigen Äpfeln direkt ab Hof ein … Eine riesige Anlage ist das, geteilt durch die kleine Straße. Hier gibt es oft Schreckliches zu hören oder zu sehen: dicke Gummischläuche, die quer über dem Weg liegen, freilaufende Hofhunde, die uns böse anbellen, unbekannte Töne aus den Stallungen. Der riesige Silo, der so komische Geräusche beim Füllen oder Leeren macht … Wenn wir diesen saubergefegten Hof durchqueren, hoffe ich immer, daß unsere Pferde sich nicht ausgerechnet hier erleichtern. Irgendwo habe ich gelesen, daß Reiter eigentlich gesetzlich verpflichtet sind, auf öffentlichen Straßen den Mist ihrer Tiere wegzuräumen. Ich muß mich da noch mal erkundigen, scheint mir recht kompliziert. Dann windet sich der Weg hinauf auf den Hügel, und dort müssen wir eine Kuhweide passieren. Man sollte meinen, daß Kühe ja nun für Pferde wirklich nichts Furchteinflößendes haben, doch weit gefehlt. Irgend etwas an der Farbe der Kühe, sie sind beige, scheint unseren Stuten ungeheuerlich. Vor allem dann, wenn die ganze Kuhherde neugierig zum Wegrand galoppiert kommt … Quirina rollt die Augen, schnaubt wie ein Drache und stellt den Schweif hoch, gebündelte Energie, bereit zur Explosion, vibriert unter mir. Muscade regt sich der Form halber auch etwas auf, tänzelt mit. Doch nie gelingt ihr auch nur ein Abglanz der Show, die Quirina aufzieht. Wenn diese Kuhweide dann ohne Gefahr für Leib und Leben hinter uns liegt, tritt Hasso, der Hofhund des Mostbauern, lautlos in Aktion. Aus irgendeiner dunklen Hausnische springt er laut bellend hervor, wenn wir auf seiner Höhe sind. Nicht vorher, nicht nachher. Die zur Seite scheuenden Pferde scheinen ihm Spaß zu machen. Ob er wohl den ganzen Tag über auf der Lauer nach Vorbeikommenden liegt? Der Lärm lockt meist die Bäuerin ans Küchenfenster, von dem aus sie uns ein Glas Apfelmost anbietet. Selbstgemachten. Daher der Spitzname Mostbauer … Das Fenster befindet sich etwa auf Pferdekopfhöhe, bequem können wir die Gläser mit Dank zurückreichen. Hasso bellt uns pflichtbewußt zum Abschied nach, er hat alle Pferdebeine abgeschnuppert und scheint zufrieden mit dem Ergebnis.

Ja, und meinen dritten Sturz vom eigenen Roß bringe ich so zwischendurch auch hinter mich. Wie damals in Österreich geschieht es im Stehen. Nach einem kurzen Galopp machen wir unter Bäumen Rast, ich strecke meine Beine etwas weg vom Pferdekörper. Eine Unart, ich weiß. Ein Rascheln im Gebüsch, ein Hopser seitwärts, und ich liege, Zügel in der Hand, am Boden. Wie verdutzt mich Quirina doch immer ansieht, wenn sie mich da unten findet … Ein paar blaue Flecken muß ich in Kauf nehmen.

## Donnerstagausflüge

Jürg hat uns auch zum nahegelegenen Bützenwirt mitgenommen. Richtige Störche und viele seltene Vögel leben in seinem weitläufigen Garten, gleich neben dem Naturschutzgebiet. Im Stall über der Straße hat er einige Schimmel stehen, die er hauptsächlich für Kutschenfahrten einsetzt. Sein momentaner Stolz ist eine junge Stute, noch grau gescheckt, die er regelmäßig ausreitet. Wir kehren manchmal nach dem Reiten beim Bützenwirt ein, essen auch mit unseren nicht reitenden Freunden gerne in der gemütlichen niedrigen Gaststube. Der Willi kocht ausgezeichnet, später organisiert er sogar Kulturabende in seiner Beiz. Da wird musiziert, es gibt ein Festmenü, und die Tische sind Wochen vorher ausgebucht. Durch Jürg erhalte ich eines Tages die Einladung, am allwöchentlich stattfindenden Donnerstagreiten der Stammtischrunde mitzumachen. Neugierig sage ich zu und bin am nächsten Donnerstagmorgen um 9 Uhr bestellt. Mit klopfendem Herzen, denn ich befürchte eine wilde Raserei, die nicht in meinem oder im Sinn von meinem Pferd ist … Jürg beruhigt mich. Fast alle Teilnehmer seien ältere, gemütliche Herren, und eigentlich werde man nur zu einer Beiz reiten, dort ein verspätetes Znüni einnehmen und dann noch vor dem Mittag zurückkehren.

So finde ich mich in einer Gruppe von etwa zehn gestandenen Schweizer Männern auf eigenen oder geliehenen Pferden, meist als einzige Frau. Quirina findet die Sache offenbar interessant, ich nehme mich zusammen, um möglichst entspannt zu wirken. Sehr galant und höflich sind sie alle, diese neuen Reiterkollegen. Vor dem Galopp werde ich speziell gefragt, ob ich bereit sei … Quirina ist allzeit bereit, zumal in so anregender Gesellschaft. Und so galoppieren wir dann breit gefächert entlang der Reuss, nur an sumpfigen Stellen wird zurückgenommen, getrabt oder im Schritt der tiefe Boden passiert. Es macht Spaß, Quirina bleibt erstaunlich ruhig, und ich beginne, mich sicher zu fühlen. Nach dem Galopp wird die alte hölzerne, überdachte Reussbrücke überquert. Wir tun dies aus für mich nicht logischen Gründen auf dem schmalen Gang, der für Fußgänger vorgesehen ist. Das Poltern der Hufe auf dem Holz, die knapp an uns vorbeifahrenden Autos, hoch über dem Fluß … Zur Stärkung kehren wir bei der Landi, der Landwirtschaftlichen Genossenschaft am anderen Ufer der Reuss, ein. Irgend jemand von uns kennt da offenbar irgend jemanden. Und der erscheint jetzt an der Laderampe mit einer Schnapsflasche und Gläsern. Als ob der Besuch der Reitergruppe alltäglich wäre. *Allwöchentlich ist er*, wird mir versichert. *Zum Wohl*, wird ringsum geprostet, wir bleiben zu Pferd. Quirina kennt das Trinken auf ihrem Rücken vom Mostbauern her, ruhig steht sie neben den anderen Pferden. Ich habe große Mühe mit Alkohol am Vormittag beim Reiten. Doch ich will dazugehören.

Mein Kopf schwimmt ein wenig, als wir unseren Ritt über die Bahngeleise fortsetzen. Paß auf, damit dein Pferd sich nicht mit den Eisen in den Geleisen verfängt, wird mir geraten. Wie mache ich das? Quirina ist durch die neue Umgebung plötzlich so aufgeregt, daß sie kaum auf ihre eigenen Beine achtet. Die schnelle Erregbarkeit, eines der Merkmale eines hochblütigen Pferdes … Geschafft. Wir erreichen den schattigen Gastgarten mitten im Dorf, Anbindemöglichkeiten für unsere Pferde warten, und der Wirt, selbst ein Reiter und Bruder des Bützenwirts, nimmt uns freundlich in Empfang. Wurst, Brot und Rotwein gibt's zum Znüni. Einer der Reiterkollegen ist offenbar Metzger, und seine gestifteten Würste werden allseits gelobt. Bei einem der nächsten Male werde ich Gulaschsuppe stiften, so geht das reihum. Um den Rotwein kann ich mich drücken, noch kämpfe ich mit den Folgen des Schnapses … Gefachsimpelt wird über Pferde, Bauernwirtschaft, Preise und Politik, alles in breitem Schweizerdeutsch: Das meiste verstehe ich, sprechen kann ich es aber nicht. Trotzdem werde ich nicht als Außenseiter behandelt, ich fühle mich wohl. Trotz der zuweilen etwas rauhen Witze, der Rotwein lockert die Zungen. Jürg wirft mir seitwärts verstohlen-besorgte Blicke zu, als müsse er sich entschuldigen. Hier in dieser Gruppe lerne ich zum ersten Mal die Schweizer Umgangssprache anders kennen, das kehlige Schwyzerdütsch wird heimelig und angenehm. Obwohl ich in den ersten Jahren meines Schweizer Lebens als überzeugte Ostösterreicherin Heimweh nach meiner vergleichsweise sanften Sprache hatte … Während des Heimwegs trennen wir uns in kleine Grüppchen, je nach Heimatstall. So vergehen einige Donnerstage. Bis sich die kleine Gruppe durch einen Unfall langsam auflöst. Einer der ältesten Teilnehmer, ein gutgenährter Siebziger, beschließt den Tag im Spital. Beflügelt vom Rotwein und den Herausforderungen der Freunde, probiert er auf dem Heimweg ein ihm vollkommen unbekanntes Pferd aus. Und stürzt prompt mit ernsten Folgen. Die Freunde bringen ihm ein kleines hölzernes Schaukelpferd ans Spitalsbett, für zukünftige Reitversuche ... Mir erzählt man von dem Reiter, dessen Pferd auf dem manchmal glitschigen Uferboden der Reuss ausglitt und sich samt Reiter in der Reuss wiederfand ... Die Bergung soll nicht einfach gewesen sein, was angesichts der Ufer an dieser Stelle der Reuss verständlich ist.

## Kutschfahrten

Beim Bützenwirt lernen wir auch den Kari kennen, der Kutschfahrten macht und in einem nahegelegenen Privatstall einige Pferde versorgt. Das tut er gewissenhaft und liebevoll, vor seinen Boxen findet sich kein Halm Stroh, und das Lederzeug ist immer gepflegt. Im Herbst und Winter treffen wir ihn dann oft auf der Straße, gespenstisch taucht er auf seinem Kutschbock aus dem weißen Nebel, in dicke Decken gehüllt, eine Zigarre im Mundwinkel und ein lustiges Lachen in den Augen. Einmal schließe ich mich einem Kutschenausflug, geführt durch den Bützenwirt, an. Vier Schimmel ziehen unseren Wagen auf teilweise noch unbekannten Waldwegen, auf Straßen. Die mitfahrenden Kinder johlen vor Freude und der Bützen-Willi lacht über sein ganzes, schnurrbartgeschmücktes Gesicht. Ungarisch schaut er aus für mich. Kutschenfahrten sind beliebt in der Gegend, Kari ist stets ausgebucht, und die Pferde vom Bützenwirt haben in der Saison jedes Wochenende Einsatz.

Moni hingegen ist eine Freundin unserer Stallkollegin Pia, eine passionierte Kutscherin, falls es diesen Ausdruck gibt. Zuweilen fährt sie am Stall vor, erzählt uns über absolvierte Wettbewerbe, am Wagen durchgegangene Pferde und total demolierte Kutschen ... Sie lacht gern, und manchmal begleitet sie ihr Mann, der mit liebevoller Nachsicht die immer mal nötigen Reparaturen an Wagen und Lederzeug ausführt. *Ohne ihn wäre ich verloren*, grinst Moni. Und hat sich damit schon die nächste Reparatur gesichert. Auch einer unserer Stallkollegen, der mürrisch wirkende Kurt mit dem überraschend weichen Herz und den blitzenden Augen, spannt sein Turnierpferd hie und da mal vor einen kleinen Wagen. Robert begleitet ihn einmal bei so einer Ausfahrt: schön, aber kalt, ist sein Urteil. Und den direkten Kontakt zum Pferd, das direkte Fühlen des Pferdes, das vermißt er.

Sonntag nachmittags spannt Jürg manchmal das Pony von Isabelle vor einen kleinen Wagen, auf dem er seine Frau und die zwei Mädchen plaziert. So fahren sie dann zur Jause nach vorn zum Bützenwirt, mit strahlenden Gesichtern, im Schritt. Ein anderer Stadelmatt-Bewohner spannt sogar seinen großen Berner Sennenhund zur allgemeinen Gaudi aller Kinder vor einen Leiterwagen. In dem sitzen dann die Kleinsten der Stadelmatt, die größeren Kinder laufen johlend neben dem Gefährt und seelenruhig spaziert der gutmütige Sennenhund die Dorfstraße entlang. Die Last hinter sich scheint ihn nicht zu stören.

## Rosa Hummeln und Wassertreten

Schon oft haben wir eine recht unschuldig aussehende große Wiese zwischen dem Rüebli- und dem Apfelbauern passiert. Bis wir eines Tages den Grund der dort aufgestellten Warntafeln kennenlernen. Die Mitglieder eines Modellfliegervereins versammeln sich hier regelmäßig, lassen hier ihre kleinen Flugmaschinen durch die Luft schwirren. Schon beim Näherreiten sehen wir die vielen geparkten Autos, Kinder, Hunde, Menschen und die brummenden, surrenden, zischenden Flugobjekte über unseren Köpfen. Schlimm für unsere Pferde sind Landungen und Starts – rechte kleine Höllenmaschinen in bunten Farben surren da rasant durch das grüne Gras, heben sich plötzlich in die Luft. Oder tauchen unerwartet von irgendwo da oben mit tiefem Gebrumme kurz vor unseren Nasen ins Gras. Wenn das kein Grund für einen raschen Sprung ist? Alle Größen, Farben und Lautstärken ferngesteuerter Modellflugzeuge geben sich hier Rendezvous. Viele der Fliegerväter sind so in ihre Maschine versunken, daß sie ohne böse Absicht unser Näherkommen nicht einmal merken. Obwohl ich mir angewöhnt habe, recht einfältig schon von weitem ein lautes *gruezi* zu rufen. Einige lenken ihre Modelle weg von uns, halten ihre Startflüge sogar an. Nur wenige finden es lustig, ihre Flieger knapp über unseren Köpfen kreisen zu lassen. Mit tiefem Sitz tanzen wir an der Wiese vorbei. Eine wild gewordene rosafarbene Riesenhummel setzt über uns zum Sturzflug an.

Die blutroten Sonnenuntergänge an der Reuss sind höchstens von jenen am Zugersee zu übertreffen. Wir reiten gerne entlang dieses majestätisch wirkenden Flusses. Die Landschaft von Silvio Blatter, dessen Romane hier an der Reuss spielen. Nirgendwo anders gibt es so herrlich breite, weiche Galoppwege wie hier, vorausgesetzt, der Boden ist nicht zu weich durch den Regen. Nach einigen Kilometern schwenken wir dann über den Reussdamm hinauf heimzu. Queren den Damm, das ist hier erlaubt, und erreichen auf Feldwegen einen kleinen Bach mit recht steilen Naturufern. Ideal zum Kühlen der Pferdebeine nach dem Galopp. Wie schwierig dieser erste Einstieg in den Bach hinunter ist, fast rutschen die Pferde auf dem glitschigen Hang hinunter ins Wasser. Und natürlich verweigern sie erst mal den Abrutsch ins ungewiß glitzernde Naß da unten. Muscade macht die Vorhut, das hat sich irgendwie eingeführt, mein Mann reitet gerne vorne, gibt Richtung und Tempo an. Bald aber mögen unsere Pferde ganz offensichtlich diesen Bach. Besonders Quirina ist begeistert, übt Wassertreten à la Kneipp und durchnäßt mich dabei ziemlich. Mein kleines Nilpferd, wie gerne würde sie im Wasser abliegen. Das vorsichtige Runtergleiten wird durch einen übermütigen Galoppsprung hinauf wettgemacht. Manchmal quietscht Quirina dabei ein wenig, ganz verhalten, tief hinten in der Kehle. Ein Zeichen der Freude.

Anschließend muß die landwirtschaftliche Versuchsanstalt des Kantons Zug durchquert werden. Hier werden Kälber und Kühe möglichst naturgerecht in Freilaufställen mit Auslauf gehalten, manche muhen uns zu. Riesige Silos säumen die Straße, und die Haflinger auf einer saftigen Weide bringen unsere beiden Stuten zu nervösem Zackeln. Die Züchterin dieser Haflinger spannt ihre Pferde regelmäßig für Kutschfahrten ein, oft laufen die Fohlen neben den angeschirrten Müttern brav rechts und links vom Wagen auf dichtbefahrenen Straßen mit. Hier hat auch der Kutscher-Kari sein Haus, mit einem atemberaubenden Ausblick auf die Schweizer Gebirgskette, die je nach Tageszeit bläulich oder kitschig-rot in der Ferne auftaucht. Er kennt die Namen aller Berge.

Die Versuchsanstalt und die Stadelmatt verbindet eine schmale Betonstraße. Hier, zwischen dem Reussdamm und dieser Straße, liegt versteckt unter alten Bäumen ein kleiner Offenstall mit einigen Ausläufen. Islandpferde wohnen hier. Manchmal sehen wir von fern einen Reiter, komisch finden wir anfangs diesen Tölt, eigenartig sitzt der Reiter auf diesem rennenden kleinen Pferd. Viel später freunden wir uns mit einigen dieser Pferdebesitzer an. Sie alle teilen sich die anfallenden Stall- und Fütterungsarbeiten. Winters wie sommers sind die Pferde Tag und Nacht draußen auf den Paddocks mit freiem Zugang zum geräumigen Offenstall. Einmal nehme ich das Angebot, so einen Isländer auszuprobieren, an. Mir ist die Nähe zum Boden sympathisch, relativ klein sind diese lustig aussehenden Kerle. Ich lasse mir die andere Reitweise kurz erklären, selbst der Sattel ist anders. Das kleine Bärli unter mir weiß ohnehin, was zu tun ist. Und töltet flugs mit mir den Waldweg entlang. Was für ein Vorwärtsdrang, welche Kraft da frei wird. Und wie bequem man bei diesem Rennschritt auf dem Pferderücken sitzt. Kein Gewackel, kein Hopsen, ruhig wie im Lehnsessel sitzt man. Ich bin begeistert. *Mein nächstes Pferd* … Robert schüttelt dezidiert den Kopf: Quirina ist noch nicht mal acht Jahre alt. *Sie wird dich überleben*, prophezeit er und stimmt mich nachdenklich. Ich habe mir noch nicht ernsthaft überlegt, wie alt ein Pferd werden kann. Und wie ernst man es mit der Verantwortung ihm gegenüber nimmt. Falls man es nicht verkauft. Dabei haben wir Glück, wir teilen dieses Hobby. Ich kenne gar nicht so wenige Paare, wo wegen des zeitaufwendigen Reitens des einen Teils der Haussegen regelmäßig schief hängt. Als Faustregel gilt: für eine Stunde auf dem Pferderücken ist summa summarum eine Stunde Vor- und Nacharbeit zu rechnen, Anfahrt nicht berücksichtigt. Ich habe ein wenig Mühe mit dem Umziehen. Die Stiefel stehen ständig im Auto parat, die Reithose trage ich manchmal den ganzen Tag. Hinter dem Schreibtisch, im Büro, sieht das niemand, und das dehnbare Gewebe erlaubt Bewegungsfreiheit … Bequemlichkeit, Faulheit, ich weiß. Meine schönen Kleider bleiben immer öfter im Schrank hängen.

Jürg hat im Stall zwei Waschplätze eingerichtet, er mag es nicht, wenn man die Pferde draußen putzt, in der Sonne, was wir so gerne täten. Wir fügen uns dem Hausbrauch, die Ställe sind im Sommer angenehm kühl, halbdunkel und fliegenfrei. Im Winter dann wird's kalt da drinnen, aber so weit sind wir noch nicht. Es ist Herbst geworden, mittlerweile. Jürg läßt die Pferde jetzt oft den ganzen Tag draußen auf den Weiden, die Fliegenplage hat abgenommen, die Pferdemägen sind längst ans frische Gras gewöhnt, und der Nährwert der Halme ist nicht mehr so hoch. Nur an Regentagen herrscht Weideverbot. Der tiefe, fruchtbare Boden, die Grasnarbe, würde durch die Pferdehufe empfindlich zerstört. An solchen Tagen hängt Muscade den Kopf ganz weit aus ihrem Boxenfenster, und Quirina dreht daneben rastlose Runden. Wir reiten jetzt auch an Regentagen, haben uns entsprechende Kleidung und breitkrempige Hüte zugelegt.

## Schöne Pflicht

So schön unsere fast täglichen Ausritte sind, Verpflichtung schwingt mit. Wenn wir aus beruflichen oder sonstigen Gründen mal einen Tag frei nehmen, nicht reiten oder in den Stall fahren, fühlen wir uns schuldig. *Sind sie lange genug auf der Weide gewesen, haben sie sich genügend bewegt*? Jürg beruhigt uns immer, grinst über unsere Besorgnis. *Ich schau schon*, verspricht er. Ich weiß, er sorgt gut für unsere Pferde. Ich rechne. Mit etwas Glück wird meine Schwarze bei guter Haltung recht alt. Werde ich in den kommenden 20 Jahren jeden Nachmittag entweder reiten oder schlechtes Gewissen haben? Hoppla, auf was haben wir uns denn da eingelassen?

Der Mais auf den Feldern um den Stall herum ist inzwischen übermannshoch aufgeschossen, nirgendwo sonst habe ich bisher Mais von dieser Höhe gesehen. In Österreich zum Beispiel sieht das bescheidener aus. Ob's am guten Düngen liegt? Eng ist die schmale Straße von den hohen Halmen eingesäumt, man sieht nicht mehr so weit in die Ferne, und bald werden die riesigen Maschinen Tag und Nacht ernten. Manchmal liegen armdicke Gülleschläuche quer über der Straße, mit schrägen Holzbrettern für Autos. Eine äußerst gefährliche Angelegenheit für mein Pferd und dadurch auch bald für mich. Nur widerwillig, schnaubend und halb schief weggedrückt nimmt meine Schwarze diese Hürden mit einem Hopser. Muscade hingegen hat eine Aversion gegen kleine, schmale Brücken ohne Geländer. Schon seinerzeit in Sihlbrugg war sie beim Geschicklichkeitsreiten von niemandem über die Holzwippe zu bringen. Wenn Muscade nicht will, zeigt sie ihren Dickkopf. Wie war das noch mit Spiegelbild von Pferd und Reiter? Mein Mann wehrt empört ab. Um die weiten Gemüsefelder vom Bützenwirt zu erreichen, muß ein kleiner Bach über einen schmalen Holzsteg überquert werden. Und da liegt das Waterloo von Muscade ..., *laß mich nur machen*, zischt mein Mann genervt. Nach vielen vergeblichen Versuchen folgt Muscade dann der vorausgehenden Quirina über die furchtbare Sache hinweg. Alte Reiterweisheit. Wenn das Pferd den Wünschen seines Reiters nicht gehorcht, dem Kollegen folgt es allemal ...

Das schöne Gemüse von seinen Feldern ringsum hat der Bützenwirt unten im Wirtshaus-Eingang aufgebaut, mit einem Preiszettel und einer kleinen Handkassa. Jeder, der möchte, wählt sein Gemüse, legt den genau abgezählten Betrag in die Kassa und geht ... Auch entlang der Straßen findet man fast das ganze Jahr über, außer im Winter, Stände mit Blumen, Eiern oder Gemüse, Preistafeln und einer kleinen Handkassa mit Geldschlitz oben. Weit und breit ist kein Verkäufer, keine Aufsicht zu sehen. Das ist anscheinend nur in der Schweiz möglich, lerne ich später, es ist mir auch von meiner Heimat her unbekannt. Dasselbe Prinzip funktioniert auch vor großen Sonnenblumen- oder Dahlienfeldern oder vor Erdbeerbeeten. Ein einladendes Schild, eine Schere, Preisangaben, eine Kassa. Autos fahren vor, bedienen sich der Schere, schneiden die Blumen, hängen die Schere ordentlich an ihren Platz zurück, zahlen in die Kassa. Dieses System gegenseitigen Vertrauens beeindruckt mich. *Bünzlis sind sie halt, die Schweizer*, zucken manche meiner (Nichtschweizer) Freunde die Schultern. *Keine Phantasie, strenge Regeln, alles nach Vorschrift*. Mag sein. Aber alles hat zwei Seiten, und diese sichere Seite der Schweiz mag ich nun einmal. Seitdem wir unsere Pferde haben, mache ich erst richtig Bekanntschaft mit dem Land, in dem ich bereits seit zehn Jahren lebe und vor allem arbeite. Bisher verlief mein Radius zwischen Wohnhaus, Büro, Flughafen, Bahn und Einkaufszentren, See und Restaurants. Ich komme jetzt erstmals richtig in Kontakt mit Schweizern, mit ihren Ansichten, Problemen und Freuden.

Pia wird zu einer regelmäßigen Reitkollegin, wenn Robert keine Zeit hat, reiten wir beide manchmal gemeinsam aus und haben uns viel zu erzählen. Sie ist mutiger als ich, steht als alleinerziehende Frau mit nunmehr erwachsenem Sohn fest mitten im Leben und strahlt gute Laune aus. Das ist auch ein bisserl schweizerisch, glaube ich. Man ist höflich, aber läßt andere nicht allzu weit an sich herankommen. Meiner Meinung nach, weil man andere nicht mit seinen Sorgen und Problemen belasten möchte. Weil man dem anderen einen Freiraum zugesteht, den man auch für sich haben möchte. Eine gewisse Rücksicht. Viele sehen das anders. Finden generalisierend die Schweizer verschlossen und zurückgezogen, weil sie unter sich sein wollen, fremdenfeindlich oder einfach introvertiert sind. Ich weiß nicht, was stimmt. Mir gefällt meine Version besser. Mit Pia lerne ich allmählich alle Beizen der Umgebung kennen. Nach dem Ritt gehen wir des öfteren auf ein Glas Roten, einen Apero. Pia ist mit ihrer burschikosen Art überall bekannt und beliebt. An den Stammtischen sitzen wir, wo stetes Kommen und Gehen herrscht, wo jeder mit jedem spricht. Ungewohnt. Bisher war ich Restaurants gewohnt, wo jeder an seinem Tisch bleibt und das Gespräch mit dem Nachbarn nicht sucht. Die Stammtische in den Innerschweizer Beizen sind da anders … Einmal kocht uns Pia eigenhändig in einer der Wirtsküchen ein unvergeßlich gutes Pilzgericht aus selbstgesuchten Pilzen.

Noch immer gelingt es mir nicht, beim Reiten konsequent den richtigen Abstand zum Vordermann zu halten. Quirina hängt sich gerne ans Füdli ihres Vordermanns. Das tut sie auch beim Orkan, und leider vergesse ich allzuoft, meine Schwarze zurückzunehmen … Und eines Tages erledigt Orkan das dann selbst, schließlich weiß man sich als gestandener Mann gegenüber aufdringlichen Weibern ja zu helfen. Ein gekonnter, gezielter Schlag mit der Hinterhand in Quirinas Brust, und der richtige Abstand ist hergestellt. Quirina humpelt erbärmlich, ich führe sie an der Hand heim, sie setzt ihre Vorderbeine mit großer Mühe, wir machen uns Sorgen. Zum ersten Mal benötigen wir hier einen Tierarzt, er kommt schnell. Er humpelt noch ärger als Quirina, ein Pferd hat ihn vor einigen Tagen zusammengeschlagen, wie er es nennt. Er ist so, wie man sich einen Viehdoktor auf dem Land vorstellt: rauh, etwas grob, direkt und OK. Freundliche Augen hat er. *Sie spielt Theater*, grinst er nach der Untersuchung, *ist nur ein Bluterguß. Ab morgen gleich wieder reiten, ein paar Tage im Schritt, aber unbedingt bewegen.* Quirina humpelt mühevoll zurück in die Box, wir zweifeln an der Diagnose. Doch tatsächlich scheint ihr Bewegung gut zu tun, nach wenigen Tagen ist alles vorbei. Nur zum Orkan hat sich ihr Verhältnis deutlich geändert. Zu ihm wahrt sie künftig ganz ohne mein Zutun einen Respektabstand, wir beiden haben gelernt.

## Winter ohne Halle

Der Herbst kommt, der Winter naht, unser erster Winter mit Pferden draußen. Den ersten Winter mit Pferd habe ich sozusagen in der Reithalle verbracht. Obwohl unsere beiden auf der Weide unzertrennlich sind, kann ich Quirina problemlos alleine auf dem Sandplatz reiten. Erfolg unserer Trennungsübungen? Ich halte Ausschau nach einem Reitlehrer und finde Eva, die in einem Nachbardorf selbst einen Reitstall mit Schulbetrieb besitzt. Ich besuche sie dort, erzähle ihr von Quirina. Sie geht währenddessen durch die Boxen ihrer Pferde, spricht liebevoll mit jedem, hebt schnell mal im Vorbeigehen mit bloßer Hand Pferdeäpfel auf und sammelt sie in überall bereitstehende Eimer. Jürg, der dies als ihr früherer Reitschüler auch einmal gesehen hat, schüttelt den Kopf über soviel Mangel an Hygiene. Mich schockiert das nicht. Seltsam, ich konnte an Pferdeäpfeln, wahrscheinlich zu unrecht, nie etwas wirklich Schmutziges finden. Ich mag die Eva und ihre Liebe zu den Pferden.

Und so kommt es, daß Eva zweimal in der Woche mitten auf dem Stadelmatter Sandplatz steht und sich hier die Kehle heiser schreit. Das tut sie nicht nur, weil um diese Zeit ständig irgendwo ein Traktor brummt, sondern vor allem, weil Quirina und ich nicht tun, was wir tun sollten ... Mein Pferd ist nicht begeistert von dieser neuen Einführung, ich selbst muß mich wieder an die Disziplin gewöhnen. Sie tut uns beiden gut. Nur an den Zügel will Quirina nicht, beim Aufnehmen wehrt sie sich fast verzweifelt und streckt Hals und Kopf womöglich noch höher. Ich mag Zwang auch nicht und versteh das. Eva erklärt mir zum x-ten Mal, daß unser beider Sicherheit auf dem Spiel steht, daß daher das Pferd gehorchen *muß.*

Schließlich vertraue ich dem Pferd ja meinen Körper an. Noch immer packt mich manchmal dieses Wunder, daß ein derart großes, kraftvolles Tier einen Menschen auf seinem Rücken duldet. Eva hat sich offenbar in den Kopf gesetzt, aus uns beiden etwas zu machen. Quirina wehrt sich entsetzt, sie will bleiben, wie sie ist. Sie schlägt mit dem Kopf, tanzt, rennt rückwärts, seitwärts und ist bald wie ich schweißnaß. Solange man nichts von ihr verlangt, bleibt sie ein ruhiger Engel, doch wehe ... Eva, die Gute, zieht entschlossen die warme Daunenjacke aus, posiert ihre Hände links und rechts des Pferdemauls, dort wo die Zügel in die Trense übergehen, und läuft in Schritt und Trab neben uns her. Runde um Runde. Zwingt Quirina so sanft, aber unerbittlich, nachzugeben, den Kopf zu senken, am Gebiß zu kauen, am Zügel zu gehen ... Ein toller Einsatz ist das, und er wird nach einigen Stunden belohnt. Immer öfter gelingt es mir, Quirina selbst an den Zügel zu stellen, erst ganz kurz, dann eine ganze Volte, dann einige Volten lange ... Hurra. Wer hätte das gedacht. Stolz bin ich und dankbar. Wir üben Wendungen, biegen nach rechts und links, und wir schaffen es ... In manchen Stunden gesellt sich Isolde zu uns, eine pferdebegeisterte Mutti, die den Paprika von Jürg reitet, denn sie hat selbst kein Pferd. Von Paprika ist Quirina nach wie vor begeistert und versucht auf dem Platz, sich möglichst nahe an ihn zu drängen. Er, der Arme, hat aber jetzt für die weiblichen Reize meiner Schwarzen keine Zeit, zu sehr muß er den Dressurfiguren folgen ... Wir reiten Schlangenlinien, verstärkten Trab, versammelten Galopp in kleinen Volten, mit Richtungswechsel im Galopp, auf Kommando, synchron. Richtig stolz werde ich auf mich, und gegen Ende des Winters beginnt Eva dann von der ersten Dressurprüfung zu reden ... Quirina und ich an einer Dressurprüfung, wer hätte das noch vor einem Jahr gedacht? Ich weiß. Verglichen mit den richtigen Dressurreitern können wir beide fast nichts, aber für mich sind unsere Fortschritte unglaublich gut.

Unsere Reitstunden tragen so nebenbei auch beim Ausreiten Früchte. Meist reite ich nach Ende der Stunde mit Robert aus, als Belohnung fürs Pferd, wie Eva sagt. Ob Quirina das wirklich als Belohnung sieht? Sie schielt jedenfalls im Vorbeireiten auf ihre Kollegen, die im Spätherbst noch einige Stunden auf die Weide dürfen ... Gut, daß Pferde nicht sprechen können. Ich verliere die Angst vor Quirina. Dank Eva. Sie zeigt mir, daß ich oben bleiben und einwirken kann, selbst wenn Quirina *blöd tut*, wie die Schweizer sagen. Wenn sie tänzelt, mit dem Kopf schlägt, hopst oder lossaust ... Und daß mein Mädchen zwar versucht, ihren Willen durchzusetzen, aber schließlich aufgibt und sich fügt. Oft schwingt Eva sich selbst in den Sattel, und mit erschrockenen Augen gehorcht Quirina nach nur mattem Wehren, von Eva im Keim erstickt. So müßte man halt reiten können ...

Und dann reite ich schließlich das erste Mal alleine von der Stadelmatt weg, es wird tatsächlich mein allererster Ausritt allein. ... In Kopf und Herz pocht die Überzeugung, *ich will, wir schaffen es*, und daran zweifle ich keine Sekunde. Ungläubig, widerstrebend, geschüttelt von heftigem Protestwiehern, stakst Quirina mit mir weg vom Stall. Bleibt nach einigen Schritten stocksteif stehen. Festgewurzelt. War da ein kurzer Zweifel in mir? Hoppla, ein Satz vorwärts, ich habe wohl zu fest meine Beine in die Flanken gedrückt ... Von hinten rufen die Stallkollegen aufmunterend, einmal ziehe ich sogar das Gertli ganz kurz über Quirinas

Kruppe. Mit einer mentalen Entschuldigung, schließlich sollen Pferde ja Schwingungen ihrer Reiter verstehen. Wir überqueren die Straße, tänzeln durch den Wald, nur nicht stehenbleiben, nur das Pferd nicht kehren lassen. Konzentrationsarbeit ist das. Heimzu wird Quirinas Schritt noch schneller, sie stolpert fast über die eigenen vier Beine, um wieder nach Hause zu kommen. Ganz stolz und beide ziemlich naß kehren wir zurück.

Beim nächsten Versuch ist Quirina gerüstet, diesmal wird sie sich nicht überrumpeln lassen. Und legt ihren rapiden Rückwärtsgang Richtung Stall ein, reiterliche Hilfen hin oder her; nur kurz verliere ich die Fassung, und dadurch meinen Einfluß aufs Pferd. Jürg ist soeben in Hausschuhen vors Haus getreten, um nach dem Grund des Geklappers und Gerufes zu sehen. Ich gebe auf, ich steige ab, ich bin wütend, traurig, ohne Kraft, nach langem hat Quirina wieder einmal gesiegt. *Soll ich's versuchen*? Jürg steht in seinen Hausschlapfen vor mir, ich nicke. Meinetwegen kann jetzt auf dieses Pferd, wer will, solange ich es nicht muß. Sie schnaubt und zackelt widerwillig unter dem Jürg, doch gehen die beiden vorwärts. Die karierten Patschen meines Retters bleiben in Quirinas Flanken gedrückt … Beim nächsten Mal schaffe ich das Allein-Wegreiten wieder, immer öfter klappt es, immer normaler erscheint es uns beiden endlich. Ein ganz neues Gefühl, so alleine mit seinem Pferd irgendwo draußen. Keine Ablenkung durch Mitreiter, alleine auf sich gestellt, nur Kontakt zu Pferd und Natur …

In dieser Zeit beginne ich, Quirina vorzusingen. Geboren aus dem Versuch zur Beruhigung von uns beiden, begleitet uns das *you are my sunshine, my only sunshine* nun auf unseren Ritten. Quirina dreht die Ohren in meine Richtung, gelassen ziehen wir beide jetzt durch die Landschaft. Wir galoppieren entlang der Reuss, traben durch den Frauenwald, halten an und sprechen mit Spaziergängern, schlendern durch Sonne oder dicken Winternebel. Kein Verweigern, kein Stehenbleiben, kein Kehrtum … Einmal, als wir den schmalen, beidseitig mit Stacheldraht gezäunten Weg hinauf auf den Reussdamm reiten, schreckt uns beide ein dort schlafender Motorradfahrer. Der dunkle Helm liegt wie ein abgetrennter Kopf neben dem zusammengekrümmten Körper. Wir drücken uns mit möglichst großem Abstand an ihm vorbei, er wacht nicht einmal auf … Ein andermal schwebt plötzlich ein knallroter Luftballon sacht über den Damm her, wie eine bunte Blume im grauen Himmel. Quirina zuckt etwas zusammen, betrachtet neugierig den Ballon an unserer Seite, bevor ein neuer Windstoß ihn wegwirbelt über die weiten Felder – stolz bin ich auf mein ruhiges Mädchen. *Es hat sich gelohnt*, jubelt alles in mir. *Die Kämpfe haben sich gelohnt, wir sind endlich ein Team.* Robert schafft das Alleinereiten mit seiner Muscade schnell, viel schneller als ich. Zwar bockt sie nach wie vor, wenn ihr ein Weg nicht genehm ist, doch Robert hat sie im Griff, und Muscade gibt diese Unart bald auf. Die beiden reiten gerne allein, Robert entspannt sich dabei, genießt Pferd und Umgebung.

## Winterauslauf

Neue Stallkollegen ziehen im Lauf des Herbstes und des Winters ein, der Stall wird voll. Nur kurz werden die Pferde jetzt, in der kalten, nassen Jahreszeit, hinaus auf den Sandplatz in die Freiheit gelassen. In kleinen Gruppen, denn nicht jedes Tier verträgt sich mit jedem, und Jürg lernt die Nachteile der Pensionspferdehaltung kennen. *Vor allem die Besitzer*, seufzt er. Die besorgten, die kritischen, die fragenden machen ihm zu schaffen, mit den Pferden selbst hat er keine Probleme. Ich zähle sicherlich zu den unbequemen Kunden, obwohl Jürg das nie direkt sagt. Denn meine Vorstellungen von Pferdehaltung differieren manchmal von seiner. Frische Luft will ich auch während des Winters in der Pferdebox, und zwar Tag und Nacht. Zumindest tagsüber möchte ich unsere Pferde draußen sehen, nicht in der Box. Doch wenn ich am späten Vormittag in die Stadelmatt fahre, sind die Stallfenster noch fest verschlossen, selten ist eines einen Spalt weit offen gekippt. Die durch den Stall führende Wasserleitung zu den Kälbern könnte bei zu niedrigen Stalltemperaturen einfrieren. Versteh ich. Trotzdem. Drinnen im Stall riecht es jetzt anders, es riecht nach Ammoniak, es scheint feucht, muffig, naßkalt. Obwohl die Boxen sauber gehalten werden, die Einstreu tadellos ist. Die neuen Kollegen treffen wir nicht regelmäßig, die meisten reiten abends, das tun wir selten. Doch am späten Nachmittag, wenn wir gehen und sie kommen, da gibt's manchmal gemütlich Kaffee im Stübli, es wird geplaudert, gescherzt, erzählt ... Hilfsbereit sind sie alle, freundlich und mehr interessiert an ihren Pferden als an Wettbewerben oder Moden.

Wenn's nicht regnet, dürfen die Pferde während des Säuberns der Boxen immer auf den zum Paddock ernannten Sandplatz, der mit Elektrobändern behelfsmäßig in drei Teile geteilt wird. Mehr Platz für verschiedene Pferdegruppen. Unsere beiden haben einen eigenen Teil. *Wegen der Quirina*, seufzt Jürg. Dort auf dem Sandplatzteil wälzen sich die Pferde dann sofort ausgiebig im Matsch, teufeln kurz herum, um den Stallmut loszuwerden. Vollkommen verdreckt stehen sie etwa eine Stunde später wieder in der frisch eingestreuten Box. Quirina läuft, besonders nachts, einen tiefen Kreis bis hin zur Gummimatte in ihre Einstreu. Rund und rund und rund. Die Arbeit des Bürstens der mittlerweile eingetrockneten Lehm- und Sandkruste vor dem Reiten wäre nicht so schlimm, wenn ich dafür die Pferde tagsüber in Freiheit wüßte. Eine Stunde Freiheit gegen eine dicke Lehmkruste schlägt auf meine Laune. Zudem wirbelt der Staub vom Putzstand im ganzen Stall umher, denn draußen darf nicht geputzt werden. Den anderen scheint diese Regelung nichts auszumachen, sie sind schon um die eine Stunde Freiheit ihres Tieres froh. Übertreibe ich wirklich? *Du übertreibst*, nickt Jürg.

Unseren Schmied aus Sihlbrugg haben wir mitgenommen, Quirina muß inzwischen nicht mehr sediert werden beim Beschlagstermin. Doch bleibt sie problematisch, der junge Mann reserviert viel Zeit für sie. Er hat uns Hufgrip zwischen die Eisen gelegt, so daß sich auch bei Schnee keine Stollen und Stöckel bilden. Und beim ersten Schnee, beim ersten Reiten im Schnee draußen, sind wir ihm dankbar dafür. Der Schnee bleibt lange liegen hier in der Innerschweiz. Manchmal weich und pulvrig, dann wäßrig und schließlich auch eisig wird er. Jürg schraubt unseren Pferden Stollen in die Eisen, die ein Ausgleiten verhindern sollen. Wir sind gut gerüstet. Und das Reiten draußen in der tiefverschneiten weißen Landschaft ist ein besonderes Erlebnis. Alles ist gedämpft, weich und leise. Farben, Landschaft und Geräusche. Die Gegend sieht anders aus, die Zweige im Wald biegen sich tief unter der weißen Last. Wenn dann die Sonne durch die weißen Bäume hereinbricht, scheint der Wald unwirklich schön. Quirina hat beim ersten Ritt draußen die Nase tief in den Schnee gesteckt, hat das weiße Zeug ausgiebig geprüft. Und mit fröhlichem Prusten offenbar für gut befunden. Wir reiten mit Reit-Moonboots, dicken Jacken, Schals und warmen Handschuhen. Bei ganz tiefen Temperaturen tragen wir sogar Ohrenschützer. Den Helm, den habe ich hier nach einigen Monaten aufgegeben. Ich weiß, das ist nicht richtig. Und bei einem fremden Pferd würde ich ihn auch wieder tragen. Aber bei Quirina ... Keine Entschuldigung, ich weiß. Wir lernen, daß bei hartgefrorenem Boden nur Schrittreiten möglich ist, und wir erfahren, daß im matschigen Boden, bei Tauwetter, die Pferde oft ausgleiten. Der Atem unserer Pferde weht wie eine weiße Fahne vor uns her, wenn's richtig kalt ist. Und auch wenn's schneit, reiten wir aus. Die Schneekristalle bleiben auf der Mähne und der Kruppe liegen, die Pferde prusten und sind schnell. *Lebig*, sagt man hier. Besonders im Galopp. *Halt sie gut*, warnt Robert. Keine Sorge, das tu ich.

Da sich unsere Pferde jetzt im Winter so relativ kurz frei bewegen können, fühlen wir uns zum täglichen Reiten womöglich noch mehr verpflichtet. Wir reiten öfter mit der jungen Schwedin Anna. Sie reitet Simetria, die einem Banker gehört. Wie ich, hat er im fortgeschrittenen Alter das Reiten bei Rosi erlernt, von ihr ein Schulpferd gekauft. Eine alte Liebe vom Istanbul, die Simetria. Unsere begeisterten Erzählungen haben ihn dazu verlockt, sein Pferd zu Jürg zu bringen. Damit sie Auslauf und Bewegung hat, nicht täglich geritten werden muß. Er kommt jedoch aus Zeitmangel kaum mehr in den Stall. Die manchmal zum Bewegen des Pferdes abgesandte spanische Ehefrau ist winzig klein und fühlt sich verständlicherweise auf dem Riesenpferd nicht wohl. Ihre Füße baumeln irgendwo hoch oben am Leib der roten Simetria. Schade, sie verliert die Freude am Reiten, bleibt bald ganz aus. So springt die blonde Anna ein. Viele Ritte zu dritt absolvieren wir, wobei Simetria gerne ihre Galopps mit einem übermütigen Buckler beginnt. Daß mir Quirina das ja nicht nachmacht ... Anna erklärt uns, daß ein Buckeln fürs Pferd nur möglich ist, wenn es den Kopf senken kann. Also hält sie, meist mit Erfolg, die Zügel beim Angaloppieren sehr kurz. Wieder was gelernt. Hoffentlich brauche ich dieses Wissen nie in der Praxis. Bei all ihren Unarten hat Quirina bisher noch nie gebockt. *Obwohl sie doch an Muscade und Simetria so schöne Vorbilder hätte*, grinst Robert. Auch bei starkem Sturm reiten wir im Wald zwischen fallenden Zweigen und brechendem Holz, gegen tosende, heulende Sturmböen auf den Feldwegen. Unsere Pferde bleiben ruhig. Und viele Trennübungen bringen wir hinter uns. So naht der erste Frühling in der Stadelmatt.

## Ballone, Schafe und Feuerwehrautos

Und wir bestehen gemeinsam Gefahrensituationen, aufregende Erlebnisse. Das Ballonfliegen scheint in diesem Frühjahr in unserer Gegend in zu sein, Ballonflüge werden zu Geburtstagen und Festen verschenkt. Auch die Lichtungen im Frauenwald werden von den riesigen, bunten Dingern nicht verschont. Unsere erste Bekanntschaft mit Ballonen beginnt gespenstisch. Wir reiten heimzu durch den Wald, als über uns unheimliches Stöhnen und Ächzen einsetzt. Eigentlich klingt es so, als würde ein Waldriese aus vollen Backen Luft ausstoßen. Robert schüttelt den Kopf über meine märchenhaften Vergleiche. Unsere tapferen Pferde sind mindestens ebenso beeindruckt wie wir, das sieht man an ihren unruhigen Bewegungen. Stoßweise zieht dieser zischende Laut über die Baumwipfel, und wir finden keine Erklärung, rätseln. Unheimlich, die Sache. Doch gleich, als wir aus dem Wald hinaus zur Lichtung kommen, verstehen wir. Eben setzt ein riesiger Ballon zur Landung an, schwebt sanft und jetzt viel weniger laut ins Grün. Keinen Schritt sind unsere Pferde weiter vorwärts zu bringen. So beobachten wir erst mal ruhig im Stehen die weiteren Geschehnisse, geben ihnen und uns Zeit. Der Korb berührt den Boden, die ringsum versammelten Helfer laufen zusammen. Mit viel beruhigenden und lobenden Worten für unsere widerstrebenden Tiere drücken wir uns schließlich an dem furchterregenden Ding vorbei.

Quirina schnaubt wie ein Drache. Das tut sie immer, wenn sie neugierig ist, gleichzeitig aber vor dem Gegenstand ihrer Neugier Angst hat. Und beide Pferde verrenken den Kopf, um das Ding nicht aus den Augen zu lassen. *Man weiß ja nie, vielleicht springt es uns heimtückisch an?*

Ein andermal kommen wir eben zu einem Abflug zurecht, die lodernde Flamme da oben unter dem Ballon ... Warum nur machen die Helfer unten immer so ernste Mienen? Wieder ein andermal werden die einzelnen Bestandteile eben erst aus Autos und Anhängern ausgeladen ..., unvorstellbar, daß diese Hüllen, Planen, Schnüre und Säcke sich in wenigen Minuten hoch über unsere Köpfe erheben werden ... Schade, daß ich wegen meiner Höhenangst diese Sache nie ausprobieren werde. Nur mit ruhig über uns dahingleitenden Ballonfliegern haben unsere Pferde keine Probleme. Ein kurzer Blick, und sie ordnen's richtig ein. Und nach einigen Monaten regelmäßiger Konfrontation stören uns weder die Geräusche noch die Dimensionen. *Gewöhnung, wie alles im Leben*, grinst Robert.

Hier in der Gegend gibt's noch Schäfer, die frei mit ihrer Herde herumziehen. In einem nahen Waldstück finden wir eines Tages diese Schafherde. So weit das Auge reicht, stehen zwischen Bäumen und Büschen Schafe, kein Zentimeter Boden ist zu sehen. Unwirklich sieht das aus. Einen Fotoapparat müßte man dabeihaben, wie oft haben wir das schon gesagt ... Mitten in diesen Leibern, neben einem bepackten Esel, hantiert ein Mann mit weitem Umhang und Filzhut, mit einer Pfeife im Mundwinkel. Zwei Hunde liegen neben dem Esel, und der Mann grüßt uns freundlich. Muscade hat sich als unser Querfeldein-Pferd entpuppt. Sie liebt unwegsames Gelände, setzt dort ihre Füße ganz leicht und vorsichtig. Mein Mädchen hingegen zieht geebnetes Terrain vor, und zwischen Schafleibern will sie schon gar nicht waten. So dringt Robert auf seiner Muscade durch die sich willig teilende Herde bis zum Schäfer vor, einfach um mit ihm zu plaudern. Quirina und ich beobachten dieses Bild, erstere schickt ihrer Muscade ein aufgeregtes Wiehern nach. *Bleib da, wer weiß was die vielen gelbweißen Knäuel mit dir machen.* Und Muscade bleibt seelenruhig, neigt nur kurz den Kopf, um eines der um ihre Beine wuselnden Schafe zu beriechen. Ganz stolz auf sein mutiges Pferd kehrt Robert zu uns auf den Weg zurück. *Bravo, Muscade.*

Quirina hingegen beweist mir wieder einmal ihre Verkehrssicherheit. Beim kurzen Entlangreiten der schmalen, vielbefahrenen Kantonsstraße machen wir beide meist die Nachhut. Wir reiten gemäß pferdeunfreundlicher Straßenverkehrsordnung rechts. Das heißt, der Verkehr nähert sich uns von hinten, für Pferde wegen dem toten Blickwinkel oft spät sichtbar. Überholen uns dann. Da Pferde vor Dingen, die sie gut sehen können, weniger scheuen, ist dies eine denkbar ungünstige Situation. Doch Gesetz ist Gesetz. So hören wir das Sirenengeheul eines von hinten kommenden Feuerwehrwagens, ein kurzer Blick über die Schulter bestätigt mir dessen schnelles Herannahen. Wir würden sehr gerne, aber wir können nicht ausweichen. Denn rechts von der Straße verläuft ein tiefer Graben. So bleiben wir in ruhigem Gänsemarsch, warnen leise unsere Pferde, legen beruhigend eine Hand auf den Widerrist. Bleiben möglichst dicht am Grabenrand. Und dann zischt der lange rote Wagen mit vollem Sirenenhorn und Geblinke auf der engen Straße auch schon an uns vorbei. So nahe vorbei, daß zwischen meiner linken Schulter und Wagen nicht mehr als ein Zentimeter Raum bleibt. Der rasche Fahrtwind läßt die Mähnen hochwirbeln, die Sirenen dröhnen in den Ohren. Und keins unserer Pferde, auch Quirina nicht, macht auch nur einen Hopser zur Seite. Sie ziehen in gleichmäßigem Schritt weiter. Danke, Sihltalstraße. Eigentlich war dies unsere bisher gefährlichste Situation. Nicht auszudenken, was bei einem Sprung zur Seite nach links oder rechts geschehen wäre. Oder bei einem Losrasen eines unserer Pferde … Mit den Autofahrern ist das ohnehin so eine Sache. Straßenüberquerungen sind an sich ja harmlos. Viel schwieriger ist es, entlang einer Straße zu reiten, doch nicht immer ist es vermeidbar. Viele Autofahrer bremsen rechtzeitig, wenn sie sich uns von hinten nähern, machen nach Möglichkeit einen weiten Bogen um uns. Und beschleunigen nicht gleich wieder mit voller Kraft. Andere hingegen überholen uns bei voller Geschwindigkeit, ohne auch nur den Versuch des Ausweichens. Nicht aus böser Absicht, glaube ich. Viele Autofahrer wissen einfach nicht um die Schreckhaftigkeit eines Pferdes. Und daß ein Reiter auch das gehorsamste Pferd nicht immer *in der Gewalt* hat, wie man denn so unschön sagt.

Auch Jagdgesellschaften treffen wir in der Saison im Wald, wir hören Schüsse und reiten an Feuerstellen der Jäger vorbei, wo sie sich mit einem Umtrunk stärken. Außerhalb der Jagdsaison sehen wir des öfteren Hirsche und Rehe, einzeln oder in Rudeln. Immer bleiben sie in nicht zu großer Entfernung von uns stehen. Beäugen neugierig unsere Pferde, die genauso neugierig gebannt zurückschauen. Bis das Wild mit einem Satz in den Büschen verschwindet. Auch die Holzfäller gehören im Winter und Frühjahr zu unseren Bekannten, oft wechseln wir ein paar Worte mit ihnen. Die Motorsägen hallen durch den Wald, fallende Bäume krachen. Doch das kennen wir bereits vom Sihlwald.

Die Besonderheiten des Schweizer Militärs, die kennen wir allerdings noch nicht. Als wir eines schönen Tages ein Waldstück durchqueren wollen, finden wir am Waldbeginn eine große Tafel *Verboten. Militärisches Sperrgebiet.* Ich selbst hätte daraufhin wahrscheinlich einfach einen anderen Weg gewählt. Nicht so mein Mann. Erstens muß man einem Holländer nicht mit derartigen *Verboten* kommen, zweitens hatte sich Robert eben diese Route in den Kopf gesetzt. Und Basta. Der herbeigerufene Kommandant hat ein Einsehen mit unserer Geschichte und läßt uns passieren. Die quer über den Weg gezogene Sperrkette wird für uns kurz geöffnet. Läßt uns ins geheime Innere einer militärischen Übung. Unser sonst so vertrauter Wald bietet nun ein schauriges Szenario von grünen Netzen, Planen und Blachen in Tarnfarben, die um Büsche und Bäume geworfen sind. Ist das nicht ein Tanker, dort nicht ein Jeep zwischen den Büschen? Was diese gefleckten Tarnnetze doch bewirken... Menschenkörper in Tarnuniformen, die reglos irgendwo in den Büschen liegen. Aus einem grauen, niedrigen Zelt schaut ein Beinpaar. Von dem ist besonders Quirina fasziniert. Es wird doch nicht jemand hier bei dieser Übung ganz harmlos eingeschlafen sein? Eine seltsame, unheimliche Stille liegt über dem Waldstück, sogar meinem Robert ist das Grinsen ob dem Kriegspielen vergangen. Unsere beiden Pferde wenden neugierig die Köpfe nach links und rechts, spielen mit den Ohren. Verstehen die Welt wohl nicht mehr. Keine Rehe, keine Büsche, sondern Stoffbahnen, getarnte Zelte und Schlafsäcke. Nach einer Wegbiegung stehen wir vor einem Schlagbaum, weit und breit ist kein Mensch zu sehen.

Robert macht sich zum Absteigen bereit, in diesem Moment bewegt sich rechts ein Busch und spricht zu uns. Entsetzt schnaubend springt Quirina zur Seite, *seit wann sprechen Büsche*? Ich kann mich gerade noch in der Mähne festhalten. Mit Zweigen auf dem Kopf und dreckverschmiertem Tarngesicht öffnet uns ein freundlicher Soldat den Schlagbaum. Jetzt sehen wir andere getarnte Körper, die am Waldboden unter Büschen robben, uns scheint keiner zu sehen. Alle scheinen mit irgend etwas intensiv beschäftigt. Hoffentlich beginnen sie jetzt nicht eine Schießübung, fährt mir durch den Kopf. Robert nickt mir beruhigend zu, *geht schon gut*, brummt er. Ob sie uns wohl schnell in ihr Drehbuch eingebaut haben? Feindliches Pferdegeschwader nähert sich? Einige Körper liegen auch hier reglos, das Szenario schreibt ihnen wohl vor, tot oder verwundet zu sein ... Dunkel ist es immer ein wenig in diesem Wald, jetzt empfinden wir's noch finsterer als gewöhnlich. Und atmen auf, als wir endlich aus dem Sperrgebiet hinaus auf eine Lichtung kommen. Nein, für den Heimweg werden wir doch einen anderen Weg wählen.

## Hufprobleme

Es trifft sich gut, daß ich nun alleine ausreiten kann, denn unsere sonst so trittsichere Muscade bereitet uns Sorgen. Sie stolpert immer öfter, lahmt vorne rechts manchmal fast unmerklich. Der Tierarzt verordnet schließlich einen Besuch im Tierspital Bern, er will eine gründliche Untersuchung. Ein Stallkollege leiht uns seinen Transporter, Jürg fährt im Jeep mit uns, er kennt den Weg. Zeigt uns, worauf man beim Fahren mit dem Transporter achten muß. Über zwei Stunden dauert die Fahrt, und Musci benimmt sich lobenswert, macht keine Probleme. Wir müssen sie einige Tage zur Beobachtung in der Klinik lassen, mit schwerem Herzen. Sie bleibt dort in einer Krankenbox, Auslauf oder gar Weiden gibt es nicht. Festgestellt wird eine Entzündung des Hufbeins, und als einzige Therapie wird tägliches einstündiges Führen des Pferdes an der Hand verordnet. Absolute Boxenruhe für drei Monate. Muscade darf nicht geritten werden, darf nicht frei laufen und bekommt entlastende Spezialhufeisen verpaßt. Dies alles jetzt, wo das Frühjahr beginnt und die Weidesaison vor der Tür steht. Mit schwerem Herzen fügen wir uns den Anordnungen. Und als endlich alle Pferde hinaus auf die Weide dürfen, bleibt Muscade allein im halbdunklen Stall zurück. Sie nimmt es gelassen, nibbelt an ihrem Heu und streckt den Hals ganz weit aus dem Fenster, damit sie noch ein wenig Sonne abbekommt … Quirina ist jetzt alleine mit den anderen auf der Weide und gar nicht so unglücklich, wie befürchtet. Sie macht erstmals Bekanntschaft mit anderen Rössern, weil sie Muscade nicht bewachen muß. *Ab dem 26. April beginnt jeweils die Weidesaison*, erklärt uns Jürg. Er hat schon Tage vorher damit begonnen, den Pferden frisch geschnittenes Gras in den Boxen vorzulegen, um die Futterumstellung ohne Probleme durchzuführen. Und vorerst dürfen die Pferde zur Gewöhnung nur stundenweise ins fette Grün. Jürg nimmt seine Verantwortung ernst.

Robert wird zum Frühaufsteher, ist jeden Tag vor Bürobeginn bei Muscade und geht mit ihr an der Hand spazieren. Die ersten Tage ist sie aufgeregt, kaum am Strick zu halten. Geführt an der Hand wurde sie bisher nur von Punkt A nach Punkt B oder bei Kolikschmerzen. Dieses ziellose lange Gehen versteht sie nicht recht. Zur beidseitigen Beruhigung spricht Robert mit ihr, singt ihr gar vor. Ganz leise. Und bald trottet Muscade am Halfter wie ein Lamm neben ihm her. Ruhig und entspannt, ihr Kopf an seinem Arm. Manchmal, im Stehen, auf seiner Schulter. Robert sagt mir später, daß diese Stunden des Wanderns mit Muscade seine Beziehung zu ihr vertieft haben. *Schwer zu erklären*, sagt er. Aber ich weiß, was er meint. Und natürlich läßt er Muscade am Wegrand oder auf einer Wiese an der Hand noch etwas grasen, bevor sie ihre Boxenruhe wieder antreten muß. Quirina und ich reiten in diesen Wochen alleine aus. Auch möglichst zeitig früh, denn da gibt es noch keine Fliegen und Mücken, der Wald ist voller Vögel, und das Land scheint unberührt und still. Probleme haben wir zwei keine mehr, aufmerksam spielen die Ohren meiner Schwarzen, wenn ich mit ihr spreche.

## Auslauf für unsere Pferde

Der zeitlich und räumlich begrenzte Winterauslauf unserer Pferde hat uns zum Nachdenken gebracht. Wir beraten. Und versuchen, gegen Aufzahlung von Jürg ein etwa zehn mal zwölf Meter großes Wiesenstück zwischen Scheune und Kälberstall nur für unsere Pferde zu mieten. Nach einigem Zögern stimmt Jürg zu. Wenn die anderen Pferde nun nach drei oder vier Weidestunden zurück in ihre Boxen müssen, dürfen unsere beiden bis abends auf dem kleinen Paddock bleiben. Ein paar Bäume spenden ihnen Schatten, der Boden ist bald kahlgetreten. Wir sind zufrieden. Unser Gewissen ist leichter, im Büro sehen wir vor unserem geistigen Auge die beiden Stuten in Semifreiheit, in frischer Luft draußen. Dann kommen die ersten Probleme. Natürlich bereiten unsere Pferde zusätzlich Arbeit, sie müssen auf den Paddock gebracht und abends geholt werden, wenn wir nicht hier sind. Der Paddock muß gereinigt werden – und die Kollegen beginnen, Fragen zu stellen. *Ob man nicht auch für ihr Roß* … Jürg seufzt. Er hat das Problem weise vorhergesehen, und nach zwei Monaten geben wir schweren Herzens unsere Extrawurst, sprich Tagespaddock, auf. Gleiches Recht für alle, verstehen wir. Trotzdem bleibt da ein nagender Gedanke … *Ihr macht euch zuviel Sorgen, den Pferden geht's doch prima*, brummt Jürg.

Wilma und Hinne, Freunde aus Holland, besuchen uns. Sie sind Frankreichfans, die jeden Sommer in Südfrankreich verbringen. Clever, wie mein Mann das einfädelt. So ganz beiläufig, beim gemütlichen Abendessen, platzt die Bombe: Ganz offensichtlich trägt mein Mann sich also mit Auswanderungsgedanken … Mit vereinten Kräften reden sie alle auf mich ein. *Wäre doch toll, in Frankreich zu wohnen. Da könnte man die Pferde am Haus halten, dort gibt es ja Platz genug, und bezahlbar ist der Grund obendrein. Und dann erst das gute Essen, das gemäßigte Klima, kein Nebel, kein meterhoher Schnee und vor allem Platz, viel Platz. Man kann die Pferde so halten, wie man will, Freilaufstall, nie mehr in Boxen eingesperrt* ... Ich kenne Frankreich von einigen Ferienaufenthalten, war in Paris, im Elsaß und im Süden des Landes. Schön war's, denn wir waren da in den Ferien, alles war neu, anders und irgendwie lockerer als in der Schweiz … Doch ich wehre sofort entsetzt, fast böse ab. *Kommt nicht in Frage.* Jetzt, wo wir ein so schönes Reitgebiet haben, Reitkollegen, endlich das Land besser kennenlernen, den nahen Zugersee so oft nützen … *nein.* Ich fühle mich da wohl, wo ich bin. Ende der Diskussion meinerseits. Betretenes Schweigen der Freunde und Themawechsel.

# Neuland

Das Ergebnis meiner totalen Ablehnung ist drei Wochen später eine Wochenendfahrt ins Burgund. Robert hat nicht locker gelassen. Immer wieder höre ich und bemerke selbst die Nachteile unseres jetzigen Lebens, die nötigen Fahrten zu den Pferden, deren beschränkte Weidezeit, den monatelangen Nebel um den Zugersee im Winter, die wenig kontaktfreudigen Schweizer, die hohen Lebenskosten, die zu nahe lebenden Nachbarn. Eine unbestimmte Angst wächst langsam in mir. Muß ich wirklich von dem mir immer mehr ans Herz wachsenden Zugerland weg? Dem Zugersee, der verkehrstechnisch günstigen Lage von Zug zwischen Zürich und Luzern, dem Zugerberg, der Reuss, dem Herrenwald, der Stadelmatt – und von unserem gemütlichen Haus mit Blick auf Zugersee und Berge? Eheerfahren trete ich die Flucht nach vorn an. Totale Ablehnung bringt erfahrungsgemäß nur Unfrieden. Robert studiert die Immobilieninserate und legt mir das Ergebnis seiner Suche auf den Schreibtisch: Domäne im Burgund, 20 ha Wald und Wiesen, mit drei Teichen und einem Wohnhaus mit Nebengebäude …, voilà. Unvorstellbar, 200.000 Quadratmeter Eigentum. Alles zum Preis einer Schweizer Zweizimmerwohnung.

So stehen wir dann mit dem Makler vor der Domäne, die mitten im Nichts liegt. Etwas abseits der Straße eine eingezäunte grüne Insel inmitten weiter Felder, etwa drei Stunden von Basel. Die nächsten Dörfer sind einige Kilometer entfernt, mit dem freien Auge nicht sichtbar. Riesig ist das Grundstück. Der Gedanke, soviel Grund zu besitzen, ist aufregend – auf den zahlreichen Wegen könnte man problemlos ausreiten und immer sozusagen zu Hause bleiben … Drei große Teiche liegen inmitten von Wiesen, kleinen Wäldern. Alles ist naturbelassen, idyllisch, wildwuchernd grün. Die Vögel zwitschern, es ist absolut still, und die kleinen Wälder sind dicht und dunkel. Vorne beim Wohnhaus liegt der dritte Teich, sogar ein Holzboot ist am Ufer verankert. Da packt sie mich zum ersten Mal, die Abenteuerlust. *Was wäre, wenn wir wirklich so ein neues Leben starten würden*? Idyllisch wild mitten in der Natur, weit weg von Autos, Geschäften, Restaurants … Das Haus hatte einem begeisterten Fischer als Ferienhaus gedient, so sieht es auch aus. Klein, winkelig, eng und absolut keinem Schweizer Standard entsprechend. Stromkabel hängen abenteuerlich frei, die Fenster sind winzig, und das WC steht separat. Draußen, doch nur wenige Schritte vom Haus entfernt. Dafür zeigt uns der Makler stolz ein niedriges Nebengebäude, den möglichen Pferdestall. Wir sind uns einig, daß Fische in dieser Domäne besser aufgehoben sind als Pferde, und denken an die Mückenschwärme, die so ein Teich wohl mit sich bringt.

Erleichtert atme ich auf. Die Flucht nach vorn war gut, wir sind beide ernüchtert. Das Inserat hatte so gut geklungen. Doch der Makler ist geschäftstüchtig. Weil wir ja nun mal schon da sind, hätte er da noch etwas anderes für uns. Ein Juwel. So fahren wir mit ihm zurück Richtung Basel, und irgendwo bei Belfort biegen wir von der Route Nationale ab. Wir halten nach einigen Minuten in einem Dorf, einem bourg, das aussieht, als wäre es aus dem Mittelalter herübergerettet. Kein Mensch oder Tier ist zu sehen, die wenigen Häuser sind aus grauen Steinblöcken zusammengesetzt und sehen drohend aus. Außerhalb des Dorfes liegt dann das Juwel. Inmitten eines gepflegten Gartens steht nach typisch französischer Bauweise etwas erhöht ein neuzeitliches Haus. Eine normale Villa mit Terrasse, Rosenstöcken rundherum und mit großen Fenstertüren. Uns stört unter anderem an dem Haus, daß das Badezimmer im Keller liegt und keine Belüftung hat. Und unsere Pferde können wir uns weder im prächtigen Vorgarten noch im verwilderten hinteren Waldteil vorstellen. Das Wochenende beschließen wir mit einem guten Essen in Besançon. Ein Menü gastronomique wählen wir, mit fünf Gängen und ausgezeichnetem Rotwein. Ob wir wohl durch ein Leben in Frankreich unser Körpergewicht verdoppeln würden?

Wir nehmen unsere Ausritte wieder auf, ich absolviere nach wie vor meine Dressurstunden. Nachtritte machen wir jetzt manchmal. Ausgerüstet mit Leuchtgamaschen, Taschenlampen und Leuchtstreifen an den Armen durchquert unser kleiner Trupp die Reussebene. Pia führt an, wir landen vor einer Dorfbeiz und halten draußen im Dunkeln einen gemütlichen Umtrunk, die Pferde an der Hand, müde und zufrieden. Bei Vollmond werfen wir riesige Schatten über den Weg, Muscade ist davon nicht sehr angetan. Geräusche links und rechts der Wege zeigen uns, daß wir allerlei Tiere aufgeschreckt haben. Den Wald allerdings meiden wir nachts, zu unheimlich scheinen mir die hohen Bäume und die tiefhängenden Zweige, die Schatten und Geräusche. So vergehen einige weitere Wochen in der gewohnten Routine. Doch der Abenteuervirus hat sich in uns festgesetzt. *Was wäre, wenn …*, tagträumen wir.

Bald starten wir wieder ins Wochenende nach Frankreich. Unser Siamkater hat uns verlassen, unser Dackel Old Shatterhand und die beiden mausgrauen Katzengeschwister bleiben gut versorgt bei Freunden zurück, die Pferde haben reitfrei. Jürg sorgt für den Auslauf. Diesmal wagen wir uns ein Stück weiter hinein ins Burgund, nach Beaune. Wir wollen an Ort und Stelle Immobilienbüros besuchen, zum Kauf angebotene Häuser sehen. Die Makler haben in ihren Schaufenstern Fotos und Detailangaben zu den verschiedenen Objekten ausgehängt, das erleichtert die erste Auswahl. Und schon am Samstag nachmittag stehen wir vor einer ehemaligen Scheune, die von einem modernen Architekten kunstvoll in ein außergewöhnliches Wohnhaus umgebaut wurde. Ein wenig erinnert die hohe an ein Kirchengewölbe, der offene Kamin steht in der Mitte des Wohnzimmers. Wir stellen fest, daß Franzosen anscheinend von Duschen nicht viel halten, auch hier fehlt diese Einrichtung. Aber dafür hätten wir eine runde Badewanne mitten im Badezimmer und drei Bidets ... Der Eigentümer führt uns stolz durch den Garten, der ist kunstvoll angelegt und für unsere Pferde zu klein. Man könne eventuell vom Nachbarn dazumieten, und hinter dem Garten liege ein Feld, und man könnte ... Das Haus gefällt uns, wir geraten in Versuchung. Ich habe mir dann in den kommenden Monaten immer wieder lebhaft vorgestellt, in dem soeben besichtigten Haus zu wohnen. Täglich, in allen Situationen. Es hat sich immer als hilfreich erwiesen ... Wie reinige ich die vier Meter hohe Decke von Spinnweben, wo bringe ich in der runden Badewanne mitten im Raum eine Dusche unter? Und vor allem: was passiert, wenn die Pferde den Garten kahlgetreten haben und wir aus irgendeinem Grund Ärger mit den Nachbarn bekommen? Wir sehen uns die kleine Stadt, die Umgebung an – könnten wir hier leben, hat es hier in den Weinbergen Reitmöglichkeiten? Sogar das Spital besuchen wir, und natürlich prüfen wir die Einkaufsmöglichkeiten. In bezug auf Reitgebiet hält meine schöne Stadelmatt jedem Vergleich stand ...

Am Sonntag sehen wir ein Projekt in der Nähe von Beaune, gleich neben einem großen Kanal gelegen. Ein ehemaliges Karmelitenkloster, ein riesiges, zwei Stock hohes Gebäude mit unzähligen dunklen kleinen Räumen. Renovierungsbedürftig, nickt der Makler, daher der günstige Preis. Etwa 600.000 Schweizer Franken. Verhandlungsbasis. Ein altes Ehepaar bewohnt im Erdgeschoß zwei dieser dunklen Löcher, sie wollen jetzt ins Altersheim. Fließendes Wasser und Toilette gibt es nicht im Haus, Strom nur in den zwei unten bewohnten Räumen. Wir schlucken entsetzt und besichtigen die Riesenberge von leeren Obstkisten, die alle übrigen Räume im Erdgeschoß füllen. Ah ja, ein drei Hektar großer Obstgarten gehört zum Besitz. Die Bäume könnte man fällen, da wäre genügend Platz für die Pferde. Meint der Makler. Und führt uns das Zuckerl des Besitzes vor: Gleich neben dem Haus steht eine kleine Kirche, sie gehört zum Anwesen. Natürlich, was wäre ein Kloster ohne Kirche ...

Ein wenig ehrfürchtig betreten wir das uralte Gebäude, das im Gegensatz zum Wohnhaus tipptopp renoviert ist. Mit staatlichem Zuschuß, denn die Kirche steht unter Denkmalschutz. Unsere Schritte hallen in dem leeren Kirchenschiff, vorne beim Altar stehen einige Obstkisten. Und in den seitlichen Nischen sehen wir Steinsarkophage mit darauf liegenden kunstvoll gemeißelten Figuren ... Die Grufträume unter dem Kirchenboden sind wieder mit Obstkisten gefüllt, wir begnügen uns mit einem Blick durch die Einstiegsluke. Ein kleiner Schauer durchläuft uns: *eine eigene Kirche, sozusagen gleich einen eigenen Begräbnisplatz hätten wir hier* ... Wir sind fest entschlossen, alles von allen Seiten zu sehen, auch von den positiven. Wir könnten hier Kulturveranstaltungen lancieren, Konzerte veranstalten, Ausstellungen und Lesungen organisieren ... Und ich würde mich vermutlich zu Tode fürchten, wenn ich bei Reisen meines Mannes Nächte nebenan alleine verbringen müßte ... Den riesigen Obstgarten schauen wir nur mehr pro forma an. Ich nerve meinen Mann. *Warum eigentlich nicht,* male ich den Teufel an die Wand (was ist nur in mich gefahren?). *Wir renovieren, wir setzen die Kirche kulturell ein, die Pferde haben genügend Platz, der Kanal zum Bootfahren ist gleich nebenan, und aus dem Obstgarten* ... Mein Mann schüttelt den Kopf. Zurück in der Schweiz, schauen wir uns genüßlich die Videoaufnahmen an, die wir bisher von jedem Projekt vorsorglich gemacht haben ... Gemütlich im sicheren Zuhause, diskutieren wir cool die Vor- und Nachteile jedes Anwesens. Ich beginne, Spaß an der Sache zu haben.

## Neue Wege mit meinem Pferd

Meiner Quirina erzähle ich beim Reiten und Putzen so insgeheim von unseren verrückten Plänen. Sie schüttelt unwillig den Kopf und tänzelt wieder mal unruhig beim Putzen herum. Auch beim Reiten ist sie nervöser als früher, es liegt natürlich an mir, denn meine Gedanken sind oft nicht ganz bei der Sache. Da fällt mir eines Tages ein Inserat ins Auge – *neue Wege im Umgang mit ihrem Pferd.* Will ich ausprobieren. Ich lasse also Kaira aus Bern kommen. Einen ganzen Sonntag lang wird sie mir zeigen, wie ich mit Quirina umgehen soll, mir bei etwaigen Problemen helfen. Mein Mann schaut skeptisch, die Kollegen grinsen, Quirina tänzelt, und ich seufze über die Kosten.

Kaira mag Pferde, und sie scheint auch etwas von ihnen zu verstehen. Sachkundig prüft sie den Körper meiner Quirina und zeigt mir mit einigen Handgriffen, daß mein Pferd Rückenschmerzen hat. Ich muß vorreiten und werde gerügt. Dann steigt Kaira auf Quirinas Rücken, ich auf Muscades, und wir machen einen kurzen Ausritt. Aufmerksam lauscht Kaira in Quirina hinein, ich beobachte. Und finde im übrigen Muscade, die ich eigentlich niemals reite, viel unbequemer als meine Quirina. Natürlich. Zurück im Stall wird's ernst. Kaira hält in einer Hand ein Pendel, in der anderen kleine Ampullen, und bald bildet sich ein Kreis Neugieriger um uns herum. Ehrlich gesagt, ich bin selbst recht skeptisch und das Aufsehen, das wir erregen, ist mir unangenehm. Ungerührt arbeitet Kaira weiter und teilt mir schließlich mit, welche Bachblütenmischung für Quirina und gleichzeitig auch für mich angebracht wäre. Über Bachblüten selbst lache ich nicht, denn ich habe mit diesen Pflanzenessenzen, die homöopathie-ähnlich wirken, schon gute Erfahrung gemacht. Die grauen Katzengeschwister, die ich aus einer privaten Tierrettungsstation übernommen hatte, waren anfangs entsetzlich verstört und scheu. Mickey verkroch sich in Panik vor mir in einem Rohr des Kamins und mußte von Spezialisten geborgen werden. Seine Schwester Fanny hingegen öffnete vor Angst sämtliche Körperschleusen, wenn man sie auf den Arm nahm. Eine erfahrene Tiersamariterin empfahl mir eine Bachblütenmischung, die bald Erfolge zeigte. *Man muß halt dran glauben*, brummten Freunde, und mein skeptischer Mann ging auf Halbdistanz: *alles was hilft, ist OK*. Innert Tagen wurden die beiden zu Schmusetieren und tolerierten vorsichtig sogar den gefährlichen Fernseher …

Nach einer kurzen Mittagspause geht Kaira dann an die ernste Arbeit in Box und Putzstand. Quirina soll sich von ihr am ganzen Körper berühren lassen und dabei absolut still stehen. Ich lächle in mich hinein. Die Kollegen lauschen derweil den Erzählungen von Kaira. Sie beginnt dann wenig später mit der Arbeit am Körper meines Pferdes, und ich schaue aus der gewünschten Entfernung nur zu. Kaira ist geduldig, konsequent und unbeirrbar. Quirina wehrt sich anfangs entsetzt, als sie diese fremde Frau so nahe spürt, sie ist Fremden gegenüber freundlich, aber distanziert. Kaira macht Tellington-ähnliche Übungen und Berührungen, es geht gut, sie ist zufrieden. Bis sie zu den Ohren kommt. Ich weiß, ein wunder Punkt bei meinem Mädchen. Ohrenangreifen mag sie gar nicht. Das rührt Kaira nicht. Unerbittlich versucht sie ruhig, an Quirinas Ohren zu kommen, immer weiter geht die frei stehende Stute zurück, weicht aus. Kaira geht einfach neben ihr her, berührt weiter ruhig ihre Ohren … Quirina ist mittlerweile aus dem Waschstand hinaus in den schmalen Gang Richtung Sattelkammer eingeschwenkt. Neugierig beobachten die anderen Pferde die jetzt immer schneller rückwärts laufende Kollegin. Am Ende des Ganges ist die verglaste Tür zur Sattelkammer, und da ist Quirina schon dort angelangt. Und hat das schöne Füdli voll in die Glastür gerammt. Das Splittergeräusch und der unerwartete Widerstand lassen sie einen Satz vorwärts machen, Kaira hängt noch immer an ihren Ohren. Ich beginne, leicht hysterisch zu werden. Wen habe ich da nur auf mein armes Pferd losgelassen? Doch Quirina steht plötzlich ganz ruhig und entspannt mit tief gesenktem Kopf im Gang und läßt sich von Kaira beide Ohren massieren … Sie hat kapituliert.

Später entfernen wir die Glassplitter aus Quirinas Hinterteil, es sind nur drei, und sie sitzen nicht tief. Das Glas war drahtverstärkt und eigentlich splittersicher … Noch ein Jahr später erinnert die nur behelfsmäßig reparierte Türscheibe an Quirinas entschlossene Gegenwehr. Oder ihren Rückzug. Jedenfalls ist mein

Pferd für den Rest des Nachmittags wie ausgewechselt. Sie entspannt sich nun, frei stehend, unter den massierenden Händen Kairas derart, daß ihr der Speichel aus dem halboffenen Maul tropft und sie gleichzeitig ihr Pipi verrichtet ... Beim Wegfahren meint Kaira versöhnlich, daß sie wohl ein wenig hart mit Quirina gewesen sei, aber es sei ja gut gegangen. Vorher hat sie noch kurz zu Muscade in die Box geschaut. Die hatte gleich die Ohren nach dem Motto *mit mir nicht* angelegt und war bei Kaira da falsch gelandet. *Zu einem hässigen Pferd muß man einfach zurück hässig sein*, stellt Kaira kurz fest und keift Muscade mit extrem bös verzogenem Gesicht an. Vor Schreck stellt die ihre Ohren gleich kerzengerade. Ich bin nach diesem Tag jedenfalls nicht nur etliche Franken leichter, sondern auch einige Erfahrungen schwerer. Wir üben das Gelernte dann regelmäßig, Quirina steht beim Putzen nun nicht mehr angebunden, sondern frei im Waschstand, und bewegt sich nicht mehr. Ich bin beeindruckt. Das Füdli verheilt schnell, die Kollegen grinsen schadenfroh. Und die empfohlene Bachblütenmischung nehmen wir zwei auch. Hilft's nicht, schadet's nicht ...

Bald planen wir die nächste Frankreichreise. Wieder ein wenig ins Blaue, noch immer ins Burgund. Neue Makler, neue Häuser. Wir sehen eine alte, renovierte Mühle mit einigen Nebengebäuden und zwei Hektar Grasland. Das Anwesen liegt einige Kilometer vom nächsten Dorf entfernt, und bei Regen müssen jeweils die Schleusen geöffnet oder geschlossen werden. Dazu muß man erst fast einen Kilometer querfeldein laufen, ich sehe mich schon bei jedem Anzeichen von Regen losstarten ... Oder das Landhaus einer Pariser Modeschöpferin mit kleinen Fenstern, dunklen Räumen und überreichen Drapierungen mit kostbaren Stoffen. Uns fällt auf, daß offenbar niemand vor unserem Besuch aufräumt, meist liegen Bade- und Schlafzimmer voller Kleider, nicht zu sprechen von den Küchen ... Wir sind wohl zu verwöhnt von Schweizer Standards. Wir besichtigen ein neu erbautes Haus im typisch französischen Stil, auf einem kleinen Hügel thronend, der die Einfahrt in die Garage unter dem Haus ermöglicht. In diesem Dorf laufen die Hühner und Enten frei, ringsum liegen endlose Felder, und weit und breit ist kein Mensch zu sehen. Hinter dem Fenster des Nachbarhauses fällt der Vorhang, als wir aus dem Auto steigen. Viel Platz für die Pferde, versichert der Makler. Das schon. Kein ergiebiges Wochenende diesmal, da sind wir uns einig. Aber wir haben gut gegessen im Burgund, mittlerweile haben wir schon unsere Lieblingsrestaurants. Wir hinterlassen unsere Adresse bei einigen Maklern, denn auch in Frankreich sind Immobilienangebote mit dem von uns gewünschten großen Weideland anscheinend rar.

Wir sehen im Laufe der nächsten Monate noch viele Objekte, darunter ein wunderschönes Landhaus mit sechs Schlafzimmern und sechs Badezimmern, an einem steilen Hügel gelegen, von dem Treppen bis zum unten vorbeifließenden Fluß mit eigenem Bootsplatz führen. Die bestehende Pferdeweide ist steil und steinig, zum Ausreiten müssen Straßen überquert werden ... Ein richtiges Schloß zeigt man uns, es kostet samt den parkähnlichen vier Hektaren Land und Nebengebäuden etwa 500.000 Schweizer Franken. Es hat 50 desolate Duschkabinen in langen Reihen, endlose Schlafsäle mit Stockbetten und einen richtig begehbaren Eiskasten in der Mammutküche. Es hatte bisher als Jugendlager gedient. Manche Räume sind mit wunderschönen Holztäfelungen und Marmorböden ausgestattet, der Stiegenaufgang ist atemberaubend. Alles muß renoviert werden, nur der Park ist in Ordnung. Verträumt lehne ich an einem knarrenden hohen Fensterflügel. *Da hinter der alten Eiche könnte jetzt Quirina hervorgaloppieren, gefolgt von Muscade, die vielleicht noch schnell ein wenig von dem üppigen satten Gras zupft* ... Pferdeland, so weit das Auge reicht, dazwischen majestätische alte Bäume. Wenn nur das Schloß nicht wäre ... Der Makler versucht zu inspirieren: *Sie könnten hier ein Reitlager machen oder ein Konferenzzentrum , ein Hotel oder* ... Wir wollen aber einfach nur mit unseren Pferden am Haus leben, alleine. So schwanken wir zwischen Hoffen, Neugier, Erstaunen, Schreck und Enttäuschung.

## Beinahe – Chateau de la Tour

Einige Wochen später erhalten wir Post aus Frankreich: man hat das ideale Objekt für uns gefunden. So stehen wir dann kurz darauf vor dem Chateau de la Tour. Das Anwesen ist umgeben von einer hohen alten Steinmauer und liegt wieder im Nichts, knapp vor einem kleinen Dorf. Das besuchen wir erst mal, es ist leer. So scheint es uns, denn kein Mensch ist zu sehen, alle Häuser scheinen verschlossen. Nur eine einsame Kuh bummelt lässig auf der sandigen Dorfstraße vor uns. Wir folgen ihr, froh um ein Lebewesen. Sie führt uns zum Ende des Dorfes, wo wir das umliegende Reitgebiet sehen: Hügel, Sandwege, links und rechts eingezäunt, denn hier leben die Kühe frei, wir sind im Oberburgund. Das Chateau de la Tour finden wir unverschlossen, niemand antwortet auf unser Rufen, alles steht offen. Wieder ist kein Mensch zu sehen, nur auf der großen Wiese vor dem Haus weiden vier Pferde. Der Schloßbesitzer eilt kurz darauf aus seinem Neubau herbei. Er hat sich in einer Ecke des Anwesens ein kleines Schlößlein neu erbaut und will es nach dem Verkauf des alten beziehen. Hohe Räume mit knarrenden Holzböden und meterhohen Feuerstellen erwarten uns, alle Leitungen laufen, wie anscheinend in Frankreich üblich, unverputzt in den Ecken der

Räume und sind farblich den dunklen Tapeten angepaßt. Im Obergeschoß finden wir eine lange Reihe von zehn Schlafzimmern, jedes mit seinem eigenen kleinen Bad. Wir besuchen die gemauerten Pferdeställe, das Waschhaus, das Hühnerhaus, das Gesindehaus …

Die parkähnliche Anlage beeindruckt uns, der Schloßherr hat sich innerhalb seines Anwesens entlang der Mauern einen eigenen Reitweg geschaffen, ein Rundweg, den er nach eigenen Angaben regelmäßig nützt. Der Teich, der Gemüsegarten – und schließlich der romantische halbverfallene Turm, der dem Schloß seinen Namen gab und der ganz alleine für sich steht. Das runde Turmzimmer mit den rosenumrankten Fenstern erinnert mich an das Märchen von Rapunzel … Robert und ich sind beeindruckt, ein bißchen verzaubert von der fühlbaren Atmosphäre. Aus dem 13. Jahrhundert stammt das Schloß, man stelle sich das vor. Gegen jede Logik und Vernunft kreuzt blitzschnell der Gedanke an nachts geheimnisvoll knarrende Böden in den leerstehenden oberen Räumen meinen Kopf. Sie werden weggewischt. Der Schloßherr ist sehr sympathisch, hilfsbereit und zuvorkommend. Er würde in seinem neuen Schloß nebenan wohnen bleiben, er schlägt sogar eine *cohabitation des chevaux*, eine Art Zusammenlegung seiner und unserer Pferde vor. Verlockend. Wir wären nicht ganz so allein im fremden Land, hätten zumindest einen ansprechbaren Nachbarn und jemanden, der sich besser als wir mit Pferden auskennt … Lange beraten wir beim Abendessen, kehren am Sonntag auf einen zweiten Blick zurück.

Zu Hause dann, beim Betrachten des mitgebrachten Videofilms, sind wir uns ohne Worte einig: das ist es. Die Infrastruktur für unsere Pferde ist vorhanden, sie müßten quasi nur noch transportiert werden. Wir müßten im alten Schloß zwar einige Renovationen durchführen lassen, zumindest ein neues Badezimmer, eine neue Küche einbauen lassen, aber sonst … Die nicht benötigten oberen Räume könnten wir einfach abschließen, Gästezimmer hätten wir also genug. Ein nochmaliger Besuch klärt einige Umbaudetails, ein Architekt sendet uns kurz darauf einen Kostenvoranschlag, wir vereinbaren einen Termin für die Übergabe der Anzahlung an den Notar und für die Unterschrift unter den Vorvertrag. Ich sehe mich schon im alten Turmzimmer auf einem noch zu beschaffenden Diwan ein Buch lesend, hie und da einen Blick durchs rosenumrankte Fenster auf unsere Pferde werfend … Begeistert legen wir Verwandten, Freunden und Bekannten Fotos vor, jedes *Ah* und *Oh* tut uns gut. Einige melden Zweifel an. *Wollt ihr denn jetzt wirklich nach Frankreich ziehen? Wo ihr niemanden kennt, die Sprache nur mangelhaft sprecht, vier Autostunden von der Schweiz entfernt, kein Flughafen in der Nähe, kein See, keine Berge, kein Wald, keine kulturellen Veranstaltungen rundherum, keine interessante größere Stadt in der Nähe? In einem jahrhunder-*

*tealten Schloß ohne den gewohnten Wohnkomfort der Schweiz*? Wir nicken tapfer. *Ja, das wollen wir*. So kühl aufgezählt und betrachtet, klingt die Sache fast bedrohlich …

Der Notartermin steht fest, in zwei Wochen wird der Vorvertrag unterschrieben, dann sind wir endgültig gebunden. Ich schlafe schlecht, und meine Zweifel werden immer größer. Was tun, wenn wir uns mit dem ehemaligen Schloßbesitzer streiten, über die Pferdehaltung uneinig sind, sich die Pferde nicht vertragen, nicht genügend Grasland für sechs Pferde vorhanden ist? Wir hatten die Umgebung erkundet und sie als recht trostlos und ärmlich empfunden. Zwei, drei kleine halbverfallene Dörfer mit mürrischen Einheimischen, die unser Schweizer Autokennzeichen mißtrauisch beäugten. Endlose hügelige Weiden mit Kühen, dazwischen unsere künftigen Reitwege … Bis ich einmal mitten in der Nacht hochschrecke und weiß: *nein, dort kann und will ich nicht leben*. Robert hat ähnliche Befürchtungen, fast erleichtert teilen wir sie. Wir kneifen. Und sagen ein wenig schuldbewußt den Notartermin ab und schreiben dem Schloßherrn einen erklärenden Brief …

## Verschnaufpausen und Neuversuche

Wir sind geheilt. Das Thema Frankreich kommt einige Wochen lang nicht mehr auf den Tisch, nicht mal unsere Freunde sprechen uns darauf an. Wir reiten viel, genießen die Umgebung der Reuss und verbringen so manche heiße Sommernachmittage auf unserem Boot auf dem Zugersee. Mit abgestelltem Motor schaukeln wir leise in der Mitte des Sees, erledigen Teile unserer Büroarbeit, lesen, schwimmen, werden von neugierigen Schwänen besucht und sehen an den umliegenden sanften Hängen des Zugerbergs leise bimmelnde Kühe grasen … Die Fliegen und Mücken machen uns abends beim Ausreiten Probleme, besonders Quirina ist empfindlich und steigert sich in kopfschüttelnde Abwehr, wenn die Quälgeister zu zahlreich werden. Wir haben alle Haus- und chemischen Mittel durchprobiert, ich bleibe jetzt beim guten alten Essigwasser zur Fliegenwehr. Wir haben zwei neue Stallkollegen, einen davon mit einem Westernpferd, und wir lernen dazu. Ronny ist ein Quarter Horse und leider offenbar ziemlich verbraucht. Frühere Rehen, Gelenkprobleme, Hufprobleme. Aufopfernd wird er von seiner Besitzerin gepflegt, an der Hand spaziert, und er kann einen richtigen Knicks machen. Alles für eine Karotte.

Bei der 1. Augustfeier der Stadelmatt versammeln sich die Einwohner auf der Wiese vor dem Pferdestall. Neugierig verfolgen die Vierbeiner das Treiben da draußen, strecken die Köpfe interessiert ins Festgeschehen. Und nicht einmal die zahlreichen laut knallenden Feuerwerkskörper direkt vor ihren Fenstern bringen sie aus der Ruhe. Wir reiten jetzt meist zu zweit, selten schließen wir uns einem Gruppenausritt mit den Stallkollegen an. Vorsichtig beginnen wir, Immobilienanzeigen der Schweiz zu studieren. Man kann nie wissen ... Wir sehen einen Pferdebetrieb im Baselland, ein Bauernhaus mit Umschwung im Kanton Zug, ein Anwesen im Aargau, ein nun verlassenes Gestüt im Zürcher Oberland und so manches mehr im näheren Umkreis an. Nichts davon begeistert uns, die Preise finden wir atemberaubend. Es sieht schwarz aus für die Offenstallhaltung unserer Pferdemädchen.

In diesem Herbst durchqueren wir mit einem Reitkollegen wieder die Reuss, bis zum Sattel reicht das Wasser an dieser Stelle. Ein seltsames Gefühl, das Lust aufs Schwimmen mit dem Pferd weckt. Mit Pia unternehmen wir nun manchmal Sonntagsritte zu etwas weiter entfernten Gasthöfen, die Einstellmöglichkeiten für Pferde bieten. Während Quirina und Muscade in den hauseigenen Ställen mit gelockerten Sattelgurten oder ohne Sattel und Trense Heu futtern, sitzen wir im rustikalen Säli und lassen uns das Sonntagsmenü schmecken. An sonnigen Tagen binden wir die Pferde lieber draußen vor der Wirtschaft an, meist sind Ringe oder Stangen an Stall- oder Hauswand befestigt. Neugierig beobachten die beiden das Leben und Treiben der großen und kleinen Gäste, die Tiere auf den umliegenden Weiden. Pia hat einen unerschöpflichen Vorrat von pferdefreundlichen Wirtschaften, manchmal treffen wir dort auch auf andere Reiter. Der Heimritt mit vollem Magen, nach ausgedehntem sonntäglichen Genuß lokaler Schweizer Küche ist mir meist keine reine Freude ... Schläfrig und langsam tapsen Quirina und ich hinter den anderen her, Richtung Heimat. Und dann planen wir einen Tagesritt zu viert unter Pias Leitung. Einen nostalgischen Ausflug zum Schweikhof, den wir von Sihlbrugg aus so oft zu Pferd besucht hatten. Pia arbeitet den Weg auf der Karte aus, ich fahre zwei Tage zuvor zum Schweikhof und hinterlege dort Heu und Futter für unsere Pferde.

*Sie sind willkommen*, lächelt der Wirt, für den Pferde und Reiter zu alltäglichen Gästen gehören. Eine weitere Anbindestange ist seit unserem letzten Besuch dazugekommen, noch immer laufen Hunde, Katzen, Hühner und Gänse frei auf dem Hof. Unsere Pferde sind in guter Kondition für diesen Tagesritt, wir haben seit einigen Wochen unsere Ausritte etwas ausgedehnt. So ziehen wir los, Pia mit der Karte griffbereit, Sylvia, die Kollegin mit der nervösen Stute Mausi als Schlußlicht. In der ersten Stunde sind uns die Wege noch bekannt, dann geht's ins Neuland. Souverän führt uns Pia, nur zweimal machen wir kehrt, da der eingeschlagene Weg sich als Sackgasse entpuppt und im dichten Unterholz endet.

Wir reiten auf Feldwegen, kreuzen Straßen, reiten an ihnen entlang, durchqueren Dörfer, folgen einem Kanal, lernen neue Wälder kennen. Nur zweimal legen wir einen kurzen Galopp ein, sonst bleiben wir in Schritt und ruhigem Trab. Quirina mag die sich ihr anschließende Mausi nicht und lüpft einige Male drohend ein Hinterbein. *Eine rote Masche braucht sie im Schweif*, grinst Pia. Diese gilt Eingeweihten als Warnung: Achtung, schlagendes Pferd ... Nach etwa zwei Stunden machen wir Pause, Pia hat unsere Ankunft einer pferdefreundlichen Beiz avisiert. Mit den Pferden an der Hand stehen wir dann in der Sonne, trinken Kaffee und reiben die steifen Beine. Die Pferde haben ihren Durst schon bei einem der vielen Dorfbrunnen gestillt und genießen die mitgebrachten Apfelstücke. Nach weiteren anderthalb Stunden treffen wir auf dem Schweikhof ein, von der anderen Seite diesmal ... Mausi hat unterwegs ein Hufeisen verloren, und Sylvia telefoniert ihrem Freund. Er wird die beiden mit dem Transporter holen, für sie ist die Rückkehr einfach. Für uns nicht ganz. Wir merken den langen Weg in unseren Muskeln und Knochen, auch unsere Pferde sind müde ... Für den Rückweg benötigen wir einige Zeit länger als für den Hinweg, wir lernen daraus. Todmüde kehren wir abends in den Stall zurück, als die Kollegen gerade mit ihren Pferden zum Ausritt rüsten. Schön war's, aber anstrengend ...

Dann springt neuerlich ein Inserat in Roberts Augen. Diesmal ist es ein Gestüt im Norden Frankreichs, und wir einigen uns darauf, daß Robert erst mal alleine die Gegend erkundet und weitere Objekte dort in Augenschein nimmt. Er kehrt ernüchtert von dieser Reise zurück. Das Gestüt war funktionell und schön, das Wohnhaus aber bestand aus nur zwei Räumen. Die besichtigte Reitanlage war veraltet, sehr weitläufig und für zwei Personen und zwei Pferde einfach zu groß. Das Landhaus mit Weiden hatte eine ungünstige Lage, und ein anderes Gestüt war einfach zu teuer ... Im Herbst machen wir eine Elsaßreise, ich mag diese Ecke. Auch hier besuchen wir Immobilienmakler, auch hier ist das Angebot wegen unserem Wunsch nach Weideland für die Pferde gering. Wir besichtigen zwei, drei Häuser. Sie könnten auch in einem Schweizer Dorf stehen, die Gärten sind groß, doch genügen nicht für zwei Pferde ... Eine halbverfallene, romantisch gelegene Mühle wollen wir nicht. Vielleicht sind wir auch etwas halbherzig bei der Suche. Robert meint, daß wir hier ebensoviel Schnee, Kälte und Nebel hätten wie in Zug ...

*Entkommen*, ich atme auf. Und widme mich voll dem Stadelmatter Winter, der uns wie immer viel Nebel und Schnee besorgt. Die Ritte im Schnee genießen wir, manchmal nimmt Robert auf Muscades Rücken, hinter dem Sattel, einige Tannenzweige mit, die wir den Pferden zum Knabbern in die Boxen legen. Der Wald und das ganze Reussgebiet sind vom Schnee verwandelt, wir genießen die neue Umwelt. Seit wir die Gegend auf dem Rücken der Pferde durchstreifen, sehen wir die Natur mit anderen Augen, sehen Dinge, die uns früher verborgen waren. Und lernen, diese kleinen Schauerlebnisse in der Natur zu schätzen. Dank Hufgrip und Stollen haben unsere Pferde keine Probleme mit Eis und Schnee, nur meine Dressurstunden fallen bei hartgefrorenem Sandauslauf aus. Quirina erschrickt nicht mehr vorm brechenden Eis, wenn wir über gefrorene Wasserlachen reiten, und sie steckt gerne begeistert ihre Nase tief in den Schnee. Wir scheren unsere Pferde noch immer nicht, und wir legen ihnen im ohnehin unserer Meinung nach zu warmen Stall auch keine Decken um. Die ruhen zu Hause im Keller. Die Stallkollegen rücken im warmen Stallstübli hinter den befrorenen Fensterscheiben eng zusammen.

Pia hat am späten Nachmittag immer guten Kaffee auf Vorrat, und beim An- und Aufwärmen erzählen wir uns unsere Erfahrungen, Erlebnisse, Pläne und Probleme. Quirina hat eine neue Boxnachbarin erhalten und mag diese gar nicht. Immer wieder droht sie der Neuen und schlägt gegen die Trennwand. Dann legt sie demonstrativ die Nüstern an Muscades Hals in der anderen Nebenbox und beruhigt sich ein wenig. Die Anschaffung eines Pferdestaubsaugers wird im Stall diskutiert, einer Waschmaschine für die Decken und Schabracken. Jürg schließt nach wie vor bei einbrechender Dunkelheit die ohnehin nur gekippten Stallfenster ganz, und mein rasches Öffnen der beiden Boxenfenster bei meiner Ankunft im Stall ärgert ihn noch immer … Alles geht seinen gewohnten, ruhigen Gang. Und wie im letzten Winter würden wir unsere Pferde lieber draußen in der klaren Luft sehen, in einem Auslauf. Doch es bleibt beim ein- bis zweistündigen Verbleib auf dem Sandplatz, bei verdoppelter Putzzeit wegen der Lehmkruste. Und bei dem häufigen Frostwetter dürfen die Pferde gar nicht erst hinaus: Verletzungsgefahr beim Rumteufeln auf dem hartgefrorenen Sandboden. Seit unseren Lehrstunden mit Kaira steht Quirina beim Putzen still, oft binde ich sie nicht einmal an. Immer noch verwenden wir zum Anbinden die Halsringe, die unseren Pferden mehr Freiheit lassen. Wir machen Biege- und Dehnübungen des Halses nach links und rechts hinten, ein lockendes Guezi genügt als Motivation. Wir haben herausgefunden, daß Quirina viel ruhiger steht, wenn sie nicht den Kopf zur Wand gerichtet hat. Freie Sicht will sie, dann bleibt sie lammfromm. Die Kollegen schütteln lächelnd den Kopf, sie gewöhnen sich. Und natürlich haben unsere Pferde, besonders aber Quirina, ihre guten und weniger guten Tage. Das merke ich am Putzen, ich mache das bei beiden, um Robert Zeit zu sparen. Wenn Muscade wieder mal die Ohren anlegt und in die Luft beißt, wenn Quirina den Kopf hochreißt und zu tänzeln beginnt oder wenn beide mit tiefhängenden Köpfen und wohligem Seufzen die Bürstenstriche genießen. Fast nie mehr schlägt

Quirina aus, willig gibt sie ein Bein nach dem anderen. So wie seinerzeit Rosis Schulpferde – das hätte ich nie gedacht.

Im Frühling starten wir einen letzten Versuch, das haben wir uns gegenseitig versprochen. Es muß wohl der Winter sein, der uns nochmals zum Abenteuer drängt. Oder der anbrechende Frühling mit dem Versprechen eines neuen Beginns. In einer französischen Pferdezeitschrift fällt uns ein Immobilieninserat auf. Ein Anwesen speziell für Reiter, mitten im *Forêt de Rambouillet*. Ideales Reitgelände, drei Hektar Grund, Haus mit modernem Komfort, neu erbaut. Wir schreiben, ein Makler antwortet, sendet uns dazu Informationen über weitere Objekte, alle für Pferdeliebhaber bestens geeignet ... Haben wir bisher in der falschen Gegend gesucht? Wir hatten das Burgund aufgrund seiner Nähe zu der Schweiz, wegen des milden Klimas gewählt. Der Süden Frankreichs schien uns vor allem für unsere Pferde zu heiß und zu weit entfernt von der Schweiz. Ans Pariser Becken haben wir nie gedacht. Die Winter dort sollen mild sein, fast niemals Schnee, kein Nebel, warme, relativ trockene Sommer ...

Dann sitzen wir wieder im Auto, haben das Burgund hinter uns gelassen und peilen Paris an. Auf der Strecke machen wir noch zweimal Halt, sehen noch einige Häuser, die uns enttäuschen. Der Forêt de Rambouillet liegt etwa sieben bis acht Autostunden von unserem Zug entfernt, ein riesiger Waldgürtel südwestlich von Frankreichs Hauptstadt. Deutlich weiter entfernt von Zug als das Burgund. Dafür hätten wir Paris in einstündiger Entfernung und dadurch auch einen Flughafen in der Nähe, räsonieren wir. Denn nach wie vor wird Robert regelmäßig am Sitz der Gesellschaft in Zug arbeiten müssen. Der flotte junge Makler hat es anscheinend recht eilig. Er ist selbst Pferdebesitzer und scheint zumindest zu verstehen, was wir suchen. Drei Objekte hat er für uns. Das erste gefällt uns gut, doch ist es zu groß und dadurch zu teuer für uns. Das zweite Haus liegt in einem gepflegten Dorf, das tatsächlich mitten im Wald steht. Eingezäunte Pferdeweiden, ein Sandplatz und zwei Boxen neben dem Haus, die zwei Hektar Grund sind gepflegt und teilweise als Pferdeweide eingezäunt. Wir suchen nach Minuspunkten. Wir haben gelernt. Das Haus selbst war bis vor kurzem von einer großen Familie bewohnt worden. Beim Auszug hat man offenbar vergessen, in den Räumen zumindest die oberste Schmutzschicht zu entfernen. Wir sind wohl zu schweizerisch sauber geworden ... Verwinkelt sind die vielen Räume zwar, aber das Wohnzimmer ist riesig. Nach einer gründlichen Säuberung und einigen Installationen in Küche und Bad ... *Das könnte es sein*. Fast ungläubig schauen wir uns an, wir hatten die Hoffnung eigentlich schon aufgegeben. *Könnten wir hier leben*? Gleich vom Haus weg führt ein Sandweg in den Wald hinein, endloses Reitgebiet liegt rundherum. Das haben wir vorher schon eruiert.

Auch das nächstliegende Städtchen, *Rambouillet,* haben wir kritisch besucht und passabel gefunden. Mit einem Schloß, Schloßpark, einer Geschäftsstraße und Einkaufszentren. Ohne besonderen Charme, aber mit allem Nötigen ausgestattet. Und Paris ist per Bahn in einer halben Stunde erreichbar, mit dem Auto in einer Stunde. Der Makler merkt unser Interesse und grinst schief. *Eigentlich sei das Objekt bereits an jemanden verkauft,* gesteht er uns schließlich. Aber der Kaufvertrag sei noch nicht unterschrieben, und man wisse ja nie, ob der Käufer auch wirklich zum Notartermin erscheine ...

Zum letzten Objekt führt uns der Makler auf einem abenteuerlichen Hohlweg durch einen verwilderten Wald, dicke Steine und tiefe Schlaglöcher wechseln sich ab. Na ja, einen Jeep hätten wir ja für diese Zufahrt. Das Haus liegt etwas isoliert, aber nicht allzu weit vom Dorf, hat uns der junge Mann gewarnt. Irgendwann in diesem Walddschungel biegt der Makler rechts in einen Waldweg und hält vor einem zweiflügeligen Holztor an. Das steht ganz alleine, ohne daran anschließenden Zaun, etwas verloren zwischen zwei Bäumen ... Ah ja, ein Schild *propriété privé* ist da hoch oben an einen Stamm genagelt. Wir wechseln Blicke. Ich habe die Videokamera vor dem Auge, sehe also alles in Schwarzweiß. Das macht die Sache noch schlimmer. Wild und verlassen schaut es hier aus, einfach verwahrloster Wald. Das kommt nicht in Frage, flüstere ich schnell meinem Mann zu. Ich bin belustigt und verwundert, daß der Makler uns etwas derartig Abgelegenes zeigt. Dann betreten wir das Haus, und die Videokamera hat ausgedient. Ich hole tief Luft, fühle und sage einfach: *Das ist es.* Bis heute kann ich nicht erklären, warum genau. Das Vorzimmer ist hell und freundlich, eine kleine geschwungene Treppe führt in den ersten Stock. Im Wohnzimmer öffnen sich vier große Fenstertüren direkt hinaus auf eine Waldlichtung, und darauf kann ich sofort unsere Pferde grasen sehen ... Das Haus hat bisher als Ferienbleibe gedient, ist nur zwei Jahre alt, fühlt sich neu an, fühlt sich gut an. Wohn-, Eß- und Arbeitszimmer gehen auf die Lichtung, und ich bin begeistert. Robert hält mich zurück, Begeisterung ist Maklern gegenüber aus finanztechnischen Gründen nicht angebracht. Ich weiß. Ganz still ist es hier mitten im Wald, Vögel zwitschern, erstes Grün sprießt, es riecht nach Erde und Blättern. Ich bin über mich selbst verwundert. Habe ich vorhin im Auto nicht eben gesagt, dieses Haus käme nicht in Frage?

# Es wird ernst

Wir sind beide ganz still geworden. Plötzlich begreifen wir, daß unser Abenteuer im Kopf tatsächlich Ernst werden könnte. Es ist anders als die euphoristische Stimmung beim Château de la Tour, dem wir so knapp entwischt sind. Gewissenhaft besichtigen wir das große Haus mit dem Mansardendach, voll unterkellert, funktionell und modern ausgestattet. Keine Garage, kein Stall, kein Schuppen, kein Zaun, keine Infrastruktur für Pferdehaltung, konstatieren wir. Und reisen nach zwei Wochen nochmals nach Mittainville. Diesmal will uns der Makler mit dem Hauseigentümer bekanntmachen, der in Paris lebt. Ein Kuckuck ruft, als wir durch das offene Tor biegen, und die hohen Laub- und Nadelbäume ums Haus herum rauschen sanft im Wind. Es riecht noch immer nach warmer Erde und frischem Grün. Entlang des geschotterten Wegs, der zum Haus führt, wachsen wilde Walderdbeeren. Und es ist vollkommen still hier im Wald.

Dreimal besichtigen wir das Haus eingehend. Offener, mannshoher Kamin im großen Wohnzimmer, zwei Arbeitszimmer, große Küche, Abstellräume, Toilette. Im ersten Stock der separierte Schlaftrakt mit Bad, zwei Ankleidezimmer, Schlafzimmer. Eine Art Waschküche, ein Ankleidezimmer, zwei Gästezimmer, ein Gästebad. Und unter dem Mansardendach noch ein großer Raum und zwei kleine Zimmer ... Wir klettern auf dem riesigen Waldgrundstück über gefallene Baumstämme, schlagen uns durch halbmeterhohe Brombeerranken und stolpern über Wurzeln. Unberührte Natur. Zu Hause versuchen wir, in den Videoaufnahmen versteckte Probleme zu finden. Dann kapitulieren wir. Das Haus hat uns anscheinend gewählt, alle unsere sachlich korrekten Einwände scheinen seltsam unwichtig. Wir sind uns einig: allein schon die Lage des Hauses ist ein Riesenabenteuer für uns Stadtverwöhnte. Eine von der Umwelt abgeschnittene Waldinsel, fern von Nachbarn, Dorf oder Stadt, noch dazu irgendwo in Frankreich. Mitten im Naturschutzgebiet, einige Kilometer Sandstraße bis zum Dorf Mittainville. Ein Dorf ohne Post, ohne Restaurant, ohne Einkaufsmöglichkeit, mit einer großen Kuhweide vor der Mairie. Unsere Verwandten und Freunde schütteln jetzt ganz deutlich den Kopf. *Und wo bringt ihr die Pferde unter?* erkundigt sich mißtrauisch eine Reitfreundin. *Lösen wir alles*, nicken wir voll Zuversicht.

Einen Bankscheck über 20 % des vereinbarten Kaufpreises haben wir, wie in Frankreich üblich, zum vereinbarten Termin beim Notar mitgebracht. Erst muß ein Vorvertrag, eine Art Kaufabsicht, unterschrieben werden, dann prüft der Notar während etwa zwei bis drei Monaten die hypothekare Situation. Erst wenn der Notar bestätigen kann, daß die Immobilie schuldenfrei ist, wenn die Besitzverhältnisse rechtlich geklärt sind, werden beide Parteien wieder zum Notar geladen. Der Kaufvertrag wird dort dann unterschrieben, die Restsumme bezahlt, und das Anwesen wechselt den Besitzer. Der bisherige Hauseigentümer schien bis zuletzt über unsere Kaufabsicht verwundert, fast ungläubig. Er ist etwas kahl, etwas puffig, etwas über 60, leidet an schwerem Asthma und küßt mir galant die Hand. Sein Bruder bewohnt mit Familie das nächstgelegene Nachbarhaus, hat er uns erklärt. Doch die Familie sei verfeindet. Den Notar hat er ausgewählt, denn wir kennen hier keine Seele. Wir haben uns von der holländischen Botschaft, denn Robert ist Holländer, die Adresse eines guten Anwaltbüros in Paris nennen lassen. Unser Schweizer Anwalt kann uns im französischen Recht nicht helfen. Die abgesandte Pariser Anwältin ist jung, ehrgeizig und prüft für uns den Kaufvorvertrag auf versteckte Fallen. Sie findet keine, *alles in Ordnung*. So sitzen wir jetzt gedrängt um den dunklen Schreibtisch des Notars, der uns feierlich Wort für Wort den Vertrag nochmals vorliest. Mit der Unterzeichnung dieses Vorvertrages und der Hinterlegung von 20 % der Kaufsumme beim Notar sind beide Parteien gebunden. Wollten wir jetzt noch aussteigen, würden wir die Anzahlung verlieren. Und für den Verkäufer gibt es nach dieser Unterschrift kein Zurück mehr. *Das Haus wird uns fehlen*, hat er uns bei unserem letzten Besuch gestanden. Seine Freundin, eine rundliche, gepflegte Pariserin im besten Alter, hatte traurig genickt.

Zurück zu Hause, in der Schweiz. In etwa drei oder vier Monaten also wird es so weit sein, wir werden auswandern. Unser bisher vor allem geschäftlich so angenehmes Gastland, in dem gute Arbeit recht bezahlt wird, verlassen. Die Bilderbuchgegend mit den geraniengeschmückten Holzhäusern und den weißen Alpenketten am Horizont. Irgendwo im Bauch spür ich einen Stein, ich dränge ihn aus dem Bewußtsein. Wir haben viel zu tun in diesen letzten Monaten hier. Der letzte Sommer, der letzte Herbst in der Stadelmatt, irgendwann so im Oktober, November werden wir umziehen. Ich erzähle die große Neuigkeit unseren Pferden, die darob unbeeindruckt und ungerührt weiter an ihrem Heu kauen. Wenn man bedenkt, daß wir das alles unseren Pferden zuliebe machen. Quirina stubst mich in die Seite, scharrt mit dem rechten Vorderbein: *Gibt's noch Guezis*? Wir zeigen wieder einmal Fotos unserer neuen zukünftigen Heimat Verwandten, Freunden und Stallkollegen. Jürg scheint ein wenig traurig über unseren geplanten Umzug. Obwohl wir so schwierige Kunden mit Sonderwünschen sind. Es gibt bereits eine Warteliste für die Pferdeboxen im Stall von Jürg, wir werden ihn das genaue Abreisedatum so rasch als möglich wissen lassen.

Dann geht's ans Praktische: unsere Pferde brauchen im neuen Land einen Stall, einen eingezäunten Paddock. Wir brauchen eine Küche, denn momentan besteht diese nur aus einigen zusammengewürfelten alten Elementen. Und in unserem zukünftigen Badezimmer wollen wir unbedingt eine Dusche einbauen lassen ... So kommt einiges zusammen, wir planen, wir rechnen, zeichnen, überlegen ... Eine aufregende Zeit ist das, voll von Plänen und Ideen für die Zukunft. Ganz neu anfangen. Wir fühlen uns beide sozusagen wie neu, voll Energie, begeistert. Zuversichtlich sind wir. Die Ideen purzeln nur so aus uns heraus, werden zu Plänen realisiert, verbessert, verworfen, neu geordnet. Meine Dressurstunden leiden, Eva, meine Reitlehrerin, auch. Verärgert meint sie, daß mein Kopf nicht bei der Sache sei. Sie hat recht. Unsere Pferde genießen inzwischen die Sommerweide, auf unseren Ausritten haben wir endlosen Gesprächsstoff. Manchmal blubbern Muscade und Quirina sich während des Reitens leise zu ... Ob sie unsere verrückten Pläne kommentieren? Die Stallkollegen beobachten uns ein wenig ratlos, ein wenig aus Distanz. Manche freuen sich mit uns, alle zweifeln. *Was ihr euch da antut*, brummt Kollege Kurt. *Ans Haus werdet ihr gefesselt sein, wenn ihr die Pferde selbst versorgt. Nichts als Arbeit und Sorgen* ... Wir lächeln nachsichtig. Wir werden eine Lösung finden. Wir fühlen uns stark, voll Freude und Unternehmungslust. Das *was wäre wenn* ist zu einem aufregenden *das wird, sobald ...* geworden.

Während einer neuerlichen Frankreichreise beauftragen wir Handwerker, die uns der hilfsbereite Makler genannt hat, wählen eine Einbauküche, lassen ein neues Badezimmer entwerfen. Der Verkäufer gibt Zustimmung zur Ausmessung der Räume, damit Vorarbeiten und Bestellungen von Material bereits jetzt anlaufen können. Wir wollen möglichst rasch nach der Unterzeichnung des Kaufvertrags einziehen. Vor allem aber legen wir den von Robert ausgeklügelt durchdachten Plan für einen kleinen Stallkomplex unweit vom Wohnhaus französischen Fachleuten vor. Zumindest weisen ihre Geschäftskarten sie als Fachleute aus. Eine der Bedingungen im Vorvertrag war, daß der Verkäufer das Grundstück auf seine Kosten noch vor Übergabe an uns einzäunen lassen werde und daß auf unsere Kosten bereits nach Unterzeichnung des Vorvertrags mit dem Bau eines kleinen Stallkomplexes neben dem Haus begonnen werden könne. Ein von uns gewähltes Stück Wald etwa zehn Meter seitlich vom Haus wird gerodet. Der Boden wird betoniert, zwei geräumige Boxen, ein Waschplatz, eine Sattelkammer und Raum für Heu und Stroh finden unter einem großen Dach Platz. Alles aus Holz. Der Freund des Maklers ist Generalunternehmer, er wird die Arbeiten der diversen Handwerker, Küchenhersteller und Stallbauer koordinieren und überwachen. Alles ist geregelt. Alles, bis hin zu den neuen Wasserhähnen, Fliesen und Küchengeräten ist ausgewählt, bestellt und, wie in Frankreich anscheinend nötig, anbezahlt. Ein Wort, eine Unterschrift genügten in der Schweiz, nicht aber hier. Wir lernen. Gleich nach Vertragsunterzeichnung werden die Arbeiten im

Haus beginnen, vier Wochen danach ist Einzugstermin. Der Generalunternehmer Jean wird dafür Sorge tragen. Wir sind stolz auf diese perfekte Regelung. Alles ist aus achthundert Kilometern Entfernung bis ins Detail pünktlich vorgeplant … Um in der Schweiz geschäftlich Erfolg zu haben, hat mir Robert einmal erklärt, muß man noch tüchtiger, präziser, effizienter als die Schweizer selbst sein … Schweizer Präzision haben wir fraglos in den letzten Jahren gelernt. Jean nimmt einen großen Schluck Rotwein, als er unseren schriftlich festgelegten Einsatzplan sieht, und schüttelt grinsend den Kopf über *les Suisses* …

Neben den Planungen für unser neues Zuhause müssen wir an den Verkauf unseres jetzigen Hauses denken, berufliche Umstellungen einleiten, Umzugsprobleme lösen, unsere Tiertransporte regeln. Wir sprechen mit Maklern, holen Kostenvoranschläge für Transporte ein und erkundigen uns nach den gesetzlichen Vorschriften zur Ausfuhr unserer Pferde in ein EU-Land. Die Auskünfte sind widersprüchlich und lückenhaft, erst nach einigen Wochen wissen wir es sicher. Um unsere beiden Pferdemädchen nach Frankreich zu exportieren, müssen wir sie als Umzugsgut deklarieren. Gültige Impfungen gegen Scalma und Tollwut, Pferdepässe, graphische Beschreibungen der Pferde, EVA- und Coggins-Test nicht älter als 14 Tage, vom Kantonstierarzt gestempeltes Gesundheitszeugnis (*certificat sanitaire*) und Transportbescheinigung, Importbewilligung der UNIC Paris, Proforma-Rechnung pro Pferd sind nötig. Hoppla. Wir lernen die ersten administrativen Hürden kennen. Für Hund und Katzen sind nur die üblichen Impfungen nötig, die wir ohnehin regelmäßig durchführen lassen. Schließlich wird uns ein Basler Pferdetransportunternehmen empfohlen, und wir werden handelseins. Man wird uns bei der Beschaffung eines Teils der Papiere behilflich sein, unser Tierarzt wird die Sache mit dem Kantonstierarzt regeln. Alles wird geregelt, alles wird klappen. Das Nehmen der kleinen Hürden bereitet uns noch Spaß, ist einfach Teil des aufregenden Abenteuers. Für uns selbst gibt es weniger Probleme, ich bin durch meine Heirat auch Holländerin geworden, also wie Robert Bürger eines EU-Staates, und kann somit in jedem Mitgliedsland der EU leben. Unsere Schweizer Niederlassungsbewilligung werden wir, wenn möglich, ruhen lassen. Man weiß ja nie …

Manchmal, ganz leise, schleichen sich nach der ersten Euphorie Zweifel ein. *Werden wir es schaffen, als Büromenschen, die viele Jahre hauptsächlich hinter dem Schreibtisch, im Auto und auf Reisen verbracht haben, mitten im Wald, weit weg von der gewohnten Infrastruktur zu leben? Pferde zum ersten Mal selbst am Haus halten, in eigener Verantwortung, ohne im Zweifelsfall schnell mal nach Jürg oder einem Kollegen rufen zu können? Ganz zu schweigen von unserem sehr holprigen Französisch ... Sie reiten ganz anders in Frankreich*, warnt uns ein Stallkollege. *Sie haben eine andere Einstellung zu Tieren …* Quirina und Muscade strecken uns die Köpfe aus den Boxenfenstern entgegen, wenn wir nachmittags zum Reiten kommen. Manchmal lassen wir die beiden nach dem Ausritt noch eine halbe Stunde frei auf eine kleine Weide, setzen uns zu ihnen ins Gras. *Stell dir vor*, erzählen wir uns gegenseitig. *Stell Dir vor, bald können wir das den ganzen Tag lang machen, falls wir wollen. Zehn Schritte aus dem Haus und direkt bei den grasenden Pferden stehen …* Diese Vorfreude und die nötigen Planungen lassen uns die nagenden Zweifel vergessen. Nur manchmal habe ich nachts Alpträume: ein Pferd mit Kolik und weit und breit keine Hilfe, ein entkommenes Pferd im verwilderten Wald. Menschen, mit denen ich nicht in meiner Sprache kommunizieren kann, ein Reitunfall und keine gute medizinische Versorgung, Einbrecher und keine Nachbarn …

Die Wochen verfliegen, alles ist geregelt. Aus Frankreich kommen beruhigende Meldungen: die Wände der Boxen stehen bereits, keine Probleme. Mitte September trifft das Schreiben des Notars ein: ab sofort könne ein Termin zu Unterzeichnung des Kaufvertrages angesetzt werden, alles sei hypothekarisch und rechtlich in Ordnung. Man solle einen Bankscheck über die restliche Kaufsumme vorlegen. Der Verkäufer schlägt den 1. Oktober als Unterzeichnungstermin vor, wir stimmen zu. Die Auswanderungsmaschinerie läuft an. Wir kündigen die Pferdeboxen zum 1. Dezember, informieren Möbel- und Pferdetransporter, den Tierarzt, unseren Makler, die französischen Handwerker und Jean, den Generalunternehmer. Am 15. November ziehen wir um, verlassen wir die Schweiz. Unser Makler hat bereits einige Interessenten für unser Haus, einer davon möchte schon im Dezember einziehen. Alles läuft wie geplant.

## Céline und erste Beunruhigung

Im Zuger Amtsblatt erscheint in dieser Woche eine Anzeige, die mich aufhorchen läßt. Ein anderthalbjähriges Irish Wolfhound-Mädchen sucht eine neue Familie, weil ihr Herr, der Züchter, schwer erkrankt ist … Robert hat mir früher schon von dieser seltenen Hunderasse vorgeschwärmt, erst einmal hatten wir einen Irish Wolfhound in Zug gesehen. Riesengroß, struppig, grau, majestätisch, mit ausdrucksvollen Augen. Daß wir neben unserem kleinen Rauhaardackelherrn Old Shatterhand in der neuen Heimat einen großen Wachhund brauchen, haben wir bereits in den vergangenen Wochen beschlossen. *La voilà*. Robert teilt meine Begeisterung nicht ganz, seine Einwände nützen ihm nicht viel, wir besuchen die Inserenten im Nachbarort. Sie haben zwei Irish Wolfhound-Hündinnen, die recht gefährlich aussehen, sich aber als freundlich und folgsam erweisen. Eine davon ist die Schwester der inserierten Céline. Sie selbst ist noch beim Züchter in der Westschweiz, kann aber jederzeit geholt werden. Markus und Selma erzählen uns von ihren Hunden, vom Züchter und von Céline, die jetzt noch mit ihrer Mutter zusammenlebt. Und wir entscheiden uns auf der Stelle, ohne das Irenmädchen gesehen zu haben. Ja, wir möchten sie gerne nehmen. Markus und Selma haben noch andere Interessenten, doch entscheiden sich für uns, da wir von der bevorstehenden Auswanderung nach Frankreich erzählt haben. Drei Hektar Freiheit für Céline, ein Hundefreund, Katzen und Pferde, das gibt wohl den Ausschlag. Markus gesteht uns, daß er nach seiner Pensionierung auch an ein neues Leben in Frankreich denkt ... *Viel Platz*, seufzt er. *Und viel Freiheit für unsere Hunde*. Wir vereinbaren, daß Céline erst Anfang November aus der Westschweiz geholt wird, um dann direkt mit uns im Jeep die Fahrt in die neue Heimat anzutreten. Die zwei Wolfhounds begleiten uns zum Gartentor, die leicht erhobenen Köpfe sind in meiner Brusthöhe. Eine der beiden hatte vorhin die Vorderpfoten auf Markus' Schultern gelegt und überragte den 1.76 Meter großen Mann dabei einige Zentimeter ... *Sanft, wenn gestreichelt, grimmig, wenn provoziert*, lächelt Selma. Das sind die zutreffendsten Worte für die Irish Wolfhounds, *die Iren*, wie Selma liebevoll erklärt. Ich bin erleichtert, zumindest meine Angstträume wegen möglicher Einbrecher schwinden.

Zwei Tage vor der Abreise zur Vertragsunterzeichnung trifft ein kurzer Brief des Verkäufers ein: Er könne den Termin nicht einhalten, er schlage nun den 15. Oktober vor. Wir sind konsterniert, an diese Möglichkeit hatten wir einfach nicht gedacht. Im nachhinein scheint es naiv, doch 16 Jahre Schweizer Zuverlässigkeit haben ihre Spuren in unseren Köpfen und Herzen hinterlassen ... *Kann natürlich vorkommen*, beruhigen wir uns nach dem ersten Schock. Schließlich haben wir ja noch ein zeitliches Sicherheitspolster bis zum Umzug ... Am 13. Oktober teilt uns der Verkäufer telefonisch mit, daß er am 15. keine Zeit habe, daß der Termin jetzt aber endgültig für den 31. Oktober festgelegt sei. *Typisch französisch*, nicken jene Freunde und Bekannten, mit denen wir unsere Enttäuschung teilen. Wir beginnen, uns leise Sorgen zu machen. Wir wissen, daß rein rechtlich der endgültige Kaufvertrag maximal vier Monate nach Unterzeichnung des Vorvertrags zu unterschreiben ist. Der 31. Oktober ist also der letztmögliche Termin. Tritt dann der Vertrag automatisch in Kraft, falls wir bezahlt haben? *Ja, natürlich*, beruhigt uns die Anwältin. Der Verkäufer kann nicht mehr zurück, er ist gebunden. Spätestens am 31. Oktober muß der Verkäufer den Kaufvertrag unterschreiben und dem Käufer das Haus leer, das Grundstück umzäunt, übergeben. Notar und Pariser Anwältin raten uns, den Bankscheck über die restliche Kaufsumme noch vor Ablauf der Viermonatsfrist an den Notar auszuhändigen, damit unsererseits auch tatsächlich alle Verpflichtungen erfüllt sind. Was Robert in einer Blitzreise auch tut und dabei an unserem zukünftigen Haus vorbeifährt. Und mit Schrecken konstatiert, daß von einer Umzäunung des Grundstücks noch keine Spur zu sehen ist … Die Stallbauer alarmieren uns drei Tage später: der weitere Zutritt zu den halbfertigen Boxen wird ihnen vom Verkäufer verwehrt. Ohne Angaben von Gründen. Von unserer Seite sind jetzt alle vertraglichen Verpflichtungen erfüllt, wir müssen nur noch unterschreiben. Das würden wir am liebsten gleich tun, auch ohne Anwesenheit des Verkäufers, doch der Notar winkt ab. Ist nicht üblich.

Quirina und Muscade bekommen von unseren Enttäuschungen und Aufregungen nicht viel mit. Sie genießen die nun fliegenfreien Stadelmatter Weiden und machen uns keine Sorgen. Unschuldig verleben sie ihre Tage und scheinen nicht zu ahnen, in welche Probleme wir uns wegen ihnen gestürzt haben. Wir trösten uns mit der Vorfreude auf ihren ersten Winter in Freiheit, doch wir sind kleinlaut geworden. Der Verkäufer spielt mit uns, soviel ist deutlich. Am 30. Oktober fahren wir Richtung Mittainville, bis zuletzt hatten wir eine neuerliche Absage des Verkäufers befürchtet, sie ist nicht eingetroffen. Natürlich fahren wir an unserem Haus vorbei. Die Fensterläden sind geschlossen, es wirkt unbewohnt. Das Grundstück ist noch nicht eingezäunt.

## Geplatzter Traum

So sitzen wir am 31. Oktober um zehn Uhr vormittags im karg eingerichteten Wartezimmer des Notars. Der Linoleumboden und die Fenster sind schmutzig, Stühle und Hocker bunt zusammengewürfelt und teilweise wacklig. Keine Spur von der gediegenen, gepflegten Atmosphäre einer Zuger Notarkanzlei. *Das sind Äußerlichkeiten*, beruhigt mich Robert. Und dann kommt er, der Verkäufer, Monsieur V. Betritt geschäftig den Raum, haucht einen Handkuß über mein Rechte und wirft böse Blicke an den hinter ihn eintretenden Makler. Wir atmen erleichtert auf, sitzen bald zu viert vor dem Schreibtisch des Notars im halbdunklen Raum. Der Notar informiert den Verkäufer, daß wir allen unseren Verpflichtungen als Käufer entsprochen haben, daß wir den Kaufbetrag in voller Höhe bei ihm hinterlegt haben und daß auch seinerseits einer Unterschrift des Kaufvertrags nun nichts mehr im Wege stehe. Langsam und feierlich liest er dann Wort für Wort den Vertrag vor, wir nicken, wir kennen mittlerweile jedes Wort. Dann wird erst dem Verkäufer der Vertrag zur Unterschrift hingeschoben. *Ich kann diesen Vertrag nicht unterschreiben. Ich würde es gerne tun, aber ich kann es nicht*. Nein, an diese Möglichkeit hatten wir nicht gedacht, wir glauben noch an einen schlechten Scherz. Ruhig informiert uns Monsieur V., daß er mit dem Unterschreiben dieses Vertrages dem Makler Provision zahlen müßte, dies aber nicht tun werde. Details hätten uns nicht zu interessieren, wären nicht unsere Sache. Er sei aber sicher, daß er in einigen Tagen unterschreiben könne.

Wenig damenhaft breche ich in Tränen aus, selbst Robert ist ein paar Augenblicke sprachlos. Der Makler tritt verlegen von einem Fuß auf den anderen. *Und warum ist das Grundstück nicht vermessen, warum ist es nicht eingezäunt? Möchten Sie nicht verkaufen*? Der Verkäufer murmelt etwas über *les étrangères,* und der Notar lächelt unverbindlich, zuckt die Schultern. Monsieur V. möchte nicht weiter diskutieren, er wird uns hören lassen, wann er tatsächlich unterschreiben könne. Den Handkuß beim Weggehen erspart er sich und mir. Ich lasse meine Tränen einfach fließen, das tun sie lange an diesem Mittag. Der Makler versichert uns, daß sich in ein paar Tagen alles klären würde, es täte ihm sehr leid, der Notar muß zum nächsten Termin. Draußen nieselt es aus tiefhängenden grauen Wolken, und wir beraten. Unsere Anwältin in Paris erklärt uns am Telefon, daß sie uns nicht helfen könne, denn ihr Machtbereich ende an den Grenzen der Stadt Paris. Außerdem sei morgen Feiertag, danach Wochenende. Wir sollten einen Anwalt suchen, der in unserem Bezirk akkreditiert sei.

Im Auto kommen uns die Konsequenzen der Sachlage voll zu Bewußtsein. Der Umzug, der Hausverkauf, unsere Arbeit, die Pferde, die Handwerker …, wir haben mit unseren Bestellungen übereilt gehandelt, was tun? Und plötzlich sind wir uns ohne jede Diskussion einig: *wir wollen dieses Haus nicht mehr*. Es soll offenbar nicht sein, die Hindernisse sind überwältigend. Wir kennen niemanden in Frankreich und wollen nicht einfach an der Tür irgendeines Anwalts läuten. Doch woher eine Empfehlung nehmen? Wir werden praktisch, suchen ein Immobilienbüro auf und erzählen dort ganz ehrlich unser Problem, lassen uns einen auf diesem Gebiet versierten Anwalt in Versailles empfehlen. Von der Maklerin erfahren wir, daß Monsieur V. eine regionbekannte Gestalt ist. Offenbar hat er dieses Hinhaltespiel schon beim Verkauf mehrerer Häuser gespielt und so – immer mit Hilfe desselben Notars – etliche Anzahlungen eingestreift. Denn die meisten potentiellen Käufer traten nach Monaten des Hinhaltens zurück und verloren so den Anzahlungsbetrag an ihn …

Der Anwalt in Versailles ist ein gütiger alter Herr, der uns am gleichen frühen Abend empfängt und sich für sein Land, manche seiner Landsleute, entschuldigt. Er erklärt uns geduldig, daß die Sache nicht gut für uns steht und daß Geduld nötig ist. Er schlägt vor, den in Frankreich oft eingesetzten *huissier* einzuschalten, einen Gerichtsvollzieher. Der soll gleich am Montag amtlich feststellen, ob das Haus noch bewohnt ist, ob vertragsgemäß ein Zaun errichtet, der Grund vermessen wurde. Mit diesem Bericht könne man dann beim Gericht beweisen, daß der Verkäufer nie die Absicht hatte, die Vertragspunkte einzuhalten und das Haus zu verkaufen … Das Gericht werde dann entscheiden. Doch Achtung: es gäbe in Frankreich eine Klausel, die verhindere, daß jemand zwischen dem 1. November und dem 1. Mai aus welchem Grund auch immer aus seiner derzeitigen Bleibe ausquartiert werden könne. Selbst wenn der Verkäufer den Kaufvertrag jetzt unterschreibe, niemand könne ihn vor dem 1. Mai zum Auszug bewegen. Wie dumm und naiv von uns, den vollen Kaufbetrag beim Notar zu hinterlegen. Verkäufer und Notar teilen sich die Zinsen des inzwischen angelegten Betrages, und uns sind die Hände gebunden. Enttäuscht sind wir, böse auf uns selbst und ohnmächtig gegenüber dem Verkäufer. In was für einen Schlamassel wir da geraten sind.

Nein, wir wollen das Haus nicht mehr, wir haben die Nase voll. Wir wissen, daß wir die Anzahlung verlieren, wenn wir vom Kauf zurücktreten. Es scheint uns das kleinere Übel, teures Lehrgeld. Der Anwalt soll uns helfen, unser restliches Geld zurückzuerhalten, der Verkäufer kann in seinem Haus wohnen bleiben, wenn er das offensichtlich so gerne möchte. Ein Rücktritt wird nicht einfach sein, doch mittels des *huissiers* werden wir dem Gericht beweisen, daß wichtige Vertragspunkte vom Verkäufer nicht eingehalten und die Unterschrift unter den Kaufvertrag von ihm verweigert wurde. So konstatiert der Mann amtlich, daß keine Vermessung vorgenommen worden war, kein Zaun installiert ist und daß das Haus noch stets vom Verkäufer bewohnt ist.

Kleinlaut und geschlagen kommen wir zurück in die Schweiz. Wir machen alles rückgängig, was rückgängig zu machen ist. Kein Hausverkauf, obwohl ein gut zahlender Käufer auf uns wartet. Kein Umzug, keine Arbeitsänderung, kein Tierarzt, kein Pferdetransport, keine Boxenkündigung. Jürg grinst. Wir erzählen unser Fiasko nicht im Detail, wir sprechen nur vage von einer Verschiebung unserer Pläne. Die Handwerker in Frankreich informieren wir über Probleme mit dem Verkäufer, unser Mann für alles, Jean, vertröstet alle erst mal.

## Alles Schlechte hat sein Gutes

Auf unseren Ritten besprechen wir die letzten Wochen. Aufmerksam spitzen unsere beiden Mädchen die Ohren. Seltsam, ich bin irgendwie erleichtert. So, als ob mir diese riesige Entscheidung des Auswanderns einfach von höherer Stelle aus den Händen genommen worden wäre. *Stell Dir vor*, flüstere ich Quirina beim Putzen ins Ohr. *Stell dir vor, wir wären da ganz alleine mitten im Wald gewesen, weit weg von allem Leben und Menschen, Geschäften, Büros, Restaurants und Kinos*. Ich hätte nur Robert als menschlichen Ansprechpartner gehabt. 24 Stunden ausschließliche Zweisamkeit, jeden Tag, jede Woche, jeden Monat, jedes Jahr. Bei aller Liebe – im nachhinein packt mich noch Panik. *Ihr Pferde hättet nichts als Bäume gesehen, keine Gesellschaft anderer Pferde, keine Abwechslung*. Keine Reitkollegen, keine umliegenden Beizen für einen schnellen Kaffee und ein paar Worte ... Wir sind noch einmal mit einem blauen Auge entkommen. Robert scheint ähnlich, wenn auch weniger dramatisch zu denken. Ganz nüchtern betrachtet, hätte das große Waldgrundstück einen riesigen Arbeitsaufwand erfordert, unsere Französischkenntnisse sind schwach, und der Flughafen Charles de Gaulle liegt an der anderen Seite von Paris, etwa zweieinhalb Stunden entfernt ... Freunden und der Familie gegenüber zeigen wir unseren Zwiespalt nicht so offen, das Thema wird wenig angerührt. Unsere Céline holen wir endlich bei Selma und Markus ab. Sie hat über Nacht sozusagen ihre Bestimmung als Wachhund verloren, gleichzeitig mit ihren drei Hektar Freiheit.

Denn vorerst muß sich unser 50 Kilo schweres Riesenmädchen eben in unserem Terrassenhaus eingewöhnen, und zwar ohne Gartenauslauf. Dafür mit Dakkel und zwei kampfbereiten Büsis. Célines zweites Zuhause wird mein Jeep, sie mag das Autofahren. Ich nehme sie überallhin mit, nachdem ich eine Hundeschule mit ihr besucht habe. Sie schläft im Büro, bewacht die Einkäufe in den MIGROS-Säcken, liegt in Boutiquen geduldig zwischen Kleiderständern und wartet aufmerksam vor Bücherregalen und Schaufenstern. Nur in den Stall, zu den Pferden, da zieht es sie nicht hin. Unsere beiden Pferde ignorieren die Neuangekommene. Wir versuchen, Céline an einer langen Leine mit uns auf den Ausritt zu nehmen. Doch allen Beteiligten wird schnell klar, daß dies für niemanden eine erfreuliche Sache ist. Céline läuft zwar nach anfänglichen Angstpipis brav neben Muscade her, doch nach etwa einer Viertelstunde verweigert sie weitere Dienste. Sie bleibt einfach mitten auf dem Waldweg sitzen, 50 Kilo Verweigerung und ein vorwurfsvoller Blick zu uns hinauf ... Nach einigen Versuchen geben wir auf, Céline verbringt unsere Ausritte gemütlich dösend im Jeep. Von dort hat sie einen guten Überblick über Hühner, Katzen, Schafe, Menschen, Traktoren und Pferde der Stadelmatt. Dafür liebt sie die anschließenden Spaziergänge in Gesellschaft von unserem Dackelherrn ...

Einen schneereichen Winter haben wir diesmal und sind unserem Schmied für die automatisch installierten Hufgrips dankbar. Der Schnee bleibt lange liegen, und die Ritte in der weißen Landschaft begeistern uns. Und unsere Pferde.

Sie sind voller Vorwärtsdrang und Unternehmungslust. Es dauert immer eine Weile, bis die hochgereckten Köpfe und das nervöse Tänzeln beim Hinauskommen in die kalte, klare Winterluft einem entspannten Gang Platz machen. Da der Sandauslauf jetzt meist gefroren ist, fällt auch der kurze Vormittagsfreilauf weg, und Quirina zieht nachts wieder ihre tiefen Kreise in die Einstreu. Im Stall ist es feuchtwarm, unsere Pferde sind die einzigen ohne Decke. Die Kollegen haben sich daran gewöhnt. Muscade und Quirina lieben die Galoppaden im davonstiebenden Weiß und senden weiße Atemfahnen in den klaren blauen Himmel. Selbst bei dichtem Nebel reiten wir, sehen kaum einige Meter weit, alles scheint in grauweiße Watte gepackt. Einzelne Objekte und Bäume tauchen ganz unvermittelt vor uns auf, und die Schreie der großen schwarzen Saatkrähen klagen durch die Nebelwände. Manchmal sehen wir hier unten wochenlang weder Sonne noch Himmel, der dichte Nebel liegt fest und undurchdringlich über dem Zugerland. Nach einiger Zeit legt sich uns dieser Nebel auch aufs Gemüt, in sich verschlossen und mit gesenkten Köpfen, so wie alle anderen, hasten wir vom Auto zum Büro, zum Stall, aufs Pferd. Viele stumme Ritte machen wir in dieser Nebelsuppe, jeder in seine Gedanken versunken. Geduldig trotten die Pferde unter uns, an ihren Wimpern und Barthaaren bilden sich winzige Wassertropfen, und das Fell wird feucht. Doch nur wenig weiter oben, da taucht man aus der grauen Masse wie neugeboren ins wärmende Sonnenlicht, sieht den blauen Himmel ... Die Reuss trägt manchmal Eisschollen und Eis liegt auch auf vielen Wegen. Auch in diesem Winter nimmt Robert auf der Kruppe von Muscade Reisigbündel mit in den Stall. Daran knabbern unsere Pferde dann in den Boxen. Die Stallfenster bleiben wieder geschlossen, sind oft auch befroren, so daß die Pferde keine Aussicht haben ... Eigentlich, wenn alles gut gegangen wäre, würden die beiden ja jetzt auf unserer Waldlichtung im Freien stehen, die Wintersonne in den aufgestellten Pelz scheinen lassen und frische Luft genießen. Eigentlich würden wir jetzt gemütlich im Wohnzimmer sitzen und hinaus auf unsere Pferde schauen ... Eigentlich würde Céline jetzt nach Herzenslust in unserem Wald herumtoben können – und eigentlich könnten wir jetzt nicht gemütlich nach dem Reiten beim Bützenwirt sitzen und eine supergute Rösti essen ... Wir sehen viel Wild in diesem Winter, der Herrenwald ist majestätisch verschneit, und draußen ist es unendlich ruhig. Jeder Ton ist gedämpft, die Welt ist verändert. Alle diese wunderschönen Schneeritte hätten wir ohne die Probleme mit dem Verkäufer nicht erlebt. Wie sagt man doch: alles Schlechte hat sein Gutes ... Obwohl uns dieser Winter auch ein unvergeßliches Erlebnis beschert. Wir sind auf dem Rückweg von einem Ritt durch den verschneiten Wald. Entlang des Wegs am letzten Waldstück, das schnurgerade zur schneebelegten Straße führt, haben Wanderer ein Feuer entfacht. – Ruhig passieren wir die Leute, wechseln einige Worte. Wir sind beschwingt fröhlich, die klare dünne Luft und der Schnee sind uns wohl zu Kopf gestiegen. *Komm, wir galoppieren noch ein wenig ...*

Was wie ein normaler, kontrollierter Galopp beginnt, endet durch Unachtsamkeit in Raserei. Unsere Pferde galoppieren erst nebeneinander, dann zieht Muscade mit Robert etwas vor. Ich spüre eine Veränderung in Quirinas Körper, reagiere zu spät. Ganz lang und flach wird mein Pferd, und plötzlich weiß ich, daß ich nicht mehr auf sie einwirken kann. Sie fliegt über den Schnee, berührt sie den Boden? Links und rechts rasen die den Weg säumenden Bäume als Schatten vorbei. Ich stehe in den Bügeln, halte mich in der Mähne. Ich wage nicht, sie mit einem Ruck seitwärts in die Bäume zu reißen. Ich bin sicher, sie würde das Gleichgewicht verlieren, mit mir fallen … Das keuchende Atmen der Pferde höre ich, das gedämpfte Aufsetzen der Hufe, sonst ist es gespenstisch still. Wir nähern uns schnell der Straße, wenn wir dort einbiegen und auf ein Auto treffen, ist alles vorbei … In Gedanken sehe ich eine riesigen roten Blutteich auf dem weißen Schnee der Straße. Allerlei Bilder flitzen durch meinen Kopf. Die Panik in mir ist derart groß, daß ich äußerlich ganz ruhig werde. Das war es also, denke ich. Irgendwo werden wir zu Tode stürzen, uns beide das Genick brechen. Auf dem glatten Schnee ausgleiten und fallen, in ein Auto rasen, uns überschlagen … Immer näher kommt die Straße, meine Versuche am Zügel haben Quirina noch mehr beschleunigt. Ich gebe auf. Im Kopf und im Körper. Vor uns rast Muscade als erste in die Straße, biegt nach links, Richtung Stall. Robert brüllt irgend etwas, das wie *trennen* klingt. Ich versteh nicht gleich, dann begreife ich. Er versucht, Muscade links von der Straße auf das Feld zu drücken. Ich versuche dasselbe zur rechten Seite der Straße hin, gottlob sind hier keine Gräben, gottlob ist kein Verkehr. Kaum sind wir entfernt von Muscade, die jetzt links in einen ruhigen Trab übergegangen ist, kommt Quirina fast abrupt zum Stillstand. Vorbei. Ich hatte mit dem Leben abgeschlossen, kann es noch nicht begreifen. Es ist vorbei. Wir stehen. Weiß und still liegt die Landschaft um uns herum, grauer Nebel hüllt uns ein. Muscade und Robert kommen im Schritt zu uns herüber. Ein Auto fährt langsam auf der schneeglatten Straße an uns vorbei, neugierig betrachtet uns der Fahrer. Nur ein wenig früher, und wir hätten ihn in unsere Katastrophe miteinbezogen … Mein ganzer Körper schüttelt und zittert, meine Beine zucken, meine feuchten Hände, meine Schultern.

Das Zittern dauert noch einige Minuten, Robert beruhigt mich. Doch auch er ist noch blaß, muß tief durchatmen. Knapp sind wir einem Desaster entkommen, das wissen wir beide. Wortlos bringen wir die wenigen hundert Meter zum Stall im Schritt hinter uns. Die Pferde keuchen, sind naßgeschwitzt. So wie wir. Beim

Absteigen merke ich erst, wie wacklig meine Knie noch immer sind. Nach dem Trocknen der Pferde erzählen wir den Stallkollegen von unserem Erlebnis. Irgend jemand ist immer in Stall oder Sattelkammer, mit dem man Erfahrungen austauschen kann. Wir haben wieder etwas gelernt, hoffen wir. Die anderen nikken, es hatte wohl jeder von ihnen schon eine ähnlich beeindruckende Erfahrung … Die nächsten Tage vermeide ich Galopps, erst langsam fasse ich wieder Vertrauen zu meiner Quirina. Die Dressurstunden unter Evas sachkundiger Leitung finden jetzt im Winter wegen des oft gefrorenen Reitplatzes unregelmäßig statt. Ganz kleine Fortschritte machen wir weiterhin, gehorsam reagiert Quirina auf meine Hilfen. Manchmal üben wir auch alleine, nur für uns. Nie hätte ich gedacht, am Reiten im Dressurviereck soviel Freude zu haben. *Du mußt wieder mit Martingal reiten*, rät mir Eva energisch. *Die Pferde sind euch nur durchgegangen, weil ihr das Martingal nicht mehr verwendet.* Brav schnallen wir also unseren beiden Pferden wieder den Martingalriemen um. Wenn's hilft …

## Nochmaliger Anlauf

Wir stehen natürlich in Verbindung mit unserem neuen Anwalt in Versailles. Den ersten einer ganzen Reihe von Honorarschecks hat er bereits erhalten. Post aus Frankreich ist für uns zum Schrecken geworden, denn die Nachrichten sind nicht gut. Der Verkäufer hatte sofort den Spieß umgedreht, als ihm von unserem Anwalt vorgeschlagen wurde, den Kaufvertrag als null und nichtig für beide Parteien zu betrachten. Er hat gegen uns Klage eingereicht, weil wir vom Vertrag zurücktreten wollen. *La voilà.* Wenn wir nicht unser gesamtes Geld verlieren wollen, müssen wir also kaufen … Angst packt mich, besonders mich. Alle die in Quirinas Ohr geflüsterten, an die Wand gemalten Teufel feiern fröhliche Auferstehung. Werden wir jetzt also doch ganz alleine mitten im Wald sitzen? Doch ein strategischer Gegenangriff unsererseits ist nötig. Wir fordern per Gerichtsvollzieher den Verkäufer endgültig – mit letztem Datum – zum Unterschreiben des Kaufvertrags auf. Geben damit deutlich unseren weiteren Kaufwillen kund. Und nach wochenlangem Schriftwechsel der Anwälte ist es dann soweit.

März. Nochmals reisen wir nach Frankreich, nochmals sind wir beim Notar und nochmals werden wir mit unserer Ohnmacht gegenüber den französischen Gesetzen konfrontiert. Der Verkäufer unterschreibt zwar wie wir den Kaufvertrag, übergibt uns jedoch nicht die Schlüssel des Hauses. Sein süffisantes Lächeln wechselt sich mit asthmatischem Keuchen ab. Er habe keine andere Wohnmöglichkeit und werde so vorerst noch in unserem Haus wohnen bleiben. Er werde uns von seinem Auszug benachrichtigen. Schwer zu beschreiben, welche Gefühle uns durchziehen. Schwer zu erklären, wie man in dieser Situation ruhig bleiben kann. Ganz klein und machtlos fühlen wir uns, wie zu Unrecht bestrafte, naive Kinder. Nach dem ersten Schock ergreifen wir unter der weisen Führung unseres väterlichen Anwalts Gegenmaßnahmen. Wir nennen nun zwar gesetzlich ein Haus in Frankreich unser eigen, können es jedoch nicht beziehen … Viel später lernen wir, daß Fälle dieser Art in Frankreich zum Alltag gehören und daß in diesen Situationen auch Gewalttaten nicht ungewöhnlich sind. Der Verkäufer hat uns zahme Wahlschweizer wohl richtig als ungefährlich in dieser Hinsicht eingestuft …

Wir hatten einige Male mit dem Verkäufer an seiner Pariser Adresse korrespondiert. Er wohnt dort offenbar bei seiner Freundin. Es gibt keine Meldepflicht in Frankreich. Die genaue Nachfrage des Gerichtsvollziehers bei der Concierge bestätigt amtlich, daß Monsieur V. tatsächlich in Paris wohnt, also entgegen seiner Behauptung eine zweite Wohnmöglichkeit besitzt. Wieder werden die Gerichte bemüht, endlich erlangen wir ein definitives, rechtskräftiges, nicht anfechtbares Urteil. Am 30. April muß das Haus leerstehen, jeder weitere Tag in unserem Haus würde Monsieur V. eine empfindliche tägliche Geldstrafe kosten. Und nach zehn Tagen würde er polizeilich aus dem Haus entfernt werden. Doch unsere Erleichterung hält sich in Grenzen, wir haben viel gelernt in den letzten Monaten. Die Geldstrafe müßte erst einmal eingefordert, der Polizeiapparat in Bewegung gesetzt werden. Alles eine Frage von Wochen, wenn nicht Monaten.

Was für Vorzeichen. Was für Probleme, die uns alle zu sagen scheinen: laßt die Finger davon. Doch wir können nun nicht mehr zurück, werden vom Gang der Dinge einfach mitgenommen. Zwar überlegen wir kurz, das Haus einfach weiterzuverkaufen. Doch dafür müßten wir ein bis zwei Jahre rechnen, in denen unser Geld gebunden wäre. Ein leerstehendes Haus verkauft sich schlecht und rächt sich durch allerlei anfallende Reparaturen. Und auf dem Immobilienmarkt sind die Preise noch immer im Sinken begriffen …

## Wir wandern aus

Wir wandern also doch aus. Endgültig, und zwar am 7. Juli. So haben wir zwischen dem 1. Mai und dem Tag unserer Ankunft einige Wochen, um diverse Arbeiten ausführen zu lassen, die Pferdeboxen können fertig installiert werden. Jean wird in Frankreich das Zepter über die diversen Handwerker schwingen. Wir verständigen den Möbeltransporteur, den Tierarzt, den Pferdetransporteur, die Handwerker in Frankreich, regeln das Berufliche, sprechen mit dem Schweizer Makler. Der Immobilienmarkt ist eingefallen, keine Käufer in Sicht, die Preise sind seit letztem Herbst empfindlich gesunken. Jürg schüttelt ungläubig den Kopf, unsere Freunde, Bekannten und die Familie tun das auch. Sogar unsere Reitkollegen sind deutlich skeptisch. *Mutig seid ihr, nach all diesen schlechten Vorzeichen doch wegzugehen* ... Unsere Pferde sehen der nächsten Weidesaison entgegen, schon füttert Jürg jeden Tag etwas frisch gemähtes Gras zu, die Weidesaison wird bald wieder eröffnet. Den Großteil dieser neuen Weidesaison werden unsere Pferde in der neuen Heimat, in Freiheit verbringen ...

Mitte April erhalten wir einen Brief aus Mittainville. Höflich, in blumigem Französisch, fragt uns Monsieur V., ob er wohl bis zum 1. Oktober im Haus wohnen könne. Ich rege mich über diese Chuzpe auf, Robert beruhigt mich. Ja, wir haben wenig Probleme miteinander in diesen Monaten, denn wir haben draußen sozusagen einen gemeinsamen Feind ... In weniger gutem Französisch, aber sehr höflich, teilen wir ihm mit, daß wir unser Gästezimmer nicht vermieten und im übrigen auf den Gerichtsbeschluß verweisen.

Für die Übernahme des Hauses verabreden wir uns mit holländischen Freunden in Mittainville. Diesmal wollen wir nicht mutterseelenallein etwaigen Problemen gegenüberstehen. Am Vormittag des 30. April, einem Freitag, treffen wir in Gesellschaft von Hinne und Wilma sowie eines Gerichtsvollziehers (wir haben gelernt, daß alles amtlich festgestellt werden muß) vor unserem Haus ein. Es ist nicht leer. Nur die Anwesenheit der Amtsperson hält Monsieur V. offenbar davon ab, uns vom Grundstück zu werfen. Das Haus selbst läßt er uns nicht betreten, er stößt uns nach unserem Anklopfen von der Schwelle. Gut, daß wir seine französischen Flüche nicht verstehen. Aus dem händeküssenden Pariser Gentleman ist ein wutverzerrter, ungepflegter alter Mann geworden. *Das ist noch immer mein Haus, verschwinden Sie*, brüllt er uns nach. Doch er ist anscheinend am Ausziehen, ein Möbelwagen trifft ein. Der Gerichtsvollzieher tut seine Pflicht und konstatiert die Sachlage. Als wir am Nachmittag wiederkehren, ist das Haus verschlossen, die Fensterläden sind versperrt. Entgegen der Vereinbarung wurden die Schlüssel offenbar nicht in der Notariatskanzlei abgegeben. Man weiß dort schlicht von nichts. Diese Runde geht wieder an unseren schlauen Monsieur V... Da stehen wir nun vor unserem finanziell und nervlich teuer erkämpften neuen Heim, mitten im Wald, und können es nicht betreten.

Ein *Jetzt erst recht* packt uns, unser Kampfgeist ist neu erwacht. Die kleinen Dinge des Lebens erweisen sich hier als schwierig. In zehn Kilometer Umkreis eine funktionierende Telefonzelle finden, zerrissene Telefonbücher entziffern, Telefonbenutzung nur mit Wertkarte, die man nicht besitzt. Wo kauft man hier in den verlassenen Dörfern eine Telefonwertkarte? Aufsperrdienste gibt es offenbar nicht. Der mit Mühe in einem kleinen Dorf aufgetriebene Schlosser weigert sich, uns Ausländern ein französisches Haus aufzubrechen. Die vorgezeigten Amtspapiere beeindrucken ihn nicht. Papier ist geduldig, besonders hier in Frankreich. Der Gerichtsvollzieher ist bereits im Wochenende, kann nicht erreicht werden. Die Sekretärin des Notars informiert uns schließlich, daß die Schlüssel sich direkt beim Herrn Notar befänden. Der sei jedoch über das Wochenende in die Bretagne gefahren. Am Montagmorgen könnten wir dann die Schlüssel gerne holen. Gut ausgedacht von Monsieur V. – Strafe muß er nicht zahlen, da er fast termingerecht ausgezogen ist. Dennoch hat er die Genugtuung zu wissen, daß wir weitere zwei Tage nicht ins Haus können …

Wir greifen zwar nicht zur Brachialgewalt, doch wir tun einen verzweifelten Schritt, der uns in der Schweiz niemals in den Sinn gekommen wäre. Der aber von den Franzosen offenbar verstanden wird und den gewünschten Erfolg hat. Ob sie deshalb so viele Proteste und Streiks in diesem Land haben? Wir besetzen mit unseren Freunden die Notariatskanzlei, weigern uns, von dort vor dem Erhalt unserer Schlüssel wegzugehen. Unser Freund Hinne scheint die Damen zu beeindrucken, er ragt mit seinen kräftigen zwei Metern Körpergröße weit über jeden Durchschnittsfranzosen. Ob es wirklich das war, was geholfen hat? Mir ist die Sache zwar nicht geheuer, doch nach zwei langen Stunden in der Kanzlei erscheint tatsächlich der Assistent des Notars. Mit hochrotem Kopf und mit unseren Schlüsseln … Viele Monate später lesen wir in der Zeitung, daß eben dieser Notar verhaftet wurde wegen unsauberer Geschäfte; heute noch im Gefängnis sitzt. Die Schlüsselsache war wohl der letzte Freundesdienst an seinen Kumpel, Monsieur V. in dieser Angelegenheit.

Das Grundstück ist zwar nicht vermessen, nicht eingezäunt und der Keller voll von Bauschutt, alten Möbeln und Abfall – doch wir haben endlich unser neues Heim. Feierlich gehen wir durch alle Räume, inspizieren alles nochmals. Wie zu erwarten war, hat uns Monsieur V. einige unnötige Souvenirs hinterlassen. Kabel ragen aus den Wänden, entgegen der Vertragsbestimmungen fehlt die gesamte Kücheneinrichtung, Löcher klaffen in der Wandbespannung aus Stoff … Jean steht klar, grinst uns aufmunternd zu. *Pas de problème*, alles wird gut. Zurück in der Schweiz, wird uns bewußt, daß es nun, ein Jahr nach unserer Kaufentscheidung, tatsächlich Ernst wird mit dem Umzug. Diese letzten Wochen werden hektisch, sind gefüllt mit Dingen, die wir auf langen Listen abhaken. Die Pferde werden tierärztlich versorgt, die Kartons für den Umzug sind geliefert. Systematisch beginnt das Einpacken, das Ausmustern, das Ordnen. Der alte Elan ist wieder da, die Abenteuerlust, die Neugier und die Freude auf das Neue. Schön wird das sein, einmal nicht überall nur Bauernhäuser zu sehen, denke ich auf meinen Fahrten in den Stall. Es wird nicht mehr so ländlich sein, wie hier um Zug herum. Keine Bauern, die gegen freilaufende Hunde wettern, keine Traktoren, kein Düngergeruch in der Luft. Keine Vorschriften für jedes kleine Detail, einfach Freiheit haben wir vor uns. Ein bißchen mitleidig schaue ich den Zurückbleibenden ins Gesicht. Für sie alle geht das Leben hier einfach in seinem gewohnten Gang weiter. Für uns beginnt ein neues Leben. Ein neues Leben in Frankreich.

## Patrouillenritt

Robert will in der Stadelmatt noch einen Patrouillenritt mit anschließendem Geschicklichkeitswettbewerb zu Pferd organisieren. Die Arbeiten dazu laufen gleich nach unserer Rückkehr aus Frankreich an. Auf unseren Ritten legt Robert die Strecke fest, denkt sich Aufgaben aus, notiert Erkennungspunkte. In- und auswendig kennen wir bald die festgelegten Routen, die Robert noch einige Male mit dem Kompaß abreitet. Dutzende Male bleiben wir in diesen Tagen auf unseren Ritten stehen, notieren, suchen, beginnen neu. Quirina und Muscade gewöhnen sich bald ans Stillstehen, manchmal dürfen sie, wenn's zu lange dauert, etwas grasen. Oder Blätter von Sträuchern ringsum zupfen. Die Teilnehmer des Rittes können wählen zwischen einer Streckenbeschreibung durch Kompaßangaben oder durch Erkennungspunkte entlang des Wegs. Rechts abbiegen bei *vier roten Herzen links* beschreibt so beispielsweise ein Bauernhaus mit vier geschnitzten Herzen in den Fensterläden … Eine längere und eine kürzere Variante kann gewählt werden. Unser Vorhaben muß bekanntgemacht, Teilnehmer gefunden werden. Vieles geht mit Mundpropaganda, wir verteilen Anmeldungsformulare auch bei umliegenden Reitbetrieben und Bauern. Sieger- und Teilnahmeplaketten werden bestellt, eine Jury muß ausgewählt werden. Jürg hatte unserem Vorschlag begeistert zugestimmt, sein Hof wird der Sammelplatz für alle Teilnehmer, und der Geschicklichkeitsparcours findet auf dem Reitplatz statt. Essen, Getränke und Preise werden von den Teilnahmegebühren der Reiter bezahlt. Die Würste liefert der Metzger aus der früheren Donnerstagvormittag-Reitrunde, der reitende Bäcker das Brot, Kuchen bringen die weiblichen Teilnehmer, Getränke besorgt Jürg. Alle Stallkollegen haben sich zur Teilnahme angemeldet, schon Tage vorher witzeln sie gutgelaunt über den Überraschungsritt. Eigentlich schade, daß wir durch die Organisation nicht selbst teilnehmen können …

Alles stimmt an diesem Samstag. Wir haben mehr Teilnehmer als erwartet, und in letzter Minute müssen wir bei den lokalen Pfadfinderorganisationen Kompässe ausleihen. Viele haben sich fürs Reiten mit Kompaß entschieden, und sich, wie sich zeigt, mit dieser Wahl etwas übernommen … Kompaßlesen ist offenbar so einfach nicht, wenn man es seit Kindheitstagen nicht geübt hat. Einige Teilnehmer brummen dann über den schweren Parcours, meist sind es Turnierreiter aus den umliegenden Reitställen. Sie sind mit ihren Transportern schon früh am Hof und nehmen die Sache ernst. Demzufolge entscheiden sie sich meist auch für die lange Strecke und die Kompaßorientierung. Die gestellten Aufgaben sind vielfältig und erfordern manchmal Geschicklichkeit. So muß beispielsweise mittels eines Plastiksäckchens Wasser aus einem naheliegenden Bach mitgebracht werden, vom Rüeblibauern ein Rüebli, von irgendwo unterwegs ein Apfel … Und eine Liste mit Fragen rund ums Pferd muß ausgefüllt werden … *Wieviel Liter Blut hat ein Pferd, wieviel Wasser trinkt es per Tag, welche Pflanzen sind giftig*? Gewissenhaft werden die Tabellen mit den Ergebnissen der Zurückkommenden eingefüllt, Punkte werden verteilt, abgezogen.

Auf dem Sandplatz haben wir einen Geschicklichkeitsparcours installiert, bunte Luftballons tanzen rings um den Platz. Nasse Wäsche muß aufgehängt werden, Hufeisen um Stöcke geworfen, niedrige Tore durchritten, vom Pferd aus geöffnet und geschlossen werden. Wir haben auch einige Straßenbauutensilien ausgeliehen, Verkehrshüte im Slalom aufgestellt und rotweiße Absperrbänder installiert. Die Isländer vom benachbarten Offenstall glänzen mit ihren Reitern in diesem Parcours, fast alle erledigen die gestellten Aufgaben fehlerfrei und gelassen. Doch bei einigen der Turnierreiter sieht das anders aus. Viele Pferde tänzeln nervös, schnauben aufgeregt gegen Luftballons und bunte Hindernisse. Die kleinen, stämmigen Isis hingegen grasen gemütlich vor und nach dem Start auf den umliegenden Weiden und verstehen das nervöse Getue ihrer Kollegen sichtlich nicht. Auf Holzbänken sitzen wir dann entlang der langen Holztische, die im Hof aufgestellt wurden, essen, trinken, diskutieren, lachen. Wir lernen neue Leute kennen, Erfahrungen werden ausgetauscht. Besonders die Besitzer der Isländer scheinen uns offen und herzlich. Rundherum warten geduldig die Pferde der Teilnehmer, Jürg hat großzügig für Heu gesorgt. Einige Bewohner der Stadelmatt und alle da lebenden Kinder haben sich eingefunden, es wird gefestet. Schade, daß wir auswandern. Hätten wir gerne wiederholt, so eine Zusammenkunft …

# Langer Abschied

Natürlich versuchen wir, noch möglichst jeden Tag zu reiten. Alle Wege der vergangenen Jahre klappern wir ab. Und manchmal regt sich da so ein komisches Gefühl im Bauch, das ich schnell wieder verdränge. Schwer vorzustellen, daß wir nie mehr am Schießplatz vorbeireiten werden, wo Schweizer Männer zu bestimmten Zeiten ihre Treffübungen absolvieren und das laute Knallen uns an Krieg erinnert. Daß wir nie mehr diese gutgenährten Ponys mit fliegenden Mähnen den steilen Hang hinunterflitzen sehen, wenn wir gerade die Straße passieren, nie mehr durch diesen Bach waten … *Jede Menge Neues wird's geben*, trösten wir uns, *neue Wege, neue Erfahrungen, Erlebnisse* … Als wir eines Tages einen sanft ansteigenden Hohlweg entlang im Schritt gehen, kommt uns ein Traktor mit Anhänger entgegen. Nichts Ungewöhnliches, fast jeder Ritt hier bringt uns Begegnungen mit Bauern. Wir haben gelernt, deren Arbeiten den Jahreszeiten zuzuordnen, wir wissen, wann gedüngt werden darf und welche Ernten fällig sind. Beregnungsanlagen passieren wir, Mähdrescher, Pflüge- und Saatmaschinen, unsere Pferde schreckt das kaum. Nur die unheimlichen, stinkenden Düngemaschinen und die riesigen Monster zur Maisernte scheinen ihnen furchterregend. Und wenn wir am Wegrand reiten und ein Traktor mit Anhänger ratternd an uns vorbeifährt, dann gibt's schon mal einen entsetzten kleinen Hopser zur Seite. Die meisten Bauern grinsen dann, sieht wahrscheinlich lustiger aus, als es ist. Das Gefährt vor uns hat klappernde leere Milchkannen geladen und kommt in schneller Fahrt auf uns zu. Zwar bleiben die Bauern hier nicht stehen, um Pferden Platz zu machen, doch bisher hatten wir keine schlechten Erfahrungen. Jeder verlangsamte die Fahrt, ließ uns Zeit zum Ausweichen, erwiderte unseren Gruß. Denn vor allem zu Pferd grüßen wir prinzipiell immer. Fußgänger passieren wir nur im Schritt und machen uns rechtzeitig bemerkbar, wenn wir von hinten kommen. Viele Leute scheinen über den Anblick von Pferden erfreut, ein *gruezi wohl* zumindest wird uns immer erwidert. Ich bin dazu übergegangen, meine Quirina so auf Herannahende aufmerksam zu machen. *Paß auf , ein Gruezi kommt*, und schon stellt sie die Ohren hoch und wird aufmerksam …

Der ratternde, schnell herankommende Traktor verlangsamt die Fahrt jedoch nicht, jetzt können wir auf dem Fahrersitz schon einen grinsenden Jüngling erkennen, dem die Sache deutlich Spaß macht. Da wir in einem Hohlweg sind, können wir nicht einfach zur Seite in den Wald ausweichen. Links und rechts von uns ist eine meterhohe Erdwand, der Weg selbst gerade traktorbreit. Haben wir nicht vor wenigen Metern rechts einen abzweigenden Weg gesehen? Unsere Pferde sind wegen des herannahenden Lärms nervös, wir auch. Alle diese Überlegungen geschehen blitzschnell, rasch wenden wir, traben hastig zurück, nun ganz nah verfolgt von dem Traktor. Endlich biegen wir in den Waldweg, und da rattert auch schon das Gefährt in wilder Fahrt vorbei … Robert flucht, und ich bin erst mal wortlos. Der Schreck sitzt mir noch in den Gliedern, langsam beruhigen wir uns. *Gut, daß wir von hier weggehen*, sagt mein Mann, *siehst du, wie unfreundlich die Schweizer sind*? Ich weiß, er hat in gewissem Sinn recht. Erst am Vortag hatten wir uns den Zorn eines Stadelmatter Bauern zugezogen. Wir waren nach dem Reiten mit Céline an die Reuss spaziert, und sie hatte sich in einem Kornfeld niedergehockt, um ihr Pipi zu verrichten. Der Bauer war auf seinem Velo vorbeigekommen und hatte uns wüst beschimpft: unser Hund würde seine Ernte vernichten, gehöre an die Leine … Mit roten Köpfen standen wir da und zeigten ihm das prall gefüllte schwarze Säckli, das wir trugen. Kot von Céline, vor wenigen Minuten an anderer Stelle ordnungsgemäß mittels Robidog aufgenommen … *Auch Urin vernichtet das Korn*, erfuhren wir und beendeten den Spaziergang etwas gedrückt. Wo die Bauern doch ausgerechnet hier die Gülle aus den umliegenden Ganzjahresställen recht freizügig über die Felder verteilen. Auch nach den regelmäßigen Antibiotikakuren für die im dunklen Stall gemästeten Kälber … In diesen letzten Wochen scheinen wir unangenehme Zwischenfälle dieser Art anzuziehen, ob sie uns das Weggehen erleichtern sollen? Zweifellos machen sie uns den Abschied von der idyllischen Innerschweiz leichter …

Bei der Heimkehr von einem längeren Ritt, knapp vor den ersten Häusern der Stadelmatt, sehen wir einen Traktor mit einer Egge quer über dem Feldweg stehen. Ein Bauer und sein kleiner Sohn, Nachbarn von Jürg, hantieren am Gefährt: Wir kommen näher, bleiben in sicherer Entfernung stehen und grüßen. Die beiden haben anscheinend ein Problem, wir verstehen bald, warum. Der Bauer gibt seinem etwa zehnjährigen Sohn offenbar Unterricht im Eggen und erklärt ihm die Technik des Wendens. Wir können nicht nach rechts ausweichen, da sich dort eine elektrodrahtbezäunte Kuhweide befindet. Geduldig warten wir einige Minuten, bis das Gefährt sich wieder im Acker befindet, stolz sitzt der kleine Knirps am Steuer. Vorsichtig gehen wir im Schritt vorbei. Obwohl unsere Pferde ja Zeit hatten, sich die gefährliche Sache in Ruhe anzusehen. Robert reitet vor mir. Wie war das noch? Beim Passieren eines für das Pferd furchterregenden Gegenstandes den Kopf oder das Hinterteil des Tieres in Richtung der Gefahr wenden? Ich entscheide mich für den Kopf, Quirina soll sich die Sache anschauen. So tänzeln wir schnaubend vorbei, und als wir eben etwa auf der Höhe des Traktors sind, legt der Junge – wohl irrtümlich – den Rückwärtsgang ein. Die Egge macht scheppernd einen Satz nach hinten, Quirina nach hinten rechts, direkt in den Elektrodraht. Was genau passiert, weiß ich nicht, es geht zu schnell. Ich finde mich jedenfalls auf der Kuhweide liegend wieder, Quirina trabt aufgeregt zwischen den erschrockenen Kühen, und Robert steht mit Muscade auf dem Weg ... Mein Pferd läßt sich leicht einfangen, der Bauer meint grinsend, *das sei schon blöd gegangen,* und ich bin froh um meine heilen Knochen. Das war der vierte Sturz von Quirina, aller guten Dinge sind drei, sagt man doch ...

Zuhause packe ich jeden Tag einige Kartons, sortiere, mustere aus, trenne mich von manchen Dingen. Mit schwerem Herzen, ich bin eine Sammlerin. *Das könnte man doch noch eventuell für etwas gebrauchen* ... Das Ganze muß auch wieder ausgepackt werden, also reiße ich mich zusammen. Was für Unmengen von Büchern ich habe ... von Kleidungsstücken gar nicht zu reden. Im neuen Zuhause werden keine Staubfänger mehr aufgestellt, verspreche ich mir. Alles wird pflegeleicht und ganz einfach. Das Silberzeug, das Silberbesteck, Stolz meiner ersten Ehejahre, kann in Zukunft meinetwegen in dunklen Laden gemütlich schwarz anlaufen, es wird mich nicht mehr ärgern. *Ein Umzug kostet euch zehn Jahre eures Lebens*, hatten uns Freunde gewarnt. Ich beginne, ihnen zu glauben. Die Katzen, Old Shatterhand und Céline hingegen finden die Kartons recht interessant. Noch stehen sie erst in zwei Zimmern, bald werden sie in jedem Raum ihren Platz einnehmen. Die Arbeit im Büro scheint nun fast Erholung, zumindest sitzt man relativ bequem und muß sich nicht ständig bücken ... Das Bürogebäude steht am Ende einer Sackgasse, gleich dahinter liegen Wiesen, Felder und ein Wäldchen. Eine schmale Betonstraße schlängelt sich nur für Anrainer durch, und auf ihr gehen wir mit unseren Hunden nach Büroschluß öfter spazieren. Diesmal treffen wir wieder auf zwei Frauen, die ebenfalls mit ihren Hunden unterwegs sind, wir plaudern ein wenig, fallen in Schritt. Die vier Hunde laufen frei etwa drei Meter vor uns, sie kennen sich, schnüffeln am Wegrand und bleiben in unserer Nähe. Unser kleiner Dackelmann Old Shatterhand fühlt sich unter so vielen großen Hunden außerordentlich wohl, er übernimmt stets gleich die Chefrolle. Von fern hören wir das Motorengeräusch eines Traktors, das rasch näher kommt, wir sehen uns um. Gespenstisch scheint sich unser Erlebnis zu Pferd zu wiederholen. Denn der heranrumpelnde Traktorfahrer nimmt die Geschwindigkeit nicht zurück, fährt voll mit etwa 60 Stundenkilometern auf unsere kleine Gruppe zu. Grimmig schaut er drein, das sehe ich noch. Denn wir rufen unsere Hunde an unsere Seite, müssen aber fast gleichzeitig zum Wegrand springen, denn da ist der Traktor schon auf unserer Höhe. Die Hunde stieben auseinander, der Traktor touchiert den Schäferhund einer der Frauen. Fährt mit voller Geschwindigkeit weiter, ohne sich umzusehen ... Der Hund war zur Seite geschleudert worden, seine Besitzerin kniet neben ihm, und Robert rennt in ohnmächtiger Wut noch einige Schritte hinter dem Traktor her. Hat natürlich keinen

Sinn. Gottlob scheint dem Hund nichts zu fehlen, er steht bald wieder auf den Beinen, schüttelt sich. Er ist wohl mit dem Schock davongekommen. Wir auch. Ganz ruhig sind wir geworden, fassungslos, sprachlos. *Warum nur*? Wir sind uns keiner Verfehlung bewußt, die den offensichtlichen Zorn dieses Bauern heraufbeschwören hätte können. Die Hunde liefen brav vor uns auf der Straße, nicht auf den Wiesen. Robert fährt wenig später dem Traktor nach, findet ihn am nächsten freiliegenden Bauernhof geparkt. Mein Mann meint, man könne diese Sache nicht einfach so auf sich beruhen lassen. Das nächste Mal könne die Angelegenheit weniger glimpflich ausgehen. Ich weiß, er hat recht. Wir versuchen, mit dem Mann zu reden, er schweigt uns zornig an und flucht dann im Weggehen herzhaft. Mein Bild von der friedlichen, gemütlichen Schweiz gerät arg ins Wanken. Hatte ich alle diese Jahre nur gesehen, was ich sehen wollte?

Diesmal sind die aus Frankreich eintreffenden Nachrichten beruhigend, alles scheint zu klappen. Doch müssen wir nochmals für zwei Tage anreisen, es gibt offenbar Probleme mit Strom und Telefon ...Wie sich dann an Ort und Stelle herausstellt, hatte Monsieur V. das Telefon weder abgemeldet noch, wie vereinbart, auf unseren Namen übertragen. Er hatte es simpel als ruhend gemeldet. Das bedeutet, daß wir den Anschluß nicht übernehmen können. Mit Hilfe der Kopie des Kaufvertrags (auf das Original warten wir dann Monate) und des Gerichtsvollziehers klappt es nach zwei Tagen Verhandlungen dann endlich. Voila, eine Person kennen wir in der neuen Heimat schon recht gut: den Gerichtsvollzieher. Ob das so weitergeht? Wir lösen das Problem mit den Elektrizitätswerken und regeln noch einige Details mit Handwerkern, bevor wir wieder heimzu fahren. Unwirklich scheint es, bald in die entgegengesetzte Richtung heim zu fahren ...

Ende Juni ist es, heiß und wunderschönes Zugerseewetter. Doch unser geliebtes Boot ist verkauft, und freie Zeit ist ohnehin knapp geworden. Die Pferde stehen seit Wochen jeden Vormittag auf den Stadelmatter Weiden und werden jeweils gegen Mittag derart von Fliegen geplagt, daß sie am Weidetor gedrängt auf die Rückkehr in den kühlen, fliegenfreien Stall warten. Immer kürzer werden unsere meist abendlichen Ausritte. Immer länger werden meine Listen, was noch zu tun ist, zu besorgen, zu erledigen, einzukaufen. Nochmals zum Hausarzt, bei unserer Stammapotheke den Medikamentenschrank ergänzen, noch ein paar deutschsprachige Bücher auf Vorrat aussuchen ... Deutsch- oder englischsprachige Bücher gibt es in französischen Provinzstädten kaum. Man muß dafür nach Paris. Das vielsprachige Zuger Angebot an Zeitungen, Zeitschriften und Büchern an Kiosken und in den Läden werde ich bald vermissen. Die Vielfalt der Sprachen gibt mir den Eindruck von Toleranz, von Offenheit und Weite ... Alle Bekannten wissen von unserer Abreise, manche beneiden uns. *Die Schweiz wird eng, für alles gibt es Vorschriften, man hat keine Freiheit mehr, jeder beobachtet jeden, alles ist teuer, jeder ist verkrampft und denkt nur ans Geld, keiner weiß das Leben zu genießen …* Das sagen die einen, alles geborene Schweizer und alle mit einer gewissen Sehnsucht nach Freiheit und Weite. Die anderen sind kritischer, sie hören wir nicht so gern. Von sozialer Unruhe in Frankreich reden sie, von Streiks, Arbeitslosen und von absoluter Unzuverlässigkeit und Gleichgültigkeit anderen gegenüber, von Mangel an Qualität … Und von einem gewissen Nachhinken hinter aktuellen Fragen zum Umweltbewußtsein. *La grande nation*, technologischer Vorreiter, Schöpfer von Weltraumraketen und Hochgeschwindigkeitszügen, soll irgendwo nachhinken? Wir hören geduldig allen zu, *wir werden ja sehen*, denken wir.

Wir dürfen unsere Schweizer Aufenthaltsbewilligungen einige Zeit ruhen lassen, teilt man uns inzwischen amtlicherseits auf unseren Antrag hin mit. Beide haben wir die sogenannte C-Bewilligung, die nicht jährlich erneuert werden muß, sondern zehn Jahre gültig ist. Wir dürfen in der Schweiz leben und arbeiten, die nächste Stufe wäre die Erlangung der Staatsbürgerschaft. Verlieren wollen wir diese Bewilligung eigentlich nicht, zu lange haben wir darauf gewartet, dafür gearbeitet und etliche Batzen Steuern bezahlt. Und man weiß ja nie, vielleicht gefällt es uns in Frankreich ganz und gar nicht? Unsere Stallkollegen überraschen uns an unserem letzten Stadelmatter Wochenende mit einem Abschiedsfest. Sie haben zu einem feinen Buffet zusammengesteuert, Tische und Bänke sind im Hof aufgestellt und alle sind vollzählig versammelt. Ich muß ein paar Mal schlucken, wir haben diese offizielle Verabschiedung gar nicht erwartet und sind davon überwältigt. Jürg ist mit der gesamten Familie gekommen, lange sitzen wir alle beisammen, diskutieren, erzählen, lachen. Wir necken uns untereinander, jeder kennt die kleinen Eigenheiten des Kollegen. Oder die seines Pferdes. Die kulturell interessierten Stallkollegen geraten ins Schwärmen: *so nahe bei Paris, da werdet ihr alle Museen, Galerien, Theaterstücke besuchen können. Auf den Champs d' Elysées flanieren und durch die Glaswände der Brasserien und Bistros das pulsierende Leben vorbeiziehen sehen …* Wir nicken und sind selbst ganz beeindruckt von all den Möglichkeiten, die vor uns liegen. Alle stoßen mit guten Wünschen mit uns an, auf unser neues Leben in Frankreich. Wir versprechen, aus dem neuen Zuhause regelmäßig zu berichten, und wir wiederholen eindringlich die Einladung an alle, uns doch besuchen zu kommen. Und alle sagen zu. *Ihr werdet sehen, wir kommen wirklich …*

## Es ist so weit

Die letzte Woche vergeht wie im Flug mit Packen, Organisieren, Putzen, Verabschieden. Jeder Karton ist groß und deutlich mit Inhalt und Bestimmungsraum beschriftet, 80 davon stehen zum Verladen bereit. Die bestellten weißen Elektrobänder und PVC-Zaunpfähle für den Paddock treffen ein. Zwei Schubkarren, Mistgabeln und Schaufeln werden geliefert, Robert ergänzt seine Werkzeuge. Wir wollen solides, verläßliches Schweizer Arbeitsmaterial und nicht erst in Frankreich Zeit mit der Suche nach Dingen verlieren. Ich kaufe auf Vorrat Bücher, die sich vor allem mit der Haltung von Pferden, mit Waldpflege, sogar mit Ziegen- und Hühnerhaltung beschäftigen. Man weiß ja nie … Jürg wird uns einen Sack Pferdefutter mitgeben, damit wir die Umstellung der Tiere schrittweise vollziehen können. Wo und wie werden wir in der neuen Heimat gutes Pferdefutter finden? *Ich werde sie schon vermissen, eure beiden*, sagt Jürg etwas scheu. Ordentliche Transportgamaschen, Panikhaken und allerlei kleines Zeug müssen wir noch für unsere Pferde kaufen und dafür ein letztes Mal bei Sylvia reinschauen. Ihr vollgeräumtes Pferdefachgeschäft haben wir in den letzten Jahren oft besucht, mein Konto hat darunter gelitten …

Gleich hinter dem Verkaufsraum liegt der Treff aller Pferdeleute der Umgebung. In einem Zimmer, das Werkstatt, Lager, Ankleideraum und vor allem gemütliche Beiz mit stets frischem Kaffee ist. Den kann man sich selbst zubereiten, und meist erbarmt sich auch einer der Gäste des vollen Spülbeckens oder spendet Gipfeli. Immer trifft man jemanden aus der Pferdewelt bei Sylvia. Sie ist ein Single im besten Alter, versucht stets Optimismus und Fröhlichkeit auszustrahlen und hat zwei verschmuste Wallache. Mit ihrem Röbeli springt sie erfolgreich auf Turnieren. Anfänger, Könner, Junge, Alte, quer durch alle Schichten und Einstellungen findet man Rösseler bei ihr, so nennt man in dieser Gegend die Pferdeleute liebevoll. Immer sitzen da ein paar dieser Rösseler um den langen Tisch herum, blättern in den ausgelegten Zeitschriften, trinken Kaffee, diskutieren Turnierereignisse, erzählen von Unfällen, schwärmen von ihren Rössern, geben Tips … Im Hintergrund surrt der Telefonbeantworter, Sylvia beantwortet selten das Telefon. *Wir sind momentan überlastet, bitte lassen sie ihre Nachricht…*, schnurrt das Tonband. *Weißt du noch …*, fragt mich Sylvia grinsend und erinnert mich an kleine Erlebnisse in Sihlbrugg. Damals, als mir der Rat gegeben wurde, das Halfter meines heftigen Pferdes mittels eines Strohschnürlis am Strick zu befestigen. Und als ich zur allgemeinen Erheiterung beitrug, weil ich das empfohlene Strohschnürli als einfachen Strohhalm interpretierte. Der Halm hielt natürlich nicht, und ich bin damals schön rot angelaufen vor Scham über meine

Dummheit ... *Also ich, wenn ich auswandern würde, ich würde in den Süden ziehen*, vertraut uns Sylvia sehnsüchtig und ein wenig verschämt an.

Noch einmal bei unseren italienischen Nachbarn exzellente Spaghetti Carbonara essen, mit Freunden in die Lieblingspizzeria gehen, mittags bei der Migros das Salatbuffet und eine warme Wähe genießen ... Céline macht noch einen kleinen Schwimmausflug in den Zugersee, und Old Shatterhand jagt wie gewohnt ein paar Möwen in die Luft. Um Schwäne macht er wohlweislich einen großen Bogen, unser kleiner Herr Wichtig. Die Möbeltransporteure teilen uns mit, daß sie mit zwei Lkws, einer davon mit Anhänger, nach Frankreich fahren werden. Und dafür zwei Tage rechnen. In letzter Minute denken wir an den Waldweg, der zu unserem neuen Haus führt: Zweige hängen links und rechts des Weges tief, bilden ein natürliches Dach über dem Weg. Die riesigen gelbroten Transporter werden diesen engen Dschungelpfad nicht passieren können. Jean hilft uns schnell, erhält von der Mairie von Mittainville die Erlaubnis, die Bäume auf diesem öffentlichen Weg etwas zurückzustutzen ... Vier Leute werden mit den Transportern kommen, fast zwei Tage und eine Nacht bei uns bleiben. So lange wird die Verzollung und das Ausladen dauern. Verzollt wird erst in unserer Anwesenheit in Versailles, die Wagen werden bis dahin verplombt. Ganz zuletzt räumen wir unsere Pferdesachen aus der Sattelkammer, zwei leere Höhlen gähnen in den Regalen. Mit dem Pferdetransporteur aus Basel war vereinbart worden, daß die Pferde erst drei Tage nach unserer Abreise nach Frankreich transportiert werden. Wir müssen in Mittainville erst für Heu und Stroh sorgen, für einen eingezäunten Paddock und für bezugsfertige Boxen. Die Pferde werden nachts in einem modernen großen Transporter reisen, um die Julihitze zu vermeiden. Alle erforderlichen Papiere sind vorhanden, Impfungen sind erledigt, der Transporteur wird die Pferde an der Grenze dem zuständigen Tierarzt vorführen und die nötigen Einfuhrstempel erhalten. Alles reine Routine, wird uns amüsiert versichert, als wir zum dritten Mal nachfragen. Die Pferde haben wir als Teil des Umzugsguts deklariert, das wurde uns so geraten, um Schwierigkeiten der Ausfuhr aus einem Nicht-EU-Land in ein Land der EU zu vermeiden. Eine detaillierte Wegbeschreibung legen wir dem zum voraus geforderten Scheck bei.

Der letzte Ritt. Der ziemlich unharmonisch verläuft, da Mückenschwärme Quirina derart plagen, daß sie in rasanten Stechschritt verfällt und ständig abwehrend den Kopf schüttelt. Komisch, sich an jeder Ecke ein *nie mehr* ... vorzustellen. Quirina läßt mir aber wenig Zeit für Sentimentalitäten. Zwar kann ich sie auf dem Heimweg im Schritt halten, doch der ist derart zackig-schnell, daß wir unsere beiden Mitreiter weit hinter uns lassen und lange vor ihnen in den heimatlichen Stall zurückkehren. Eine der Todsünden unter Reitern, ich weiß. Nachher genießen wir den lauen Sommerabend auf der Terrasse eines Gasthofs in einem Nachbardorf. Um uns herum sind die Tische gefüllt, Lachen und Plaudern liegt in der Luft, wir nippen am Zweierli Roten. Vor uns liegt der letzte Tag. Die Möbel und Kartons werden abgeholt und verladen, das Haus wird geputzt. Ein kleines Nachbarmädchen steht an der offenen Haustür, durch die Möbelpacker aus und ein laufen. Ich habe sie noch nie gesehen, doch sie kennt mich offenbar, kennt vor allem unsere Katzen und Hunde. Ganz ernst fragt sie mich, ob wir denn jetzt wirklich fortgehen würden und ob ich ihr schreiben würde. Verdutzt sage ich ihr zu, wir tauschen Adressen aus, sie streichelt noch einmal unsere Tiere. Seltsam. Schade, daß ich die Kleine nicht früher wahrgenommen habe. Dann kommt die letzte Nacht in Cham. Unsere Stimmen verhallen im leeren Haus, die Räume scheinen größer, traurig fremd. Vor den Wohnzimmertüren und der Terrasse flackern die Lichter am anderen Ufer des Zugersees, der Kirchturm in Cham ist wie zum Abschied festlich beleuchtet. Tausende *weißt du noch* drängen sich ins Bewußtsein. Céline und Old Shatterhand tapsen verwirrt durch die Räume, gleiten auf dem teppichlosen Parkettboden aus. Die mausgrauen Katzengeschwister, die nicht mehr hinaus in die Freiheit dürfen, sitzen am Fenster und klagen in die Nacht. Wir schlafen auf Notbetten, die uns der Möbeltransporteur geliehen hat und leben aus zwei Koffern. Morgen früh geht's los …

Eigentlich bin ich nicht traurig, zuviel aufregend Neues liegt vor uns. Ein nigelnagelneues Leben, mit allen unseren Tieren um uns herum … Ich verabschiede mich sorgfältig von dem Haus, in dem wir immerhin zwölf wichtige Jahre unseres Lebens verbracht haben. Das lebensgroße Bild der Dame mit Tambourin müssen wir an der Wohnzimmerwand lassen, kein Platz dafür im neuen Heim … Ernst schaut sie mich aus ihrem reichen Goldrahmen an, aus Wien haben wir sie kommen lassen, sie hat uns lange begleitet und bleibt jetzt zurück. Jede Katze sitzt nun in ihrem Transportkorb, auf dem Hintersitz in Roberts Wagen. Futter, Katzenklo und Einstreu für die ersten Tage liegen griffbereit im Kofferraum. Alle Tiere haben Rescue-Tropfen zur besseren Bewältigung der Reise erhalten. Céline und Old Shatterhand liegen hinten bei mir im Jeep. Noch einmal fahren wir bei der Stadelmatt vorbei, um uns von den Pferden zu verabschieden. Die stehen zufrieden auf der tiefgrünen Weide, beachten uns kaum. Die Stadelmatt liegt unter blauem Himmel im Sonnenschein, die Geranien leuchten um die Wette, Hühner, Ziegen und Gänse laufen frei, und ich kann vor lauter Tränen das verlegene Gesicht von Jürg gar nicht sehen. Richtig weh tut das Weggehen. Schön ist es hier, eine heile Welt aus dem Bilderbuch zieht noch einmal am Autofenster vorbei, und ich heule einfach vor mich hin. Ich hätte wohl besser auch Rescue-Tropfen nehmen sollen …

Erst kurz nach 20 Uhr treffe ich mit den Hunden in Mittainville ein, ich habe einige kleine Fahrpausen eingelegt. Beflügelt durch das vor uns liegende Abenteuer habe ich die endlos lange Autobahn hinter mich gebracht. Den Hunden habe ich stolz von ihrer zukünftigen Freiheit erzählt und mir in Gedanken unser zukünftiges Landleben ausgemalt. Es ist noch hell, als wir den Sandweg zu unserem neuen Heim entlangrumpeln. Robert ist schon vor einer Stunde angekommen und raucht seine erste Pfeife vor dem Haus. Wir essen mitgebrachte Brote, sitzen auf umgekehrten Holzkisten vor dem Wohnzimmer und malen uns aus, wie es sein wird. Was zuerst zu tun ist. In den hohen Wipfeln der wenigen Nadelbäume rauscht der Wind, die Eichen und Birken lassen ihre hell- und tiefgrünen Blätter tanzen. Und um uns herum halten die Vögel ein Abendkonzert. Bis einer mit einem atemberaubenden Solo alle anderen zum Verstummen bringt und uns zum Zuhören zwingt. Gut, daß wir uns in letzter Minute noch ein Vogelbuch besorgt haben, ob wir die Vögel bald an ihrem Gesang erkennen werden? Die Luft summt mit Insekten, Schmetterlinge schaukeln noch um diese Zeit vorbei und landen auf den Lavendelblüten zwischen den Fenstertüren. Die Katzen haben oben im ersten Stock ihr Zimmer bezogen und scheinen von der neuen Heimat nicht sehr angetan. Hausarrest haben sie bis auf weiteres. Sie protestieren bald lautstark und sitzen aufgeregt am Fenster, studieren das viele Grün da draußen.

Am nächsten Morgen treffen wir wie vereinbart den Zügelcamion beim Zollamt in Versailles, unsere zwei Fernseher bereiten der Zolldame Probleme. Pro Umzug ist nur ein zollfreier Fernseher vorgesehen, erfahren wir. Und daß die als Umzugsgut deklarierten Pferde oder zumindest deren Papiere nicht dabei sind, löst eine neue Problemlawine aus. Wir erklären, fragen, bitten, unterschreiben, bezahlen. Und versprechen die Nachlieferung der beim Grenzübertritt abgestempelten Pferdetransportpapiere in einigen Tagen. Die nächste kleine Hürde folgt gleich. Wir suchen in der Umgebung unseres neuen Hauses ein Lokal, ein Restaurant, wohin wir die mittlerweile hungrige Zügelmannschaft einladen können. *Was haben Sie sich denn für eine komische Gegend ausgesucht*, brummt der vom Schweizer gastronomischen Angebot verwöhnte Fahrer etwas verstört. Wir landen schließlich im Nebenraum eines Gemischtwarenladens in einem winzigen Dorf. Entrecôte und Pommes Frites sind Standardgerichte in jeder französischen Beiz, viel mehr steht nicht zur Wahl.

Auspacken. Das Haus füllt sich, unsere Möbel machen die Räume vertrauter. Kartons, Kartons überall … Das wird denn auch noch einige Zeit lang so bleiben. Abends improvisieren wir mit Baguettes, Käse und Rotwein ein gemeinsames Festessen und stellen unsere Gästebadezimmer zur Verfügung. Als die Truppe dann am nächsten Tag abfährt und uns mit all unserem Hab und Gut alleine im

Wald zurückläßt, muß ich tief durchatmen. Es ist so, als ob der letzte Rest Schweizer Sicherheit mit den gelbroten Lkws hinter den Bäumen verschwinden würde. Unsinn, sage ich mir. Und nehme mir den nächsten Karton vor. Monsieur Jean dirigiert einige Handwerker im Haus, die Waschmaschine ist noch nicht angeschlossen, die Küche noch nicht ganz fertig. Morgen sollen die Pferdeboxen endlich ihr Dach bekommen. Am späten Nachmittag höre ich Rufe draußen. Auf dem Sandweg, außerhalb des Grundstücks, steht eine zierliche weißhaarige Dame und hält unsere Céline am roten Halsband fest: *Ist das Ihr Hund? Ich dachte, da steht ein Kalb auf dem Weg* ... Das fängt ja gut an. Céline hatte sich also während unserer Räumarbeiten aufgemacht, die Gegend zu erkunden ... Klar, wir haben ja noch keinen Zaun. Wir machen uns bekannt, die Dame ist unsere Nachbarin, verheiratet mit dem Bruder unseres gewieften Verkäufers. Sie merkt meine gewisse Zurückhaltung, wir reden offen darüber. Soweit ich in meinem gebrochenen Französisch über irgend etwas offen reden kann. Sie versichert mir unaufgefordert, daß sie mit ihrem Schwager auch rein gar nichts zu tun habe, mit ihm zerstritten sei. Wir werden zum Nachtessen eingeladen, ganz informell, versichert sie mir. Ich sage zu.

## Die Nachbarn

Das einzige Nachbarhaus ist nicht sichtbar, liegt etwa acht Gehminuten entfernt schräg vis a vis von uns. Wir fahren mit dem Auto vor. Ein behäbiges, strohgedecktes Haus in L-Form, umgeben von alten Bäumen, mit Sicht auf einen Swimmingpool samt Gartenhaus erwartet uns. Monsieur und Madame bewegen sich mit distanzierter Höflichkeit im legeren Country-Look. Robert kann seine früher in Wien erworbenen Kenntnisse in der Kunst des Händeküssens hier auffrischen. Monsieur beugt sich gekonnt über meinen etwas rissigen Handrücken, seine Lippen schweben die vorgeschriebenen zwei Zentimeter darüber. Halbdunkler Salon, im Kamin flackert ein Feuer, links und rechts davon steht ein Sofa. Rechts sitzen die Herren, links die Damen. Neugierig sind sie, unsere Nachbarn. Versteckt hinter wohldosierten Bewegungen und etwas nasalem Französisch fragen sie uns sanft aus. *Hoppla, unser Französisch ist wirklich nicht gut.* Die Raffinessen kleiner Wortspiele entgehen uns, Monsieur und Madame werfen sich lächelnd Blicke zu. Versuchen es zwischendurch in Englisch mit uns. Wie zwei Versuchskaninchen sitzen wir da, artig und krampfhaft bemüht, der Konversation zu folgen. Zum ersten Mal erkennen wir, wie müde einfaches Plaudern in einer fremden Sprache machen kann ...

Wir werden von einer dunkelhäutigen, fülligen Dame erlöst, die uns alle zu Tisch bittet. Mireille, die Seele des Hauses. Das wissen wir noch nicht, doch wir mögen sie auf Anhieb. Eine richtige kraushaarige Mamy aus dem Bilderbuch, die anpacken kann und muß, fest auf dem Boden steht und für alles Verständnis hat. Von sechs Uhr früh bis zehn Uhr nachts versorgt sie die Familie, Gäste, das Haus, die Wäsche, kocht, putzt, bügelt und ist auch noch für eine Reihe von Hühnern, Enten, Katzen, Haus- und Ferienhunden zuständig. Sie wohnt im Haus, ist ledig und hat ihre zwei inzwischen erwachsenen Töchter hier aufgezogen, hören wir später. Jetzt sitzen wir am langen Tisch auf ganz schmalen Bänken ohne Rückenlehne. Alles antik und deutlich für Menschen mit anderen Körpergrößen als den unseren konzipiert. Feinstes Tafelsilber und Kerzenleuchter glänzen um uns herum, und ich fasse innerlich seufzend die nötige Gegeneinladung ins Auge. Dabei wollte ich doch mein Tafelsilber nie mehr in seiner schwarz angelaufenen Ruhe stören. Mireille serviert, dirigiert von den Blicken und kurzen Anordnungen von Madame. Für uns nimmt das dem Essen von seiner Ungezwungenheit. Mireille darf sich nachher zu uns ans Ende des Tisches setzen, Madame hat vorher unsere Zustimmung erfragt. Ausgestopfte Vögel und Waldtiere jeder Art beobachten von den Wänden ringsherum unsere Mahlzeit. Zum ersten Mal lernen wir regionale Eigenheiten kennen. Grüner Salat wird nach dem Hauptgang gemeinsam mit Käse auf demselben Teller verzehrt. Die Aromen von Brie und Vinaigrette vereinigen sich zur erstaunlichen Komposition.

*Erzählen Sie*, ermuntert uns Madame freundlich, als sie mir vor dem Kamin dann eine *infusion* reicht. Ich hatte Mühe mit diesem Wort. Es bedeutet ganz einfach jede Art von Tee außer Schwarztee. Männern scheint nach dem Mahl Whiskey, Damen eine infusion vorbehalten ... Unser Gastgeber wird etwas lokkerer über seinem Glas Whiskey, in dem er zu meiner Faszination zuweilen mit dem Zeigefinger rührt. Monsieur und Madame würden gern unser Haus von innen sehen, wäre das möglich? Man war mit dem Bruder derart zerstritten, daß man einander nie besuchte. Doch man ist natürlich neugierig ...

Der dritte Tag in der neuen Heimat. Irgendwie scheint alles zum Stillstand gekommen. Die Anzahl der vollen Kartons in den verschiedenen Räumen scheint sich nicht zu verringern, die Anzahl der Handwerker um uns herum nimmt zu. Unser Dackelherr mag diese Unruhe um sich herum gar nicht. Böse kläfft er die Arbeiter an, stellt sich ihnen in den Weg, wenn sie von ihrem offenbaren Arbeitsgebiet nur ein paar Schritte abweichen. Wachhundqualitäten entwickelt unser alter Herr hier. Unser eigentlicher Wachhund Céline hingegen liegt etwas verloren im Haus herum und drückt sich hin und wieder fest an unsere Seite, um gestreichelt zu werden. Die Arbeiter im Haus lassen sie kalt. Die Boxen werden langsam fertig, Robert steckt vor dem Haus mit PVC-Stäben und weißem Band zwei Paddocks ab, von den Pferden direkt von den Boxen aus erreichbar. Der Makler hat uns Adressen für Heu und Stroh genannt. Wie sich zeigt, sind die Vorräte jetzt, Anfang Juli, überall gering, die neue Ernte ist noch nicht eingebracht. Im fruchtbaren Zugerland hatte Jürg im Juli schon die zweite Heuernte, der karge Boden hier läßt offenbar nur eine Ernte pro Jahr zu. Diese Art von Problemen haben wir bisher Jürg überlassen. Zu exorbitant hohen Preisen finden wir schließlich mit viel Mühe doch einen Lieferanten. Erstmal zehn Ballen Stroh und zehn Ballen Heu, für den Anfang ... Keine Ahnung, wie lange wir damit auskommen werden. Das Heu ist durchmischt mit Luzerne, *attention, très riche ...*, hat uns der Zusteller gewarnt. Aha, – daher der Duft nach Kräutern, die grüne Farbe, die knackigen Halme. Französische Kost, auch für Pferdebäuche. Zwischendurch muß ich immer mal wieder Material besorgen, Werkzeug oder Schrauben, von einem der Arbeiter benötigt. Eine kleine Reise nach Rambouillet bedeutet das jeweils. Eine halbe Stunde hin, eine halbe Stunde zurück. Ich bin so müde, daß mir die Augen beim Fahren zufallen. Zuviele neue Eindrücke, die Sprache, die Handwerker, das Auspacken ... Auf einem Feldweg kurz vor Rambouillet halte ich im Auto eine kurze Siesta. Statt der endlos weiten, flachen Felder scheine ich die glitzernde Wasserfläche des Zugersees vor mir zu sehen, umringt von den Hügeln und Bergen des Zugerlands. In der Schweiz hätte ich in einem ähnlichen Fall wahrscheinlich irgendwo rasch einen Kaffee getrunken, hier verzichte ich. Die starke schwarze Brühe, die man in den schmutzig und kalt wirkenden Brasserien serviert, schmeckt mir nicht. *Verwöhnt,* sagt mein Mann.

Monsieur und Madame Mallée, unsere Nachbarn, kommen am späten Nachmittag zur Hausbesichtigung. Aufmerksam gehen sie durch die Räume und brechen in *Ahs* und *Ohs* über unsere zahlreichen Bücherkartons aus. Ungeniert bemängeln sie die dunkelbraune Stoffbespannung von Roberts Büro, bezeichnen sie als deprimierend. Die blauen Wände im Schlafzimmer finden sie kalt und die bräunlichen im Wohn- und Eßzimmer langweilig. Ansonsten sind sie sehr freundlich, zeigen sich hilfsbereit. Sie haben Carla, das alte weiße Pony ihrer Tochter am Haus stehen, und Madame ist früher geritten. Das gibt natürlich einige Anknüpfungspunkte. Wir erfahren, daß der Bürgermeister von Mittainville gemeinsam mit seinem Sohn Stroh für das Nachbarpony liefert. Dankbar notieren wir Daten, denn wir kennen hier keine Menschenseele. Das wußten wir natürlich schon vorher, doch jetzt, im Alltag, werden uns die entsprechenden Konsequenzen erst richtig bewußt. Relativ einfache Dinge wie Einkaufsmöglichkeiten, Friseur, Zahnarzt, Notarzt, Tierarzt, Schmied, Futtermittellieferanten, spezialisierte Handwerker müssen nicht nur erst mal gefunden, sondern auch auf Eignung,

Qualität und Verläßlichkeit geprüft werden. Einiges nicht Vorhergesehenes kommt da auf uns zu. Den nötigen Aufwand an Zeit und Energie für diese scheinbar kleinen Dinge des Lebens haben wir deutlich unterschätzt. Vieles, was in der Schweiz, im früheren Leben so nebenbei erledigt werden konnte – ein schneller Anruf, eben mal beim Vorbeifahren stehenbleiben und etwas besorgen, die Empfehlung eines Bekannten ausprobieren, im Zuger Amtsblatt nachschlagen – erweist sich hier als wesentlich zeitaufwendiger oder schlicht unmöglich.

Morgen abend also werden unsere Pferde von der Stadelmatt abgeholt werden und die Nacht über auf die neue Heimat zurollen. *Alles in Ordnung*, beruhigt uns Jürg bei unserem Anruf. Wir wissen, daß wir uns auf Jürg voll verlassen können. Er wird unsere Pferde gut in die bereitliegenden Transportgamaschen etc. packen, sie ruhig in den Wagen führen. Am nächsten Morgen ruft uns Jürg etwas aufgeregt an. Man hätte die beiden Pferde bereits um acht Uhr morgens bei ihm abgeholt, in einem kleinen Zweipferdetransporter. Unsere Nachforschungen ergeben, daß die Pferde offenbar in Basel umgeladen werden in den vereinbarten großen Transportwagen. Und daß sie bereits abends in Mittainville eintreffen werden. Ich fluche, denn das bedeutet eine Tagesfahrt bei sommerlicher Hitze. *Der Wagen ist sicherlich klimatisiert*, beruhigt mich Robert.

Adressen von Tierarzt und Schmied haben wir ebenfalls vom Makler erhalten, gleich im Nachbardorf wohnt der Starschmied der Region. Wir rufen ihn jetzt schon für den alle fünf Wochen fälligen Beschlagstermin an. Er nimmt uns nur, weil wir sozusagen Nachbarn sind. Von Rückenproblemen und von totaler Auslastung redet er, doch wir vereinbaren einen Termin in drei Wochen. An diesem Tag streuen wir zum ersten Mal die beiden Boxen ein, noch sind die Futterschüsseln nicht montiert, noch gibt es keine Selbsttränken. In Hundeschüsseln bereiten wir die mitgebrachte Futterration vor, immer unruhiger erwarte ich endlich den Abend. Ein heißer Sommertag ist es, und die Boxenbauer sind diesmal nicht zur Arbeit erschienen. Dutzendemale laufe ich an diesem Abend aus der Küche, weil ich meine, die Geräusche eines nahenden Lastwagens zu hören. Wir berechnen Kilometer, Fahrzeit, Grenzaufenthalt, Pausen – und gegen neun Uhr abends ist auch Robert beunruhigt. Hier im Westen ist es im Juli mit der Sommerzeit noch bis fast 23 Uhr hell, wir freuen uns schon auf fliegenfreie Abendritte. Und dann gegen zehn Uhr abends hören wir tatsächlich Motorengeräusch. Langsam arbeitet sich ein riesiger weißer LKW den schmalen Sandweg entlang, aufgeregt laufen wir ihm entgegen. Es ist eigenartigerweise ein holländischer Wagen, der Chauffeur ist Holländer und äußerst wortkarg. Und dann führt er Quirina herunter über die steile Rampe: Mit schweißnaß glänzendem Fell und erhobenem Kopf tänzelt mein Mädchen in ihren hohen Transportgamaschen auf mich zu. Gleich gefolgt von Muscade an der Hand von Robert. Neugierig schauen die beiden sich um, drehen die Köpfe, blubbern ein wenig. Ich könnte vor Glück die Welt umarmen, kann es kaum fassen. Unwirklich scheint es mir. *Jetzt sind unsere Pferde also endlich am Haus, direkt neben uns, mit uns werden sie von nun an leben.*

Wir führen die beiden in die Boxen, mit aufgeregtem Schnauben nehmen sie diese in Besitz. Wir reiben sie ab, gierig machen sie sich über die Wassereimer her ... Offenbar hatten sie nicht ausreichend zu trinken. Warum sind sie derart naßgeschwitzt? Sie waren alleine in dem Laster, der auch innen sehr modern und komfortabel ausgestattet ist, nur getrennt durch eine dickgepolsterte Wand. Wir beschließen, die beiden diese erste Nacht in den Boxen zu lassen, und schließen die hinteren Fenster, um Zugluft zu vermeiden. Beide haben die Nasen tief im duftenden französischen Heu, als wir sie verlassen.

Der Chauffeur wird auch bei einer Flasche Bier nicht gesprächiger, gegessen habe er schon, besten Dank. *Es hat Probleme gegeben an der Grenze*, informiert er uns beim Überreichen der Papiere. Er wisse nicht, welche Probleme. Er parkt seinen LKW unter den Bäumen und verbringt die Nacht in seiner Schlafkabine. Erst am nächsten Tag, bei Vorlage der Transportpapiere beim Zoll in Versailles erfahren wir, daß der wichtige Stempel des Grenztierarztes fehlt. Wurden die beiden in einem vollen Transporter über die Grenze geschmuggelt? Oder in einem angeblich leeren Wagen nach Frankreich geschleust? Fragen über Fragen, nie geklärt. Unsere Pferde waren jedenfalls entgegen der Vereinbarung von acht Uhr morgens bis zehn Uhr abends ununterbrochen in irgendeinem Transporter. 14 Stunden lang. Wurden entgegen der Vereinbarung zwei- oder dreimal umgeladen und schließlich diesem holländischen Chauffeur auf seiner Rückfahrt nach Holland mitgegeben ... Was genau auf dieser mysteriösen Fahrt geschehen ist, können wir auch später nicht eruieren. *Nie wieder*, schwören wir uns. Sollten wir noch einmal einen Pferdetransport benötigen, werden wir ihn begleiten. Daß der Basler Transporteur später noch versucht, nachträglich den Preis um 50 % aufzuschlagen, bestätigt unseren Mißgriff bei seiner Wahl.

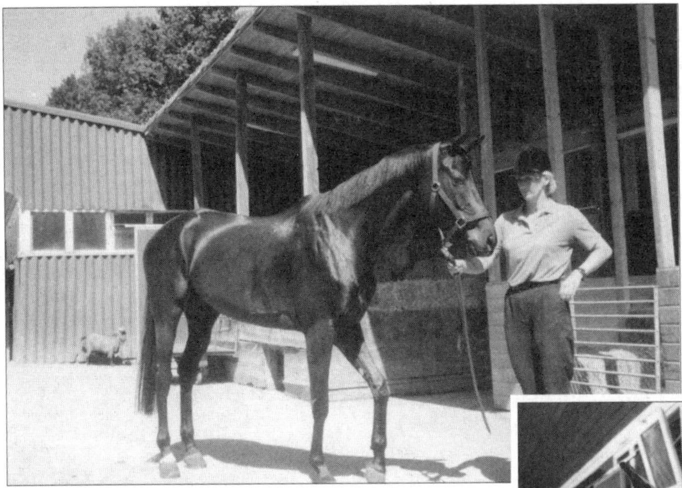

*Auf dünnen, unruhigen Beinen*
*kommt Quirina in mein Leben …*

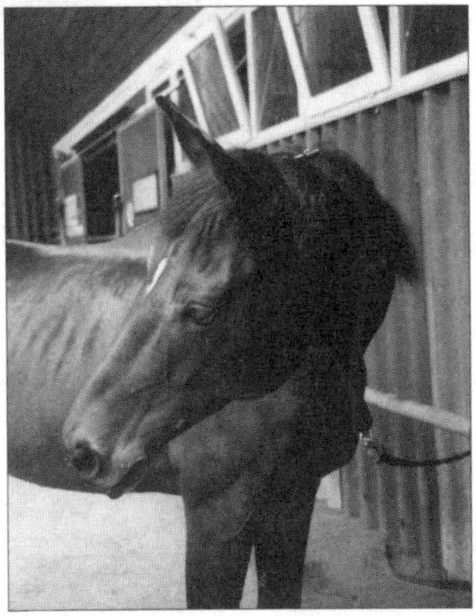

*… gefolgt von Muscade,*
*die nun ihr Schulpferddasein*
*hinter sich läßt*

*Freiheit auf saftigen*
*Stadelmatter Weiden*

*Geschickt trennt Quirina die gefügige Muscade von den restlichen Pferden*

*Robert und Muscade machen Pause nach dem täglichen Spaziergang*

*Jeden Tag erkunden wir die neue Umgebung …*

*… unter Führung von Robert und Muscade …*

*Old Shatterhand mag große Frauen; er ist begeistert von Céline*

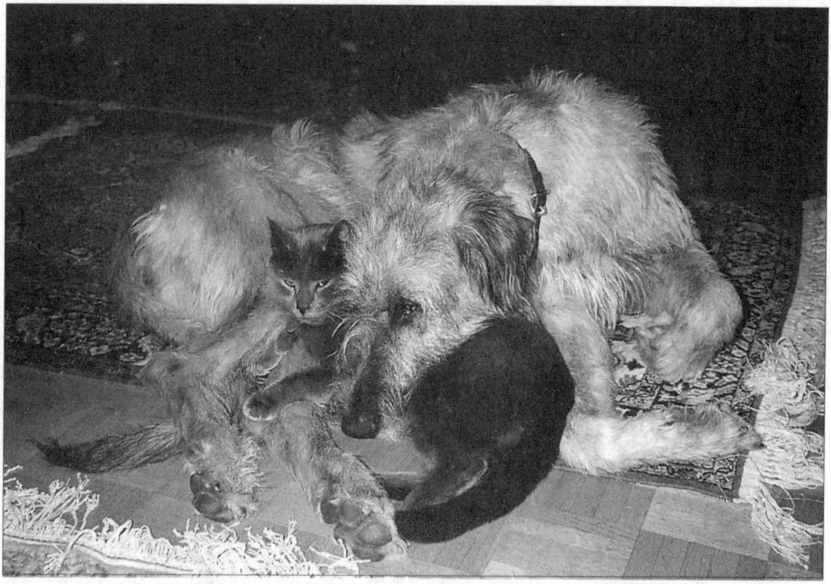

*Freundschaft hat Vorteile: Mickey wärmt sich, Céline hat ein Kissen*

*Unsere neuen Nachbarn in Frankreich sind Bäume – viele Bäume …*

*Wie du mir, so ich dir …*

*Aufräumarbeiten im Paddock nach dem Tornado*

*Unser Paradies ist wiederhergestellt ...*

*Frenchies Lieblingsplatz …*

*… und Tibous sonnengewärmtes Naturbett*

*Blick vom Wohnzimmer: Siesta auf dem Paddock*

*Es ist Zeit: Wo bleibt das Futter?*

*oben:* *Winter auf dem vierten Paddock, hinter dem Haus*

*links:* *Wie zwei Lämmer trotten unsere Pferde an der Hand*

*unten:* *Endlich riesige Weiden …*

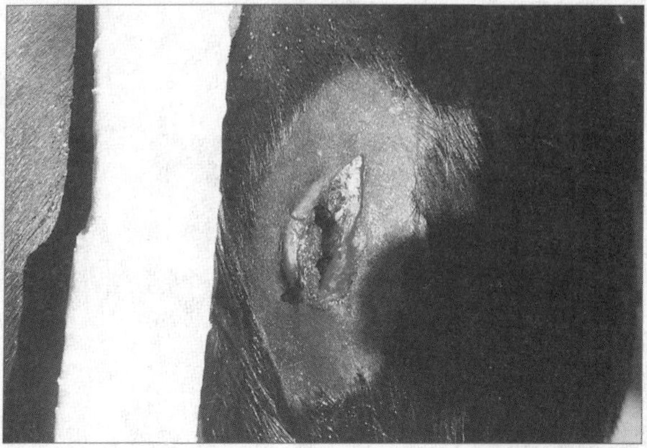

*Quirina stößt sich die Türverriegelung in die rechte Hinterbacke*

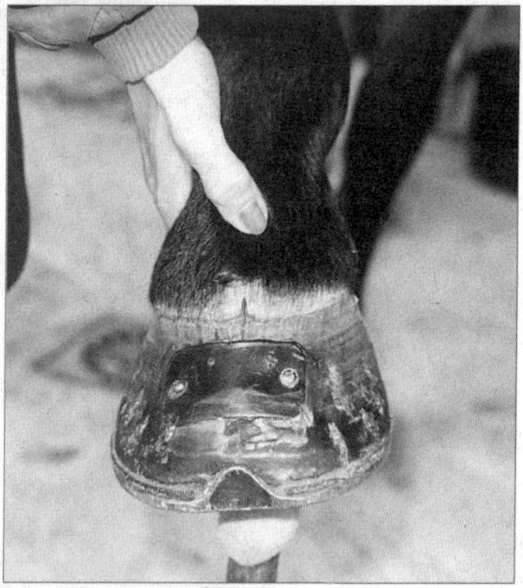

*Muscades Hufspalt wird mit Schrauben therapiert, …*

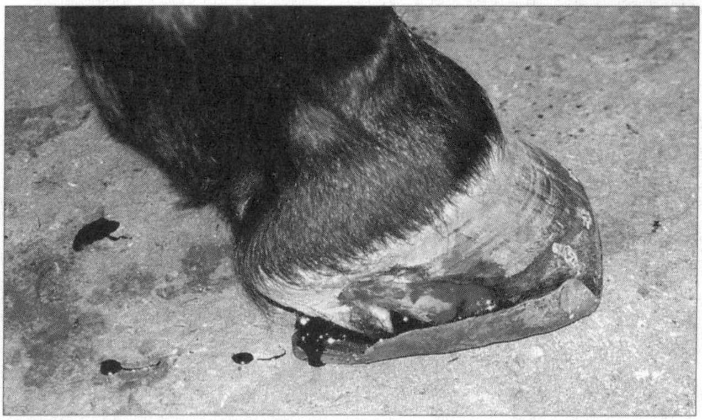

*… und ihre hohle Hufwand wird tief ausgeschnitten*

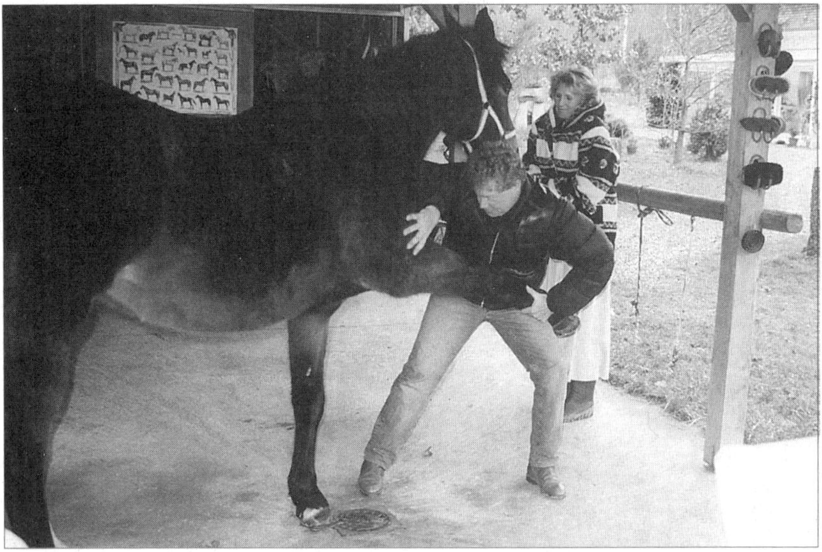

*Unser Osteopath kuriert Pferde und Menschen*

*Gestatten: Dandy, Irish Wolfhound-Welpe*
*(der Schein trügt: eher kleine bayrische Wildsau ...)*

*oben:* *Praktisch: Der Laufweg verbindet die Paddocks und führt zu den Boxen*

*links:* *Nach dem Ritt*

*Frenchie versucht manchmal das Reiten, …*

*… und Céline übernimmt energisch die Erziehung von Dandy*

*Morgensonne am Stall*

*Unsere beiden sanften Iren, müde vom Laufen*

*Winterauslauf für Pferde und Hunde, direkt vor dem Haus*

*Muscade ist skeptisch …*

*… und Quirina scheint nachdenklich*

*Unser Waldhaus in Frankreich*

# Ein neues Leben in Frankreich

## Die Pferde am Haus

Am nächsten Morgen entlassen wir unsere Pferde zum ersten Mal auf den kleineren der neuen Paddocks vor dem Haus. Durch das Öffnen der hinteren Boxentüren können die Tiere durch einen abgesteckten Gang direkt auf die Waldlichtung, die Boxen bleiben offen. Vorsichtig, doch sehr neugierig staksen sie aus dem Stroh und galoppieren gleich darauf eine freudige Ehrenrunde in ihrem neuen Auslauf. Dann stecken sie die Köpfe ins Gras und haben uns und die Umwelt anscheinend völlig vergessen. Wie viele Male ich an diesem Tag meine Kartons stehenlasse und schnell mal nach draußen laufe? Mein Herz tut weh vor Freude, ich kann es kaum glauben, daß die Pferde nun wirklich und leibhaftig vor dem Haus grasen. Alles in mir singt, ich könnte die Welt umarmen. *Es hat sich gelohnt, für dieses Gefühl hat sich alles gelohnt* … Céline hat das Eintreffen der Pferde etwas skeptisch aus der Ferne betrachtet, sie hält Distanz zu diesen Familienmitgliedern. Old Shatterhand hingegen müssen wir aus dem Auslauf scheuchen, er will doch sehen, was die Pferdenasen da Interessantes im Gras entdeckt haben …

Brav bringen wir die Einfuhrpapiere der Pferde zum Zoll nach Versailles, das etwa eine dreiviertel Stunde von uns entfernt liegt. Dort erfahren wir vom fehlenden Stempel, uns wird mit der Beschlagnahme der Pferde gedroht. Mein Herz sinkt. Es folgen lange, meinerseits recht emotionsgeladene Telefongespräche und Faxe, bis der Transporteur schließlich nach einigen Tagen gestempelte Papiere sendet. Wie und woher er die Stempel erhalten hat, so ganz ohne dazugehörige Pferde, das wollen wir lieber nicht wissen … Gottlob will das auch die Zollbehörde nicht wissen. Unsere Pferde sind ab sofort ganz legal in Frankreich. Zu Hause beenden schließlich die letzten Handwerker ihre Arbeit. Noch drei Wochen lang werde ich ohne Waschmaschine sein, weil irgendein Anschluß fehlt, der Kamin im Wohnzimmer spuckt dichte Rauchwolken, und die Selbsttränken in den Boxen sind noch immer nicht installiert. Wir realisieren, daß eine Selbsttränke draußen, auf dem Gang zum Paddock, unsere Rücken vor vielem Wasserschleppen bewahren würde. Monsieur Jean organisiert einen kleinen Baggerschaufler, gräbt einen Graben vom Haus zum Paddock, was wegen der vielen Wurzeln nicht einfach ist. Rohre und Leitungen werden verlegt. Kaum zugeschüttet, wird der Graben wieder geöffnet. Wegen der fehlenden Isolierung.

Das Wetter hier ist traumhaft schön. Jeden Morgen erwachen wir in einen blauen Himmel, strahlende Sonne versengt tagsüber das noch verbleibende Gras in den Paddocks. Durch die weit offenstehenden Fenster und Türen singen die Vögel und duftet der Wald. Unsere beiden Pferdemädchen fressen die grüne Fläche sehr systematisch ab, sie sind den grünen Überfluß auf den satten Schweizer Böden gewöhnt ... Mit leiser Besorgnis erkennen wir, daß zwei Paddocks für zwei hungrige Pferdemäuler wohl nicht lange ausreichen. Was werden wir im Winter machen? Und im Frühjahr, wenn neues Gras in Ruhe wachsen soll, aber bei ständiger Beweidung nicht kann? Wir werden eine Lösung finden, versichern wir uns. Etwas filigran sehen die grünen PVC-Stäbe aus, obwohl Robert sie so tief als möglich in den Boden gerammt hat. Ob die Pferde das einzelne weiße Band auf Dauer akzeptieren werden? Die tägliche Pflege der beiden vernachlässigen wir momentan etwas, sie nehmen das selbst in die Hand. Hingebungsvoll schubbern sie einander oder reiben sich genüßlich an den Baumstämmen im Auslauf. An Huffett müssen wir vorerst nicht denken, jeden Morgen erwarten uns die beiden mit taunassen Hufen im Gras. Und als ich in der ersten Vollmondnacht auf dem Weg ins Badezimmer aus dem Schlafzimmerfenster einen Blick aus dem Fenster werfe, liegen die beiden Pferde im weißen Mondlicht nahe beieinander im Gras. Am liebsten würde ich den Rest der Nacht so am Fenster stehen bleiben ...

Von Anfang an wird klar, daß unsere Pferde den Paddock Tag und Nacht als eigentliches Zuhause erkoren haben. Nur in den ersten Tagen schlendern Quirina und Muscade wohl einige Male pro Stunde in ihre Box, um gleich darauf im übermütigen Galopp auf den Paddock zurückzukehren. So, als wollten sie erproben, wie lange diese aufregende neue Wohnvariante vorhält ... Jede der beiden scheint die ihr zugewiesene Box zu kennen, zu respektieren. In den heißen Mittagsstunden aber stehen beide dann doch mit tief gesenkten Köpfen reglos in den fliegenfreien, kühlen Boxen. Nach vorne hin, zum betonierten Waschplatz, sind die Ausgänge nur mit einer Kette in Brusthöhe gesichert, der Ausgang in den Paddock bleibt immer offen. Die Türen klicken in eine spezielle Halterung an der Boxenwand, so daß keine Verletzungsgefahr besteht. Bald kann ich während der Arbeiten im Haus an den hereindringenden Geräuschen die momentane Tätigkeit der Pferde erkennen. Dringt ein tiefes Grunzen ins Haus, weiß ich, daß Quirina sich soeben ausgiebig wälzt, ein langes Seufzen signalisiert einen neuen Haufen, ein Quietschen kündigt eine übermütige Buckelrunde an. Und beim frühmorgendlichen Blick aus dem Schlafzimmerfenster sehen wir kleine Wildkaninchen ungeniert zwischen den Beinen unserer Pferde hoppeln. Sie spielen in der warmen Morgensonne, und unsere Pferde nehmen keinerlei Notiz von ihnen. Ob sie sich wohl schon in den Nächten miteinander angefreundet haben?

In den ersten beiden Nächten wachen wir einige Male durch die Galoppaden der Pferde direkt vor dem Schlafzimmerfenster auf. Schlaftrunken weiß ich erst gar nicht recht, ob es sich um Donnergrollen oder einen Tiefflieger handelt, alles bebt ein wenig. Und in der dritten Nacht der Freiheit hören wir unsere Pferde mehrmals aufgeregt wiehern, Quirina schnaubt des öfteren wie ein aufgescheuchter Drache, Galoppgeräusche dröhnen durchs offene Schlafzimmerfenster herein. Ob sich da ein Reh oder ein Wildschwein in unserem noch nicht eingezäunten Gebiet den Pferden vorstellt? Vom Fenster aus können wir in der Dunkelheit nichts Besonderes entdecken. Die Umrisse der Pferde zeichnen sich im weißen Mondlicht ab, und wir kehren beruhigt zurück ins Bett. Morgens aber birgt der Routineblick aus dem Fenster, en route zum Badezimmer, eine Überraschung. Unser Pferdebestand hat sich über Nacht wundersam vermehrt: ein dickes weißes Pony steht auf dem gepflegten Rasen vor dem Paddock und kaut genüßlich an dem hier noch schönen Gras. Unsere Pferde beobachten hinter ihrem weißen Band sehr aufmerksam ihren Gast. *Kommen, ohne eingeladen zu sein, und gleich das beste Gras fressen …*

Carla, das 20jährige Pony der Nachbarn, wollte wohl unbedingt die Neuzuzügler aus der Nähe betrachten und willkommen heißen. Nach 17 langen Jahren ohne Pferdegesellschaft hatte Carla die Witterung der nachbarlichen Artgenossen aufgenommen und sich durch Wiehern bekannt gemacht. Und schließlich, als alles Wiehern nichts half, hatte Carla nachts irgendwie den morschen Holzzaun durchbrochen und war schnurstracks zu uns herüber geeilt. Die drei Damen blubbern sich ständig leise zu. Wir werfen uns in Schlafrock und Stiefel und klettern über unsere vom Schlaf aufgeschreckten Wachhunde, die sich im Vorzimmer aalen. Dann führen wir die sanfte Carla auf den kleineren der Paddocks. Da bleibt die alte Dame dann zwei Tage lang und wird von unseren Pferden ständig im Auge behalten. Hoppla, Muscade scheint sich besonders gut mit Carla zu verstehen. Das ist für meine Stute absolut nicht akzeptabel. So steht Quirina bald quer zwischen den beiden neuen, durch Band getrennten Freundinnen, bewacht wieder einmal angestrengt ihre Muscade. Nach zwei Tagen ist der Zaun geflickt, und Carla muß auf ihre Koppel zurück. Sie hat sich bei uns sehr wohl gefühlt und läßt sich nur widerwillig und unter lautem Protestgewieher von ihren Besitzern abholen. Quirina und Muscade ihrerseits rufen noch lange fragend in die Richtung der Nachbarn, drehen den ganzen Tag die Köpfe in Richtung der hinter den Bäumen entschwundenen Carla. Zum ersten Mal fragen wir uns, ob unsere Pferde wohl die bisher gewohnte Gesellschaft ihrer Artgenossen vermissen werden? *Sie sind ja dicke Freundinnen*, beruhigt mich mein Mann, *sie sind ja immerhin zu zweit …*

Am nächsten Morgen werden wir bereits um sechs Uhr früh durch lautes Gepolter und Getöse geweckt: Wir stürzen zum Fenster und stellen fest: Carla ist wieder da. Diesmal besichtigt sie offenbar das Stallgebäude und schlägt eben mit dem Vorderbein recht ungeduldig gegen die blecherne Guezidose. *Wäre ja gelacht, wenn die nicht aufzukriegen wäre* … Und da springt auch schon der Dekkel ab, das sehe ich gerade noch vom Fenster aus. Unsere beiden Pferdedamen haben sich in ihre Boxen begeben, um das Spektakel aus nächster Nähe verfolgen zu können. Neugierig recken sie die Hälse über die Kette hin zur seelenruhig mampfenden Carla. Quirina scharrt ungeduldig: *Ich will auch* … In Schlafrock und Pantoffeln sausen wir hinunter, erschreckt fahren die tief schlafenden Hunde im Vorzimmer aus ihren Träumen hoch: dieses Landleben scheint ja recht ungemütlich … So viele Guezis können für gefräßige Ponys sicher nicht gut sein … Unten sehen wir dann das ganze Ausmaß der Bescherung. Carla hat offenbar wieder einen Teil der Nacht hier verbracht und in unserem Heu- und Strohvorrat gewütet. Keine Spur von säuberlich gestapelten Ballen mehr, ein großes duftendes Heu- und Strohbett hat sich das alte Mädchen da geschaffen. Aha, in der Sattel- und Futterkammer ist unser kleiner Apfel- und Rüeblivorrat verschwunden. Den Futtersack hatte Carla vom Regal gezerrt, irgendwie durchlöchert und einiges davon gefressen. Und mein Talisman, ein ziemlich alter Aehrenkranz, den ich an die Stalltür gehängt hatte, mußte auch dran glauben. Ein weißer Styroporring und eine rote Masche leuchten mir noch entgegen. Wir mustern Carla aufmerksam, suchen nach Zeichen einer Kolik. Doch die alte Dame ist in bester Form und blubbert Muscade und Quirina immer wieder begeistert zu. Ein richtiges Gespräch entsteht unter den drei Pferdedamen, was die sich wohl alles so erzählen? Diesmal hatte Carla sich unter dem Zaun durchgewurmt, um zu ihren neuen Freundinnen zu gelangen. Ein herzzerreißendes Wiehern von beiden Seiten begleitet ihre Heimkehr. Sie tut uns leid, die alte Dame. Die arme Carla bekommt nun so lange, bis der Zaun um unser Grundstück steht, nachts Boxenarrest verordnet. In den ersten Tagen trägt der Wind noch oft ihr sehnsüchtiges Gewieher zu uns herüber. Quirina antwortet manchmal kurz, dann wendet sie sich wieder ihrer Muscade zu. Carlas nächtliche Schlemmerorgie ist gottlob ohne gesundheitliche Folgen geblieben, und unsere Nachbarin steht zwei Tage später kurz vor Mittag mit einem großen geräucherten Lachs vor unserer Tür. Als Dankeschön fürs Beherbergen von Carla.

Unser Heu- und Strohvorrat schwindet schnell, schneller als erwartet. Wir besuchen Reitställe in der Umgebung, um von dort Hilfe oder Lieferantenadressen zu erhalten. Wir erfahren Erstaunliches. Heu wird in den meisten Reitbetrieben nicht gefüttert, das Stroh hingegen wird in großen Mengen von weither bezogen. Nein, man könne nicht aushelfen. Dann erinnern wir uns an den von der Nachbarin empfohlenen Bürgermeister. Das bringt uns ins Dorf, der Bürgermeister hat seinen Hof direkt hinter der Mairie, vor einem kleinen Teich. In dem schwimmen friedlich ein paar Enten, und Frösche springen ganz ungeniert in und aus dem Wasser. Sonst sind die drei Dorfstraßen ausgestorben und liegen still in der heißen Sonne. Es gibt keine Post, keinen Laden, keine Schule, keine Beiz – und anscheinend auch keine Einwohner. Bei der Einfahrt in den Hof des Bürgermeisters werden wir von drei großen braunschwarzen Hunden umringt und bleiben erstmal im Auto. Sie scheinen wütend, einer stemmt sich mit beiden Vorderbeinen gar auf die Stoßstange. Der Bürgermeister von Mittainville rettet uns in dieser und anderer Hinsicht. Ja, er hat noch Stroh, Heu kann er von einem Freund besorgen, morgen erfolgt die Lieferung. Er bittet uns freundlich ins Haus, wir erschrecken. In der dunklen Wohnküche verraten Flecken und blätternder Verputz an den Wänden Feuchtigkeit, ein paar verschrammte Möbelstücke dienen als Einrichtung. Die kahle Glühbirne über dem Plastiktischtuch fasziniert mich. Wie wohl die anderen hier im Dorf wohnen?

An diesem Tag beschließen wir, unsere zwei Katzen im Haus frei laufen zu lassen. Es gibt keine Handwerker mehr, die irrtümlich eine Tür offenstehen lassen könnten. Mickey und Fanny schießen laut miauend aus ihrem Zimmer, man könnte meinen, die beiden hätten Todesqualen erlitten. Dabei ist ihr Kerkerzimmer, das zukünftige zweite Gästezimmer, mit einer eigenen Treppe hinauf unters Dach versehen. Und dort oben auf der Balustrade, mit Blick hinunter ins Zimmer, haben die beiden die meiste Zeit schlafend verbracht. Es zeigt sich, daß der Umzug für unsere beiden ohnehin verschreckten Waisenkatzen stressiger war, als wir dachten … Beide verkriechen sich hinter Möbeln, schleichen mit angstvoll starren Augen durchs Haus. Und nehmen sogar vor Céline und Old Shatterhand Reißaus. Gleich an diesem ersten Tag springt Mickey in einem Panikanfall auf den Glaskeramikherd, wo ich eben eine Kochstelle eingeschaltet hatte. Ein lauter Schrei, ein grauer Blitz. Wir haben Mickeys gottlob nur leicht angesengte Pfote mit Brandsalbe behandelt, als wir ihn endlich zu fassen bekamen. Noch immer arrangieren wir Möbelstücke um, stellen Lampen anders, tragen Gegenstände an ihren Platz. Und jeden Abend versorgen wir geleerte Kartons im Keller. Die deckenhohen Bücherregale in unseren beiden Büros füllen sich langsam, die Bilder warten noch in einem Abstellraum. Was für ein riesiges Haus, fast 350 m2 Wohnfläche, für zwei Menschen … Ein eigenes Ankleidezimmer habe ich jetzt oben neben dem Schlafzimmer. Eine Art großen offenen Schrank in Form eines länglichen Zimmers, das sich bald mit viel zu viel Mitgebrachtem füllt.

Mit etwas gemischten Gefühlen erwarten wir dann die Heulieferung, denn unser kleiner Stallkomplex ist schlichtweg illegal entstanden. Damals, als der Verkäufer noch Handküsse verteilte und vertrauenerweckend wirkte, hatte er unsere Frage nach einer nötigen Baugenehmigung für die Pferdeboxen mit einer Handbewegung abgetan. *Bauen Sie einfach, niemand fragt danach* … Trotz Naturschutzgebiet mit absolutem Bauverbot. Irgendwie war die Sache dann im Laufe der turbulenten Ereignisse untergegangen, der Bau war fortgeschritten, und voilà, jetzt würden wir ja sehen … Mein schweizerisches Denken. Der Bürgermeister geht wohl schon auf die Siebzig zu, doch ist er weiblichen Reizen gegenüber empfänglich geblieben. So lasse ich den oberen Blusenknopf doch offen und serviere nach dem Abladen Kaffee mit Schnaps. Im blauen Overall, die Schirmkappe zwischen den schwieligen Händen, runzelt er dann die Stirn: *Waren die Boxen schon da, als sie eingezogen sind*? Mit gutem Gewissen können wir das bejahen. *Quel salaud*, schimpft der Bürgermeister auf den Verkäufer, der nicht sein Freund ist. Wir wechseln das Thema und sind fortan zumindest diese Sorge los.

## Der Alltag im Wald

Die Sattelkammer wird eingeräumt, all das Pferdezeug der letzten Jahre findet seinen Platz. Pro Pferd vier verschiedene Decken, zwei Zäume, zwei Sättel, welch ein Luxus. Beide reiten wir seit fast zwei Jahren auf Wintec-Kunststoffsätteln, nach langem Zögern habe ich mich voll umgestellt. Bei keinem anderen Sattel konnte ich den Körper des Pferdes so direkt spüren … Dazu kommen bunt gewürfelt die diversen Gamaschen, Bandagen, Sattelunterlagen, Pflegeutensilien für Pferd und Leder, Gerten, Longen etc. Stolz betrachten wir unser Werk. Die alte braune Küchenkredenz haben wir nun hier untergebracht, eine Wand ist mit Haken übersät, und daran hängen alle nie gebrauchten Sporen, Gebisse, Ketten und anderes Sammelsurium. Seit der Ankunft der Pferde hat unser Tagesablauf einen festen Rhythmus angenommen. Vorbei ist es mit dem Ausschlafen am Sonntag und mit ohnehin nur theoretisch geplanten Tagesausflügen nach Paris samt anschließendem gemütlichen Dinner. Wir nehmen unsere Pflichten recht genau. Zweimal täglich werden die Haufen vom Paddock abgesammelt, einmal täglich reinigen wir die Boxen. Futter gibt's bald nur mehr zweimal am Tag, wir schütteln Heu und Stroh nur mehr morgens und abends im Paddock auf. Zwei Freßhaufen müssen es sein, denn meine Quirina spielt auch hier Chefin und vertreibt Muscade energisch vom Futterplatz. Muscade ist Kummer gewohnt und trollt sich zu ihrem Haufen, wird auch von dort innert Minuten von Quirina vertrieben … Irgendwann gibt mein schwarzes Mädchen auf und widmet sich endlich voll einem der beiden Haufen, schließlich knurrt der Magen … Der scheint bei Pferden immer leer zu sein, der Darm hingegen immer voll, das merken wir mit aller Deutlichkeit sehr bald. Ruhe kehrt ein, wenn beide Pferdeköpfe in den Heuhaufen wühlen, gedankenvoll wird stundenlang gemahlt und gekaut ... Ja, Pferde scheinen den ganzen lieben Tag lang zu fressen ... Nur selten sehen wir anfangs die beiden ruhig in der Sonne stehen, einen Verdauungsschlaf auf drei oder vier Beinen genießend. Die Bestimmung der Boxen scheint unseren Pferden klar, sie funktionieren als prima Toilettenanlagen, die nach erfolgreicher Verrichtung fluchtartig in fröhlichem Galopp verlassen werden. Bald erfolgen auch hier die ersten Territorialübergriffe durch meine Stute. Ostentativ verrichtet sie ihr gar nicht so kleines Geschäft in Muscades Box, die derweilen geduldig draußen vor der Tür steht und sich ihrerseits offenbar nicht in Quirinas Box getraut. Fast ein Jahr wird es dauern, bis Musci schließlich allen Mut zusammenfaßt und die Kammer der Chefin zumindest inspiziert ...

Nach mehr als drei Wochen Räumen, Putzen und Ordnen ist er dann da, der große Tag: der erste Ausritt in der neuen Gegend. Natürlich spüren die Pferde unsere Spannung, etwas nervös tänzeln sie mit uns zum Tor hinaus, den Sandweg entlang. Halbwegs bleiben die beiden dann einfach stehen, verweigern den Weiterritt. Bis wir uns engagiert durchsetzen. Quirina verfällt kurz in alte Gewohnheiten, zeigt ihre Aufregung durch leises Schnauben und den gespannten Körper. Ein Pulverfaß, ein gespannter Pfeil, fertig zum Abschuß ... *Wie war das noch? Tief durchatmen, tief einsitzen, ganz ruhig bleiben.* Was für ein Luxus, so direkt vom Haus auf Sandwegen in Wald und Feld ausreiten zu können ... Gleich vom Tor weg laufen Sandwege in drei verschiedene Richtungen, überall zweigen dann kleine Wege ab, gabeln sich, verlieren sich im naturbelassenen Wald, führen zwischen riesige Felder. Das dichte Gestrüpp muß ein wahres Paradies für Waldtiere sein, etwas wehmütig denken wir an unseren Vorsatz, anstatt eines Zaunes um das Grundstück einen natürlichen Wall aus toten Ästen und Zweigen zu schaffen ... Mannshohe Farne in allen Schattierungen von Grün wachsen hier stellenweise, säumen an manchen Orten schmale Fußpfade, wo wir nur im Gänsemarsch reiten können. Und gelegentlich Knie und Fußspitzen eng an den Pferdekörper drücken müssen, weil beim Durchritt zwischen zwei Bäumen gerade Platz für ein Pferd ist ... So ziehen wir unsere ersten Runden, neugierig, vorsichtig und aufmerksam. Eine neue Reitwelt ist das für uns: keine gepflegten Wege, lichte Wälder oder sorgsam bestellte Felder. Oft scheint der Wald seitlich der Wege undurchdringlich und dunkel, unbebaute, hügelige Wiesen zeigen, daß die Bauern hier oft vom Staat Geld erhalten, um ihr Land brach liegen zu lassen. Keine Menschenseele, kein Tier treffen wir in diesen ersten Wochen auf unseren Ausritten, obwohl wir auch auf Feldwegen reiten und manchmal schmale Straßen überqueren. Alles ist still, einsam und weit. Genauso, wie wir uns das früher so oft fürs Reiten gewünscht haben. Keine Spaziergänger, keine Bauern auf den weiten Feldern. Keine Traktoren, keine Düngemaschinen, keine Radfahrer, einfach nichts, nur fast unberührte Natur. Wohltuend, nach all dem Trubel des Umzugs. Leise Zweifel melden sich, die ich schleunigst verjage. Ob die menschenleere Weite und Stille mit der Zeit nicht doch zu eintönig werden wird? Unsere beiden Pferdemädchen nehmen die neue Gegend bald gelassen hin, sehen sich auf neuen Wegen zwar aufmerksam um, scheinen jedoch nicht beunruhigt. Sie sind anderes gewöhnt ...

Langsam zieht Routine in unseren Tagesablauf ein. Fast alles ist an seinem Platz, das Schlimmste liegt hinter uns. Jetzt bleiben die Verbesserungsarbeiten, die kleinen Reparaturen, die Verwirklichung der vielen Ideen, die wir zur Erleichterung des täglichen Landlebens gesammelt haben. Unseren jahrelang im Büro ausgefeilten Perfektionismus richten wir jetzt auf Haus und Stall. Und so hängen bald die diversen Bürsten und Striegel griffbereit am Holzpfosten neben der Putzstange, der Wasserschlauch steckt in einem schwenkbarem Arm, im Haus verschwinden die Drähte der Stereoboxen säuberlich hinter weißen Leisten. Regale und Bretter verwandeln den einst unansehnlichen Riesenkeller in Arbeits- und Abstellräume ... Die allerersten Besucher stehen ins Haus. Zum fünfzigsten Geburtstag von Robert erwarten wir alte Freunde aus der Schweiz, ein holländisches Ehepaar, das unser Auswanderungsvorhaben mit mehr oder minder leiser Skepsis verfolgt hat. *Ausgerechnet Frankreich*, haben sie geseufzt, nachdem sie ihre Tochter an einen französischen Schwiegersohn verloren haben. Unsere ersten Gäste im neuen Heim. Gemeinsam mit der vom Verkäufer übernommenen Putzfrau poliere ich nochmals, was zu polieren ist. Warum kommen ausgerechnet Putzfrauen so ungepflegt daher? Die unsere knattert einmal pro Woche auf einem frisierten Moped an, ohne Helm natürlich, und verbreitet um sich herum ein undefinierbares Aroma von ungewaschenen Kleidern und unbekannten Gerüchen. Und sie putzt so schludrig, wie sie aussieht ... Doch ich bin froh um ihre Hilfe und weit entfernt von Klagen über sie. Im Erdgeschoß liegen antike Ziegelsteinböden, die in warmem, tiefroten Glanz erstrahlen, wenn sie frisch gewachst sind. Ansonsten breitet der feine, helle Sand, den mir Hunde und Katzen von draußen bringen, eine glanzdämpfende Schutzschicht über meine antiken Platten. Wir sind recht stolz auf unser neues Zuhause und wollen es im besten Licht den Freunden präsentieren. Ich habe leise Bedenken wegen der sehr französischen Stofftapeten im Gästezimmer, das unruhige, weißblaue Muster wirkt etwas atemberaubend auf mich. Quasi in letzter Minute erstehen wir die fehlenden Gartenmöbel, arrangieren diese auf dem Kies vor dem Haus. Letzterer ist zwar in warmem Ton gehalten, aber zum Leidwesen unserer Haustiere und meiner Schuhstöckel sehr scharfkantig ... Wir werden uns daran gewöhnen. Gedankenvoll kauend, beobachten Quirina und Muscade nur zehn Meter vom Haus entfernt in ihrem Paddock unser Tun.

Am Tag vor dem Eintreffen unserer Schweizer Freunde erhalten wir Kurzbesuch aus Holland. Roberts ältester Freund und Berater bringt mit seiner Frau eine holländische Standuhr, die meinem Mann ab seinem Fünfzigsten die Stunden schlagen soll ... Als dann am nächsten Tag der funkelnagelneue Mercedes mit den Schweizer Nummernschildern vors Haus rollt, muß ich Tränen schlukken und weiß nicht mal, warum. Wie Abgesandte einer anderen Welt scheinen mir die Freunde. So etwas wie Heimweh packt mich zum ersten Mal, bisher war dafür keine Zeit. Soviel hat sich in den letzten Wochen für uns verändert, so weit weg vom früheren täglichen Leben sind wir ... Oft sehe ich tagelang keinen Menschen, fahre nur einmal in der Woche zum Einkaufen. Selbst zum Fernsehen scheinen wir zuwenig Zeit zu haben, oder liegt es an den langen hellen Sommerabenden? Die Welt scheint weit weg gerückt. Nach wie vor überschlagen sich da draußen offenbar die Ereignisse, gibt es jede Menge Nachrichten, geschehen wichtige Dinge, werden interessante Entscheidungen getroffen ..., und das alles ohne unser Wissen und Zutun. Zum ersten Mal wird mir richtig bewußt, daß das Leben da draußen einfach weitergeht, doch hier sozusagen still steht. Und daß dieses unser Stillstehen den Lauf der Welt natürlich in keiner Weise beeinflußt, die eigene Wichtigkeit wird relativiert. Robert, der überzeugte Kopfarbeiter, ist geschickt geworden im Umgang mit Werkzeugen. Schon früher durch einen Freund entsprechend ausgebildet, nimmt er selbst elektrische Leitungen in Angriff, nachdem er die Arbeitsweise der hiesigen Elektriker mit Schrecken aus der Nähe betrachtet hat. Sie bringen ihre Individualität durch gewagte Notlösungen, die dann Dauerzustand bleiben, zum Ausdruck. Geschieht uns recht. Wie oft haben wir den Schweizern mangelnde Phantasie, mangelnde Kreativität vorgeworfen. Hier hingegen scheint man Meister der Improvisation zu sein. Man improvisiert, und dann läßt mans dabei sein, weils ja so auch geht. *Le pays de dépannage*, so nennen wir Frankreich bald.

## ... ein stürmischer Gratulant

Doch jetzt klettern die Freunde aus dem Auto und blicken etwas ungläubig um sich ins satte stille Grün rundherum. Schon die letzten hundert Meter des löchrigen Sandweges haben sie auf Schlimmes vorbereitet. *Da seid ihr ja wirklich im tiefen Wald gelandet*, nicken sie dann, und wir verstehen es, weil wir das so wollen, als Anerkennung. Wir zeigen das Haus, die Tiere, den Stall, gehen das Grundstück ab, und die Freunde installieren sich im Gästezimmer. Es wird Zeit für ein Glas Champagner zur Begrüßung. Das haben wir unseren vornehmen Nachbarn abgeschaut. Dann sitzen wir vor dem Haus, trinken, erzählen, lachen. Neugierig sind unsere beiden Pferde ganz nahe an den Zaun gekommen, die fröhliche Runde so nah am Paddock ist neu für sie. Für uns auch. *Schon schön hier*, seufzen die Freunde, die sich langsam an unsere Waldstille gewöhnen. Hinter den Baumwipfeln ragt plötzlich eine dunkle Wolkenwand, wohl ein herannahendes Gewitter, vermuten wir. Noch während wir den Tisch abräumen, zieht die dunkle Wolkenwand über uns. Ein Tosen, Brausen und Zischen setzt ein, ein drohendes Pfeifen nähert sich, und Sturmböen peitschen die Baumkronen. Wir retten uns ins Haus, bevor der Regen einsetzt. Milchiggrau ist es draußen geworden. Die Luft scheint zu brodeln, dann sehen wir unsere Gartenmöbel vorbeiwirbeln. Der schwere Tisch für acht Personen kommt den Glastüren gefährlich nahe. Ringsum hören wir Krachen und Knirschen, das sich mit diesem seltsamen Tosen vermengt. *Die Pferde, sie werden erschlagen*, rufe ich ...

Vor dem Haus, in den Paddocks, knicken dicke Baumstämme wie Zündhölzer, ganze Baumkronen wirbeln durch die Luft und zu Boden. Irgendwo zwischen den fallenden Ästen, Stämmen und Baumkronen sehen wir zwei dunkle Silhouetten in rasantem Galopp. *Unser Paradies*, flüstert Robert, *das war's dann. Vorbei* ... Wir halten uns an den Händen und starren entsetzt hinaus in das Inferno. *Die Pferde, wir müssen die Pferde retten.* Tapfer stürzt Robert hinaus, wir sind zu geschockt, um nachzudenken. Unsere Freunde sind stumm, stemmen sich mit mir gegen aufspringende Türen. Wütend rüttelt der Sturm an den Glastüren, ob sie brechen werden? Die brodelnde graue Masse da draußen ist jetzt von heftigem Regen durchsetzt, die Pferde sehen wir nicht mehr. Während der wenigen Schritte zum Stall krachen die beiden alten Föhren vor den Boxen zusammen, knapp bringt Robert sich unter dem Stalldach in Sicherheit. Und dann herrscht ganz plötzlich tiefe Stille. Als hätte man bei einem Horrorfilm einfach den Ton abgeschaltet. Das dunkle Grau lichtet sich, der heftige Regen wird schwächer, hört ebenso abrupt auf, wie er eingesetzt hatte. Quirina und Muscade stehen in einer vom Tornado unberührten Ecke des Paddocks unter unversehrten Birken, offenbar unverletzt. Rings ums Haus aber herrscht Chaos. Baumkronen, Äste und halbe Bäume liegen quer in den Paddocks und auf dem Kies, das Elektroband ist an mehreren Stellen niedergerissen. Die weißen Gartenmöbel blinken durch abgeschlagene Zweige, liegen unter gefallenen Stämmen weit vom Haus entfernt im Wald. Und unser friedlicher Wald hat sich in ein Horrorszenario verwandelt. Überall ragen abgesplitterte Stämme heraus, die dicksten und schönsten Bäume hat es erwischt. Die schlanken, biegsamen Birken und jungen Eichen haben überlebt und stehen traurig über der Verwüstung. Das Stallgebäude und das Haus wurden wie durch ein Wunder nicht berührt. Der Wirbelwind hatte eine Spirale über die Paddocks gedreht und war zwischen Stall und Haus mit einer breiten Spur der Vernichtung weitergezogen. Nur wenige Minuten hat dieser Spuk gedauert. Und der neue Wagen unserer Freunde war gottlob außerhalb der Tornadoschneise geparkt gewesen …

Wir führen die Pferde am Halfter in ihre Boxen, sie schnauben aufgeregt über die Veränderungen in ihrem Paddock. Fast kein Gras ist mehr zu sehen, kleine und größere Äste, Nadeln und Blätter bedecken den Boden. Wir müssen über einige querliegende Stämme klettern, die den Zugang zu den Boxen versperren. Scharfe Holzsplitter liegen überall. Unsere Pferde waren wohl ihrem Instinkt gefolgt, als sie in die vom Tornado verschonte Ecke des Paddocks geflüchtet sind. Gottlob ist der Stall noch ganz, nur einige Zweige liegen auf dem halbschrägen Dach. Über den vollen Futterschüsseln beruhigen sich unsere Vierbeiner bald. Die Hunde waren mit uns im Haus, ob die beiden Katzen draußen überlebt haben? Wir stehen unter Schock, das ganze Ausmaß der Verwüstung wird uns erst nach und nach bewußt. Die Zufahrt zum Haus ist durch einen querliegenden Stamm versperrt, den wir erst mit Hilfe des Jeeps beseitigen müssen. Unsere Freunde packen mit an, wo sie können. Ein Auto nähert sich auf dem Zufahrtsweg so weit als möglich, es ist die Nachbarin. Wegen der Entfernung schreiend, erkundigen wir uns über gegenseitige Schäden, tauschen unser Entsetzen und unsere Erleichterung aus. Auch bei den Nachbarn sind Menschen und Tiere unversehrt geblieben. Schäden im Haus selbst haben wir wenige, nur das Fenster des zweiten Gästezimmers war offen gewesen: der Spannteppich ist durchnäßt, Blätter, Nadeln und kleine Zweigen übersäen den Boden. Diesen Geburtstag wird mein Mann wohl nicht vergessen, der Gratulant war außergewöhnlich und eindrucksvoll.

Viel später, als es draußen dunkel ist, wir wieder Strom haben und auch die Katzen seelenruhig ins Haus zurückgekehrt sind, da wärme ich das schon am Morgen vorbereitete Festessen auf. Bei Coq au Vin, Käse und einer guten Flasche Rotwein sprechen wir einander Mut zu. Den brauchen wir auch, wie wir am nächsten Morgen feststellen. Bei klarem Tageslicht sieht die Verwüstung so schlimm aus, daß ich in Tränen ausbreche. Die fliessen dann lange, bis der Schock abgeklungen ist. Gestandene Männer des Dorfes, so erzählt man uns später, haben beim Anblick der geknickten alten Bäume das Weinen nicht unterdrückt. Die Regionalzeitungen bringen Bildberichte von dem nur lokal aufgetretenen

Wirbelsturm, der in unserer Gegend zahlreiche Schäden angerichtet hatte. Von nun an werde ich Katastrophenberichte im Fernsehen mit anderen Augen sehen.

## Wir beginnen aufs Neue

Nachdem wir die zerrissenen Elektrobänder notdürftig wieder verknotet haben, die scharfen Holzsplitter aus dem Paddock entfernt sind und die Zaunpfähle mehr oder weniger krumm wieder stehen, entlassen wir unsere Pferdemädchen wieder in die Freiheit. Aufgeregt springt Quirina über die Stämme, Muscade folgt gelassen und setzt mit einem kleinen Hopser über. Dann machen sich die beiden genüßlich über die am Boden liegenden Laubkronen und Zweige her. Alles Schlechte hat sein Gutes, sagt man doch. Und wie wären unsere Pferde ohne Tornado zu diesen saftigen, zarten Blättern gelangt? Unsere Freunde sind phantastisch. Tief gebückt arbeiten sie ums Haus herum, sammeln Gartenmöbel, Teile der Satellitenanlage, Äste und Zweige ein. Unser Dackelherr Old Shatterhand ist im Eldorado. Er kommt mit dem Lüpfen seiner krummen Beine gar nicht nach, jeder Stamm muß ordentlich markiert werden. Céline hingegen verzieht sich in eine ruhige Ecke, sie mag Durcheinander prinzipiell nicht. Ist absolut nicht vereinbar mit der ruhigen Würde eines Irish Wolfhound. Mit vereinten Kräften räumen wir die schlimmsten Hindernisse zwischen Haus und Stall, bis uns klar wird, daß wir ohne professionelle Hilfe nicht weiter können. Wir haben Glück mit unseren Nachbarn. Ungefragt vermitteln sie uns einen Verwandten ihres eigenen Gärtners, und Monsieur Alain steht schon am nächsten Tag, der ein Samstag ist, vor unserer Tür. Die drei Männer verbringen dann den Großteil des Tages mit dem Einkauf von Motorsägen und ähnlichen, nun dringend nötigen Gerätschaften. Unsere Freunde reisen am Montagmorgen wie vorhergesehen ab, sie werden wohl insgeheim froh gewesen sein, in ihr geordnetes Heim zurückzukehren. Wir bleiben in gedrückter Stimmung zurück, keiner wagt es auszusprechen: *Nach all den Schwierigkeiten mit dem Hauskauf nun auch das noch. Ob das nicht auch ein Zeichen ist*? Ein schlechtes, doch uns bleibt wenig Wahl. Ab sofort, bis in den Herbst hinein, arbeitet Monsieur Alain jeden Abend nach Beendigung seines offiziellen Jobs als Hartwarenverkäufer in unserem Wald. Meist verbringt er auch die Wochenenden hier, und Robert ist sorgenvoll am Kalkulieren des Stundenlohns. Das Hantieren mit Motorsäge und Axt überlassen wir lieber darin geschulten Leuten, wir haben zuviel von Unfällen gehört... Doch beim Einsammeln und Abtransportieren der diversen Baumteile kommen wir zum Einsatz. Die nicht im Kamin verwendbaren Stämme der Föhren schichten wir zwischen intakten Bäumen so, daß dahinter der Misthaufen Platz hat und somit nicht mehr sichtbar ist. Langsam, ganz langsam sehen wir Fortschritte. Brennholz für den offenen Kamin im Wohnzimmer werden wir für Jahre haben. Alain sägt die riesigen Stämme gleich im Paddock in Teile, während unsere Pferde ihm dabei neugierig über die Schulter sehen. Ab sofort bergen kreischende Sägen für unsere Tiere keine Gefahr mehr, sie leben täglich damit. Quirina und Muscade spazieren und liegen jetzt ungeniert zwischen Zweigen, Holzstößen, Baumkronen und gesplitterten Stämmen in der wärmenden Sonne und haben sich an ihren Erlebnispaddock bestens gewöhnt. Als wir nach einigen Tagen endlich wieder zum Reiten kommen, sehen wir das Ausmaß der Katastrophe auch in der umliegenden Gegend. Während an einigen Orten alles intakt ist, hat der Tornado an anderen tiefe Schneisen geschlagen, oft sind Wege von gestürzten Bäumen gesperrt, traurig ragen abgesplitterte Stämme überall heraus.

Einen neuen Zaun brauchen wir für die Paddocks, das steht fest. Und seitlich vom Haus wollen wir für den Winter einen neuen Paddock schaffen. Außerdem muß das Grundstück endlich vermessen und eingezäunt werden. Wir suchen Zaunhersteller in der Region, fordern Offerten, vergleichen Angebote, Robert rechnet, verwirft, bestellt. Innert zwei Wochen steht dann um unsere 30.000 m2 ein Maschendrahtzaun, Wildhag nennt man das wohl. Inzwischen muß die als Winterpaddock vorgesehene Fläche eingeebnet werden. Hier war, wie fast überall am Grundstück, vor Jahren gerodet worden. Stämme von Bäumen und Sträuchern wurden auf etwa eine Handbreit über dem Boden zurückgesägt, so daß sich eine wahre Stolperstrecke ergibt. Die oft scharfen Strauchstummel sind von Laub halb verdeckt und bringen sogar uns ins Stolpern. Dazu kommen dicke Wurzeln, die teils über der Erde liegen. Und mittendrin in der zukünftigen Koppel befindet sich ein kleiner Krater, den wir füllen müssen. *Ein mögliches Schwimmbad*? Mein hoffnungsvoller Blick Richtung Ehemann zeigt keine Erfolge, die Pferde haben Vorrang. Bald stehen wochenlang Bagger und kleine Traktoren ums Haus, die niedrigen Stümpfe werden mühevoll ausgegraben, dienen teilweise der Füllung des Kraters. Irgendwann in diesen Wochen haben wir die gloriose Idee, unsere Pferde auf dem Grundstück einfach frei zu lassen ... Sie könnten sich zwischen den Bäumen das hier üppig wuchernde Gras selbst zusammensuchen, wir vertrauen auf ihre Geschicklichkeit, den vielen Baumstümpfen, Wurzeln und Brombeergestrüpp auszuweichen. Das Vertrauen erweist sich als unberechtigt, diese Übung wiederholen wir nie wieder. Kaum losgelassen, entschwinden Quirina und Muscade galoppierend, füdlischwingend und zuweilen stolpernd in den dichten, fast undurchdringlichen Wald, drehen dann auf dem zukünftigen neuen Paddock zwischen halb ausgegrabenen Baumstümpfen ihre Runden. Ich sehe gerade noch, wie Quirina mit einem Riesensprung über den halb gefüllten Krater setzt, es nicht schafft, mit den Hinterbeinen etwas in die Grube rutscht ... Mit Mühe, vor allem aber mit viel erzwungener Ruhe, gelingt es uns schließlich, die Pferde anzulocken, festzuhalten, nachdem wir vorher den Hunden die Möglichkeit einer fröhlichen Hetzjagd durch Einsperren genommen haben. 30.000 Quadratmeter Grund, doch nur ein Bruchteil davon wird für unsere Pferde verwendbar sein.

Zwischendurch ergeben sich die üblichen kleinen Probleme eines Hausbesitzers: im neu umgebauten Badezimmer wurde schlampig gearbeitet, tagelang wird repariert. Küche und Boxen werden nach und nach, mit langen dazwischenliegenden Pausen, fertiggestellt. Ein neuer Sicherungskasten muß in den Keller, mühsam identifizieren wir Leitungen und Steckdosen. Der Verkäufer hat keinerlei Pläne hinterlassen, seine Baupläne entsprechen absolut nicht dem tatsächlichen Bau ... Aus den Paddocks vor dem Haus ragen jetzt die etwa meterhohen Stümpfe der gesplitterten Bäume, die Alain begradigt hat. Einige Schwarzföhren haben Teile ihrer Kronen verloren, oft hängt Alain gefährlich hoch oben in den Wipfeln und streicht eine plastikartige Masse über die Bruchstellen. Sie soll schützen und heilen. Unsere Pferde warten unten geduldig auf seine Rückkehr, sie mögen diese neuen Koppelattraktionen. Mit unserer Waldstille ist es vorerst tagsüber vorbei. Wochenlang dröhnen ums Haus herum Maschinen, baggern, karren, graben. Quirina und Muscade ignorieren bald die anfangs angeschnaubten Ungeheuer. Selbst als entgegen unserem Auftrag ein Arbeiter einfach mit dem Traktor auf der Koppel zwischen den Pferden werkt, bringt das nur insofern Probleme, als besonders Quirina die Arbeiten aus nächster Nähe inspizieren will. Die Sorgenfalten auf Roberts Stirn werden tiefer und seine Haare grauer. Hingegen setzen wir beide um die Leibesmitte etwas an. Wir haben in einem Nachbardorf einen kleinen Laden entdeckt, der zwar unregelmäßig öffnet und ein nur kleines, zu teures Angebot an Lebensmitteln hat, dafür aber täglich zweimal frische Baguettes selbst bäckt ... So ein warmes, duftendes Baguette neben sich auf dem Autositz hat es in sich. Meist überleben nur dreiviertel davon die kurze Fahrt, mein ohnehin nicht allzu gepflegter Jeep beherbergt bald ein Bröselmeer. Zu dieser Diät kommt natürlich der Käse, der Rotwein, alle die neuen Dinge, die wir ausprobieren wollen... Wir essen uns quer durch die teils unbekannten französischen Gaumengenüsse. Ich gewöhne mich an die hier üblichen Einkaufszentren, so wie ich mich vor vielen Jahren in der Schweiz eingewöhnt habe. Man sollte nicht glauben, wie beruhigend im täglichen Leben die Sicherheit des Bekannten, Altgewöhnten ist. Ladenwinkel, die man wie seine Hosentasche kennt, Menschen, die man immer wieder sieht, Straßen und Häuser, die vertraut sind. Ich weiß, bald wird auch hier alles vertraut scheinen, doch inzwischen fühle ich mich recht oft alleine, fremd. Die Sicherheit der gewohnten Infrastruktur der alten Schweizer Heimat ist verloren, hier sind wir ganz auf uns selbst gestellt. Nie hätte ich gedacht, daß soviel Neues nicht nur aufregend schön, sondern auch ein wenig angsteinflößend ist …

Manchmal, ganz kurz nur, denke ich ans verlorene Büro. Ans Schaffen hinter dem Computer, ans Arbeiten, um Geld zu verdienen. Wir beide arbeiten hier jeden Tag wesentlich mehr als jemals zuvor, vor allem natürlich körperlich. Und die Resultate scheinen mager bis nicht vorhanden. Unsere Arbeit hier bringt nicht Geld, sondern kostet Geld … Werkzeuge, Futter, der Misthaufen wächst, und die Arbeiter und Handwerker müssen bezahlt werden … Müde sind wir oft, enttäuscht, weil wieder einmal etwas nicht geklappt hat, eine Verabredung nicht eingehalten wurde, eine Arbeit nicht gut ausgeführt wurde, Kosten höher als vorgesehen sind … Weil man nicht mal einfach Freunde oder Bekannte anrufen kann für ein Treffen, schnell mal eine Runde durch die Stadt drehen, um einfach Leute zu sehen, keine Reitkollegen ihre neuen Erlebnisse erzählen, kein wichtiger Auftrag den (Büro-)Alltag versüßt, kein kleiner Mittagsimbiß unter vielen Menschen das wohlige Gefühl von Dazugehören gibt … Wie das eben unter altgedienten Ehepartnern so ist, haben wir dann den gleichen Gedanken und sprechen ihn nur zögernd aus. *Was haben wir nur getan. Wir haben uns übernommen, wir schaffen diese Art von Leben einfach nicht.* Alle meine schönen Kleider bleiben im Kasten, der altgewohnte rote Nagellack wirkt deplaziert und hält auch keinen Tag, meine geliebten Bücher stehen unberührt. Von unseren Computern und Autos ganz zu schweigen. Was hatten wir doch für ein vergleichsweise sorgloses Leben in unserem Terrassenhaus mit weitem Blick über den Zugersee … Vogelfrei, sozusagen, doch mit der Gewißheit, daß Jürg für unsere Pferde gut sorgen würde. Bei solchem Katzenjammer gehen wir dann vors Haus, schauen den Pferden beim Grasen zu, beobachten unsere Hunde und Katzen, die sich ungeniert in der Sonne aalen, und horchen in den Wald hinein. Das entschädigt und beruhigt uns. Das alles ist diese ungewohnte neue Lebensweise ganz sicher wert … Anfangsschwierigkeiten, die gehen vorbei.

Wir versuchen, eine möglichst praktische, Energie und Zeit sparende Tagesabwicklung zu finden. Ich bin dazu übergegangen, Quirinas Pipi in einem alten Milchkübeli aufzufangen, das erspart jede Menge Boxenarbeit. Eigentlich durch Zufall habe ich entdeckt, daß Quirina bei meinem Pfeifen fast sofort die Hinterbeine grätscht und genüßlich strahlt. Dabei dreht sie ihren zugegebenermaßen schönen Kopf ganz weit nach hinten in meine Richtung, um Anerkennung heischend. Die kriegt sie auch, und zwar in Form eines Guezi. Schon bald geht

Quirina in Grätschstellung, wenn ich mich nur dem Paddock oder der Box nähere. Manchmal drückt sie nur mit Mühe einige Tropfen heraus, den Kopf erwartungsvoll Richtung Guezi gedreht ... Nur Muscade zwickt alles entsetzt zusammen, wenn sie mein Milchkübeli sieht. Sogar mitten unter dem Strahlen. Das Anbinden an der Putzstange vor den Boxen, nebeneinander stehen die beiden nun, bewirkt neue Probleme. Quirina stellt sich quer, längs der Stange, und drängt Muscade so weit als möglich ab. Das erste Duschen mit dem praktisch im Schwenkarm verstauten Schlauch, der erste Spaziergang an der Hand. Und der erste Beschlagstermin in der neuen Heimat rückt heran.

## Allerlei neue Menschen

Monsieur Rambeau ist jung, klein, drahtig und mag Pferde. Das sieht man an seinen Bewegungen, er spricht vor dem Beschlagen mit unseren Stuten. Wir sind ziemlich glücklich, so einen guten Schmiedfang gemacht zu haben, und vertrauen ihm voll. Nur Quirina verfällt leider in alte schlechte Gewohnheiten: warnend lüpft sie die Hinterhand, wenn er sich ihr nähert. Wie schon ihre Mutter, ist mein Pferd zu nahe kommenden Fremden gegenüber mißtrauisch. Zu meinem Erstaunen windet Monsieur Rambeau meiner Quirina eine Seilschlinge um Hals und um ein Hinterbein, eine Konstruktion, die das Schlagen verhindern soll. Er ist ganz stolz auf diese Methode, und mein Pferd steht mucksmäuschenstill.

In diesen Tagen lernen wir auch Monsieur François kennen, den Dorfcasanova. Aber von seinem Ruf höre ich erst später. Er sieht Clint Eastwood ähnlich und reitet mit einem riesigen schwarzen Schlapphut in vorbildlich-lässiger Haltung kräftige Schimmel an unserem Haus vorbei. Die piaffiert er so oft den Waldweg an unserem Zaun entlang, bis ich es nicht mehr aushalte und ihn anspreche. Ein Reitkünstler, der sein gesamtes Leben den Pferden widmet, obwohl er keine eigenen besitzt. Er ist in einem Gestüt unseres Dorfes angestellt, ausschließlich zuständig für das Wohlergehen von sechs Schimmeln. Die reitet er täglich, damit die Besitzer des Gestüts am Wochenende ausgeglichene, trainierte Pferde zum Reiten und Fahren zur Verfügung haben. Der Sand vor den Schimmelboxen ist mit feinen Rechenstrichen verziert, und kein gelber Fleck verunziert die Flanken der Halbblüter. François ist charmant, er schaut einem im Gespräch gradewegs tief in die Augen, und ich weiß plötzlich, daß ich mit meiner Quirina unbedingt ein wenig reiterliche Hilfe nötig habe. Er kommt erstmal zum Tee, vorsichtig beäugt von meinem Mann und den Pferden. Die Hunde mögen ihn auf Anhieb. Und nach wenigen Tagen erteilt er mir Dressurunterricht auf dem Paddock vor dem Haus, von dem Muscade einstweilen in ihre Box verbannt worden war. Quirina ist gar nicht begeistert, die wochenlange Dressurruhe hat sie wohl zur Annahme verleitet, daß dieser eher unangenehme Teil ihres Lebens nun für immer hinter ihr läge ... Doch es geht überraschend gut. François schwingt sich noch selbst in den Sattel. Hei, mein Mädchen rollt derart verzweifelt mit den Augen in meine Richtung, daß das Weiß der Augäpfel sichtbar wird. *Das auch noch ...,hilf mir*, scheint alles an ihr zu sagen ...

Außerdem dürfen wir dank François ab sofort unseren Mist auf dem Misthaufen des Gestüts, der frei auf einem nicht weit entfernten Feld liegt, abladen ... Und so schaufeln wir bald den wegen des Tornados neu gekauften Anhänger voll und leer, voll und leer ... Irgendwie tritt das Reiten in den Hintergrund. Das kommt wohl, weil die Pferde den ganzen lieben langen Tag um uns herum sind. Und weil wir momentan viel mit Arbeiten rund ums Pferd beschäftigt sind. Mit Hilfe von Alain errichtet Robert einen zweibahnigen Elektrozaun vor dem Haus, mit speziellen Geräten werden die Pfähle eingeschlagen, Eckpfeiler einbetoniert. Braunes Band haben wir gewählt, neugierig beobachten die Pferde alle Arbeiten. Es beginnt, rundherum gepflegt auszusehen.

Zwischendurch, vor allem an den Wochenenden, versuchen wir unseren mageren Bekanntenkreis zu erweitern. Zum Dorffest gehen wir, Tische und Bänke sind neben dem kleinen Weiher aufgestellt worden. Leider hatte es tags zuvor stark geregnet, und wir waten so richtig schön ländlich mit unseren fein geputzten Schuhen im Matsch. Wir schütteln dem Bürgermeister die Hand und essen unheimlich fette Würstchen vom Grill. Mit den Tischnachbarn kommen wir ganz einfach ins Gespräch, alle sitzen an langen Bänken und reden laut und schnell ... Die meisten Festteilnehmer sind Bauern oder Nebenerwerbsbauern, manche sind in Latzhosen und Gummistiefeln gekommen. Tiefere und längere Unterhaltungen sind kaum möglich, so lächeln wir mit den anderen in die Runde und nicken einfach, auch wenn wir nicht alles Gesagte verstehen.

Die Gegeneinladung der Nachbarn geht reibungslos vorbei, sie scheinen uns zu mögen. Fast jeden Samstag abend erwarten sie uns nun zum Dinner, und wir haben bald Mühe, Ausreden zu finden. Sie führen uns jedesmal einem anderen Kreis ihrer Freunde vor, Rangordnungen scheinen hier strikt und intakt. Da ist der berühmte Pariser Tierarzt, in den Siebzigern, der für Tierzeitschriften schreibt und sich auf Vögel spezialisiert hat. Er kommt mit seinem Pferd zur Abendeinladung geritten, die Gattin ist schon vorher mit Wagen eingetroffen. Das scheint durchaus üblich zu sein, er bleibt in seinen schweren Stiefeln, die er nonchalant auf den Couchtisch legt. Wir sind wohl richtige Bünzlis geworden in der Schweiz. Er reitet dann bei Nacht ohne irgendwelche Leuchtausrüstung heim, sorgsam gefolgt von seiner Gattin im Auto. Wir treffen eine ungewöhnlich gekleidete Astrologin, die uns einen speziellen Preis für ihre Dienste anbietet und im Lauf des Abends vor versammelten Gästen ihren Büstenhalter unter dem ärmellosen Kleid hervorwerkt, weil sie sich eingeengt fühlt. Einen ziemlich betrunkenen älteren Herrn, der hintenüber von der schmalen Eßbank kippt, einige Herren und Damen des Landadels, die uns mit herablassender Freundlichkeit von ihren Domänen und Jagden erzählen und Tips zur richtigen Erziehung vom Personal austauschen, treffen wir. Und wir lernen die einzige Tochter der Nachbarn kennen, die derzeit in New York Bauchtanz studiert und ansonsten Schauspielerin werden möchte. Zu fortgeschrittener Stunde drapiert die Frau Mama die Gäste um den Flügel, und bei Kerzenlicht und Rotwein spielt die Tochter romantische Weisen zu den *Ahs* und *Ohs* der illustren Gäste.

Wir meinen uns in eine andere Zeit versetzt, in eine andere Welt. Nach den vielen Jahren praktizierter *égalité* in der Schweiz scheint uns diese Klassengesellschaft hier ein wenig überholt. Reichtum zeigt man in der Schweiz nicht, hier zeigt man ihn auch dann, wenn er gar nicht besteht ... Die französische Sprache mochte ich immer schon, hier finde ich sie zum ersten Mal fast unangenehm. Vor allem dann, wenn mich die Nachbarin *ma petite Susie* oder *ma pauvre* nennt. Sie meint das nicht so, tröstet mich Robert. Trotzdem. Überhaupt, die Nachbarin. Sie entpuppt sich als rechter Feldwebel, der beschlossen hat, mich unter seine Fittiche zu nehmen, trotz meiner höflichen Proteste. Unangemeldet steht sie immer öfter vor dem Haus oder ruft an, um mir Tips zu geben, eine Einkaufsliste aufzutragen. Oder gleich Mireille zum Einkauf mitzusenden, denn die hat keinen Führerschein. Oder um mich darauf aufmerksam zu machen, daß ein rotes Auto bereits zweimal den Waldweg entlanggefahren sei und sie sicherheitshalber die Nummer notiert hätte ... Als wir dann die Nachbarn mit einigen ihrer Freunde zum Abendessen laden, stellt Madame Mallé mir am Vortag Stéphanie vor: *Sicherlich brauchen Sie morgen Abend Stéphanie zum Servieren, ich kann Ihnen auch Mireille für die Küche leihen* ... Brauch ich nicht, danke. Die feinen Leute in betont lässigen Kleidern, die dann um unseren Tisch sitzen, suchen höflich nach gemeinsamen Interessen. Pferde. Man reitet hier in gewissen Schichten so, wie man Klavier und Bridge spielt, es gehört dazu. Wenn Mut oder Zeit oder Geld fehlen, dann hat man's im Rücken und kann leider leider nicht mehr aufs Pferd ... Die Damen sind durchweg klein und mager. Bonsai-Damen, femmes-bonsai. Pariserinnen mit gelifteten Körperteilen, hochgestützten Büsten und eng anliegenden Minikleidern. La voilà, ich mit meinen ein Meter achtundsiebzig, Kleidergröße 40/42 fühle mich wie eine Walküre. Von den tollen Hetzjagden zu Pferd erzählen die Herren, und daß sie letzthin sieben Stunden ohne Unterbrechung durch den Wald getrabt und galoppiert seien … Von ihren teilweise eigenen Pferden, die sie sonntags zu einem rasanten Galopp durch den Wald hier auf dem Land besuchen.

*Sehr nahe haben sie ihre Pferde am Haus stehen*, rügen sie mißbilligend und erkundigen sich höflich, ob wir mit unseren Pferdeburschen zufrieden sind. Eine geschockte Stille senkt sich über den Tisch, als sich herausstellt, daß wir die Pferde selbst versorgen. Unser Nationalitätengemisch sichert uns eine gewisse Exotik, sonst wären wir hier sicherlich gesellschaftlich bereits out. Die erste Stille senkte sich bereits, als man erfuhr, daß wir ständig hier draußen im Wald wohnen. *Mon Dieu, wie halten Sie das aus ? Etwas Natur am Wochenende ist sehr gut, aber man braucht doch das kulturelle Leben in Paris ...* Mißtrauisch mustern uns die Herren, und die Damen schütteln mitleidig den Kopf. Da kommt es wieder. *Ma pauvre …* Schade, daß unser Französisch nicht gut genug ist, um passende Antworten schnell zu finden. Die fallen uns meist erst Stunden später ein. In mir regt sich wieder einmal die Sehnsucht nach den bodenständigen Schweizer Gepflogenheiten, ohne Chichi drumherum. *Das ist französische Lebensart*, erklärt mir mein Mann. Frankreich ist ein riesiges Land, und wir sind eben zufällig in einer Region gelandet, die sich Ile de France nennt und eigentlich im weitesten Sinne zu Paris gehört. Mit allen Vor- und Nachteilen davon, denn die Pariser sind im übrigen Frankreich gar nicht geschätzt. Erst viel später verstehen wir, daß das Verhalten der neuen Bekannten hier nicht unbedingt typisch für alle Franzosen ist. *Snobs sind diese Franzosen*, schnaube ich, als sie alle gegangen sind, *einfach Snobs*.

## Der Alltag mit Familienzuwachs

Wir haben wieder Zeit zum Reiten, fast täglich sind wir im Gelände. Robert wird geübt im Kartenlesen zu Pferd, was bei einem Brillenträger nicht immer einfach ist. Gut, daß wir unseren Pferden das Stillstehen gelehrt haben, das Rascheln, Suchen, Kramen und Diskutieren da oben bringt sie nicht aus der Ruhe. Doch ein verlangender Blick zur grünen Pracht zu ihren Füßen liegt immer drin … Und einige Maulvoll saftiges Gras werden ihnen vor dem Weiterritt meist auch zugestanden. Ungläubig hatten wir über die Erzählungen unseres Maklers gelächelt, der uns vor möglichen Verirrungen gewarnt hatte. Er selbst habe sich bereits mit Pferd und Hund an der Hand nachts orientierungslos an einer der wenigen Straßen gefunden, die den 19.000 Hektar großen Forêt de Rambouillet durchqueren. Es stimmt, besonders im Wald scheinen sich Kreuzungen ähnlich, sind immer sternförmig angelegt. Auch wir reiten einige Male rund, bis wir zufällig den richtigen Weg aus diesem Naturlabyrinth einschlagen. Auch auf unseren Ritten in die Richtung von Chartres, hinaus in die weiten Felder, verreiten wir uns einige Male. Mich erfaßt dann eine gewisse Panik, Robert bleibt gelassen. Über die Schulter murmelt er beruhigende Worte nach hinten, wo Quirina und ich besorgt nachtrotten und schließlich sogar über Steine und Zweige stolpern. So sehr müssen wir angestrengt um uns schauen. *Heb die Füße*, zische ich meinem Mädchen zu. Erst bei Mondschein kommen wir nach einem unfreiwillig fast vierstündigen Ritt mit kurzen Absteigpausen nach Hause. Meine Knie sind steif, mein Popo schmerzt, und die Pferde wälzen sich nach der Fütterung ausgiebig im mondhellen Paddock. Etwas vorwurfsvoll erwarten uns Céline und Old Shatterhand gleich hinter dem Tor ... Ab sofort reiten wir also mit Karte, und Robert trägt darauf alle uns bereits bekannten Routen säuberlich ein. Die Auswahl der Wege ist so groß, daß wir nach Wochen und Monaten noch immer neue Kombinationen und Möglichkeiten finden. Um genau zu sein, Robert findet. Quirina und ich folgen ihm und seiner Muscade mehr oder weniger willig. Quirina läßt ihre Kollegin gerne vor sich hergehen, zum Nebeneinanderreiten muß ich manchmal treiben. Nur in Gefahrensituationen, wenn etwa eine furchterregende Maschine im Feld steht oder ein Steinhaufen am Wegrand liegt, dann läßt Musci ihrer Kollegin gerne den Vortritt. Das leitet sie allerdings gerne mit einer scharfen Kehrtwendung ein, was Robert gar nicht schätzt und meist rechtzeitig verhindert.

Einen Futtermittellieferanten machen wir ausfindig und vergleichen in zahlreichen Prospekten und Informationsblättern die Inhaltsstoffe der diversen Produkte. Schlagen in unseren Fachzeitschriften und Büchern nach und hören schließlich doch auf den Rat des Verkäufers. Unsere Heu- und Strohlieferungen klappen reibungslos, letzthin hatte mir der Bürgermeister im blauen Overall sogar die Hand geküßt, mir allerdings beim Umdrehen kurz an den Popo gefaßt ... Er hatte dann aus seinem zerknitterten siebzigjährigen Gesicht so freundlich herausgelacht, daß ich beschloß, die Geste nicht zu beachten und durchgehen zu lassen. Ganz abgesehen davon, daß mein Französisch auch in solchen Situationen noch recht holprig ist.

## Meine kuscheligen Mörder

Mickey und Fanny, unser mausgraues Schweizer Katzengeschwisterpaar, bleiben in diesen ersten Wochen oft tagelang weg. Zu Pferd suchen wir sie dann in der näheren und weiteren Umgebung des Hauses. Mickey erscheint meist kurz nach unserem Rufen von irgendwelchen fernen Jagdgründen, doch seine Schwester kommt schließlich wochenlang nicht mehr. Wir geben die Suche und die Hoffnung lange nicht auf … Und holen aus dem nahen Tierschutzhaus schließlich eine Siamesin ab, die uns erkoren hat. Sie reibt sich an unseren Beinen, folgt uns und macht uns in lauter Siamesensprache ihre Wahl deutlich. Bijou zieht also bei uns ein und wählt vorerst die luftige Höhe des Geschirrkastens als vorläufiges Domizil. Dort verbringt sie die ersten Tage und studiert unser Leben, unsere Hunde und Mickey. Der ignoriert die Neue gekonnt. Nach wenigen Tagen ist das Eis gebrochen, Bijou hat das neue Heim für würdig befunden und schmust ausgiebig mit uns, dem Dackelherrn und bald auch mit der darüber etwas erstaunten Céline. Nur Mickey macht noch einen Bogen um die Neue. Bijou legt sich ihren sitzenden Menschen mit Vorliebe auf die Brust, den Kopf fest unter dessen Nase gedrückt, eine gewisse Atemnot erzeugend. Nur mühsam gewöhnen wir uns an diese erstickenden Liebesbezeugungen. Daß weiterer Familienzuwachs ins Haus steht, wissen wir noch nicht: Die Katze der Nachbarn bekommt unvorhergesehenermaßen Junge, was wir höflich zur Kenntnis nehmen; nicht ahnend, daß Madame Mallé uns schon fix in die Zukunftspläne der jungen Katzenfamilie eingebaut hat. *Ich lege Ihnen eine Kleine einfach vor die Tür, sonst muß ich sie umbringen*, informiert meine resolute Nachbarin mich telefonisch und löst damit bei uns eine kleine Ehekrise aus. *Sicher war das deine Idee,* schnaubt mein Mann, der findet, daß unsere Familie bereits mehr als komplett ist.

So zieht Frenchie bei uns ein. Ein graubeige getigerter Winzling, viel zu früh von der Mutter getrennt, so groß wie das Maul unserer Céline. Bijou übernimmt vom ersten Tag an Mutterpflichten, und die ausgelassenen Spiele der beiden finden wir interessanter als jedes Fernsehprogramm. Bald hat Frenchie herausgefunden, daß man an den stoffbespannten Wohnzimmerwänden bis zur Decke hochlaufen oder sogar das Zimmer vertikal umrunden kann … *Hoppla*, da fällt das Bronzepferd aus Griechenland vom Kaminsims in vier Stücke, da zerschellt die wertvolle Vase, die wir da oben am Schrank so sicher wähnten … Frenchie fegt wie ein Wirbelwind durchs Haus und erobert trotz ihrer Malheurs auch das ordentliche Herz meines Mannes. Geduldig leimt er Pferd und Vase und im Lauf der Zeit noch so manches mehr. Céline scheint mit Bijou um die Nähe von Frenchie zu buhlen. Immer öfter liegt die Kleine neben Céline, wurmt sich ins zottelige dichte Fell und drapiert sich über Hals oder Kopf der Riesenhündin. Mit einem tiefen Seufzer bleibt Céline mucksmäuschenstill liegen, so was Kleines braucht ja den Schlaf … Bald beginnt Frenchie probeweise, an Célines Wange zu saugen. Immer an derselben Stelle, bald bildet sich dort ein kleiner Höcker unter dem Fell. Während des Saugens tretelt sie mit geschlossenen Augen selbstvergessen in Célines Gesicht, oft nahe der Augen. Geduldig liegt unser großes Mädchen bewegungslos, seufzt leise, entzieht sich aber niemals der schmatzenden Kleinen. Die beiden werden zu unserer Feierabendattraktion. Mickey hält sich männlich bewußt von dieser Idylle fern. Er läßt die Frauen unter sich und konzentriert sich auf die wichtigen Dinge des Lebens. Dazu gehören neben Unmengen von Whiskas leider junge Wildkaninchen. Ich finde unseren immer fetter werdenden Kater eines Morgens mit einem zarten Hasenlauf vor den Pferdeboxen … Deswegen also sind die Kaninchen aus dem Paddock verschwunden. Mickey, der gefräßige Mörder, hat sie verjagt und auch Beute gemacht. Ich versuche, dem Grauen ins Gewissen zu reden, er sieht mich mit seinen kugelrunden grünen Augen groß an. Dazu schnurrt er vor sich hin und denkt sich seinen Teil, bevor er mit hoch erhobenem Schwanz davonspaziert, neuen Abenteuern entgegen. Fast jeden Morgen finde ich vor der Küchentür die offenbar weniger schmackhaften Teile von Mäusekörpern. Eine spitze Waldmausschnauze mit zwei schwarzen Augen, die seltsamerweise noch glänzen. Ein Schweif und Eingeweide, ein Frosch ohne Gliedmaßen, eine Eidechse ohne Schwanz, ein toter Vogel … Meine gefühlvollen Büsis sorgen dafür, daß ich noch vor dem Frühstück so richtig wach werde. Über die starren Maulwürfe, die immer auf dem Rücken liegen und ihre rosa Schaufelhände ergeben hochrecken, könnte ich heulen, sie sehen irgendwie rührend aus.

*Das ist die Natur*, sagt Robert. Weiß ich natürlich, trotzdem sehe ich meine kleinen Mörder eher skeptisch an. Es kommt auch vor, daß eine der Katzen mir eine noch lebende Beute ins Haus bringt, seltsamerweise meist abends und dann, wenn Robert nicht da ist. Stolz und wegen des vollen Mauls dumpf miauend, brescht sie dann durch die Katzentür und bringt das friedliche Szenario von schnarchenden Hunden, dösenden Katzenkollegen und halb eingeschlafenem Frauchen durcheinander. Ich sammle alle verfügbaren Hunde und Katzen an einem sicheren Ort, öffne die Fenstertüren, locke mit Stimme und bugsiere mit Hilfe des Besens Waldmaus, Vogel oder Eidechse hinaus in die Freiheit. Hoffend, daß dort nicht um die Ecke einer von meinen Lustmördern sprungbereit sitzt. Bijou zeigt der kleinen Frenchie jetzt die Welt da draußen rund ums Haus herum. Und bald tollt die Kleine übermütig im Strohlager, inspiziert frech die Pferdeboxen, verrichtet mit Vorliebe dort ihr Pipi. Die Katzentür, die von der Küche weg durch die Veranda in die Waldfreiheit führt, bleibt lange ein Ärgernis für Frenchie. Sie nimmt jeweils einen Anlauf von mehreren Metern, drückt schon während des letzten Meters die Augen fest zu und wirft sich dann mit verzweifelter Kraft gegen die Klappe. Klipp klapp und nichts wie weg … Die im Paddock ausgelegten Stroh- und Heuhaufen liebt Frenchie. Voll Begeisterung stürzt sie sich kopfüber in einen Haufen, verschwindet völlig unter den Halmen und verharrt dort bewegungslos. Erschrocken fahren die Pferdeköpfe hoch, wenn aus dem duftenden Heuberg eine zarte Katzenpfote frech auf ihre Nasen klatscht. Unsere Katzen sitzen oft zwischen den grasenden Pferden, rollen sich im Laufweg im feingelben Sand, den sie anschließend auf den dunkelroten Fliesen im Wohnzimmer abschütteln.

Die Pferde liegen jetzt oft im Paddock und genießen die Sonne. Zuweilen lassen sie sich schwer zur Seite fallen, liegen mit ausgestreckten Beinen und der Nase tief im Gras. Anfangs muß ich mich dann oft aus der Nähe davon überzeugen, daß der reglose dunkle Fleck im Gras noch atmet ... Und manche unserer pferdeunerfahrenen Besucher laufen mit ernstem Gesicht aufgeregt zu uns ins Haus, um uns zu holen. *Eure Pferde sind krank, sie liegen schon ganz flach, kommt schnell* ... Muscade ist jetzt 13, Quirina 9. Und ja, wir verschieben das Reiten schon mal, wenn unsere beiden Mädchen so genüßlich in der Sonne liegen ...Wenn eines der Pferde sich wälzt, kommt Céline mit fliegenden Ohren gelaufen, sie nimmt das als Aufforderung zum Spiel. Wir haben mittels jeweils zwei knapp nebeneinander stehender Pfosten schmale Eingänge in den Paddock geschaffen, um nicht zwischen den Elektrobändern durchsteigen zu müssen. Nach dem ersten Elektroschlag, der Céline jammernd durch den Wald jagt, benützt nun auch sie diese Pforten. Nur Old Shatterhand dackelt nach wie vor bedenkenlos unter den Elektrobändern durch. Wie Pat und Patachon ziehen die beiden unzertrennlich in ihrem weitläufigen Reich herum. Nach vorne zum Zaun, Ausschau halten, ob irgend jemand vorbeikommt, zurück zum Paddock, rund ums Haus. Wenn Old Shatterhand eines seiner vielen Altherrenpipis verrichten muß, schließlich hat er zwölf Jahre auf seinem etwas krummen Rücken, wartet Céline geduldig daneben. Sie ist erst drei Jahre alt und wechselt langsam ihr Fell von beige zu grau. *Ein Paradies haben wir hier gefunden*, stellen wir unisono fest. Die Waldesstille um uns herum tut gut, keine nahen Nachbarn, kein Verkehrslärm. Ich genieße es, morgens das Haus nicht fürs Büro verlassen zu müssen, den ganzen Tag zu Hause zu sein. An die Geräusche unseres Hauses müssen wir uns allerdings erst gewöhnen, vor allem nachts. Einige Male schrecken wir nachts auf, finden nicht einmal die Lichtschalter auf Anhieb und halten Nachschau. Die im Vorzimmer tief schlafenden Hunde wanken schlaftrunken mit rund ums Haus. Die hölzernen Fensterläden klappern im Nachtwind, die Katzen balgen sich auf dem Kies, ein Zweig schlägt gegen die Mauer ... Und als mitten in der Nacht Schüsse krachen, sind wir hellwach. Landleben will gelernt sein.

## Wille gegen Wille

*Wir müssen wieder einmal alleine ausreiten*, bestimmt mein Mann. Das habe ich kommen sehen und gefürchtet. Ich streite mich ungern mit meinem Pferd, und alleine ausreiten wird nach so langer Zeit der Zweierritte problematisch werden. Weiß ich einfach. Robert rügt mich zu Recht. *Wenn man Schwierigkeiten erwartet, dann treten sie auch auf* ... Im Kopf bin ich da mit ihm einig, mein Bauch sagt anderes. Ich rede mir positive Willensstärke ein und lasse erst mal meinen Mann seinen Einzelritt probieren. Damals in der Stadelmatt war das schließlich nach den Anfangsproblemen keine Sache, das zurückbleibende Pferd hatte Kollegen um sich herum. Diesem Punkt schenken wir zuwenig Beachtung: bei uns bleibt ein Pferd alleine zurück, ohne Artgenossen. Wir putzen beide Pferde wie üblich gemeinsam, dann kehrt Quirina in ihre Box zurück. Muscade hingegen wird reitfertig gemacht, und Robert schwingt sich auf ihren Rücken. Sofort fährt Quirinas Kopf wie ein Geschoß über die vorsorglich geschlossene Boxenhalbtür. Noch mahlt sie am Heu, doch die Vorderhufe klopfen schon energisch gegen die Tür. *Und ich???* Brav macht Muscade einige Schritte auf dem Weg zum Tor, dann ertönt von der Chefin ein warnendes Wiehern. Gehorsam bleibt Musci stocksteif stehen. *Aus. Die Chefin hat gemeint, das genüge.* Weil Robert da anderer Meinung ist und das, was er sich in den Kopf gesetzt hat, auch durchführt, beginnt der Kampf. Wille gegen Wille. Die Hunde haben wir vorsorglich weggesperrt, die Katzen betrachten vom höchsten Strohballen aus die Vorstellung. Es wird ernst. Robert treibt Muscade mit Schenkeln und Gesäß weiter, mit widerwilligen Staksschritten stelzt sie den Sandweg entlang.

Quirina beginnt in ihrer Box zu toben, als die Kollegin hinter den Bäumen verschwindet. Die Boxenwände biegen sich unter ihren Schlägen, sie wirft sich mit dem Körper gegen die Seitenwand. Ununterbrochen, am ganzen Leib zitternd, wiehert sie ihrer Muscade nach. Meine schwachen Nerven. Ich versuche, die schwarze Teufelin mit Worten zu beruhigen, sie beachtet mich nicht. Mein Herz sinkt, seit Jahren habe ich mein Mädchen nicht mehr so aufgeregt gesehen. Ich dachte, diese Periode hätten wir hinter uns. Haben wir nicht. Quirina schnaubt heftig, dreht mir das Füdli zu und rollt das Weiß aus ihren Augen. Mich will sie jetzt nicht, das ist klar. *Öffne die Box*, ruft Robert mir von irgendwo zwischen den Bäumen her zu, er ist besorgt um unseren Stall. So schießt mein schwarzer Blitz aus der Box hinaus in den nächstliegenden Paddock und rast dort verrückte Kreise, unterbrochen von Buckeln, begleitet von Wiehern. Muscade zögert wieder, schafft eine totale Kehrtwendung und macht jetzt, wieder mit dem Kopf zum Stall, Anstalten, zurückzugaloppieren. Robert bleibt im Sattel, kann sie halten, dreht sie mit einiger Mühe, vollkonzentriert. Da beginnt Muscade zu bocken, einige Male hintereinander wirft sie ihr Hinterteil so hoch sie kann, eine altbewährte Tradition, die im Schulstall gefürchtet war. Rauf runter, rauf, runter, rauf, runter, als wolle sie ihren Reiter abschütteln. Doch der sitzt gottlob noch immer relativ fest, ist jetzt schon ziemlich rot im Gesicht und ruft mir etwas Unverständliches zu. Der Anblick der beiden Kämpfer, im Hintergrund mein unbändiges Pferd, setzt mir mehr zu, als ich dachte. *Was habe ich mir da nur angetan, konnte ich kein einfacheres Hobby finden*? Zudem fürchte ich, daß Robert sich verletzt, daß Quirina in ihrer besinnungslosen Aufregung sich verletzt, daß Muscade durchgeht, einfach abgaloppiert, mit oder ohne Reiter. *Mir fehlt die zum Reiten nötige Kaltblütigkeit*, stelle ich wohl zum hundertsten Mal in vier Jahren fest. Irgendwie bugsiert Robert sein Pferd jetzt zwischen den Bäumen durch zum Tor, vom Weg sind die beiden längst abgekommen. Muscade macht nun tolle Seitengänge, dressurreif. Sie versucht so, sich vom fast erreichten Tor wegzudrücken. Jetzt erst wiehert sie zurück zu Quirina, mit bebendem Leib. *Hilf mir…* Meine schweißnasse Schwarze empfängt die Botschaft still, den Kopf hoch erhoben, die Nüstern weit gebläht, die Augen in unendliche Fernen gerichtet. Dann tanzt sie mit hoch erhobenem Schweif und Kopf, piaffiert und federt einige Trabrunden – wunderschön ist sie anzusehen. Als Pferd an sich, wohlgemerkt, nicht als mein vertrautes Reittier.

Die beiden Kämpfer vorne am Tor schaffen es, jeder auf seine Weise. Mit vielen Stops, plötzlichen Wendungen und Buckeleinlagen durchsetzt, hat Muscade den Weg durchs vorsorglich offen stehende Tor geschafft. Triumphieren kann mein Mann noch nicht. Sie müssen jetzt den Zaun entlangreiten, am Paddock mit Quirina darin vorbei, nach vorne zum Waldweg. *Komm zurück, es genügt, toll hast du das gemacht*, flehe ich Robert an. Aber er hat Blut gerochen, wie man so sagt. Momentan drehen sich die beiden im Kreis, ein gezielter Schlag mit der Gerte hilft. Muscades Hinterteil kommt dem Maschengitterzaun bedrohlich nahe, Horrorvisionen von im Gitter steckenden Hinterhufen befallen mich … Dann drängt sie rechts in den dichten Wald hinein, doch Robert setzt sich durch. Muscade tanzt an der Chefin vorbei, biegt vorne in den Waldweg ein, Wiehern von hüben und drüben zieht schaurig durch den Wald.

Robert reitet nur eine kleine Schleife, kommt gemächlich im Schritt mit schweißnasser Muscade und schweißnassem Hemd zurück. Nein, heute werde ich das Alleinereiten sicher nicht versuchen. *Du siehst ja, es geht*, muntert mein Mann mich auf. *Man muß nur ruhig bleiben, stark und muß sich durchsetzen. Das fängt im Kopf an.* Eben … Die beiden Stuten blubbern sich über den Zaun hin zu, als wären sie wochenlang getrennt gewesen. Später im Paddock, da stubst

Quirina ihre Kollegin tüchtig vor sich her. Nachdrücklicher, als sie das sonst macht. *Komm mir nicht noch einmal auf solche Ideen, unerlaubte Entfernung von Heim und Herd, wo gibt's denn so was* … Musci legt sicherheitshalber mal wieder die Ohren zurück und läuft mit tief gesenktem Kopf endlose Schrittrunden vor der Chefin her. Diese Runden drehen die beiden Pferde oft stundenlang, vor allem nachts. Wann immer Muscade stehenbleiben möchte, zwickt oder schubst Quirina sie in die Hinterbacke. Schiebt sie an: *weiter, weiter*… Richtige Trampelpfade haben die beiden im Auslauf angelegt, ihre Schleifen und Kurven mit tiefgesenkten Köpfen ziehend. Hat natürlich Vorteile, denn unsere beiden Pferde bleiben so in ständiger Bewegung. Die Nachbarin meldet sich telefonisch und besorgt. Was denn geschehen sei, man habe sich über das langanhaltende Wiehern beunruhigt … *Morgen versuchst du es*, grinst mein Mann fröhlich.

Am nächsten Tag regnet es, selten hat mich Regen so erfreut … Entkommen, ein Tag Aufschub. Hier reiten wir bei Regen selten. Einfach deswegen, weil die Pferde immer draußen sind und wir ihnen den Sattel nicht auf den nassen Rükken packen möchten. Doch der nächste Tag kommt unerbittlich, und Robert hat sich mit der Videokamera bewaffnet, um mein Waterloo auch noch filmisch zu verewigen. Ich fasse die nötigen guten Vorsätze zur Konsequenz. Das Gefühl in der Magengrube erinnert mich an meine allererste Reitstunde vor sechs Jahren. *Lächerlich, reiß dich zusammen. Alles geht, wenn man nur will.* Derart innerlich gestärkt, sattle und zäume ich Quirina. Die stutzt etwas, als Muscade in ihre Box zurückkehrt. Ich rede konstant leise vor mich hin, zur eigenen Beruhigung und zu der meines Pferdes. Robert steht mit der Kamera bereit. Bei meinem Aufsitzen schielt Quirina fragend rüber zu Muscade. Die kaut in ihrer Box lässig am Heu, wirkt völlig unbeteiligt. *Ist eben ein normales Pferd, nicht so verzogen und überkandidelt wie deine*, bemerkt mein Mann stolz. Natürlich. Erst nach unseren ersten zögernden Schritten weg vom Stall fährt Muscades Kopf hoch. Hoppla, so hat sie das nicht gesehen … Das Spiel beginnt. Mit Konzentration, tiefem Einsitzen und fest an die Flanken gepreßten Beinen quetsche ich einige Schritte aus meiner Stute. Gegenseitiges Gewieher beginnt, Robert entläßt Muscade doch in den Paddock, denn sein normales Pferd beginnt bereits, gegen die Wände zu treten. *Hat sie von Quirina abgeschaut*, murmelt Robert böse. Quirinas Taktik unterscheidet sich von der ihrer Kollegin deutlich. Wo Musci sich auf Buckeln und rasche Kehrtwendungen verlegt, arbeitet Quirina mit Rückwärtsgängen. In rasanter Geschwindigkeit. Da sitze ich also tief ein, lege die Schenkel ans Pferd, lasse den Oberkörper nach hinten fallen und die Zügel lang, was mich einige Überwindung kostet. Dennoch rattert mein Mädchen rückwärts, oft geradewegs auf einen Baumstamm zu und bleibt erst in letzter Minute kurz davor stehen.

Das ist meine Chance. Immerhin kommen wir beide in dieser Weise in zehn Minuten etwa zehn Meter weit. Robert huscht mit seiner Videokamera an einen besseren Gesichtswinkel und gibt mir anfeuernde Ratschläge. Ich fühle mich da oben ziemlich elend, wechsle zwischen Wut und Verzweiflung, für Angst bleibt mir keine Zeit. Quirina dreht sich im Kreis, Quirina rennt rückwärts, Quirina macht sogar eine Kehrtwendung. Ich bleibe im Sattel, ich kann sie halten. Bei jedem Wiehern, und sie wiehert fast ständig, vibriert ihr Leib, und beide sind wir bald klatschnaß. Wir tänzeln, wir piaffieren. Muscade galoppiert laut rufend im Paddock und läßt uns nicht aus den Augen. Quirina hopst im Schritt derart, daß ich Mühe habe, im Sattel zu bleiben. *Bleib energisch, setz dich durch,* zischt Robert von irgendwo her. Schließlich bleibt Quirina steif stehen, nichts bringt sie vorwärts. Auch die Gerte nicht. Erst als Robert sich von hinten mit einem Zweig nähert, kommt wieder Leben in meine Stute. Sie mistet während zwei Galoppsprüngen, dreht sich um sich selbst, doch langsam kommen wir nach vorne auf den Sandweg …

Für kurze Minuten läßt sie mich im Gefühl des Siegers, das habe ich auch nötig. Dort, wo die weiten Wiesen links des Weges liegen, wagt sie einen neuen Versuch und steuert mich rücklings ins satte Grün. Ausgerechnet in diesem Augenblick biegt vorne um die Ecke ein lässiger Schimmelreiter, der sich über uns beide offensichtlich amüsiert. Robert, die Kamera am Auge, beruhigt mich: e*s ist François*. Fein. Zuschauer bei meinem Kampf haben mir gerade noch gefehlt … François schüttelt fachmännisch rügend den Kopf und gibt neben Robert seine Ezzes. .*Beine dran lassen, Oberkörper zurücklehnen, treiben, treiben. Merci vielmals, meine Herren, ich treibe ja*. François sitzt gekonnt auf seinem Schimmel, der tadellos am Zügel steht und nur die Augen in unsere Richtung drehen kann. Wir schaffen es, wir kehren in rasantem Schritt, aber immerhin im Schritt, heim zur ausgiebigen Begrüßung unter Pferdekolleginnen. Schamvoll sehe ich dann auf dem Videofilm jeden meiner Fehler deutlich. So üben wir in den nächsten Tagen, auch Robert wird auf Film gebannt und von Tag zu Tag machen wir kleine Fortschritte. Bis das Alleineausreiten schließlich ohne Verweigerungen und ohne übermäßige Aufregung der Zurückbleibenden klappt. Ich gestehe, daß mir diese Ritte alleine nicht viel Freude machen: Quirina klebt zwar nicht, wie das in der Fachsprache heißt, doch sie wiehert während des ganzen Rittes. Richtig unglücklich schaut sie in die Gegend, ich bebe im Sattel mit ihr mit und genieße das Alleinsein mit meinem Pferd nur mäßig. Robert hingegen freuen die alleinigen Ritte mit seiner Muscade, obwohl sie mit gespitzten Ohren und deutlich mehr Vorwärtsdrang als üblich geht.

## Zwiespältige Besucher

Hie und da halte ich mit François am Zaun ein Schwätzchen, er reitet seine Schimmel immer zu bestimmten Zeiten vorbei. Bei näherem Hinsehen fällt mir allerdings auf, daß seine Pferde gar nicht glücklich und gelöst aussehen. Sie senken die Nasen tief, können den Kopf keine Deut drehen, und ihre Augen sind starr, nicht freundlich gelassen. Ausgerechnet ich maße mir da ein Urteil an. Noch immer bin ich ein absoluter Laie, was Pferde angeht. Das weiß ich. Wie sonst auch, gehe ich nach meinem Gefühl. Meine Idee von einem glücklichen Pferd ist wahrscheinlich für einen wahren Pferdekenner nur ein Lächeln wert. Trotzdem. Mir fällt auf, daß François die Zügel auch nicht nachgibt, wenn wir länger plaudern, nie streckt ein Pferd bei ihm den Hals. Wenn ich da an Quirina denke. Sie entspannt sich sofort mit tiefem, langem Hals und halbgeschlossenen Augen, schwenkt die Zunge im Maul und kaut auf dem Gebiß herum ... Das macht sie übrigens auch beim Putzen. Erst gähnt sie mehrmals herzhaft, mit zugekniffenen Augen, dann wirft sie ihre Zunge ums Maul und wirkt vollkommen gelöst, vor allem dann, wenn das Putzen mit ein wenig Tellington-Ttouch eingeleitet wird. Vom Duschen sind unsere Pferde angetan, Quirina säuft sogar aus dem Wasserschlauch, und gleich danach wird ausgiebig im Gras gewälzt.

Meine Eltern erklären sich bereit, zehn Tage lang die Tiere und das Haus zu versorgen, da wir beide geschäftlich verreisen müssen. Sie reisen mit der Bahn aus Österreich an, beide nahe der Siebzig und völlig unerfahren im Umgang mit Pferden. Noch dazu sprechen sie kein Wort Französisch. Wir holen die beiden in Paris am Gare de l'Est ab. Bei unserem Eintreffen um 21.30 Uhr sehen wir auf einer großen Tafel die Züge mit Verspätung angeschrieben, 00.20 lesen wir ab. *Ganz schöne Verspätung, fast drei Stunden ...* Wir trösten uns mit einem gemütlichen Abendessen in einem kleinen Bistro und schlendern nach Mitternacht zum Bahnhof zurück. Der liegt im Dunkeln, eine Putzmannschaft sammelt die Abfälle des Tages ein, dunkle Gestalten lungern in den Ecken, alle Leuchttafeln sind erloschen, alle Schalter und Wartesäle geschlossen. Hoppla. Die Sorge um meine Eltern packt mich, die Lösung des Rätsels präsentiert der letzte noch auffindbare Uniformierte. Der schüttelt über unsere Dummheit den Kopf, *20 Minuten Verspätung hatte der Zug aus Wien, das war alles, voila ...* Und meine Eltern? Ich stelle mir die beiden verschreckt auf ihren Koffern sitzend in einer dunklen Ecke des Bahnhofs vor, der fremden Sprache unmächtig, eventuell auch ohne französisches Geld. Robert beruhigt mich, aber meine Panik steigt. Wo suchen? Wir irren ein wenig auf dem Bahnhofsgelände herum, bis Robert die rettende Idee hat. Jeder für sich, fragen wir systematisch in allen Hotels und Bistros rund um den Bahnhof nach ihnen. Tatsächlich wird Robert fündig. In einem Stundenhotel gleich vis à vis dem Bahnhofseingang findet er meine ziemlich mitgenommenen Eltern. Erleichtert fallen wir uns in die Arme. Nein, lachen können sie über unser Mißverständnis jetzt noch nicht.

*Das fängt ja gut an,* denke ich und sehe den kommenden Tagen mit Besorgnis entgegen. Dann fahren wir durch das Pariser Lichtermeer, an hell erleuchteten Sehenswürdigkeiten vorbei, den Champs Elysees entlang, wo nach ein Uhr nachts noch immer die Menschen flanieren. Auf dem Boulevard Peripherique strömen die Autos noch immer dreispurig in jede Richtung, diese Stadt scheint nicht zu schlafen. Wir sehen die SDF, die Obdachlosen (sans domicile fixe) in ihren Riesenkartons oder auf Kleiderbündeln unter den Autobrücken, dann geht es hinaus zu, Richtung Versailles. Immer spärlicher werden die Lichter, immer weniger die Autos. Nach etwa einer Stunde umgibt uns totale Finsternis, wir sind alleine auf der Straße. Links und rechts liegen dunkle Wälder, durch die sich die Straße schlängelt. Wildschweine sehen wir am Straßenrand, und einmal setzt knapp vor uns ein majestätischer Hirsch über. Wir sind ganz stolz auf diese Attraktionen. Meine Eltern sind noch schweigsamer geworden, bis sich mein Vater zu einem gequälten Lächeln durchringt. *Da sagen sich ja die Füchse gute Nacht*, meint er und hat recht damit. Als wir dann nach einer weiteren halben Stunde auf unserer holprigen Sandstraße dem im dunklen Wald gar nicht sichtbaren Haus zurollen, seufzen meine Eltern leise. Ihre Tochter, der ausgesprochene Stadtmensch, ist also hier gelandet ... Nach dem ersten Schrecken leben sich die beiden hier ein. Der Wald, die Stille, die Tiere sind eine andere Welt für sie. Wir führen meinen Vater in die Geheimnisse der Pferdepflege ein, meine Mutter übernimmt die Sorge um Hunde, Katzen, Haus und Küche, so daß wir beruhigt abreisen können. Immerhin. Nach 68 pferdelosen Jahren plötzlich zwischen zwei Pferden im Paddock Mist aufzusammeln, Körnerfutter auszuteilen und auf Verletzungen zu achten, ist nicht selbstverständlich. Und meine Mutter kreiert inzwischen einen Musterhaushalt ... Nach unserer Rückkehr haben die beiden Eile, in ihre gewohnte Welt zurückzukehren. *Schön ist es hier, wirklich schön*, befinden sie. *Aber einsam, menschenleer...*

Die Nachbarn berichten uns, daß sie sich von der Ponydame Carla getrennt haben, auf einer großen Weide stehe sie nun. Ich habe etwas von meiner Naivität verloren, wahrscheinlich liegt diese Weide im Pferdehimmel. Freunde besuchen uns. Hinne und Wilma aus Holland, beladen mit über fünfzig verschiedenen Grünpflanzen. Die setzen sie dann liebevoll rund ums Haus, notieren uns deren Namen und Pflegeanleitung. Unzählige Blumenzwiebeln vergraben sie unter fachmännischer Aufsicht unserer beiden Hunde, die anschließend die richtige Lage der Zwiebeln kontrollieren … Sie lehren uns die Namen der verschiedenen Vögel und der teilweise anderswo seltenen Blumen und Pflanzen. Unser zweites Gästezimmer wird eingeweiht. Selma und Markus kommen mit Célines Schwester Cagoule und der gefährlich dreinschauenden Wolfshündin Cora. Angewidert betrachten unsere Katzen vom höchsten Strohballen aus die ungestümen Spiele der drei Irinnen. Old Shatterhand mit dem Löwenherz fährt mutig als Schiedsrichter in jede Balgerei, niemand darf seiner Céline zu nahe kommen. Selma und Markus werden bald auch nach Frankreich ziehen, sie bleiben aber in der Nähe der Schweizer Grenze.

Zum ersten Mal bin ich einige Tage allein im Haus, Robert muß geschäftlich in die Schweiz reisen. Tagsüber bin ich beschäftigt, im und ums Haus, im Stall und mit den Tieren gibt es hunderterlei zu tun. Die Freuden des Nurhausfrauseins weiß ich leider nicht so recht zu schätzen. Aber ich bin gerne alleine. Die ersten Abende einsam im Wald bereiten mir allerdings etwas Mühe. Bei Einbruch der Dunkelheit schließe ich die Holzläden und komme mir verbarrikadiert vor. Mutterseelenallein und einsam. Ich bedaure mich selbst ein bißchen und tröste mich mit der nun freien Wahl des Fernsehprogramms. Niemand, der in rasender Geschwindigkeit von Sender zu Sender zappt … Beim Rauslassen der Hunde kurz vor Mitternacht höre ich die Eulen und Käuzchen gespenstisch rufen, sonst ist es totenstill und stockdunkel ums Haus. Madame Mallé hatte mir aufgetragen, jederzeit bei ihr anzurufen, falls ich Angst hätte, sie selbst jedoch wohne hier seit dreißig Jahren und schlafe bei offener Tür. Meine Strohwitwerabende in der Schweiz waren abwechslungsreicher. Wehmütig denke ich an Kino, Spaziergänge am See, Kaufabend in Zürich, Ausritte mit Stallkollegen, Pizza mit Freunden oder die knackigen Salatteller im Mövenpick … Selbst wenn diese Attraktionen jetzt in erreichbarer Nähe wären, bliebe ich im Haus: ich habe schlichtweg Angst, nachts alleine in die stille Dunkelheit zurückzukehren. Mein Mann berichtet mir jeden Morgen telefonisch von seiner Arbeit und seinen Abenden mit Freunden oder Bekannten. *Man kann nicht alles haben*, tröste ich mich und bin froh, als Roberts grauer Honda endlich zwischen den kahlen Zweigen wieder aufs Haus zurollt. Einen regen Warenverkehr Schweiz – Frankreich bauen wir auf. Schweizer Schoggi, Robidog zum Aufnehmen von Hundekot, Kräutertee, Medikamente, Fondorwürze und Büroartikel, die Liste ist lang. Schweizer Schätze in meinem Vorratskeller. Und auch auf unsere altgewohnten Schweizer Tageszeitungen bleiben wir abonniert.

# Es weihnachtet nicht sehr

Vorweihnachtszeit. Spurlos geht die Adventszeit an uns vorbei, in unserer Region sind Bräuche und Traditionen dieser Art in Vergessenheit geraten. Es gibt kaum Weihnachtsdekorationen, keine Weihnachtsmärkte. Das Zuviel und Zufrüh von Angebot und Konsum in der Schweiz weicht hier einem gewissen Desinteresse. Kein Rummel, keine Weihnachtslieder, keine Dekorationen, nicht mal Adventkränze. *Du bist verwöhnt*, sagt mir mein Mann wieder einmal, er hat recht. In diesen Tagen feiert mein Vater Geburtstag, eine willkommene Gelegenheit, nach Wien zu reisen, zurück in die allererste Heimat. Dort die Weihnachtsstimmung einfangen. Mein Mann bleibt alleine zurück, versehen mit Vorgekochtem und mit langen Listen von Anweisungen. Da der Flughafen Charles de Gaulle nördlich von Paris liegt, müssen wir, vom Südwesten kommend, die Stadt durchqueren und bis zu zweieinhalb Stunden Fahrt einrechnen. Ich nehme also Bahn und Bus, es regnet in Strömen, und eigentlich möchte ich mitten in Paris gleich wieder in meine Waldheimat zurückkehren. Der Air France Bus hat eine halbe Stunde Verspätung und hält nach einer Stunde Fahrt am Beginn des Flughafengeländes. Vor uns stehen Autos und andere Busse auf der breiten Zufahrtsstraße still. *Das Bodenpersonal des Flughafens streikt und blockiert die Zufahrtsrampen*, teilt uns der Fahrer emotionslos mit. Er scheint sich den Streikenden gleich anzuschließen, denn unsere Koffer müssen wir selbst aus dem dunklen Busbauch zerren. Zu Fuß, im strömenden Regen, unsere Koffer schleppend oder wie unfolgsame Hunde hinter uns durch die Pfützen zerrend, drängen wir uns an den stehenden Autos vorbei. Hin durch die Kette des Bodenpersonals, das grinsend und singend im Regen Verbrüderung zeigt.

Wir Reisenden sind inzwischen an der geschwungenen Zufahrtsrampe angelangt, jetzt heißt es die Steigung nehmen und irgendwie über die Betonabschrankungen zum Flughafeneingang hasten. Immer mehr Menschen gesellen sich zu uns. Ich balanciere Handtasche, Reisetasche und Koffer, eine Hand zuwenig für den Schirm. Der schicke Mantel naß, die Haare an den Kopf geklatscht, mit lustigen Schmutzsprenkeln an den Waden wanke ich hinter den anderen her. Aha, manche schwingen sich über die Betonabschrankung, manche hüpfen, andere klettern, tappen in Pfützen. Die zukünftigen Flugpassagiere machen durchwegs einen jämmerlichen Eindruck. Kinder hängen quengelnd an den Mänteln der Eltern, fürsorgliche ältere Herren ziehen die durchnäßte Gattin ungeduldig hinter sich die Rampe hinauf. Meinem Vordermann bricht das Rad des Koffers, einem jungen Mädchen reißt die aufgeweichte Papiertüte, und sie sammelt ihre Habe im Naß ein. So eine Zufahrtsrampe scheint sich bei Regen und zu Fuß auszudehnen … Wie viele andere, komme auch ich zu spät, mein Flugzeug ist eben gestartet. Gnädig und ausnahmsweise bucht mich Air France auf die Abendmaschine um. Nie wäre mir so etwas in der Schweiz passiert, auch nicht in Österreich. Ich bin wütend über dieses Land, fühle mich fremd und ungewollt und überhaupt elend. Wäre ich nur in meinem Wald geblieben. Nach einem feuchtkalten Nachmittag im verschmutzten Flughafen lande ich endlich in Wien. Die Leichtigkeit des Seins überkommt mich wie immer in dieser Stadt. Ich stürze mich in den Vorweihnachtstrubel, den Christkindlmarkt, die Kaffeehäuser, die Menschen, die Familie. Ein neues Phänomen erlebe ich. Mich, die Stadtbegeisterte, machen Autos, Menschen und Lärm nach kurzer Zeit todmüde. Bei Autofahrten mit einer Geschwindigkeit über 120 km/h verkrampfe ich mich angstvoll, und beim Überholen von LKWs schließe ich die Augen. Als Beifahrer, versteht sich …

*Bist wohl das wahre Leben nicht mehr gewöhnt?* neckt mich meine Familie. Stimmt anscheinend. Es war mir nicht bewußt, daß ich die Vorweihnachtszeit so schätze. Und die Weihnachtsmärkte. Der Duft von Glühwein und Maronis und heißer Wurst, die immergleichen Weihnachtsmelodien, der Kitsch, die Kunst, der dicke Weihnachtsmann. Einen Adventkranz für die Waldheimat erstehe ich. Und ich rede, rede, rede, *wie ein Wasserfall*, tadelt meine Mutter nachsichtig. Nachholbedarf, stelle ich fest. Außer Robert sind meine Gesprächspartner nun vornehmlich Tiere. Stolz zeige ich allen Fotos vom neuen Zuhause. *Schon wieder ein Pferd, noch ein Hund, aha, viel Grün*, murmeln die meisten ein wenig enttäuscht – es stimmt. Objektiv gesehen, sieht man auf allen meinen Fotos nur Bäume und Tiere. Vollgepumpt mit Leben und Menschen und Eindrücken kehre ich zurück nach Hause. Und muß tief durchatmen, um mich wieder an die graue Stille um mich herum zu gewöhnen. Es dauert einige Tage, bis ich wieder so richtig Freude am einsamen Wald finden kann. Therapiehalber backe ich Bleche voll Weihnachtsgebäck, das Haus duftet nach Zimt und Vanille. Céline und Old Shatterhand liegen stundenlang erwartungsvoll in der Küche, vorsichtig steige ich über Beine, Ohren und Schwänze. Den größten Teil der Bäckereien verschenke ich an unsere neuen Bekannten und Freunde. Die sind ausnahmslos über diese Geste überrascht, unsere Weihnachtskarten bleiben ohne Echo. Tut man hier nicht. Der erste Weihnachtsbaum in Frankreich wird nach den Festtagen vors Haus gepflanzt, jedes Jahr einer mehr. Frenchie ist in seinen Zweigen geklettert, und die Hunde haben die kleinen roten Äpfel stibitzt. Echte Kerzen habe ich aus der Schweiz mitgebracht, sie sind hier auf Christbäumen völlig unbekannt. Am 24. Dezember trifft man sich hier mit Familie und Freunden vor Mitternacht zum fröhlichen Dinner, Geschenke werden am Morgen des 25. Dezember verteilt.

Die Weihnachtsbäume stehen hier, wie in Holland, schon einige Tage vor Weihnachten meist mit blinkenden Lichterketten geschmückt. Am Stephanitag wird bereits wieder gearbeitet. Unser erster Weihnachtsabend mit den Pferden am Haus. Ungerührt kauen Quirina und Muscade an ihren Weihnachtskarotten, andächtig schauen wir ihnen zu. Umringt von Hunden und Katzen halten wir stille Rückschau und bereuen unser Abenteuer nicht. Als wir ins Haus zurückkehren, verlassen die Pferde sofort ihre Boxen, um die Weihnachtsnacht unter dem blinkenden Sternenhimmel zu verbringen. Kann ich gut verstehen. Nach dreimonatiger Abwesenheit taucht unsere graue Fanny an diesem Weihnachtsabend auf und ist unser schönstes Geschenk. Scheu kommt sie in die Küche spaziert, mit hohem Schwanz und ihrem schielenden Auge. Gelassen läßt sie meinen Begeisterungssturm über sich ergehen, dann macht sie sich über die Whiskas her. Sie hat Sinn fürs Praktische. Fanny bleibt bis ins neue Jahr hinein bei uns, dann verschwindet sie wieder. Diesmal aber kommt sie nicht mehr zurück.

Die Selbsttränken frieren trotz spezieller, nachträglich angebrachter Isolierung ein. Gottlob haben wir Warmwasser in der Sattelkammer. Als auch dort alles einfriert, holen wir Wasser aus der Küche. In einen großen Abfalleimer füllen wir es lauwarm, müssen jeden Morgen eine Eisschicht durchbrechen. Klaren Himmel und Sonne haben wir diesen ersten Winter meist, doch die Nächte sind kalt. Die Schweizer Temperaturen von minus 20 Grad erreichen wir nie, meist pendelt sich das Thermometer bei minus 5 Grad ein. Jeden Samstagmittag essen wir mit Alain vor dem Haus in der erstaunlich warmen Sonne. Wir beglückwünschen uns zur Wahl dieses Fleckchen Erdes, ein Mikroklima herrscht hier, hat man uns gesagt. Freunde und Bekannte berichten uns von Schnee, Nebel und Eisregen in der Schweiz, in Österreich und in Holland.

## Kleine Freuden und kleine Leiden

Unser Schmied gibt wegen Rückenproblemen seinen Beruf auf. Jeder Pferdebesitzer weiß, wie wichtig ein guter Schmied ist. Monsieur Rambeau schickt uns einen blutjungen Kollegen, notfalls könne er uns noch jemand anderen empfehlen. Erst vor kurzem hatten wir ein Video gemacht: Monsieur Rambeau bei der Arbeit. Seine ruhige, umsichtige Art hatte uns imponiert. *A l'anglaise* arbeitete er, also alleine, ohne helfenden Aufheber, den wir in der Schweiz gewohnt waren. Der neue junge Schmied ist freundlich, wenn auch ein wenig unorganisiert. Er erzählt, wie er bisher in der Camargue halbwilde Pferde beschlagen hätte, und meine Quirina beäugt ihn zweifelnd. Ich auch. Ein neuer Schmied, das ist so eine

Sache, er kann ein Pferdebein ruinieren. Mein Dabeistehen beruhigt mich nicht. Er drückt die glühenden Eisen lange aufs Horn, es qualmt und raucht und zischt ungewöhnlich lange, scheint mir ... *Mais non*, beruhigt er mich und grinst ein bezauberndes Jungenlächeln. *Alles in Ordnung, ist alles ganz normal so* ... Wie gesagt, ich bin Laie. Und habe außerdem gelernt, daß mit den meisten Hufschmieden nicht viel zu diskutieren ist.

Der erste Sommer, der erste Herbst, der erste Winter. So mitten in der Natur erleben wir die Jahreszeiten hier anders als früher. Wir sehen, wie Bäume und Sträucher täglich ihr Aussehen ändern, wie lange Eichenbäume ihre dürren Blätter halten, die dann rötlichgolden in der Wintersonne leuchten. Hier weiß ich genau, wann Vollmond ist. Wann der Mond ab- und zunimmt, ob hoher Wind durch die Baumwipfel rauscht oder tief am Boden den Sand aufwirbelt. Das Waldrauschen fasziniert mich, der modrige Geruch von feuchtem Laub und faulem Holz. Wir beobachten Hirsche und Rehe ganz nahe am Haus, gleich hinter dem Zaun. Gebannt starren unsere Pferde auf die Besucher, bevor sie schnaubend kehrt machen, um aus weiterer Entfernung dann neugierig doch zu gucken. Die erste Jagdsaison erleben wir hautnah. Jeden Sonntag ist Jagd in Mittainville, manchmal wird auch samstags Großwild gejagt. Von acht Uhr morgens bis sechs Uhr abends knallt es um uns herum wie im Kriegsgebiet. Wenn die jagdgrünen Männer da draußen unseren Zaum umrunden, möchten wir den Waldtieren am liebsten Tore öffnen, um hier Zuflucht zu suchen. Sentimental, ich weiß.

Diese Männer, die nur zur Jagdzeit im Wald zu sehen sind, werden wohl wissen, was sie tun. In froher Eintracht ziehen sie an uns vorbei, durchkämmen den Wald, und wir finden montags dann ihre Spuren anhand der bunten Patronenhülsen, die den Waldboden zieren. Hochstände kennt man hier nicht, Wildfütterung im Winter ist wegen des milden Klimas nicht nötig. Ein kontroverses Kapitel, die Jagd. In den knallstillen Mittagspausen, die alle Franzosen streng einhalten, gehen wir reiten. Alle Jäger hier sind freundlich uns Reitern gegenüber, wir grüßen, wechseln auch kurze Worte, immer senken sie die Gewehre. Nur einmal gehen uns die Pferde ein paar Meter durch, als die soeben passierte Jägergruppe wenige Meter hinter uns zu feuern beginnt. Wir hören von den üblichen Jagdunglücken, auch von Spaziergängern, die von verirrten Kugeln getroffen werden. Wir kleiden uns bunt zu Pferd, sonntags. Auffliegende Fasane bringen unsere Pferde kaum mehr aus der Fassung. Die Fasane werden hier gezüchtet und zur Jagdsaison schußfrei gegeben. Zahm und zutraulich hocken sie am Wegrand und warten auf ihre Bestimmung. Auf Grundstücken über fünf Hektar darf der Besitzer jederzeit jagen, von den Nachbarn hören wir des öfteren Schüsse herüberknallen, auch wochentags. Wir versuchen, unsere Katzen jeden Sonntag im Haus zu halten, und bangen, falls Mickey wieder einmal erst am Montag nachmittag nach Hause kommt.

Hufgrips und Stollen zum Ausreiten im Winter sind hier in der Region unbekannt. Eis gibt es selten, Schnee so gut wie nie. Mein erster Winter ohne Schnee, sowohl in Österreich als auch in der Schweiz waren wir jeweils im Winter mit den weißen Massen reich gesegnet gewesen. Noch vermisse ich den Schnee nicht. Es ist der erste Winter, den unsere Boxenpferde draußen verbringen, Tag und Nacht draussen im Paddock. Ohne Decken. Zwar bleiben die Boxentüren offen, doch unsere Pferde ziehen den Himmel über ihren Köpfen dem Holzdach vor. Der Sternenhimmel ist hier so klar und scheint so nahe wie sonst nirgends, die Sterne funkeln im tiefen Schwarz. Vor allem Muscade hat unbändiges Verlangen nach Freiheit, selbst bei stürmischem Dauerregen steht sie unter einem der nunmehr kahlen Bäume im Auslauf. Für sie war es ein langer Weg. Vom Schulstall, 22 Stunden kurz angebunden im Stand mit Wandblick hin zu 23 Stunden voller Bewegungsfreiheit in großen Waldausläufen ... Ob sie wohl zurückdenkt?

In windig-kalten, nassen Nächten müssen wir sie zur Box führen und dort einsperren. Das tun wir, seitdem wir sie eines Abends zitternd und durchnäßt draußen gefunden haben, obwohl Quirina längst aus eigenen Stücken in ihre Box gegangen war. Da wir die Pferde nicht eindecken, haben sie sich einen dichten Winterpelz zugelegt, den sie tagsüber in der Sonne hoch aufstellen, um die Strahlen durchzulassen. Wie Bären sehen sie aus, sogar Quirina verliert ihre schnittige Traberform und wirkt kuschelig. Morgens stehen die beiden oft mit dickem Rauhreif an den Barthaaren auf dem weißgefrorenen Paddock am Zaun, kleine Wolken dampfen aus ihren Nüstern, wenn sie auf ihr morgendliches Stück hartes Baguette warten. Sie blubbern uns zur Begrüßung zu, und Quirina streckt sich genüßlich, mit einem tiefen Seufzer, einer Katze gleich. Immer länger werden unsere Ritte, immer weitere Kreise ziehen wir. Wegen des dicken Winterfells, das unsere Pferde leicht schwitzen läßt, sind unsere Ritte gemütlich: Viel Schritt, ein kleiner Trab, selten Galopp. Und noch immer entdecken wir unbekannte Wege, neue Gebiete. Bis zu zehn Meter nah reiten wir an Rehen und Hirschen vorbei, die uns neugierig anstarren, aber keineswegs beunruhigt sind. Auch unsere Pferde heben nur kurz prüfend die Köpfe in die Richtung der Waldkollegen, dann ziehen sie mit uns gelassen weiter. Einmal nur ergreifen wir ruhige Flucht. Nach einer Wegbiegung, in etwa fünfzehn Metern Entfernung, steht ein stattliches Wildschwein auf unserem Weg, der Rest der Familie am Wegrand. Ruhig, fast herausfordernd bleibt der Eber stehen, und wir fügen uns. Vorsichtig kehren wir und wählen einen anderen Weg. Immer mit einem Blick zurück, über die Schulter ... Ich bin eine überzeugte Anderthalbstundenreiterin. Nach dieser Zeitspanne werden meine Knie steif, ich sitze schlecht und werde ungeduldig. Robert hingegen findet, daß es sich fast nicht lohnt, für einen Stundenritt das Pferd zu satteln … Zeit der Kompromisse. Nur selten reiten wir entlang Straßen, nie ist der Verkehr annähernd so stark wie damals in der Schweiz. Bauern stellen höflich ihre Traktoren ab, wenn wir denn mal einem begegnen, und bei längeren Ritten durchqueren wir immer öfter Dörfer. Kommen vorbei an Weiden, wo Kühe und Pferde den Winter, oft hinter Stacheldraht, draußen verbringen.

## Muscade unter Hausarrest

Nach einem dieser Ritte lahmt unsere Muscade leicht an ihrem rechten Vorderbein. Das Bein ist warm, jedoch nicht geschwollen, sie stolpert oft. Unser Mädchen hat einen Stellungsfehler, wie man das nennt, ihr rechtes Vorderbein ist ihr schwacher Punkt. Von jeher. Also rufen wir den vom Makler empfohlenen Tierarzt. Pierre the vet ist blond, klein, schmächtig und sehr jung. Paßt genau für meinen Mann, der jungen Menschen gerne ihre Chance gibt und sie entsprechend unterstützt. Lobenswert und richtig. Ungerechterweise hätte ich selbst, wenn's um meine Tiere geht, gerne ein wenig Erfahrung zur Jugend dazu. Immerhin spricht Pierre Englisch, was die Kommunikation wesentlich erleichtert. Er macht eine Röntgenaufnahme von Muscades rechtem Bein und bringt dazu einen Röntgenanhänger mit ans Haus, den er mit zwei Kollegen teilt. Ich bin beruhigt, das fahrende Röntgenlabor erspart uns die Fahrt in die Klinik. Pierre entdeckt denn auch in Muscades Fesselbein einen feinen Haarriß, den wir betroffen betrachten und diskutieren. *Da ist nicht viel zu machen*, meint Pierre. *Zwei bis drei Monate Boxenruhe, bis der Riß verheilt ist.* Verordnet er kurz und versteht nicht, warum ich mich dagegen wehre. Unser freiheitsliebendes Mädchen, wochenlang eingesperrt in der Box … Robert und ich werfen uns Blicke zu. Wir holen eine second opinion ein, der Tierarzt betrachtet eingehend das Röntgenfoto und bestätigt die nötige Boxenruhe …

So steht unsere Muscade dann wochenlang in ihrer Box, todunglücklich hängt sie den Hals so weit als möglich aus dem Fenster. Und legt böse die Ohren an, wenn wir uns ihr nähern. Quirinas Boxentür bleibt offen, doch sie zeigt sich solidarisch. Fast den ganzen Tag steht sie draußen bei der Box ihrer Freundin und versteht die Welt nicht mehr. Manchmal läuft sie einige Schritte im Gang, wiehert auffordernd zurück, *komm doch* … Musci antwortet immer mit einem entrüsteten, hellen Wiehern. Kein Reiten. Auch nicht alleine ausreiten mit Quirina, denn Muscade könnte sich aufregen und eine falsche Bewegung machen. Was für Arbeit ein in der Box gehaltenes Pferd gibt ... Wir reinigen die Boxen zweimal täglich, unser Misthaufen wächst. Muscis Beine laufen durch das Stillstehen an, werden dick, noch immer ist das rechte Vorderbein warm. Auch der Huf fühlt sich heiß an. Den ganzen Tag über sehen wir Muscade nun in ihrem Unglück, nähert man sich der Box, blubbert sie, auf Freiheit hoffend. Wir haben den jungen Camargueschmied nach zwei Beschlägen gehen lassen und erwarten nun wieder einen neuen Hufschmied, auch er von Monsieur Rambeau empfohlen: Monsieur Marcel. Er nimmt Muscades Eisen ab und findet den Grund für ihr Lahmen. An beiden Seiten des rechten Vorderhufs hat sie eine hohle Wand, er fährt mit dem Schraubenzieher weit hinauf zwischen das Horn. Zwischen den Hornschichten liegt die Entzündung, daher das warme Bein, das Lahmen. Wie es zur hohlen Wand kommt? *Eisen zu lange aufgebrannt, schlechte Hornqualität, Stein zwischen Eisen und Horn* – er kratzt sich am Kopf. *Alles mögliche.*

Pierre wird herbeigerufen, wir lauschen der Fachsimpelei. Der Haarriß war alt, *tant pis,* und also nicht der Grund für Muscis Lahmen. Robert wird unruhig. Zum vierten Mal knallt der neue Schmied seinen Hammer auf den rechten Vorderhuf von Muscade, um zu beweisen, daß der schmerzempfindlich ist ... Schließlich wird das Horn links und rechts hoch hinauf ausgeschnitten, *hin bis ans Leben*, erklärt uns der Schmied. Eine schmerzhafte Sache für Muscade, Blut fließt. Muscade zuckt mehrmals schmerzvoll zusammen. Man wollte ihr die Nasenbremse anlegen, die anscheinend bei richtiger Handhabung Schmerz unterdrückt. Bei richtiger Handhabung. Muscade steigt vor Entsetzen, und die Bremse verschwindet. Die Stute preßt den Kopf an Roberts Schulter, und er reibt ihre Ohren, das beruhigt sie. Die blutenden Wunden müssen zweimal täglich desinfiziert werden, spezielle Verbände müssen wir anlegen, und nach wenigen Tagen erhält Muscade einen Spezialbeschlag. *Den Huf in Javelwasser baden*, ordnet Pierre an. Eben habe ich noch über die ebenfalls verordneten Antibiotikaspritzen gestöhnt, jetzt wehre ich mich gegen das Chlorwasser. In der Schweiz konnte man Javelwasser nur quasi gegen Verschreibung in Drogerien kaufen, hier verwendet es jede Hausfrau großzügig. Allerdings muß Hautkontakt vermieden werden. Wie ist das mit einem Pferdebein ? Pierre bleibt hart, ich gebe klein bei. Muscades Huf badet in Javelwasser. Robert erweist sich als äußerst geschickt im pflegerischen Umgang, bald kann Muscade mit allen vier Beinen halbe Stunden lang in wassergefüllten Gummieimern stehen. Vollkommen gelassen und ruhig. Gut, daß wir die Pferde am Haus haben. Die zweimal tägliche Wundversorgung nimmt viel Zeit, mehrmals täglich säubern wir die Box, um Infektionen vorzubeugen. Sogar einen Hufschuh organisieren wir, der den Verband schützt und trocken hält. Robert injiziert wie verordnet täglich Antibiotika in Muscades Hals, ich assistiere und sehe im kritischen Moment weg. Und drücke weiterhin meine Arnikakügeli in Äpfel. Hilft's nicht, schadet's nicht …

Wieder hat Muscade Boxenruhe, wenn auch aus anderen Gründen. Leider teufeln Pferde nach langem Eingesperrtsein wie verrückt in die Freiheit und fügen sich damit womöglich mehr Schaden zu, als durch ruhiges, ständiges Gehen im Auslauf. Wir stehen mit unserer Meinung allein. Als Muscade nach Wochen an der Hand in den Auslauf geführt und vorsichtig freigelassen wird, rutscht sie vor Begeisterung erst mal aus und liegt flach am Boden, dann tobt sie füdlischwingend im Auslauf, daß uns angst und bange wird. Nach Wochen beginnen wir vorsichtig, wieder zu reiten. Leider bessert sich Muscades hohle Wand nur langsam, beim nächsten Beschlag muß wieder etwas ausgeschnitten werden, hilflos stehen wir um Muscade herum. Selbst in Holland holt Robert eine tierärztliche second opinion ein und kehrt mit einem speziellen Futterzusatz zurück. Wir füttern Biotin zu und reiben mit einem rosa Wundermittel aus Marseille den Kronrand ein. Der Hornwuchs soll so angeregt werden. Wir plädieren für den Einsatz von Kunsthorn über den offenen Stellen, um die ständige Gefahr von Infektionen zu bannen. Doch Schmied und Tierarzt sind dagegen. Die Wunde muß atmen, erklärt man uns …

## Endlich Frühling

Der erste Frühling in Mittainville. Nach langen graubraunen Monaten beobachten wir das langsame Ergrünen rund um uns herum. Sehen täglich Fortschritte. Und dann hören wir den ersten Kuckucksschrei, bis in den Juli hinein tönt sein Ruf ums Haus. Die ersten Besucher treffen nach der grauen Winterpause ein, sie füllen das Haus mit Leben. Ich koche gern, wir tafeln ausgiebig, sitzen abends ums Kaminfeuer im Wohnzimmer und schauen hinaus auf die Pferde, die neugierig zu uns hereingucken. Alle unsere Gäste sind begeistert vom Haus, vom Grundstück, von der Lage. Doch wohnen, so richtig hier wohnen will nach genauerem Befragen keiner. *Zu weit weg von der Welt, zu abgelegen, zu still …* Stimmt. Da wir den ganzen Tag nur aufeinander angewiesen sind, versuchen wir, Menschen kennenzulernen. Wir sprechen einfach Leute an, um in Kontakt zu kommen. Ein junges Mädchen, das auf seinem braunen Pferd jeden Samstag an unserem Haus vorbeireitet, eine Dame am Postamt, die sich als echte Marquise entpuppt, eine spazierengehende Mutter mit Kind, die mir später Französischstunden gibt, ein wanderndes Ehepaar … Gelegentlich kommt François, um meinen Sitz zu korrigieren und Kaffee zu trinken. Die ersten Walderdbeeren genießen wir, gewachsen auf dem eigenen Grund, hinten im Wald. Köstlich duftend und süß.

Unsere Pferde stehen noch im dritten Paddock, dem sogenannten Winterauslauf, seitlich vom Haus. 30 x 40 Meter groß und inzwischen vollkommen kahlgetreten, sogar einzelne Baumstämme haben die Pferde angenagt. Die beiden Paddocks vor dem Haus, insgesamt etwa 70 x 50 Meter groß, locken nun mit saftigem Grün. Zum ersten Mal müssen wir die Umstellung von Rauh- auf Grünfutter alleine bewerkstelligen. Ich erinnere mich an die mahnenden Worte von Hans. Halbstunden-, später stundenweise dürfen die Pferde vorerst nur ins Grün, um ihren Verdauungsapparat langsam umzugewöhnen. Nicht zuletzt durch den Tornado hat der Boden der Ausläufe gelitten, das Gras wächst spärlich und wird nicht lange reichen. Das stellen wir fest, als die beiden schließlich halbe Tage lang grasen. Die Zeit der Frühlingsputzete kommt. Dazu gehört auch die Reinigung der Sattelkammer. Spinnweben fallen mir in die Haare, tote Fliegen und Mäusedreck kullert mir entgegen. Zwischen den nie verwendeten Decken finde ich eine tote Maus, plattgedrückt. So wandern alle diese unnützen Decken und Schabracken in Schachteln und werden im Keller gelagert. Nur die Netzdecken dürfen bleiben, die haben wir nach Winterritten zum Abschwitzen öfter kurz verwendet. Mindestens die Hälfte der hier bei unserer Ankunft so liebevoll arrangierten Gegenstände sind überflüssig. All die teuren Sachen … Unsere Pferde verlieren ihren Winterpelz und glänzen in der Frühlingssonne wie nie zuvor. Sogenannte Forellenflecken haben sie im Haarkleid, Zeichen guter Gesundheit, sagt man. Das Haus bietet nach wie vor kleine Überraschungen. Da steht eines Morgens das halbe Erdgeschoß unter Wasser, … die Senkgrube … Wo die wohl ist? Da der Verkäufer keine Pläne hinterlassen hat, beginnt die Suche.

Mit Hilfe von Alain verfolgen wir die Rohre bis zu dem langen Holzstoß seitlich vom Haus. Dahinter finden sich die Rohre nicht mehr. Mit vereinten Kräften tragen wir den Holzstoß ab und finden wenig später heraus, daß die Rohre genau unter dem Holz einen Knick machen und einfach in anderer Richtung auf dem Winterpaddock weiterlaufen. Wieder eine Hürde genommen, wieder etwas dazugelernt … Da wir so abgelegen wohnen, haben wir einen eigenen Brunnen. Der funktioniert bestens, das Wasser schmeckt gut, und wir lassen es von nun an jährlich untersuchen … Um sicherzugehen.

## Weiden gesucht

Der Frühling bringt weitere Probleme. Die Paddocks ums Haus herum müssen neu eingesät werden und danach einige Monate lang ruhen. Wohin mit den Pferden ? Wir machen uns auf die Suche nach zusätzlichem Land zur Pacht, zum Kauf. *Schwierig in dieser Gegend*, versichert man uns überall. Der Boden ist arm, sandig, viele Felder bleiben unbestellt, der Staat zahlt den Bauern fürs Brachliegen lassen. Und dieser Betrag sei meist höher, als man für die Pacht verlangen könne. Ergo ... Die Nachbarn springen ganz unerwartet ein, als sie von unserer Suche hören. Jetzt, wo Carla nicht mehr bei ihnen sei, stünde doch die Koppel im Wäldchen vor ihrem Haus leer. Unsere Pferde könnten gern kostenlos den ganzen Sommer dort verbringen, wenn wir für Wasser und Zusatzfutter sorgen ... Und Pferdeäpfel aufnehmen, verspreche ich dazu. Tolles Angebot, wir nehmen gerne an. So ziehen also Muscade und Quirina Mitte Juni um. Weg vom Haus, hin zu den Nachbarn. Eigentlich bin ich ein wenig bedrückt, als wir nur mit den Halftern, ohne Pferde, nach Hause zurückkehren. Es wirkt irgendwie leer um uns herum, etwas fehlt. Niemand, der um die Ecke galoppiert kommt oder freudig bei unserem Erscheinen blubbert – doch die Vernunft siegt. Und während also bei uns rund ums Haus gesät und gewalzt wird, werden die beiden drüben hinter dem Holzzaun stehen und das feine Mallésche Gras genießen. Das Arrangement klappt, wir müssen die Nachbarn bei unseren morgendlichen und abendlichen Pferdebesuchen nicht stören.

Welche Samenmischung für die Ausläufe wählen? In unseren natürlich deutschsprachigen Büchern suchen wir nach empfohlenen Mischungen. *Die Pferdeweide* von Jutta von Grone studieren wir mehrmals. Klingt wirklich gut, was da alles geschrieben steht. Nur, was heißt deutsches Weidelgras, Wiesenschwingel und Wiesenrispengras auf Französisch? Meine Wörterbücher geben da keine Auskunft. In der Schweiz bezieht man Samen und Dünger in der Landi, den landwirtschaftlichen Genossenschaften, die ihre Verkaufsläden weit verstreut haben. Auch hier kaufen die Bauern bei solchen Genossenschaften ein, doch die Entfernungen sind anders als in der Schweiz, 100 bis 150 km liegen zwischen den Verkaufsläden. Außerdem sind dort nur ausgewiesene Bauern zum Kauf berechtigt. Nicht ganz einfach, die Sache. Doch schlußendlich trifft das Saatgut ein, mit dem empfohlenen Anteil Klee und manch anderen Grassorten darin. Wir haben bei Pferdeleuten der Umgebung Erkundigungen eingeholt und daraus, so wie aus Jutta von Grone, die Essenz gezogen. Auch der Dünger liegt bereit. Schamvoll stelle ich Jutta von Grone wieder ins Regal. Ihre Tips zur natürlichen Düngung mittels eigenem Kompost wollte ich ja befolgen. Doch ich gehe den einfacheren

Weg, der sicher nicht der bessere ist … Wir finden einen jungen Alleskönner, der die nötigen Maschinen zu Umbruch, Saat und Walzen hat. Na eben, alles geht. Nur etwas langsamer und mühevoller als früher. Nach wenigen Wochen sprießt in den Ausläufen das erste zarte Grün. Leuchtendrote Topfgeranien bilden Farbtupfer auf dem Kies, wilde Ginsterstauden blühen prächtig gelb im Wald ums Haus, darunter sorgt dunkelrosa Heidekraut für fröhlichen Kontrast. Heidekraut, auch Erika genannt, bedeckt in der Umgebung weite Flächen des Waldbodens.

## Traditionen und Weiden

Ostern war dieses Jahr gekommen und gegangen, fast unbemerkt in den hiesigen Läden. Gefärbte Hühnereier kennt man hier nicht oder nicht mehr. Die kleinen Osternester mit selbstgefärbten Eiern, die ich traditionsbemüht verteile, lösen verschiedene Reaktionen aus. Sinnend lächeln die einen, erinnern sich an ihre Kindheit. Andere schütteln den Kopf ob dieser nutzlosen Zeitvergeudung und beäugen die bunten Schalen mißtrauisch. *Kann man die auch wirklich essen*? Nur Kinder scheinen fasziniert, sie kennen nur farbige Schokoladeneier. Ich mag diese Traditionen und Bräuche, auch wenn ihr religiöser Hintergrund in Frage gestellt werden kann. Sie lockern für mich das Jahr auf. *Man macht sich diese Mühe nicht mehr,* erklärt mir eine junge Mutter, die ich irgendwo beim Einkaufen kennengelernt habe. Ist zuviel Arbeit, kostet Zeit und Energie. Da hat sie recht. Von der Schweiz her bin ich verwöhnt. Wo junge Mütter sich meist tagtäglich selbst um ihre Babys und Kleinkinder kümmern und mit diesen auch überall in Dorf und Stadt zu sehen sind. Sie nehmen ihre Arbeit oft erst wieder auf, wenn die Kinder in die Schule oder aus dem Haus gehen. Hier arbeiten im Normalfall Väter und Mütter voll in ihren Berufen, zwei Einkommen sind nötig, um über die Runden zu kommen. Und im Lauf der Zeit lerne ich so einige selbsternannte N*ourrices* kennen, die mir zu denken geben. Die gestreßten Mütter laden ihre Babys und Kleinkinder dort morgens um Sieben ab und holen sie abends um Sieben wieder. Tagsüber, so habe ich das verschiedentlich gesehen, sitzen oder liegen die Kleinen dann der Wand entlang aufgereiht und werden kurz vor Eintreffen der Kindsmütter wieder in einen präsentablen Zustand gebracht. Oder die Nourrice steckt sie in ihren klapprigen Renault und erledigt Einkäufe, mit einer Schar tobender Kinder ungeschützt auf Vorder- und Rücksitzen … Ab dem Schulalter ist das Problem gelöst, denn in Frankreich hat man Tagesschulen, nur mittwochs ist frei. Wie gesagt, alles geht irgendwie. Und es gibt sicher auch hier vorbildliche Tagesmütter.

Wir suchen weiter nach Weidland. Wir sprechen Bauern auf naheliegenden Feldern an, geduldig lauschen sie unserem holprig vorgebrachten Anliegen, bedauern, verweisen uns weiter … An dem zu uns führenden Sandweg, vor dem Grundstück der Nachbarn, liegen einige unbestellte Wiesen und Felder. Dort habe ich eines Tages Glück. Die zwei Männer auf dem Traktor hören mir aufmerksam zu, dann grinsen sie. Nicht bedauernd, sondern zustimmend. Sie hätten diese kargen Felder hier nur gepachtet, viel zu weit weg liegen sie von ihrem Hof. Ich solle doch mit dem Besitzer reden, er wohne ganz nahe in einem kleinen Dorf. Wir werden mit dem verwitweten Monsieur Gisez schnell handelseins. Zwei Hektar Wiesengrund erstehen wir zu einem guten Preis und dürfen einen kleinen Teil des hinten angrenzenden Wäldchens mit einzäunen. Als Unterstand für die Pferde, die mag er nämlich. Später besuchen wir ihn einige Male zu Pferd, er bewirtet uns freizügig und steckt uns Äpfel für Quirina und Muscade zu. Noch im gleichen Monat meldet sich der Bürgermeister. Gleich angrenzend an unsere soeben erstandene Weide sei ein weiterer halber Hektar Wiesenland zu pachten. Die Besitzerin, eine alte, freundliche Bauerswitwe, fragt als Pacht DM 150 pro Jahr … Die bringen wir ihr fortan gern vor Weihnachten, gemeinsam mit Kuchen und einem großen Strauß Blumen. *Schmeckt denn ihren Pferden mein Gras*? erkundigt sie sich jedesmal besorgt.

Stolz zeigen wir unseren Pferden beim Vorbeireiten die neuen Weiden, zweieinhalb Hektar, also 25.000 Quadratmeter Gras für zwei Pferde. Was für ein Luxus. Doch noch ist es nicht so weit, es muß gepflügt und geeggt, gesät und gewalzt werden. Wir suchen einen Bauern, der diese Arbeiten in Lohnarbeit ausführt und die entsprechenden Maschinen besitzt, der Sohn des Bürgermeisters bietet sich an. Im Winter wollen wir dann den Zaun aufstellen, den nächsten Sommer werden Muscade und Quirina bereits auf der neuen Weide verbringen … Unser Lohnbauer besorgt auch das Saatgut, nein, Klee will er nicht beimischen lassen. Wir planen inzwischen den Zaun, suchen Lieferanten, vergleichen, kalkulieren, messen. Drei längliche Weiden mit dem Wäldchen als Unterstand am schmalen oberen Ende sollen es werden, davor, der Straße entlang, planen wir eine kleine Weide als Schleuse. Eigentlich sind wir uns darüber einig, daß Elektrobänder verwendet werden sollen. Wir rechnen. 700 Pfosten sind einzuschlagen, in jeden müssen von Hand zwei Halterungen für die Bänder gebohrt werden. Wir engagieren den einzigen Bauern der Gegend, der ein Gerät zum Einschlagen der Pfähle besitzt. Die Pfähle der Ausläufe ums Haus herum hatten wir mittels eines speziellen Hammers selbst eingeschlagen, doch das würde bei unserer riesigen Weide zuviel Zeit und Kraft kosten.

Diese Gespräche und Überlegungen ziehen sich über den Sommer hin. Es ist so heiß, daß wir die Pferde tagsüber oft zu uns ans Haus holen. Sie stehen müde, mit gesenkten Köpfen halbdösend in den fliegenfreien, vorne und hinten offenen Boxen. Legen sich oft hin. Meist reiten wir am späteren Abend, bevor wir die beiden zurück auf die Koppel der Nachbarn stellen. Das Aufsammeln der Kothaufen ist auf dem riesigen Waldpaddock der Nachbarn eine rechte Aufgabe, denn unsere Mädchen verteilen ihre Hinterlassenschaften säuberlich auf dem gesamten Areal. Quirina hat eines Tages dick verschwollene Augen, die Fliegen plagen sie. Wir probieren verschiedene Mittel aus. Erst homöopathische Tropfen lassen die juckende Schwellung zurückgehen. Muscades Horn wächst langsam nach, noch immer hat sie ihren Spezialbeschlag, doch sie lahmt nicht mehr.

In einem der umliegenden Dörfer machen wir unerwartete Bekanntschaft. Beim Vorbeireiten an ihrem Haus spricht uns eine Dame an, lädt uns zu einer Erfrischung ein. Sie hat einen unbenutzten Pferdestall im Garten, worin sich Quirina und Muscade sofort dem vorgelegten Heu widmen. Wie sich herausstellt, ist Wibke Deutsche, mit einem französischen Vogelforscher verheiratet und reitet von Zeit zu Zeit das Pferd von Freunden. Wir beschließen bei Kaffee und Kuchen einen gemeinsamen Ritt. Demnächst. Ein andermal durchqueren wir nach langem Galopp auf grasbewachsenen Feldwegen ein romantisch anmutendes Dörfchen. Ein süßes kleines Mädchen spielt vor einem der Häuser und läuft aufgeregt zu ihrer Mutter, als wir näherkommen. Wie früher schon in der Schweiz, nimmt Robert mit Erlaubnis der Mutter die Kleine vor sich auf den Sattel. Muscade spitzt aufmerksam die Ohren, Quirina sucht gelangweilt am Straßenrand nach Grashalmen … Die Mutter entpuppt sich als gebürtige Engländerin, wir setzen zu unserer Erleichterung das Gespräch in Englisch fort. *Besuchen Sie uns doch mal*, sagt Robert freundlich, als er die Kleine vorsichtig wieder auf den Boden setzt. *Gern. Paßt es Ihnen in einer halben Stunde*? Etwas verdattert erbitten wir mehr Zeit für die Rückkehr …

Auf dem Heimweg treffen wir zufällig auf den einzigen Bach in der weiteren Umgebung, Wasserläufe vermissen wir hier. Problemlos waten unsere Pferde durchs Naß, dann steigt der Weg steil an. Quirina und Muscade wollen da hinauf traben und galoppieren, wir lassen es zu. Unwissend, daß weiter oben eine Art Tierasyl sein Domizil hat. Bei unserem Näherkommen stürzt eine Meute wütend kläffender Hunde aller Größen, Rassen und Farben an den Gitterzaun und bringt unsere Mädchen aus der Ruhe. Wir vier werden ziemlich schnell ob dieser unerwarteten Begleitmusik, außer Atem kommen wir schließlich oben auf der Höhe an. Immer begleitet von den Hunden, die sich nun gegen den Zaun werfen … Erst als wir um eine Wegbiegung verschwinden, atme ich auf. So weit das Auge reicht, liegt hier flaches Land. Am Horizont blinken die Türme der berühmten Kathedrale von Chartres, etwa dreißig Kilometer entfernt. Und dazwischen dehnen sich Felder und grasbewachsene Wege. Galoppland. Die wenigen Leute, die wir vor allem in den Dörfern nun treffen, sind freundlich, doch über unseren Gruß meist erstaunt. Das *Grüezi*, das sich Schweizer beim Spazieren in menschenleeren Gegenden immer zurufen, liegt uns halt noch auf den Lippen. In der Schweiz trugen unsere Pferde spezielle Eisen mit zwei winzigen Stiften, die ein Rutschen auf glattem Beton verhinderten. Hier kennt man diese Eisen nicht, auch reiten wir viel seltener auf asphaltierten Straßen. Doch wenn bei unseren Dorfdurchquerungen hinter den hohen Mauern Hunde bellen, sich gegen Eisentore werfen oder zaunhoch springen, merken wir Unterschiede zu früher. Erschrokkene Seitenhopser lassen unsere Pferde leicht ausgleiten …

Gemeinsamer Ausritt mit Wibke. Sie reitet kerzengerade und gertenschlank in einem englischen, taillierten Reitrock bei uns ein. Sehr schick, die Haare unter einem Netz verknotet. Typ englische Gouvernante zu Pferd. Das scheint ihr Pferd auch zu denken. Mit rollenden Augen, weiten Nüstern und hopsenden Schritten geht die junge Stute mit uns dann ins Abenteuer. Es wird vor allem für mich ein Abenteuer, denn ich bin Wibkes Reitweise nicht gewohnt. Sie verlangt von ihrem Pferd absoluten Gehorsam und heimst dafür bewundernde Blicke von meinem Gatten ein. *Wie die Frau sich durchzusetzen weiß* … Und wenn gar nichts mehr geht und das Pferd unter ihr fast explodiert, dann weiß sie Abhilfe. Wir reiten eben in zügigem Schritt, als sich Wibke mit kurzem Zuruf von uns entfernt, in eine Wiese reitet. Dort drehen die beiden wilde Galopprunden, der Kopf der Stute ragt immer höher. Quirina zappelt erst mal ungläubig, beruhigt sich aber nach einem Blick auf die still zusehende Muscade. Vom Wegrand aus beobachten wir diese Einlage. Immer schneller werden die Runden. Ziemlich abrupt gehen die beiden dann in Schritt über und kehren zu uns zurück. *Sie braucht das, damit sie sich beruhigt*, erklärt uns Wibke nachsichtig. Und wiederholt das Schauspiel jede halbe Stunde. Na ja, wie gesagt, wir sind Laien, was Pferde betrifft. Vielleicht hat sie recht. Wir reiten nur wenige Male mit Wibke aus, es liegt an mir. Hektische Pferde, die zur Beruhigung rasant galoppiert werden müssen, liegen mir halt nicht. Wo ich doch stolz bin, daß mein ehedem so rasantes Mädchen nun umgänglich und ruhig geworden ist.

## Kultureinlagen

Wir wollen die kulturellen Seiten des Landes nicht vernachlässigen und beschließen, in ein an vielen Telegrafenmasten angekündigtes Theaterstück in einem kleinen Nachbarort zu gehen. Ein Kriminalstück, eine Komödie. Werden wir mit unserem Französisch schaffen, denken wir. Wir kennen den Ort vom Durchreiten und treffen pünktlich ein. Dem Anlaß entsprechend, haben wir uns fein gemacht. Nicht zu fein, aber immerhin. Vor dem Dorfsaal sind die Zuschauer bereits versammelt. Männer jeden Alters in Gummistiefeln und blauen Latzhosen, dazwischen auch in Hemdsärmeln oder in Pantoffeln. Frauen mit Hausschürzen, in schwarzen Spitzenblusen, in knallengen Leggings, in farblich gewagten Kombinationen, in Hausschuhen und Arbeitsmänteln. Bunt zusammengewürfelt. Und dazwischen Kinder jeder Entwicklungsstufe. Das Stück wird von den Laienspielern gut gespielt, deutlich artikuliert, wir verstehen problemlos und beginnen, uns trotz des kahlen, unwirtlichen Saals wohlzufühlen. Gut, daß die Leute hier im Dorf ins Theater gehen, so eine Aufführung besuchen. Bis plötzlich aus der Hinterreihe ein unheimlicher Laut gurgelt und etwas Feuchtes, Klebriges in unseren Nacken landet ... Der hinter uns sitzende Knabe hatte sein Abendessen offenbar schlecht verdauen können, seine Eltern zerren ihn mit vorgehaltenen Händen aus dem Saal. Die Schauspieler brechen mitten im Satz ab, wir sitzen erstarrt. Dann wischt uns eine kleine, drahtige Dame die Nacken sauber und stößt dazu beruhigende Worte aus. Hinter uns wird mit Kübeln und Tüchern hantiert, ein Raunen geht durch den Saal. Die Eltern kehren ohne den unglückseligen Knaben zurück und entschuldigen sich wortreich. Wir lächeln gequält und warten ungeduldig auf den Ausgang des Stückes. *Eine Dusche, ein Königreich für eine Dusche* ... Wir beschließen, unser nächstes kulturelles Experiment in Paris zu unternehmen.

Noch ganz im Rahmen unseres Kulturhungers fahren wir einige Male tagsüber nach Paris. Meist kommen wir gegen Mittag dort an, kehren am späten Nachmittag zurück, wir nehmen die pünktliche Versorgung unserer Tiere genau. Das Musée d'Orsay wollen wir besuchen, auch wenn man uns gewarnt hat, daß hier, wie im Louvre, die Warteschlangen am Eintritt lang seien. Wir parken den Wagen tief, um möglichst wenig Zeit mit der Parkplatzsuche zu verlieren, und als wir wieder ins Tageslicht auftauchen, sehen wir schon die prophezeite Warteschlange vor uns. Das Gebäude ist riesig und imposant, geduldig stehen wir in der Reihe und freuen uns vor. Die anderen scheinen das irgendwie nicht zu tun. Die meisten Mitwartenden blicken ausdruckslos, mißmutig oder resigniert vor sich hin....Wir rücken vor, erreichen endlich den Eingang, suchen den Kartenschalter. Eine freundliche Dame in weißem Arbeitsmantel weist uns aufmunternd die Tür zu einem riesigen Speisesaal. Wir haben uns vor einem der *Restaurants du Coeur*, der Gratisausspeisung für Bedürftige angestellt ... Wenn die Provinzler in die Großstadt kommen ... Noch Tage später lachen wir über uns selbst. Und das Musée d'Orsay, dessen Eingang einen Block entfernt liegt, genießen wir dann doppelt. Allein schon aus Dankbarkeit, weil es uns so gut geht … Paris, das war zwar nie meine Traumstadt, und ist doch stellenweise wunderschön. Faszinierend, imposant, hektisch, lebendig. Fast keine Fußgängerzonen. Verkehr, Lärm und die vielen Menschen machen uns schnell müde, *wir werden alt*, sagen wir uns. Und stellen fest, daß wir nach einigen Stunden Pariser Luft gerötete, schmerzende Augen haben. *Ihr seid halt richtige Landpomeranzen geworden*, spötteln französische Bekannte zu Recht. Zudem stehen in Paris an allen Ecken bettelnde oder Zeitungen verkaufende Arbeitslose oder Obdachlose. Sie springen in der Metro kurz vor der Abfahrt in die Wagen und deklamieren dann laut ihr Schicksal. Eine Stille legt sich über die Menschen beim versuchten Geldeinsammeln. Oft verbreitet der Bettelnde Aggressivität, pöbelt Menschen an, die nicht spenden, die lächeln oder lesen. *Damit muß man leben, so ist die Welt heute*, meint achselzuckend eine Bekannte, die täglich nach Paris zur Arbeit fährt.

## Gesellschaftsleben

Unser gesellschaftliches Leben nimmt neuen Aufschwung. Freunde unserer Nachbarn laden uns zu Gartenfesten ein, wir lernen das gesellschaftliche Leben der schicken Pariser auf dem Land kennen. Diese Feste beginnen spät, erst gegen 22.00 Uhr ist man vollzählig. Wir lernen, vor dem Weggehen einen Imbiß zu nehmen. Buffets mit Selbstbedienung sind hier nicht *comme il faut*, das lernen wir auch. Franzosen in unserer Region wollen, daß ihnen serviert wird, zumindest bei privaten Festen. Tatsächlich. Wenn's denn mal Buffet gibt, arrangieren extra angeheuerte Hilfsgeister diskret die Speisen auf den Tellern. Ansonsten scheint das Mitbringen von Eßbarem in dieser Region Sitte zu sein. Finde ich eine gute Idee, da die Gastgeber auch finanziell entlastet werden, andererseits … Ich stöhne über dem gewünschten Fruchtsalat für 20 Personen, dem Topfenstrudel für 12 oder dem typisch österreichischen Erdäpfelsalat für 16 Leute. Im Sommer und Herbst finden diese Feste in prächtigen alten Gärten, umgeben von hohen Steinmauern statt. Romantisch sind diese alten französischen Landsitze, sie verströmen einen besonderen Charme, der über technische Mängel oder Chaos verschiedener Ausmaße hinwegsehen läßt. *Mit dem Putzen nehmen es die Franzosen aber nicht genau*, stellt mein sehr ordentlicher Mann enttäuscht fest. Und ich bin fasziniert von der gelassenen Selbstverständlichkeit, mit der französische Frauen ihre Gäste in unaufgeräumte oder verschmutzte Zimmer führen. Ohne erkennbare Zeichen von Schuldgefühl. Imponiert mir, mein Mann schüttelt angewidert den Kopf. Das ausgeprägte Kastendenken der Franzosen lernen wir kennen, man bleibt unter sich. *Früher*, sinniert Madame Mallé vor gleichgesinnten Freunden. *Früher, da konnte man noch skilaufen gehen oder reiten oder Reisen machen. Heute ist alles demokratisiert, nichts kann man mehr tun* ... Auf diesen Festen wird immer getanzt, der oft von allen Seiten beigesteuerte Champagner und Rotwein fließt ausgiebig. Und es wird geflirtet, was das Zeug hält. Da bin ich auch aus der Übung, stelle ich betrübt fest. Dieses Waldleben hat nicht nur Vorteile ... Ist außerdem etwas anstrengend, in Französisch zu flirten, sobald es über Augenkontakte hinausgeht. Mein Mann hat da weniger Probleme oder Skrupel. Er arbeitet mit den Augen und steckt die Pfeife in den Mund, wenn ihm das passende Wort nicht einfallen will. Mit der Mode habe ich so meine Schwierigkeiten hier. Schade, wo ich doch Kleider und deren Kauf so mag. Die käuflichen Hüllen scheinen durchweg konzipiert für die zarten Figuren der hiesigen Damen, größte Auswahl besteht für Größen 34 bis 38. Mein 40/42-Maß scheint oberstes Limit. *Ich werde sehen, ob ich in Ihrer Größe etwas habe.* Mit einem zweifelnd abschätzenden Blick auf meine Länge und Breite tauchen putzige kleine Verkäuferinnen in hinterste Ladenwinkel ... Das stört mein Einkaufsvergnügen empfindlich. W*ie ein Elefant komme ich mir vor*, klage ich meinem Ehemann. Der nickt charmant bekräftigend. Er mag sie gern, diese knabenhaften, mageren Figuren, die ja wirklich toll in engen Jeans aussehen. Femmes-Bonsai eben. So versuche ich mich in die hier bevorzugten hautengen Leibchen und Pullis zu zwängen und gebe bald die Suche nach Hosen auf, die lang genug sind für meine Beine ...

Einsam fühlen wir uns nicht allzu oft in Mittainville, zu aufregend neu sind selbst die täglichen Dinge des Lebens. Wir stellen wieder einmal fest, daß unser Französisch zwar durchaus für den Alltag ausreicht, jedoch die Feinheiten gehobener Unterhaltung nicht meistern kann. Wortspiele in Französisch schaffen wir nicht, und Franzosen spielen gerne mit Worten. Eine Zeitlang werden wir häufig zu *déjeuners* am Sonntagmittag eingeladen. Wie in französischen Filmen oder in Käsereklamen sitzen wir an langen, weißgedeckten Tischen auf dem Rasen. Malerische Zweige kitzeln uns im Nacken, und die Gastgeberin zaubert aus dem romantischen Natursteinhaus kulinarische Genüsse ... Um uns herum liegen einige zum Haus gehörige Hunde, die eben noch ein Stück des reifen Camembert stibitzt haben, das Silber blitzt in der Sonne, die weißen Tischtücher wehen leise, und der Champagner ist gut gekühlt. Rundherum leuchten gärtnergepflegte Blumen, und irgendwo hoch oben konzertiert eine Amsel. *Es geht uns wirklich gut*, stellen wir fest. Die feinen Nuancen der Tafelgespräche verstehen wir nicht immer. An Roberts höflichem Lächeln kann ich erkennen, wann er es aufgegeben hat, zwischen Fisch, Braten, Salat, Käse, Rotwein und Kuchen auch die Bedeutung der gesagten Worte aufzunehmen. Wir werden dieser langen Mittagessen bald müde, sie verschlingen den ganzen Sonntag, lassen kaum Zeit für anderes.

*Les Suisses* nennt man uns hier, obwohl wir aus Holland und aus Österreich stammen. Seit François uns beim Aufnehmen des Hundekots mittels Robidog überrascht hat, scheinen wir für viele eine Quelle der Heiterkeit zu sein. *Nein, wie les Suisses übertreiben ...* Als ich dann noch unsere zweimal tägliche Reinigung des Auslaufs erwähnte, schlägt sich François vor Lachen auf die muskulösen Schenkel. Wir besuchen wieder einige Reitbetriebe in der näheren Umgebung, um dort eventuell neue Bekannte zu finden. Wir geben bald auf. In den Betrieben stehen die Pferde in Boxen, die nur einmal wöchentlich gesäubert werden, täglich wird Stroh aufgeschüttet. Und wie erwähnt, wird Heu sehr selten verfüttert, die Pferde erhalten Pellets. Geritten wird in klassischer Tradition. Die neuen Impulse, die im deutschsprachigen Raum das Reiten und den Umgang mit Pferden seit einigen Jahren bereichern, sind hier unbekannt. *Tellington, c'est qui?* Viel Leder hat man noch am Pferd, *les reines allemands,* Schlaufzügel, sind anscheinend Standard. Ein runder Hals, die Nase fast daran gedrückt, keine Freiheit. Die meisten Reiter kommen nur am Wochenende heraus aufs Land, unsere Interessen sind nicht die gleichen. Für die regulären Impfungen unserer Tierschar kommt Pierre the vet ins Haus, beginnt bei den Pferden und setzt im Wohnzimmer bei Katzen und Hunden fort. Einer unserer Reiterbesucher ist Antoine, der siebzigjährige tierärztliche Freund unserer Nachbarn. Er schaut manchmal zu Pferd bei uns vorbei. Auf ein Glas Kirsch und einige Handvoll Heu für seinen Wallach als Stärkung für den Weiterritt. Die beiden sind immer sehr schnell unterwegs. Einmal treffen wir sie in einem Hohlweg, Antoine mit nacktem Oberkörper, sein Pferd mit weißem Schaum vor dem Maul. Ein Kentaur.

## Gäste, Gäste ...

Zahlreiche Hausgäste haben wir in diesem ersten Jahr. Freunde und Bekannte, Geschäftsfreunde und Familie, die uns etwas neugierig aus den früheren Heimaten besuchen kommen. Mein Bruder Ernest und Maria, seine Frau, sammeln Steine, Wurzelknollen und Zweige auf, helfen beim Ausreißen der zähen *ronces,* liegen mit Céline im Stroh und überlegen, ob sie nicht auch für ein solches Leben in der Natur geschaffen wären ... Meine Eltern reisen wieder an und nehmen den Kampf gegen das Unkraut auf, gegen die Wäscheberge in meiner Lingerie, die hundert Arbeiten, die in einem Haus anfallen ... Wir feiern Feste mit neuen französischen Bekannten, dinnieren zu Hause, lernen Restaurants der Umgebung kennen. Und selten vergeht ein Monat ohne Hausgäste. Viel Zeit in der Küche, fürs Planen, Einkaufen, Kochen … Manchmal überschneiden sich Besuche, oft liegen nur wenige Tage zwischen Abreisenden und Ankommenden. Ich komme ein wenig ins Schleudern. Bei früheren Hausgästen konnten wir uns ins Büro zurückziehen, dort zu uns und zu Atem kommen. Das ist vorbei, wir sind nun Tag und Nacht erreichbar. Mein Mann verschwindet bei Bedarf konsequent in sein Arbeitszimmer und schließt die Türe hinter sich. Niemand wagt ihn zu stören. Ich schließe die Tür meiner Küche, und jeder läuft durch oder bleibt zu einem Schwätzchen. Schön, aber der Arbeit nicht förderlich …

*Nie bist du zufrieden*, rügt mein Mann. Ich lerne unter Gästen zu unterscheiden. Da sind jene, die auf der Durchfahrt irgendwohin nur aus Neugierde für eine oder zwei Nächte bei uns Station machen. Sie wollen in möglichst kurzer Zeit möglichst viel über unser neues Leben wissen. *Was macht ihr eigentlich so den ganzen Tag hier im Wald*? Diese Frage lieben wir genauso wie Anrufer, die um neun Uhr morgens süffisant fragen, ob sie uns geweckt hätten … Ja, was machen wir den ganzen Tag lang eigentlich? Wir rechtfertigen uns ein wenig und erkennen für uns selbst, daß unser Leben jetzt aus einer Reihe von unwichtigen Kleinarbeiten besteht, die erstaunlicherweise die Tage mehr als nur füllen. Jene Gäste, die die Natur lieben, sind unkompliziert zu haben. Sie leben in unserem Rhythmus mit und beschäftigen sich selbst. Wie Hinne und Wilma, die nun öfter kommen und auch gewissenhaft ihre Pflanzen kontrollieren. Sie arbeiten schwer, hier im Wald. Junge Bäume und Büsche schneiden sie zurück, sie lichten unseren Urwald, als ob's der ihre wäre. Lebenslanges Hausrecht haben sie bei uns. Nachts diskutieren wir bei Tee mit Milch und bei Rotwein über Kunst und die Welt. Oder wir lesen einfach. Und beide sind prima Katalysatoren bei Ehestreit, mit wahrer Eselsgeduld zeigen sie gegensätzliche Betrachtungspunkte auf, vermitteln, erklären, versöhnen. Dann sind da die anderen, die mit Natur und Tieren nicht viel anzufangen wissen. Sie langweilen sich ein bißchen, obwohl sie gehorsam spazierengehen, vor dem Haus sitzen oder wenig überzeugt den Pferden beim Grasen zusehen. Bei ihnen habe ich ständig das Gefühl, sie unterhalten zu müssen. Nur von den früheren Stallkollegen, da kommt niemand. Ist verständlich, denn Menschen mit Pferd teilen ihre Ferien anders ein. Regelmäßig sende ich an die alten Kollegen Berichte, die Hans am Stalleingang aushängt, für jeden lesbar. Eigentlich ist damit die Idee zu diesem Buch entstanden.

## Arbeitsplatz: 800 km entfernt

Robert muß nun immer öfter in die Schweiz zur Arbeit fahren. Fast 800 Kilometer Autobahn bis zum Büro. Wußten wir natürlich auch schon früher, nur war eigentlich soviel Anwesenheit im Büro nicht geplant ... Wir gestehen uns ein, daß die Wahl eines Hauses im Burgund, näher an der Schweizer Grenze, wohl vernünftiger gewesen wäre. Wie alles, hat auch das Leben mit Pferden am Haus eine Kehrseite; wir können sehr selten gemeinsam verreisen. So fliegt mein Mann diesmal alleine nach Malta, wir haben niemanden, dem wir unsere Tiere und das Haus anvertrauen können oder wollen. Da liegt der Haken. Wir sind anspruchsvoll in der Auswahl jener, denen wir die Sorge um unsere Tiere überlassen. Bekannte vermitteln uns an Tier- und Haussitten Interessierte, doch es scheitert immer an einem simplen Punkt. Ich möchte einfach nicht, daß die Pferde in unserer Abwesenheit von Fremden geritten werden, und alle wollen sie die Pferde nicht nur pflegen, sondern reiten. Oder nur Haus, Hunde und Katzen hüten, nicht aber Pferde versorgen. *Du bist selbst schuld, warum bist du auch so kompliziert*, rügt mein Mann und runzelt schon die Stirn, wenn ein nichtreitender Freund mal kurz auf Muscades Rücken sitzen will.

Nein, ich will nicht, daß jemand mit einer mir nicht bekannten Reitweise meine endlich ruhig gewordene Quirina aus der Balance bringt. Ein wenig schweren Herzens lasse ich also Robert ans Meer ziehen und träume mich im Waldrauschen in Meereswogen. Man kann nicht alles haben, und langsam gewöhne ich mich an das Alleinleben im Wald. Es ist drückend schwül in diesen Tagen, gewittrig. Seit unserem Einzug sind wir an zahlreiche Stromunterbrüche gewöhnt, sie gehören hier zum täglichen Leben. Zu allen Jahreszeiten. Unangenehm, wenn man am Computer arbeitet, wenn man alle elektrischen Uhren, Wecker und das Videogerät neu einstellen muß ... Bei mehr als halbstündigen Unterbrüchen fragen wir telefonisch nach, selten sind wir mehr als zwei Stunden ohne Strom. Auch die Telefonleitungen scheinen marod, immer wieder haben wir Störungen, sind nicht erreichbar. *Laisser faire, laisser aller.* Ich habe etwas Mühe mit dieser Facette der französischen Lebensart, ob ich das noch lernen werde? Atomstrom und Weltraumraketen, Hochgeschwindigkeitszüge und Abfangjäger, doch regelmäßige Strom- und Telefonpannen fünfzig Kilometer südlich von Paris? Daß der Verkäufer des Hauses eine Alarmanlage installiert hatte, wissen wir wohl. Doch die Lieferfirma existiert nicht mehr, und wir haben die Anlage einfach ruhen lassen. Denken wir. Nach einigen Tagen dieses gewittrig-schwülen Wetters taucht unsere Nachbarin fuchsteufelswild bei mir auf. Seit Tagen und Nächten läute bei ihr das Telefon fast ständig, eine blecherne Stimme rufe sie *au secours*, also zu

Hilfe. Und jetzt habe man herausgefunden, daß die Anrufe von uns kämen …

Offenbar hatte der Vorbesitzer seine Alarmanlage mit der Telefonnummer des benachbarten Bruders gefüttert. Das Gerät war, bei uns unbemerkt, durch die gewittrige Atmosphäre aktiviert worden. Peinlich ist mir das, richtig zerknirscht bin ich. Und wünsche wieder mal meinen Mann als Beistand herbei. Er könnte das sicherlich souverän lösen. Ich versuche, das Gerät elektrisch stillzulegen. Kann ja keine große Sache sein, ein Schalter, eine Sicherung … Mitnichten. Ich löse mit dem vermeintlichen Abschalten einen schrillen Pfeifton aus, der den ganzen Tag, bis zum Eintreffen des Elektrikers, das Haus unbewohnbar macht. Die kleinen Freuden der Strohwitwe. Mich tröstet, daß der Elektriker auch ziemlich hilflos dem pfeifenden Kasten gegenübersteht und schließlich einfach ein paar Drähte durchschneidet, *voila*. Ruhe kehrt ein. Da lobe ich mir unsere Cèline als Wachhund, sie hat inzwischen endlich Bellen erlernt und entwickelt langsam die Wachqualitäten, die wir von ihr erwarten. Ohne Strompannen, Drähte und Pfeiftöne. Dieser Sommer ist heiß, wir vermissen den gewohnten Zugersee, das Wasser, das Schwimmen. Es gibt wohl die üblichen chlorierten Schwimmbäder in der Umgebung, doch sie sind überfüllt von der *jeunesse* der Region. Nach einem Kurzbesuch ergreife ich die Flucht vor der wasserspielenden Jugend. *Man kann nicht alles haben*, trösten wir uns und weichen vor der brütenden Hitze, die sich auf unsere Waldlichtung legt, ins kühle Haus.

## Schweizbesuch

Einmal jährlich fahre ich für nötige Kontrollbesuche bei Zahnarzt und Ärzten zurück in die Schweiz. Am früher bewohnten Haus vorbeifahren tut nicht weh, doch das Wiedersehen mit altvertrauten Straßen, mit der Stadelmatt, mit Bekannten und Freunden macht mir ein wenig zu schaffen. Wie weit entfernt unsere neue Welt von ihnen scheint … Ich erzähle allen, wie paradiesisch schön wir es hätten. Zwar mit mehr Arbeit als erwartet, aber dafür ohne feste Bürozeiten, weit weg von allem, mit allen Tieren um uns herum. Der Traum jedes hektischen, gestreßten Stadtmenschen. Und ich merke, daß unsere Wege nicht mehr dieselben sind, wir teilen nicht mehr die täglichen Freuden und Leiden. Zu verschieden sind unsere Leben, wir wachsen langsam auseinander. Martina und ihre Tochter Marianne treffe ich zum Abendessen. Sie, die als erste einen Ausritt mit meiner Quirina und mir gewagt hat und sie, die mir bei meinen Reitanfängen zahnspangenbewehrt zur Seite gestanden ist … Jahrelang haben wir uns nicht gesehen, wir erzählen, lachen, schmieden Pläne. Schön, wieder mal in der eigenen Sprache herumalbern zu können ... Dem verschmusten Irenwallach Candle, den Quirina so mochte, geht's blendend, erfahre ich. Er lebt jetzt auf einem Bauernhof gemeinsam mit drei anderen Pferden, genießt täglichen Auslauf und wird noch immer von Mutter und Tochter abwechselnd geritten. Er steht unter liebevoller Betreuung der Bäuerin, die selbst reitet und eine wahre Menagerie von Hunden, Katzen, Hühnern, Gockeln und Kühen versorgt. Sowie Rosi, das schwarze Zwergschwein, das auf Zuruf kommt. Wir vereinbaren gegenseitige Besuche. Martina wird mit ihrem Mann die nächsten Sommerferien bei uns verbringen, auf Tiere und Haus sehen. Marianne wird uns mit ihrem Freund besuchen. Die nächsten Ferien gemeinsam mit meinem Mann sind gesichert ... Wie gesagt, es gibt nicht viele Leute, in deren Hände ich unser Paradies unbesorgt lege, bei Martina und Marianne bin ich beruhigt. Wir denken gleich. Und ich mag es, wenn sie unsere Pferde reiten. Zurück in meinem gelobten Paradies, macht mir die menschenleere Stille wieder einige Tage lang zu schaffen. Ich werde mich an diese Wechselbeschwerden gewöhnen müssen.

## Leben im Wald

Hundert kleine Dinge füllen unsere Tage und Wochen. Der immerwährende Kampf gegen die schier unverwüstlichen ronces, wilde Brombeerranken, die Wald und Paddocks übersäen. Sie müssen mit den Wurzeln ausgerissen werden und lassen blutige Spuren auf unseren Armen. Überlaufende Dachrinnen, tote Äste, die der Wind losrüttelt, zu spaltendes Holz für den Kamin, Fenster, die mysteriöserweise hier im Wald innert zwei Wochen verschmutzen: Blütenstaub und Hundenasen. Der Kies ums Haus und auf den Zufahrtswegen scheint sich zu verflüchtigen, muß ergänzt werden, die Liste ist lang und nie vollständig. Den Kontakt mit Familie, Bekannten und Freunden im Ausland halten wir vorwiegend per Fax. Telefon und Strom sind exorbitant teuer. Ein gewisses Heimweh nach der Familie, nach vertrauten Menschen und Gegenden in Österreich und in der Schweiz überkommt mich zuweilen. Alle zeigen freundliches Interesse an unserem Leben, doch da ist ein kleiner Graben – wir gehören nicht mehr so richtig dazu. Die Vielsprachigkeit der Schweiz vermissen wir erwartungsgemäß, selbst in der nächsten Stadt Rambouillet sind englische oder deutsche Zeitungen nicht erhältlich. Dafür ist eine Reise nach Paris oder nach Chartres nötig. Die Franzosen sind kein sprachenfreudiges Volk, stellen wir auch in unserem Bekanntenkreis fest. Frankreich über alles.

Die Pferde stehen nun wieder am Haus, wir haben inzwischen einen vierten Paddock angelegt. Dafür mußte der abfallende Waldboden ganz hinten am Grundstück etwas planiert werden, Erde wurde aufgeschüttet, Sträucher wurden gestutzt, große Steine, Schlingpflanzen und Gestrüpp haben wir entfernt. Jetzt finde ich Zeit, aus dünnen Stämmen ein Labyrinth im Auslauf anzulegen und darin nach Tellington mit beiden Pferden zu arbeiten. Besonders Quirina folgt mir bald wie ein Hund, Muscade erledigt die Übungen zwar freundlich, aber mit weniger Interesse. Den Tellington Ttouch wende ich wieder an, zufrieden seufzt Quirina und spielt hingebungsvoll mit der Zunge, während meine Hände auf ihrem Körper kreisen. Unsere Pferde lassen sich mit der langen Gerte problemlos überall am Körper berühren, sie haben nicht Angst vor der Gerte, sondern akzeptieren sie als eine Art dritte Hand. Inspiriert von Artikeln in deutschen Pferdezeitschriften, gehen wir dazu über, die Hinterbeine unserer Pferde nicht mehr beschlagen zu lassen. Etwas unwillig kommt Monsieur Marcel dieser Bitte nach, wir verstehen warum. Umsatzeinbuße. Nur während der ersten Ausritte suchen die Pferde von selbst grasige Wege, weiche Böden. Schon nach wenigen Tagen aber merken wir keinen Unterschied zu früher.

Nur während der ersten drei Monate spalten sich die nun ungeschützten Hufe oft, Robert wird Experte im Raspeln. Er beschafft sich eines dieser dreibeinigen Eisengestelle, auf dem das Pferd den Huf aufstellen kann. Und voila, raspelt Robert und schneidet schon mal ein Stück wegstehendes Horn ab. Wer hätte gedacht, daß meine schlagende Quirina einmal problemlos und gelassen ihre Hinterbeine so lange so ruhig so hoch hält? Ans vollkommene Barfußgehen der Pferde wagen wir uns noch nicht, obwohl uns die Pros einleuchten. Dazu braucht man Unterstützung von Schmied, Hufpfleger und Leuten, die damit Erfahrung haben. Im Vergleich zu früher kommen wir uns hier alleine gelassen vor. Das wollten wir ja auch. Alleine sein mit unseren Tieren. Doch dieses Gefühl von Alleingelassensein geht tiefer, besonders ich vermisse die frühere Eingebundenheit in Gleichgesinnte. Wo man um Rat fragen kann, Erfahrungen austauscht und sich an gewisse Regeln halten muß. Regeln gibt es hier nicht. *Jeder macht, was er will*, das stellen wir bald fest. Und weil jede Freiheit beim Beginn der Freiheit des anderen endet, sehen wir die Kehrseite des *laisser faire* recht bald. Eigentlich schert sich keiner um etwas. Voila.

## Nachbarin Ophélie

Die Nachbarn informieren uns, daß sie sich entschlossen haben, das Reitpferd ihrer erwachsenen Tochter ans Haus zu nehmen. Ob Robert das Pferd vom einige Kilometer entfernten Reitstall zu ihnen reiten wolle? Nein, das will Robert nicht. Wir haben von verschiedenen Seiten haarsträubende Geschichten über die Reitweise der Mallèschen Tochter gehört. Angeblich bewegt sie sich zu Pferd nur in rasantem Galopp fort, mit wehendem langen Blondhaar, ein eindrucksvolles Bild. Ophélie trifft also eines Tages im Schoß ihrer Familie ein. *Tut mir leid, meine Liebe, daß unsere Pferde den Sommer über deinen Auslauf kahlgefressen haben …* Wir besuchen Ophélie natürlich. Sie ist eine kompakte Füchsin, ein *selle française*, die ruhig und brav am Zaun steht. Sie war bisher ausschließlich in der Box gehalten worden. Alter und Abstammung unbekannt und auch nicht wichtig. Ohne es zu wollen, erhalten wir somit eine Art Pflegepferd. Sybille, so darf ich unsere Nachbarin mittlerweile nennen, geht geschickt vor. Immer öfter sucht sie unseren Rat. Sie kann Ophélie nicht dazu bewegen, in die Box zu gehen, *was tun? Ophélie frißt schlecht, was füttern? Hätten wir nicht ein überzähliges Halfter, das ihre sei schon brüchig, und vielleicht eine Bürste? Kann der Hufschmied nicht auch gleich Ophélie mitbeschlagen?*

Wir mögen die zutrauliche Kleine mit dem quadratischen Rücken, sie blüht in der neuen Freiheit so richtig auf. Bald putzen wir sie regelmäßig, holen sie ab, wenn der Schmied kommt, versorgen sie mit Bürsten, einem unzerbrechlichen Trinkeimer und mit einem Salzleckstein. Und wir bestehen darauf, daß sie den Winter über nicht nur Stroh, sondern auch Heu bekommt. Geritten wird Ophélie momentan nur etwa zweimal im Monat. Die Tochter unseres früheren Hausbesitzers, die ja die Nichte der Nachbarn ist, kommt dazu eigens aus Paris angereist. Sybille bittet uns um ein Zäumli mit Gebiß, eine Gerte, – einen alten Sattel habe sie noch irgendwo im Keller. Die junge Reiterin hat eine seltene Augenkrankheit, ihre Augen kreisen und flackern, sie sieht schlecht. Das stellen wir fest, wenn sie mehrmals die zum Gruß ausgestreckte Hand nicht erkennt. Dennoch fährt sie Auto und reitet Ophélie. Und wie sie Ophélie reitet … Hektisch getrieben scheinen die beiden, schweißnaß kehren sie jeweils zurück. Wir spendieren Ophélie eine Decke. Nur wenige Male reiten wir gemeinsam aus, die drei Pferde beschnuppern sich neugierig, Quirina quietscht geziert, und Muscade mag die Neue. Die rennt dann während des gesamten Rittes vor uns her, *ich kann sie nicht halten*, ruft uns die Reiterin zu, bevor beide um eine Ecke verschwinden. Erst beim gemeinsamen Galopp, hintereinander wohlgemerkt, wird mir mulmig. Nur den Bruchteil einer Sekunde gebe ich nicht acht, schaue auf Ophélie – und schon rast meine Schwarze wie ein geölter Blitz hinter den beiden her. Der schnellste Galopp meines Lebens. Ich sitze da oben ohne jede Einwirkung, ohne eine Möglichkeit des Eingreifens. Robert hat seine Muscade gehalten, eine Superleistung, *chapeau*. Beide stehen noch am Ausgangspunkt unserer wilden Jagd. *Nie wieder*, schwöre ich mir keuchend und hake das Kapitel Ausritte mit Ophélie ab. *Sie ist Pferdegesellschaft nicht gewöhnt, daher die Raserei*, verteidigt sich die blonde Blinde bekümmert. Sie mag den Rausch der Geschwindigkeit.

Herbst, Winter. Schön, die Pferde wieder ums Haus zu haben. Wann immer wir nach draußen kommen, blubbern sie uns zu, kommen zum Zaun. Täglich um fünf Uhr nachmittags stehen die beiden im Laufgang und starren angestrengt ins Haus. Man könnte die Uhr nach ihnen stellen. *Wo bleibt das Abendessen*? Schon praktisch, Pferde am Haus. Apfelschalen und hartes Brot dienen als willkommene Guezis, auch Bananen, Mandarinen und Melonen fressen die beiden. Bekannte erzählen uns von Pferdehaltern im Süden Frankreichs, die ihren Tieren hauptsächlich Melonenschalen verfüttern … Die Mengen des Körnerfutters bemessen wir knapp. Einen halben bis einen Liter pro Pferd und Mahlzeit, je nach Arbeit oder Nichtstun. Dazu gibt's Minerale mit Kräutern und Algen. Kräuter und Knoblauch findet sich auch im Körnerfutter, eine Knoblauchwolke umschwebt die beiden nach jeder Mahlzeit. Soll auch gut gegen Fliegen sein. Die Boxentüren werden nur während des Fressens geschlossen, um Streitigkeiten zu vermeiden. So kann der Paddock in Ruhe abgenommen werden, umringt von Katzen und Hunden, die neugierig von Haufen zu Haufen mitlaufen. Verdauungsschwierigkeiten bemerken wir sofort, routinemäßig fällt uns ein Zuwenig oder eine andere Konsistenz der Pferdeäpfel auf. Den Mist holt mittlerweile mehr oder weniger verläßlich ein Bauer, um ihn auf seine Felder zu streuen. Ein Problem weniger.

Bei einem seiner unregelmäßigen Besuche legt François mir die Verwendung eines Gogue bei Quirina nahe. Er scheint bei den ihm anvertrauten Pferden momentan mit diesem Hilfszügel zu experimentieren. Keine Ahnung, was ein Gogue ist, doch ich vertraue ihm. Er probiert diese kompliziert anmutenden Hilfszügel erst an der Hand an Quirina aus. Pferde wehren sich zuweilen stark dagegen, erklärt er mir. Das beunruhigt mich etwas. Nicht jedoch mein Pferd, sie federt mit tiefer Nase und gewölbtem Hals, tief untertretend um François herum. Ohne Gegenwehr. Bilde ich mir wohl nur ein, daß mich ihre Augen ziemlich hilfesuchend ansehen … Fortan reiten wir also mit Gogue. *Sie kann dir nicht mehr durchgehen, sie wird ihren Rücken schonen, besser untertreten, das Gewicht besser verteilen, den Kopf nicht mehr hochnehmen*, prophezeit François. Monatelang halten wir durch, bis ich eines Tages den eingeschnürten Kopf meines Mädchens nicht mehr sehen mag. Quirina und Muscade laufen nun beide ohne Hilfszügel, sogar ohne Nasenriemen. Sie treten weit unter, halten die Köpfe tief und sind herrlich gelassen. Ausnahmen bestätigen die Regel. Das sicher lobenswerte Gogue verschwindet in den Keller zu den vielen anderen Ausrüstungen, die wir nun nicht mehr verwenden. Ich erhalte Unterricht auf einem der François anvertrauten Schimmel in der kleinen Manege des Landguts. An einem Wochentag, wenn die Herrschaft in der Pariser Stadtwohnung weilt. *Attention, tes fesses*, schreit mir François zum dritten Mal zu, als ich rund um ihn galoppiere. *Tes fesses, mon Dieu*. Ich habe Mühe genug, meine Beine auf dem unglaublich breiten Halbblutrücken zu spreizen, was diese *fesses* wohl sind? Mein französischer Wortschatz läßt wieder mal zu wünschen übrig. Ich konzentriere mich auf die abgeschrägten Manegenwände, die so bedrohlich nahekommen. Bin ich nicht mehr gewöhnt, das Hallenreiten … Zu Hause vertiefe ich mich ins Wörterbuch. Klar. Pobacken, das sind die *fesses*. Und die sollten im Galopp schön tief im Sattel bleiben, mit der Bewegung des Pferdes mitgehen.

## Essen am Haus

In diesem Herbst weiht mich eine Bekannte in die Kunst des Pilzeerkennens ein. Die gibt es hier massenweise, wir betrachten sie skeptisch. Pilze haben wir noch nie gesammelt, und in der Schweiz legt man seine Ernte vorsichtshalber sogenannten Pilzkontrollstellen vor. Sybille, meine selbsternannte Pilzprofessorin, lacht darüber herzlich. Neugierig durchstreife ich mit ihr den Wald, entdecke gleich neben uns neue Naturschönheiten. Beim Reiten bleiben wir natürlich auf den Wegen, quer durch den Wald bin ich noch nicht gegangen. Geduldig erklärt sie mir die untrüglichen drei Zeichen des eßbaren Bolets und warnt mich vor Verwechslungen. Unter dem Heidekraut, unter Eichen und unter halbverfaulten Zweigen werden wir meist fündig. Kiloweise, obwohl wir die Strünke in der Erde lassen und nicht alles ratzekahl aufsammeln. An diesem Abend essen Robert und ich unser erstes Gericht aus selbstgesuchten Schwammerln. Vorsichtig beobachten wir uns. Dann packt uns der Schwammerlsuchervirus. Vor allem deshalb, weil wir auf unserem eigenen Waldgrund, auch in den Ausläufen, eßbare Pilze finden. Jede Menge. Kurz vor Mittag einfach ums Haus gehen, ein paar Schwammerln suchen und daraus eine Omelette bereiten. *Was für ein Luxus, wie gut es uns geht*. Das denken wir auch, als die Zeit der Brombeeren anbricht und wir bei uns hinten im Wald schüsselweise die vollreifen Beeren pflücken. Céline beobachtet uns aufmerksam und erntet dann selbst mit Genuß. Sie schläft und frißt gerne, noch lieber läßt sie sich streicheln. Endlos lange. Nur zum Reiten mitkommen, das mag sie immer noch nicht. Bockig bleibt sie am Tor sitzen und sieht uns nach. Bei jedem vorbeikommenden Reiter mit Hund seufzt mein Mann. *Wäre schon schön, so mit Hund auszureiten, in dieser Gegend.* Céline wedelt dazu freundlich und denkt sich ihren Teil. Selma und Markus besuchen uns wieder mit ihren Hunden, diesmal schauen sie einige Tage auf Haus und Tiere, damit Robert und ich gemeinsam nach Holland fahren können. Markus wird trotz gebrochenem Arm die Pferde versorgen. Alles geht prima, nur Bijou verläßt uns während dieses Besuchs. Ob's aus Protest gegen die zwei großen fremden Hunde im Haus war, ob sie krank war und in die Wildnis zum Sterben geflüchtet ist, oder ob sie einem Fuchs zum Opfer gefallen ist? Wir suchen sie lange, unsere kommunikationsfreudige Siamesin, sie kommt nicht mehr zu uns zurück. Und unsere Freunde haben leider ein unverdient schlechtes Gewissen.

## Von Hunden und von Katzen

Selten fahren Autos bei uns vorbei, die meisten Vorbeikommenden sind Reiter. Das Klappern der Hufe läßt unsere Pferde aufhorchen und die Hunde zum Zaun rasen. Dort springt Céline dann unter den dichten Lorbeerhecken hervor und bellt einmal scharf. Und *hops*, wieder ein Pferd, das vor Schreck kehrt macht oder zumindest seitwärts scheut. Wieder ein Reiter, der flucht. Und manchmal bringt Céline eine ganze Reitergruppe in Bewegung. Ich entschuldige mich über den Zaun hin, bald sind unsere Hunde in der Gegend bekannt und verlieren auch bei den Pferden ein wenig an Schrecken. Nach wie vor arbeitet Alain jeden Samstag bei uns, das riesige Waldgebiet fordert viel Unterhalt, mehr als wir dachten. Meine Samstage werden bestimmt vom französischen Mittagessen für Alain. Selbst einfache Haushalte zelebrieren jede Mahlzeit hier offenbar mit drei oder vier Gängen. Auch mittags. Und natürlich will ich den Franzosen nicht nachstehen, kochen, das kann ich auch. Alain findet das ausgedehnte Mittagessen normal und erklimmt gleich darauf wieder einen Baum, um hoch oben tote Äste abzusägen. Wir hingegen kämpfen den Rest des Tages mit Müdigkeit. Während einem dieser dejeuners reißt uns ein markerschütternder Schrei, ähnlich dem Schrei eines Kindes, vom Tisch. Wir finden Céline hinter dem Haus im Wald. Stolz, mit einem großen Hasen im Maul, den sie Robert vor die Füße legt. Ganz unschuldig schaut sie während der folgenden Standpauke zu uns auf. Alain nimmt den Hasen froh mit nach Hause, er ist Hobbyjäger und schätzt Wildbraten.

Die üblichen Pferdehalterprobleme kommen auf uns zu. Wechselnde Qualitäten von Stroh und Heu, Pferdefutter, das nicht mehr erzeugt wird, Mineralien, die Quirina und Muscade partout nicht fressen wollen ... Quirinas linkes Hinterbein schwillt ohne erkenntliche Ursache an, wir behandeln es erfolgreich mit Lehmumschlägen. Muscade finden wir eines Morgens mit blutüberströmtem Kopf. Sieht schlimmer aus, als es ist. Sie hatte sich an einem Baumstamm aufgeschürft, Teile ihres Fells hängen noch am nur daumennagelgroß vorstehenden Zweig. Wundpuder und Spray stehen griffbereit, wir lernen, zwischen Verletzungen zu unterscheiden. Jene, die wir selbst behandeln können und die, welche Sache des Tierarztes sind. Dann finden wir unseren Dackelherrn Old Shatterhand auf dem Pferdepaddock liegend. Er wimmert leise und hat offenbar Schmerzen. Eine Prellung, stellt man in der Tierklinik Rambouillet fest, nichts gebrochen. Er war wohl einem Pferd zu nahe gekommen ... Old Shatterhand erhält einen Leichtgips über sein rechtes Hinterbein und ist darüber ziemlich grantig. Doch bald versucht er, hinter Céline herzuhoppeln. Nach zwei Wochen wird er befreit, doch er läuft schwankend, zieht sein lädiertes Hinterbein etwas nach. Man merkt ihm sein Alter an, wir machen uns Sorgen. Er wird langsamer, grantiger, bewegt sich wenig und sackt im Laufen hinten ein. Antoine, der Tierarzt zu Pferd, springt ein. Einige Male unterbricht er seinen Ritt hier, stellt Old Shatterhand auf den Gartentisch und behandelt ihn mit Mezzotherapie ... Vitamine und Minerale werden mit einer hauchdünnen Nadel in die Haut entlang des Rückgrats injiziert, etwa zwanzig Einstiche. Die Therapie scheint erfolgreich, wir führen sie auf Verordnung selbst weiter fort. Kein Problem für Robert. In seiner Abwesenheit aber liegt die Behandlung an mir. Ich übe an einem Schwamm, plaziere den ungnädigen Dackel auf dem Gartentisch, hoffe, daß er bleibt und sich ruhig verhält ... Die erste Injektion, die ich in die Hautfalte zwischen meine Finger setze, geht gleich durch beide Hautschichten durch, weit spritzt die kostbare Flüssigkeit über den Tisch hin ... Wir schaffen es schließlich. Und Old Shatterhand läuft nach wenigen Wochen wieder wie ein Wiesel. *Ein Jungbrunnen war das*, staunen wir. Céline hingegen reißt sich beim Laufen im Wald einen Nagel halb aus, wir müssen mit ihr zur Klinik. Dort zieht man unserem ohnehin recht wehleidigen Mädchen den Nagel ohne örtliche Betäubung. Vor Schmerz schreiend, drückt sie sich an mich und zittert am ganzen Riesenkörper. *Wir machen das hier immer so,* setzt der Tierarzt ungerührt meinem wütenden Protest entgegen.

Wir haben uns damit abgefunden, daß unsere Katzen Fanny und Bijou nicht mehr zu uns zurückkehren werden. Ich befinde, daß wir Platz für ein drittes Büsi haben, Bijou fehlt mir. Einige Male fahre ich zum Tierschutzhaus, immer noch hoffe ich, unsere Bijou dort zu finden. Keine der Katzen dort wählt uns, dumpf oder aggressiv starren sie uns an. Die zuständige Dame trifft schließlich die Wahl für uns. *Ich hätte da den Tibou, er ist noch im Krankenrevier, aber er ist anhänglich und kein Streuner* … Gesund entlassen, bringen wir den schwarzweißen Tibou nach Hause. Er ist scheu und ruhig, nach zwei Tagen entwickelt er einen Hautpilz, das Fell geht ihm stellenweise aus, die Haut darunter ist entzündet und wund. Außerdem hat er Katzenschnupfen, er niest sich durchs Haus und schleicht scheu die Wände entlang. Zweifelnd beobachten wir ihn … Ich behandle ihn nach Tellington, wasche seine infektiösen Hautpartien mehrmals täglich mit einem Antipilzmittel und verabreiche ihm Bachblüten und homöopathische Kügeli gegen den Schnupfen. Wir befürchten, er könnte unsere anderen Tiere anstecken. Apathisch liegt der Schwarzweiße tagelang im Wohnzimmer auf dem ihm zugewiesenen Kissen und läßt geduldig alle Behandlungen über sich ergehen. Die Dame vom Tierschutzhaus will ihn zurücknehmen, als sie von seinen Krankheiten erfährt. Doch wir wollen ihn nicht dem neuerlichen Streß von Heimatwechsel aussetzen. Langsam macht Tibou Fortschritte. Er hat keine Zähne, als er zu uns kommt, unschuldig rosa glänzt sein Zahnfleisch. Nur die Hauer stehen links und rechts heraus. Wie bei Quirina, die meine Zahnfleischmassagen liebt, verfahre ich bei Tibou. Er beginnt bei den Massagen im Maul erstmals zu schnurren, von ganz tief unten. Nach einigen Wochen erst ist Tibou geheilt. Keine Spur mehr von Schnupfen, tränenden Augen oder ausfallenden Haaren. Mutig behauptet er bei Mickey und Frenchie seinen Platz. Und mich hat er offenbar ins Herz geschlossen. Tibou ist schwach in den Lenden, er kann anfangs nicht klettern, seine Versuche scheitern kläglich. Er fällt einfach hinunter. Nicht mal hoch hinauf zum Fressen kann er hüpfen. Er gleitet am Schrank ab und wäscht sich dann schnell, um seine Verlegenheit zu verbergen. Als er das erste Mal, nach langem Üben, einen Baumstamm einige Meter hoch erklimmen kann, ruft er uns laut zu. *Seht her, was ich geschafft habe.* Wir loben ihn, stolz hängt er an der Rinde und schnurrt … Von nun an ist kein Baumstamm vor ihm sicher, er muß seine neu entdeckten Fähigkeiten ständig erproben …

## Wieder Winter

Die neuen Weiden waren im Frühherbst mit von hiesigen Fachleuten empfohlenen Samenmischungen eingesät worden, liebevoll haben wir von Hand sündteure, aus der Schweiz besorgte Kräutersamen nachgesät. Dieser Winter bringt den ersten Schnee, der zwei Tage liegen bleibt. Nur eine dünne weiße Schicht bedeckt Laufgang und Winterauslauf. Dennoch stöckelt die feuchte weiße Pracht sofort unter den Vorderhufen unserer Pferde auf. Zentimeterdick, nasser Schnee vermischt mit Sand und Laub. Schweren Herzens schließen wir die Pferde zwei Tage lang in die Boxen. Beim zweiten und letzten Schneefall in diesem Winter sind wir gewappnet. Wir reinigen einen Teil des Laufgangs und des Auslaufs ziemlich mühevoll vom Schnee und stecken mit Fiberglasstöcken und gelben Vogelschutzbändern einen kleinen Hilfsauslauf ab. *Voila*. Und nehmen uns vor, im nächsten Winter doch auf Hufgrips zu bestehen. Muscade zeigt eines Vormittags Anzeichen einer Kolik, sie steht scharrend im Paddock, wendet den Kopf zur Flanke, flehmt ... *Winterkolik*, sagt Pierre am Telefon fachmännisch und verspricht, rasch zu kommen. Wir massieren mittlerweile Muscades Bauch gewissenhaft mit einem gefalteten Handtuch *à la Tellington*, reiben ihre Ohren und deren Ansatz, massieren zwischen ihren Nüstern und führen sie zwischendurch gemeinsam mit Quirina ein wenig an der Hand spazieren. Beim Eintreffen des Tierarztes hat Muscade bereits gemistet, steht entspannt und zufrieden im Auslauf. Temperatur und Darmgeräusche erweisen sich als normal. Einige Tage später erleben wir eine ähnliche Situation mit Quirina, sie liegt im Paddock und legt sich flehmend immer wieder hin, obwohl ich versuche, sie in Bewegung zu halten. Wieder wenden wir unsere Massagen an, wieder kommt Pierre umsonst. Offenbar haben unsere Pferde zuviel Stroh gefressen, zuwenig oder zu kaltes Wasser getrunken ...

Wir lernen nicht aus. *Entwurmt ihr regelmäßig*, fragt Pierre streng. Tun wir. Vielleicht sogar zu oft: viermal jährlich, und zwar gleich die gesamte Tierfamilie. Quirina täusche ich regelmäßig mit einer in den Mundwinkel gesteckten Karotte, die ich schnell durch die hinter dem Rücken versteckte Spritze ersetze ... Und hoppla. Geht ganz problemlos, beleidigt zieht sich mein Mädchen dann von mir zurück. Nein, jetzt will sie das Rüebli nicht mehr, vielen Dank ... Pierre empfiehlt, wenn er schon da ist, besonders für Quirina eine chiropraktische Behandlung, er kenne da jemanden ... Er schickt uns Jean, einen in Amerika ausgebildeten Chiropraktiker, der Pferde und Menschen behandelt. Als der riesige, muskulöse Mann mit den blauen Augen und hellblonden Ringellocken zum ersten Mal ans Haus kommt, sind wir noch skeptisch. Er spricht lange mit unseren Pferden, streicht und klopft mit seinen breiten Händen an ihren Körpern entlang, bevor er seine Arbeit beginnt. In erstaunliche Winkel wird der Hals meines Pferdes gebogen, die Beine gezerrt, der Schweif, dasselbe dann bei Muscade. Lammfromm lassen die beiden diese Verrenkungen mit sich geschehen, wohlig seufzt Quirina nach der Behandlung auf. Und erhält, so wie Muscade, von Jean einen dicken Kuß mitten auf die Nase. *Damit sie's mir nicht übelnehmen*, grinst uns der blonde Hüne verlegen zu ...

Über Vermittlung von Bekannten erhalten wir die Adresse eines Pferdezahnarztes, denn Pierre the vet weigert sich, diese Arbeit durchzuführen. Besonders vor Quirina hat er Respekt, seit er gesehen hat, wie verrückt sie sich in ihrer Box gebärdet, wenn der Schmied sich mit Muscade zur Gangkontrolle nur ein paar Schritte vom Stall entfernt. Dr. Leroy kommt pünktlich, begrüßt kurz uns und dann ausgiebig die Pferde, die in ihren Boxen parat stehen. Während er die Pferde streichelt, erkundigt er sich bei uns über eventuelle Besonderheiten, Klagen, Probleme … Er will in den Boxen behandeln, wohl weil die Mehrzahl seiner Patienten Boxenpferde sind, die sich dort am sichersten fühlen. Wir erklären ihm, daß unsere Pferde unter freiem Himmel leben, und wir schließen einen Kompromiß. Den Kopf zur Boxentür werden die beiden in den offenen Boxen behandelt. Gelassen und ruhig läßt Quirina sich das furchterregende Eisending einlegen, das ihr Maul offenhalten soll. Keine Gegenwehr bei der riesigen Raspel, die dann zwischen ihren Zahnreihen verschwindet. Dr. Leroy spricht ständig leise mit ihr, aufmerksam spitzt sie die Ohren … Selbst als er mit der elektrischen Schleifmaschine an ihren Zähnen hantiert, macht sie keinen Mucks. Trotz des unangenehmen Surrtons. *Voila, fertig*. Der Zahnarzt streichelt Quirina und wendet sich Muscade zu. Die hat natürlich aufmerksam das Geschehen verfolgt und für ungefährlich befunden. Geduldig läßt auch sie die Behandlung über sich ergehen, es wird geraspelt und gefeilt, geschliffen und gestreichelt … *Gelassene, ruhige Pferde haben sie*, lobt Dr. Leroy, bevor er sich wieder in seinen Wagen schwingt …

## Weidesaison

Im März werden die 700 Pfähle für den Weidezaun eingeschlagen, wir halten an unserem Plan fest und teilen die Fläche in drei lange Weiden, jede etwa 7000 m2, mit davor rechteckiger Schleuse zur Straße hin. Aus den vorgesehenen Elektrobändern wird nichts, wir lassen uns von den hiesigen Fachleuten überreden. Pferdeweiden sind hier durchwegs mit Glattdraht eingezäunt, das Spannen der Drähte und deren Befestigung an den Pfählen ist billiger und weniger zeit- und arbeitsaufwendig als das Anbringen von 1.400 Isolatoren von Hand, versichert man uns. Ob die Pferde diese Drähte auch sehen werden? Die Männer grinsen nachsichtig: *Aber natürlich, wenn unsere französischen Pferde sie sehen, werden ihre das ja wohl auch tun* … Dem ist nichts entgegenzusetzen. Die Arbeiten ziehen sich über Wochen hin, da alle Beteiligten nur in der Freizeit für uns schaffen. Das schon seit Oktober sprießende Gras ist nun dicht und hoch geworden. Eine der

Weideflächen ist für die Heuernte bestimmt, unser eigenes Heu werden wir diesen Winter verfüttern können. Ganz stolz sind wir darauf. Als Weidetore haben wir denn doch Elektrobänder mit Haken vorgesehen, und Ende Mai liegen die riesigen Weiden mit fünffachem Glattdraht umzäunt vor uns. Die Weidesaison kann eröffnet werden.

Unsere Pferde sind Spaziergänge an der Hand gewohnt, sie trotten gelassen hinter uns her. Ich nehme die Videokamera mit, als Robert Quirina und Muscade zum ersten Mal mit Halfter und Strick zur Weide führt. Am Zaun entlang, auf dem Sandweg an den Nachbarn vorbei, etwa fünf Minuten zu gehen. Dann führt er sie entlang des Weidezauns, zeigt ihnen ihr neues Reich. Das scheint die beiden wenig zu interessierten, das Gras reicht ihnen bis zu den Bäuchen und lockt ... Hastig zupfen sie im Vorwärtsgehen hie und da prüfend einen Halm. Praktisch, nicht mal bücken muß man sich zum Grasen ... Ruhig lassen sie sich dann die Halfter abnehmen, und ich halte die Kamera bereit. Nichts geschieht. Sie bleiben um uns herum stehen und rupfen an den oberen Grasspitzen, die ihre Nasen kitzeln. Und wie auf geheime Verabredung donnern beide dann gleichzeitig los, werfen ihre Hinterteile hoch und quietschen ein wenig. Aus reiner Lust am Leben. Sie galoppieren die ganze Länge der Weide hinauf, drehen oben im Wäldchen eine Ehrenrunde. Wir sehen nur zwei dunkle Silhouetten, so weit entfernt sind sie. Dann kommen sie im Trab mit hoch erhobenen Schweifen prustend zu uns zurück. *Das wäre erledigt, die Weide ist in Besitz genommen, jetzt geht es an den Ernst des Lebens*. Ich kann meine Kamera einpacken, die Action ist vorbei. Gierig grasen die beiden vor sich hin. Das Wasser bringen wir mit dem Jeep in 20-Liter Plastikkanistern täglich zur Weide, der große grüne Wassereimer faßt 80 Liter. Ein wenig Stroh, natürlich auf zwei Haufen verteilt, und das war's dann. Leer und verlassen scheint es wieder ums Haus herum, niemand starrt uns erwartungsvoll entgegen und kommt zum Zaun gelaufen ... Anfangs lassen wir die Pferde nur tagsüber auf der Weide, nach einigen Wochen aber bleiben sie Tag und Nacht im neuen Reich.

## Sommerliche Erlebnisse

Alles wird zur Routine. Wasserbringen zur Weide, Körnerfutter, Minerale und Stroh mitnehmen, Hufe kontrollieren, nach Verletzungen suchen. Den Zaun kontrollieren, die Weiden abgehen. In den ersten Wochen wollen die Pferde offenbar nichts von uns wissen, sie kommen auf unser Rufen nicht zum Weidetor, müssen geholt werden. Das ändert sich bald. *Ob sie sich einsam fühlen*? Jedenfalls galoppieren sie bei unserem Anblick sofort zum Tor, sie scheinen gerne mit ans Haus zu gehen. Sommerritte, wir reiten entweder frühmorgens oder abends. So kommen wir einmal entlang hier seltener Maisfelder, die automatisch begossen werden. Die riesige Sprenkelanlage steht seitlich des Weges und stößt gefährlich anmutende Wasserfontänen mit metallischem Zischen in alle Richtungen. Ich spüre, wie Quirinas Körper beim Anblick dieses roten Ungetüms unter mir erstarrt, doch Robert besteht auf dem Vorbeiritt. Entschlossen treibt er seine zögernde Muscade vorbei, setzt seine Stimme ein – und geschafft. Quirina hat eigentlich nicht vor, es Muscade nachzumachen. Als aber die Kollegin hinter einer Wasserfontäne verschwindet, muß ich nicht mehr treiben.

Wahrscheinlich macht sie so wie ich die Augen zu, als wir mit wahrem Todesmut über die dicken schwarzen Schläuche neben dem fauchenden Ungeheuer setzen und von dem zischenden Ungetüm über uns etliche Wasserspritzer abbekommen. Dann schüttelt sich mein Pferd ausgiebig, mit mir im Sattel. Ein eigenartiges Gefühl … Das macht sie auch bei großer Fliegenplage oder wenn sie verschwitzt ist. Ein andermal reiten wir an einer Dorfstraße entlang und setzen eben zum Queren der Straße an, als ein Müllwagen auf uns zurumpelt. *Schnell, sofort queren*, ruft mein Mann und ist mit seiner Muscade auch schon auf der Straßenmitte und gleich darauf auf der anderen Straßenseite. Dort wird unsere Sicht auf sie vom nun auf unserer Höhe stehenbleibenden Müllwagen verdeckt. Quirina und ich haben zu lange gezögert. Ich versuche, meinen Fehler gutzumachen und treibe uns über die Straße, gleich hinter dem Müllwagen. Dort werden wir wieder auf Robert und Muscade treffen … Doch der Wagen beginnt in diesem Augenblick zurückzurollen, knapp retten wir uns in Sicherheit. Neben die aufgestapelten Plastiksäcken und Abfalltonnen, die mißtrauisch beäugt werden. Roberts Befürchtung tritt ein, aus dem Bauch des Wagens kracht und dröhnt es scheppernd, als irgendwelche Kippvorrichtungen betätigt werden. *Nichts wie weg*, denken unsere Pferde. Können wir ihnen nicht verübeln … Eine Zeitlang macht Quirina ohne ersichtlichen Grund bei jedem Galopp Buckeleinlagen. Ob sie das macht, weil ich es schließlich erwarte? Vorsorglich fasse ich beim ersten Galoppsprung mit der Hand in die Mähne, und hoppla, schon hebt sich das runde schwarze Hinterteil. Manchmal quietscht sie freudig dazu. Ich quietsche nicht, ich schimpfe vor mich hin und versuche, ihren Kopf oben zu halten. Nur mit gesenktem Kopf buckeln Pferde, habe ich mal gelernt …

Diese Periode geht ebenso plötzlich vorbei, wie sie gekommen ist, unsere Galopps werden wieder gesittet. Nur einmal hat Quirina einen Rückfall. Wir waten nach längerem Regen durch Pfützen, begeistert versucht sie, im Wasser zu scharren. Und ist plötzlich sehr aufgekratzt und unternehmungslustig. Man merkt das, wenn man sein Pferd kennt. Kurz nach der Pfützenstrecke beginnt ein schöner, sanft ansteigender Galoppweg den Waldrand entlang, wie immer lassen wir Muscade und Robert den Vortritt. Die ersten Galoppsprünge sind normal, dann beginnt´s. Quirina buckelt so heftig, daß ich den linken Steigbügel verliere und Robert warnend zurufe. Der hält vorne rücksichtsvoll mit seiner Muscade an, wir jedoch nicht. Quirina buckelt uns an den beiden vorbei, auf, ab, auf, ab, auf, ab, wie ein Rodeopferd. Meine Beine sind nach hinten gewandert, ich liege auf ihrem Rücken flach, kralle mich in die Mähne und überlege kurz, ob ich mich seitlich rechts ins Grün rutschen lassen soll. Ich entscheide dagegen, es scheint mir zu hoch, und ich habe Angst, im rechten Bügel hängenzubleiben. Soweit es mir möglich ist, versuche ich, sie mit der Stimme zu beruhigen. Quirina buckelt eine volle Minute, was nur lange scheint, wenn man selbst auf dem Pferderücken ist ... Wahrscheinlich haben meine nach hinten gerutschten Beine an ihren Flanken dieses Rodeo ausgelöst ...

Als sie endlich ruhig steht, zittere ich am ganzen Leib. Robert und Muscade nähern sich uns vorsichtig. *Nie hätte ich gedacht, daß du da oben bleiben kannst*, wundert sich mein Mann. Ich wundere mich auch. Wir kehren im Schritt nach Hause zurück. Immer öfter kann ich nun auf dem Heimweg Quirina zu einem Pipi verleiten. Ich richte mich im Sattel auf, pfeife einige Male kurz ... Und voila, mein Mädchen spreizt die Hinterbeine, stöhnt ein wenig und läßt alles laufen ... Muscade sieht jeweils interessiert zu, doch das Pfeifen bringt höchstens ihren Reiter in Pipinot.

Unsere erste Heuernte. Ausgeführt vom Sohn des Bürgermeisters mit antik anmutenden Maschinen. Stolz wenden wir die in der Sonne nachtrocknenden Ballen, riechen und befühlen das Heu, das beim Bauern eingelagert wird, denn wir haben keine Scheune. In diesem Sommer sehen Martina und ihr Mann nach Haus und Tieren, während wir gemeinsam ein paar Tage ans Meer reisen. Die beiden genießen die Waldesstille, Martina kennt unsere Pferde, alle Zwei- und Vierbeiner sind mit diesem Arrangement glücklich. Später besucht uns ihre Tochter Marianne mit Freund, wir diskutieren, wandern, reiten und lernen die Standpunkte und Ansichten der Jugend besser kennen. Sehr lehrreich für uns. Freunde und Familie besuchen uns, der Sommer verfliegt. Unsere Pferde respektieren und sehen die Drahtumzäunung offenbar problemlos. Einmal verliert Muscade ein Eisen auf der Weide, das Absuchen der 7000 $m^2$ fordert einige Zeit. Doch wir finden das Eisen, es liegt natürlich mit den Nägeln nach oben. Einen toten Fasan lesen wir eines Morgens auf der Weide auf, mit durchtrennter Kehle liegt er jämmerlich zwischen den hohen Halmen. Ob er zu nahe an den Pferdehufen im Gras gekauert ist? Die Nachbarn fragen an, ob sie Ophélie auf eine unserer Weiden stellen dürfen, wir revanchieren uns gerne für ihre vorjährige Großzügigkeit. Mit welcher Freude sie die Weide entlanggaloppiert, quietschend und glucksend vor Vergnügen. Tut gut, ihr zuzuschauen. Wir müssen allerdings zwischen ihr und unseren Pferden eine Weidefläche frei lassen, sicherheitshalber. Wir möchten Verletzungen vermeiden.

Robert hat begonnen, Ophélie zu reiten. Alleine zieht er mit ihr durch die Gegend, sie geht ruhig und gelassen unter ihm. Vielleicht ist sie ja wirklich eines jener Pferde, die am liebsten alleine ausreiten? Zwischen meinem Mann und Ophélie entwickelt sich im Lauf der Monate eine besondere Zuneigung. Wir holen sie manchmal ans Haus, Robert gewöhnt sie an den Wasserschlauch, vor dem sie anfangs panische Angst hatte. Sybille deutet an, daß man Ophélie wohl nicht lange behalten werde. Die Tochter reite nicht mehr, die Verantwortung, die Pflege … Wir sehen uns an, wir denken nach. Ob wir Ophélie nehmen sollen? Platz genug hätten wir ja. Sie scheint gesund, ist etwas jünger als Muscade, und Robert kommt gut mit ihr zurecht … Wir wollen nichts überstürzen, denn drei Pferde machen nun eben mal mehr Arbeit als zwei … Und wir haben nur zwei Boxen, wissen nicht, wie meine besitzergreifende Quirina auf eine neue Kollegin reagieren würde. Wir warten ab und genießen Ophélie vorerst als eine Art Adoptivpferd ohne Pflichten und Rechte.

Unseren tapferen Old Shatterhand finden wir eines Abends bei der Rückkehr vom Einkaufen still vor dem Haus liegen. Er hebt nur matt den Kopf bei unserer Ankunft. Als wir ihn aufheben wollen, versucht er, uns zu beißen, er muß starke Schmerzen haben. Vorsichtig, mit Handschuhen ausgerüstet, transportieren wir ihn in die Klinik. Dort zeigt das Röntgenbild einen dreifachen Bruch des linken Oberschenkelknochens, unser alter Dackelherr wird operiert, erhält eine externe Fixation. Die Schrauben stehen aus seinem krummen Bein, täglich muß um sie hin gewissenhaft desinfiziert werden, von Zeit zu Zeit zieht Robert sie vorsichtig nach … Sieht schlimm aus. Ob er sich im Spiel mit Céline das Bein gebrochen hat? Immerhin ist er nun über 15 Jahre alt. Doch seine Knochen heilen gut, nach einigen Wochen ist die Sache ausgestanden. Doch immer öfter läßt er Céline alleine nach vorn zum Zaun laufen, streckt sich lieber vor dem Haus in der Sonne aus.

Unser Bekanntenkreis erweitert sich, wir brechen Verbindungen ab, gewinnen neue. Weiter vorne am Weg ist ein junges Paar mit drei Kindern und drei Pferden eingezogen, wir helfen uns manchmal aus. Beide arbeiten ganztags, die Kinder werden von der Großmutter versorgt. Viel Zeit bleibt da nicht für Kontakte, zumal wir keine Kinder haben. François hilft auch ihnen bei Pferdeproblemen. Babette legt mir manchmal Eier von ihren freilaufenden Hühnern vors Tor, ich danke ihr mit hartem Brot für ihre Pferde. Sie reiten meist am Wochenende und haben vor dem Haus ein Dressurviereck angelegt. Will ich natürlich auch, trotz des skeptischen Blicks meines Ehemanns. So werden also Wagenladungen feiner Sand im ohnehin sandigen Winterpaddock aufgeschüttet, und ich erhalte mein eigenes Dressurviereck am Haus. Fehlen nur noch Motivation und Ehrgeiz. Etwas verloren versuche ich mit Quirina einige Male, alte Erinnerungen an die Stadelmatter Dressurstunden auszugraben. Eher lustlos drehen wir unsere Runden, Muscade steht im angrenzenden Auslauf und scheint in sich hineinzugrinsen. Wie gut, daß Robert keine Ambitionen in diese Richtung hat …

Wir nutzen das Viereck dann eben für unsere Tellingtonübungen, die wir nach langem wieder auffrischen. Und eines Tages legen wir unseren höchsteigenen Geschicklichkeitsparcours dort an. Sogar ein azurblaues Plastikkinderplanschbecken kaufen wir, legen Müllsäcke aus, schaffen Tore und Hindernisse, lassen rotweiße Absperrbänder im Wind flattern, Luftballons und Wäschestücke, die an eine Leine gehängt werden müssen. Auch leere Tonnen zum Schlangenlinienreiten fehlen nicht, Regenschirme, Autoreifen und Stämme statt Stangen, die zu Figuren ausgelegt sind. Wir schaffen mit viel Liebe und Phantasie an diesem Parcours und freuen uns schon auf den ersten Durchritt. *Da werden unsere Mädchen aber Augen machen …* Unsere Mädchen würdigen die für sie arrangierten Attraktionen keines Blicks, sie ziehen willig mit uns von Posten zu Posten, erledigen, was sie erledigen sollen, und beschnuppern neugierig das Planschbecken. Muscade trinkt sogar daraus. Eigentlich sollte uns die coole Reaktion unserer Pferde ja freuen, doch irgendwie sind wir enttäuscht. Wo wir uns doch soviel Mühe gegeben haben.

Nach einigen Wochen räumen wir unseren Parcours, die Pferde sind inzwischen auch frei darin herumspaziert. Muscade ist unter Robert ein sehr geschicktes Pferd, sie liebt unebenes Gelände, während meine Quirina, wie ich, ordentlich ebene Wege bevorzugt. Beim Ausreiten öffnet und schließt Robert das Haustor vom Pferderücken aus, er sperrt den Postkasten auf, entnimmt den Poststapel, schließt und versperrt die Klappe, nimmt die Post mit sich zum Haus … Finde ich echt gut. Quirina und ich lernen nicht so schnell, doch mittlerweile können wir das auch. Manchmal treffen wir auf unseren Ritten Monsieur Rambeau, den früheren Starschmied. Er sitzt jetzt in einem wegen seines Rückens extra gefederten Sulky und trainiert seine drei Pferde. Irgendwann, das ist sein Traum, wird eines seiner Pferde auf der Rennbahn starten. Und gewinnen. Lärm aller Art bringt unsere Pferde selten aus der Ruhe, sie sind wohl von der Schweiz her abgehärtet. Wie oft läßt ein tieffliegender Düsenjäger mich erschrocken zucken, während unsere Pferde ruhig weiterziehen. Am Wochenende tauchen immer öfter Motocrossfahrer in unserem Wald auf, sie dröhnen durch die Stille hin, doch verlangsamen immer die Fahrt, bleiben sogar stehen, wenn sie uns zu Pferd treffen. Wichtig ist nur, daß sie uns rechtzeitig sehen …

Wir kommen bei unseren Ritten immer öfter an Pferdeweiden vorbei, jedes Jahr werden es mehr. Pferdehaltung am Haus nimmt langsam auch in unserer Gegend zu, bestätigt unser Hufschmied. Gepflegte Weiden mit weißgestrichenen Holzzäunen, verwilderte Gärten mit Maschengitterzäunen, weite Flächen hinter Stacheldraht, Weiden hinter Glattdraht passieren wir. Meist mit nur wenigen Pferden darauf, die neugierig zu uns galoppieren. Quirina piaffiert dann ein wenig, gibt vor den Artgenossen an. Vor allem dann, wenn sie roßig ist. Manchmal blubbern oder wiehern sich die Pferde auch zu. Ob sie das Herdenleben vermissen? Eselweiden fürchte ich ein wenig, mein Pferd ist von den grauen Gesellen und ihren durchdringenden Schreien fasziniert. Muscade hingegen kann sich nicht sattsehen an den kleinen Lämmern, die klagend hinter ihren Müttern herlaufen. Und beide Pferde finden die jungen weißen Stiere unwiderstehlich, wenn sie uns hinter ihren Zäunen galoppierend begleiten … An einem Heimritt sehen wir einmal schon von weitem außerhalb dieser Stierweide drei Tiere grasen, neugierig beäugt von ihren Kollegen hinter dem Zaun. Meine zaghafte Seele will umkehren, einen anderen Weg wählen. Nicht so mein mutiger Mann. *Kein Problem*, versichert er mir. *Die grasen einfach am Weg, die sind an uns gar nicht interessiert …* Sind sie leider doch. Kaum unserer ansichtig, kommt Leben in die drei jungen Kerle, heissa, ob man mit diesen Vierbeinern wohl spielen kann? Sie hüpfen und buckeln und rennen auf uns zu, freudig aufgeregt. Ihre Kollegen hinter dem Zaun werden unruhig, *wir wollen auch …* Unsere Pferde zappeln, ich schimpfe vor Nervosität leise vor mich hin, und Quirina spitzt die Ohren. *Könnte, sollte, wollte man da nicht mittun? Man will nicht*, entscheiden wir und lenken unsere Tiere relativ ruhig durch die neugierigen Jungstiere. Zappelnd, aber im Schritt. Sie folgen uns nicht, ziehen doch die Gesellschaft der eingesperrten Kollegen vor.

Wir werden zu einer französischen Hochzeit eingeladen, bewirten Freunde bei uns, feiern Feste und fahren sogar einige Male nach Paris. Abends, nach dem Versorgen der Tiere. Wir besuchen gemeinsam mit Freunden Kellertheater, Musicals, Filme, gefolgt von sehr späten Abendessen in gemütlichen oder noblen Restaurants. Kein Problem, in Paris um Mitternacht warm zu essen. Restaurants und Bistros sind voll. *Filles* nennt man hier voll erblühte Damen um die Sechzig, und gestandene Herren um die Siebzig sind *garçons* in der Umgangssprache. *Il est un beau garçon*, schwärmt eine Pariser Bekannte von ihrem neuen sechzigjährigen Freund. Wir lernen noch immer. Robert hat sich in Rambouillet in eine internationale Schule eingeschrieben und verbessert dort sein Französisch. Menschen jeder Altersstufe und Nationalität lernt er dort kennen. Sie verbringen meist zwei bis drei Monate hier, um die Sprache zu erlernen, studieren und wohnen in der Schule. Die ist in einem alten Schloß mit weitläufigem Park mitten in Rambouillet und entspricht schon rein äußerlich den oft romantischen Vorstellungen von Frankreich. So lernen wir, neben einigen anderen, eine amerikanische Familie kennen. Eltern mit zwei schulpflichtigen Töchtern, die ein Jahr in Frankreich verbringen. Sie haben unweit von uns ein Haus gemietet, die Mädchen besuchen die lokale Dorfschule. Die Waynes haben hier in Frankreich ihre Liebe zu Pferden entdeckt, die gesamte Familie nimmt mehrmals wöchentlich Reitstunden. Und als sie uns besuchen, steht für sie fest, daß sie nach ihrer Rückkehr nach Kalifornien auch Pferde haben werden. Und zwar am Haus, so wie wir …

## Kleine Schrecken

Es gibt auch Schreckmomente. Als Quirina sich eines Tages beim Putzen aus unerfindlichen Gründen schreckt, losreißt und ums Haus galoppiert … Sie kehrt freiwillig zum Stall zurück, wo wir Muscade halten konnten. Als Muscades breite Brust die Eisenkette bricht, die ihre Tür verschließt, und Muscade zu Quirinas heller Aufregung seelenruhig vor dem Haus grast. Muscade scheint Meisterin im Durchwurmen von Absperrungen und Bändern zu sein. So finden wir sie eines Tages in der von beiden Seiten mit der Kette abgesperrten Box wieder, Quirina wartet ratlos draußen. Ein andermal verbringt Muscade die Nacht außerhalb des Auslaufs, wir wissen nicht, wie sie es geschafft hat. Doch sie grast vor dem Haus, Quirina bleibt hinter dem Zaun auf ihrer Höhe. Als Freunde einmal drei Tage aufs Haus und auf die Pferde schauen, finden sie Muscade abends mit einem Bein im Elektroband gefangen. Ganz still steht sie, obwohl Quirina sie stubsend zum Weitergehen drängt … Unser Fehler, wir stellen den Strom nur periodisch an, nach solchen Vorfällen tickt er wieder ständig … Gefährlich wird's, als wir die Pferde an der Putzstange angebunden haben, eines drinnen am Waschplatz, Muscade draußen. Was genau geschieht, können wir nicht eruieren, obwohl wir beide um die Pferde herum sind, putzen und satteln. Quirina macht einen Satz rückwärts, der Panikhaken löst sich, und sie steht frei. Gleichzeitig macht wohl auch Muscade einen Rückwärtssatz, allerdings in die Gegenrichtung. Und diese Kraft reißt den Anbindebalken aus seiner Verankerung. Muscades Panikhaken löst sich nicht, sie läuft ein paar Schritte, zerrt den langen Holzbalken am Anbindering und Strick mit sich, gottlob ist sie Richtung Zaun gesprungen, sie kann nicht weiter und läßt sich von Robert befreien. Mit bei mir seltener Geistesgegenwart habe ich inzwischen Quirina ruhig in die Box gestellt. Nichts ist passiert, doch nicht auszumalen, was alles hätte passieren können ... Wir beschließen, im Winterauslauf einen Unterstand aus Holz bauen zu lassen. Die Boxen können dann bei schlechtem Winterwetter geschlossen bleiben, Heu und Stroh kann trocken im Unterstand verfüttert werden. Einige Samstage lang wird gezimmert und gehämmert und geklopft, die Endarbeiten verfolgt Quirina dann neugierig aus nächster Nähe im Auslauf. Eine gewisse Kontrolle der Handwerker kann nie schaden ...

Das Röhren der Hirsche zur Brunftzeit hören wir abends und nachts jetzt bewußt, unheimlich klingt es von allen Seiten zum Haus her. Unwirklich schaurig schön. Da stehen wir dann unter dem blinkenden Sternenhimmel und horchen in die Nacht. Ein Reiher verirrt sich zu uns, steht einige Tage lang im Auslauf vor dem Haus, bewegt sich kaum. Wir stellen Wasser und eigens gekauften Fisch in seine Nähe, er scheint matt und müde. Bis ich ihn eines Morgens am Boden liegend finde, schwach mit den Flügeln schlagend. Ich wickle ihn in ein Tuch, sperre ihn in eine der leeren Pferdeboxen, um ihn vor unseren Katzen zu schützen, fahre zum Tierschutzhaus, um Hilfe zu holen. Sie versprechen, am nächsten Morgen den Vogel zu holen ... Zu spät, der Reiher hat in Muscades Box sein Leben gelassen. Robert ist verreist, ich begrabe ihn hinten im Wald. Ähnliches erleben wir mit einem Igel, dann mit einem Eichhörnchen, mit Vögeln, gar nicht zu reden von den Kontributionen unserer Katzen. Und einmal finden wir außerhalb unseres Grundes, knapp beim Zaun, einen toten Hirsch. Er liegt, als ob er schlafen würde. Die alarmierten Jäger lassen ihn fast eine Woche unberührt, wir decken ihn mit Zweigen zu. Der illegale Schütze muß eruiert werden, das angeschossene Tier hatte sich weitergeschleppt. Zeitweise häufen sich diese Vorfälle, alles Natur, doch sehr nahe erlebt ... Niemals vorher habe ich so ausgiebig über Sterben und Tod nachgedacht. Ob das der Wald macht, die Natur, die Stille und die Einsamkeit? *Da, wo ihr wohnt, war früher ein Friedhof*, grinsen unsere Nachbarn fröhlich. Hätte ich das früher gewußt ...

## Magnetismus

Durch Bekannte lernen wir Claudine kennen, die über magnetische Kräfte verfügen soll. Radieästhesistin nennt sie sich und baut eben in einem Nachbardorf ihre Praxis auf. Sie behandelt meinen verspannten Nacken durch einfaches Handauflegen, ihre Hand gleicht einem warmen Bügeleisen. Wärme und angenehme Schwere duchströmen mich, nach etwa einer halben Stunde schmerzt mein Nakken nicht mehr, und ich fühle mich erfrischt und wohl … Robert lächelt freundlich skeptisch. Hauptsache, es hilft. Als sie später Muscade bei einem geschwollenen Hinterbein behandelt und nach zweimal Handauflegen Schwellung und Lahmheit verschwunden sind, schwindet unsere Skepsis. Bei ihrem Eintreffen suchen die Tiere ihre Gegenwart, unser alter Dackel wird nach ihren Berührungen wieder gelenkiger, Roberts Kreuzweh bessert sich unter ihren Händen nachdrücklich. Bescheiden erklärt sie, daß sie nicht immer und bei allen Leiden Erfolg hätte. Das stimmt. Warzen widerstehen ihrem Einfluß, und geschädigte Organe und Zellen kann sie natürlich nicht ersetzen. Doch sie sucht und findet mittels ihrer Kräfte für ihre Klienten auch weggelaufene Kinder und verschwundene Haustiere, sogar mit der Polizei arbeitet sie in manchen Fällen zusammen. Als Pierre the vet für Quirinas dickes Vorderbein endlose Salben, Umschläge und Bäder anordnet, verlieren wir nach kurzer Zeit die Geduld. Mein Pferd hatte sich offenbar knapp über dem Huf, am Kronrand, eine Verletzung zugezogen, die nicht sichtbare Wunde hatte sich entzündet …

Die mittlerweile Tiermedizin studierende Marianne und einige andere junge Freunde aus Deutschland sind zufällig bei uns, als wir Claudine zu Hilfe rufen. Sie kommt, legt ihre heißen Hände eine halbe Stunde leicht um Quirinas Kronrand. Dann streift sie mit sanften Abwärtsbewegungen Eiter aus, es rinnt am Horn hinunter. Wie immer unter Claudines Händen, steht mein Mädchen mit tief gesenktem Kopf und halb geschlossenen Augen, wohlig entspannt. Wir sind beeindruckt. Pierre the vet auch, er kann sich anderntags nicht erklären, wieso die Schwellung so schnell zurückgegangen ist, Quirina keine Schmerzen mehr verspürt … Wir empfehlen Claudine weiter, bald wird sie von allen Pferdeleuten in der Umgebung gerufen. Nie ersetzt sie einen Tierarzt, doch ihre Kräfte beschleunigen die Heilung. Robert reitet nun seltener auf Ophélie, die Tochter der Nachbarn ist aus Amerika zurückgekehrt und hat wieder Gefallen am Reiten gefunden. Wenn die beiden rasant an unserem Zaun vorbeigaloppieren, verzieht Robert schmerzlich das Gesicht. Irgendwie ist Ophélie ja ein wenig *sein* Pferd geworden … Erst nach der Abreise der jungen Dame widmet er sich wieder vermehrt Ophélie, doch er findet sie verändert. Und als sie einmal im Galopp mit ihm durchgeht, rasende Kreise auf einem Feld dreht und kaum zu beruhigen ist, als sie ihn ein andermal nicht aufsteigen lassen will, als sie bei probeweisem Verbleib in unserem Auslauf sich verrückt gebärdet, verliert Robert sein Vertrauen in die pummelige Füchsin. *Nein*, antworten wir auf das Drängen der Nachbarin. *Wir werden Ophélie nicht zu uns nehmen, es müßte viel mit ihr gearbeitet werden, wir fühlen uns mit zwei Pferden ausgelastet* … So verschwindet Ophélie eines Tages sang- und klanglos, gemeinsam mit unserem Zäumli, den Gebissen,

Decken, Schabracken und anderen Utensilien. Sybille scheint eingeschnappt, sie hätte Ophélie gerne bei uns gesehen … Schlechtes Gewissen gegenüber Ophélie plagt uns, sie muß offenbar nun wieder ein Boxenleben führen …

## Winterfreuden

In diesem Winter bringt Robert aus der Schweiz Hufkitt, der erweicht in die Hufwölbung gedrückt wird und so das Aufstöckeln von Schnee verhindern soll. Bei uns hält der Kitt nicht, wir geben mit Rückenschmerzen auf. Und probieren erfolglos die vom Schmied empfohlenen Socken über den Hufen. Schließlich fegen wir wieder eine Ecke des Paddocks schneeleer, bis die bestellten Hufgrips eintreffen. Kaum sind diese angebracht, fällt kein Flocken Schnee mehr … Zweimal retten wir bei plötzlich einsetzendem Eisregen die Pferde aus dem Auslauf. Innert Minuten ist die Erde mit Eis überzogen, wir rutschen mühsam zum Stall. Die mit Eis überzogenen Sträucher und Bäume wirken märchenhaft … Das eigene Heu schmeckt den Pferden, doch wir müssen zukaufen. Jede Lieferung bringt eine andere Qualität, manche Ballen sind innen verschimmelt, das gelieferte Stroh ist schwarzgrau statt gelb. Liefertermine werden selten eingehalten, wir urgieren, telefonieren, arrangieren …

Diese Sorgen hatten wir früher nicht, sie kosten Zeit und Energie. Wir streuen jetzt auf die Boxenböden Aubiose und verteilen darauf Stroh. Diese aus der Hanfpflanze gewonnenen Schnitzel saugen vollkommen geruchsbindend den Urin auf und werden vom mistabholenden Bauern akzeptiert … In diesem Frühjahr beginnt Muscade zu husten, bis in den Sommer hinein hat sie Rückfälle, die wir homöopathisch behandeln. Zeitweise hustet sie so stark, daß an ein Reiten nicht zu denken ist. Und oft kann Robert sie nur im Schritt reiten, weil sie beim von ihr selbst gewollten Trab in Atemnot kommt. Die jährliche Zahnkontrolle bei den Pferden ist fällig, doch leider ist Dr. Leroy verzogen. In den Süden. Über Vermittlung des Schmieds trifft somit Dr. Sauras bei uns ein. Er lädt aus seinem Wagen einige Taschen und Eimer mit klappernden Instrumenten und knallt seine Schätze vor die offenen Boxentüren. Quirina, die wie Muscade neugierig den Neuankömmling begrüßen wollte, springt entsetzt zurück … Und dreht uns fortan das Füdli zu. Dr. Sauras erzählt uns, in welchen Teilen Frankreichs er bereits welche Pferdecracks erfolgreich behandelt habe. Wir sind gehörig beeindruckt. Dann schnappt der nervige kleine Mann einige Instrumente und steuert in Quirinas Box. Wir halten ihn besorgt auf, wir kennen unser Mädchen. Unbekannte Forsche, die mit Instrumenten klappern, mag sie in ihrem Zuhause weniger gern …

Dr. Sauras lacht über unser Angebot, Quirina erst mal halb aus der Box zu holen. *Kein Problem, es wird sich schon beruhigen.* Das Wort *es* stört mich. Will er nicht wenigstens wissen, ob es sich um Stuten oder Wallache handelt, wie alt die Pferde sind, ob es Probleme gibt? Dr. Sauras winkt ungeduldig ab. *Sehe ich alles selbst.* Aha. Er stürmt wortlos in Quirinas Box, und wir warten ab. Meine Schwarze schnaubt den Eindringling scharf an, dreht sich im Kreis, das Hinterteil gegen ihn gekehrt. Wir erbarmen uns seiner und legen Quirina das Halfter an. Doch als Dr. Sauras nähertritt, fährt ihr Kopf hoch, sie rollt die Augen, schnaubt und stampft unwillig auf. *Nein, den Mann mag ich nicht …* Alarmiert beobachtet Muscade die Geschehnisse von der Nachbarbox aus. *Erst mal das andere*, murmelt Dr. Sauras wütend und stapft drohend in Muscades Box. Die steht kampfbereit, sie ist gewarnt. Zwar dreht sie sich nicht im Kreis wie Quirina, dafür probiert sie zweimal, nur auf den Hinterbeinen zu stehen. Dr. Sauras hängt etwas unglücklich mit seiner raspelhaltenden Hand irgendwo oben in ihrem Maul. Er gibt auf und ist ziemlich böse. *Was für ungebärdige, wilde Pferde sie haben*, tadelt er. *Die müssen vor einem Zahnarzttermin sediert werden, sonst geht das nicht …* Wir denken wehmütig an Dr. Leroy und sein Lob. Einige Tage später erledigt der Kompagnon des Schmieds die Zahnkontrolle, feilt und raspelt problemlos die Zähne unserer Pferde.

## … und neue Weideprobleme

Sechs Monate haben die Pferde im Winterauslauf verbracht, den neuen Unterstand eingeweiht. Heu und Stroh wird nun nicht mehr zertreten, sondern liegt in den hölzernen Schrägen sicher und trocken. Langsam haben wir unsere beiden in den Ausläufen ums Haus ans Gras gewöhnt, bevor wir sie wieder auf die Weide entlassen. Wir sind unbesorgt, die Pferde kennen die Weide, Routine pendelt sich ein. Bis wir eines Abends mit unseren Wasserkanistern vorfahren und auf der in diesem Winter entstandenen Nachbarweide fünf junge Pferde finden … Quirina und Muscade scheinen von den Artgenossen fasziniert, besonders Quirina wiehert ständig zu der neuen Gruppe da drüben und reckt den Hals über den Zaun. Wir beobachten eine Weile, sind schließlich beruhigt, als unsere beiden sich dem Stroh widmen. Doch am nächsten Morgen finden wir Quirina mit einigen tiefen Schnittwunden am Vorderbein, sie hatte wohl vor Begeisterung über die Pferdegesellschaft in den Draht geschlagen …

Pierre the vet kommt schnell: *Glattdraht geht durch Pferdebeine wie durch Butter*, grinst er schief. Die Wunden sind nicht allzutief, es muß nicht genäht werden, doch Pierre verordnet Antibiotika, Diurezonepulver und einige Tage Boxenruhe. Das Bein ist dick angeschwollen, wir desinfizieren die Wunden zweimal täglich. Mein Mann übernimmt diese Aufgaben sehr geschickt und gerne, ruhig läßt mein Pferd ihn hantieren. Wir werden zukünftig zwischen den Nachbarpferden und den unseren eine freie Weidefläche lassen müssen, um solche Unfälle zu vermeiden ... Am letzten Tag der verordneten Boxenruhe ist Beschlagstermin, die Wunden heilen gut, Quirina lahmt nicht mehr. Wie immer, bleibt der Schmied zum Mittagessen, wir sehen ins satte Grün rund ums Haus und diskutieren über französische Politik und über Pferde. Die unseren stehen jetzt im Paddock direkt vor dem Haus und schlagen sich nach den Tagen der Grünabstinenz den Bauch voll. Muscade war solidarischerweise mit zu Boxenruhe verdonnert worden ... Am nächsten Morgen wollen wir endlich wieder einen kleinen Ritt machen, wir füttern etwas Körnerfutter in den Boxen und machen uns reitfertig. Doch als ich Quirina auf den Waschplatz führen will, blockt sie ab. Sie steht still, Vorder- und Hinterbeine abgespreizt, und ist keinen Schritt vorwärts zu bewegen. Auf mein nachdrückliches Drängen schnappt sie nach mir ... Ihre Augen. Irgend etwas ist in ihren Augen, sie sieht verzweifelt aus ... *Das ist keine Marotte, kein Ungehorsam. Wo habe ich diese Stellung nur schon gesehen? Der Schmied*, durchfährt es mich. *Der Schmied muß sie vernagelt haben, das muß es sein, so knapp nach dem Beschlagen.* Monsieur Marcel kommt mit seinem Lehrling innert einer halben Stunde, nach einem kurzen Blick auf Quirina ruft er Pierre the vet an ...

Jetzt wird uns der Ernst der Situation bewußt, es handelt sich um akute Rehe. Ich schleppe aus meiner reichhaltigen Bibliothek entsprechende Bücher, hastig überfliegen wir die Informationen, der Schmied entfernt inzwischen die Eisen. Pierre trifft innerhalb weniger Minuten ein, er setzt Injektionen, führt einen Schlauch in die Nüstern ein. Mit schreckgeweiteten Augen und schweißnassem Fell läßt Quirina starr alles mit sich geschehen. Ich bin so besorgt um mein Mädchen, daß ich all die vielen Maßnahmen gar nicht recht mitbekomme. Pierre und der Schmied kühlen die Vorderhufe, legen Verbände an. *Ich muß sie zur Ader lassen*, teilt Pierre uns knapp mit. *Etwa einen Eimer voll Blut wird das geben ...* Er scheint kurz zu überlegen, zu diesem Aderlaß nachmittags zurückzukommen, führt ihn aber doch gleich durch. Ich gestehe, daß ich nicht hinsehen kann, das Blut schäumt in den weißen Kübel. Dann wird Quirina in die Box geführt. Kaum ist das Halfter entfernt, torkelt sie gegen die Wände, kracht taumelnd mit dem Füdli gegen die Seitenwand, wirft sich mit der Schulter gegen die andere Wand. Es ist ganz still geworden, alle sind weiß im Gesicht und stehen einen Moment lang starr. Dann springt Robert in die Box. In diesem Moment fällt Quirina mit einem tiefen Stöhnen um. Einfach so fällt sie ins Stroh, voll zur Seite. Robert hat sich gerade noch in Sicherheit bringen können.

Da liegt meine Schwarze nun leblos ausgestreckt, schweißnaß, mit verdrehten Augen am Boxenboden und macht keinen Mucks mehr … Ich werfe mich über ihren Kopf, massiere ihre Ohren, bin halb hysterisch vor Angst und Sorge. Mein Mann beruhigt mich und sich mit leisen Worten. In die Männer draußen ist Leben gekommen, Pierre ist weiß im Gesicht, als er eine neuerliche Injektion in Quirinas Hals setzt. Sogar Monsieur Marcel ist blaß und still. *Kreislaufkollaps. Elle est tombée dans les pommes,* höre ich, wie der Schmiedelehrling ehrfürchtig wispert, ohnmächtig ist sie geworden. Kurz nach der Injektion rappelt Quirina sich noch sichtlich benommen auf, wir alle atmen tief durch. *Gerade noch mal gutgegangen*, murmelt Pierre schmallippig, und Monsieur Marcel schüttelt den Kopf. *Mon Dieu, mon dieu ...* Wir diskutieren die Ursachen für diesen Reheanfall, diese Stoffwechselstörung, die extrem schmerzhaft ist für das Pferd und die zum Tod führen kann. *War wohl ein Zusammenspiel verschiedener Dinge*, meinen die Fachleute. Die Medikamente für die Beinverletzung, das Stehen in der Box, der neue Beschlag, die offenbar zu gut genährten Pferdebäuche und schließlich, nicht zuletzt, das nächtliche Grasen im kleedurchwachsenen Auslauf …

Ja, tatsächlich, der wenige, vor zwei Jahren gesäte Klee hat in unseren Paddocks mysteriöserweise überhand genommen, aus den vereinzelten Blättchen sind nun stattliche Flecken geworden … Wir dachten, eine Nacht darauf grasen könne nicht schaden. Unser Fehler. *Niemals Klee auf Pferdeweiden säen*, tadelt Pierre. *Der nimmt überhand.* Wieder etwas gelernt, leider diesmal auf Kosten Quirinas. Die Karenzzeit meines Pferdes verbringt Muscade treu im Laufgang vor der geschlossenen Boxentür der Kollegin … Und wir besorgen uns Mittel zur Kleevernichtung. Nach einigen Tagen werden Röntgenfotos von Quirinas Vorderhufen gemacht, sie erhält einen Spezialbeschlag und darf längere Zeit nicht geritten werden. Wir führen die beiden schließlich wieder auf die Weide, lassen zwischen ihnen und den anderen jedoch eine Weide frei. Und bei jedem Weidebesuch habe ich Angst, wieder Blut an irgendwelchen Beinen zu finden. Beim diesjährigen Pferdehüten durch Martina und Marianne ist es dann wieder so weit: Diesmal hat Muscade geringfügige Verletzungen am Bein. Beim Kontrollieren der Weide findet sich neben dem Zaun eine Drahtspirale, ein langes Stück Draht hatte sich gelöst. *Nicht vorzustellen, was passiert wäre, wenn ...*

Spätestens jetzt beschließen wir beide ohne Worte, daß unsere Pferde den nächsten Weidesommer hinter Elektrobändern verbringen werden … Als wir uns dann eines Abends der Weide nähern und Quirina bei unserem Kommen begeisternd scharrend sich mit dem Vorderhuf im untersten Glattdraht verfängt, ist das

Maß voll. *Die Pferde dieser Region mögen mit Glattdraht gut zurecht kommen, für unsere ist er nicht geeignet …* Gottlob war Quirina mit ihrem Eisen nur wenige Sekunden im Draht gehangen, sie hatte eben in Panik zu reißen begonnen, als das Eisen freikam. Das Führen der Pferde von und zu den Weiden macht wenig Probleme, es gibt kaum Verkehr auf der Sandstraße, und die beiden trotten gesittet hinter ihrem Führer. Kommt mal ein Auto, machen wir einen Bogen in das angenzende Wäldchen, bei vorbeiratternden Traktoren gibt es schon mal einen Hopser. Beim Öffnen und Schließen der Weidetore stehen sie ruhig und warten auch gesittet, bis die Halfter abgenommen werden.

Nur die Fliegenplage auf der Weide haben wir noch nicht im Griff. Besonders meine Schwarze versucht, im Galopp Reißaus zu nehmen vor den quälenden Bremsen und Mücken, Muscade nimmt das gelassener. Doch wenn sie so richtig rundherum fröhlich ist, dann buckelt und galoppiert sie und windet dabei ihren Hals und Kopf in abenteuerliche Verrenkungen. Robert ist wieder einmal verreist, und ich hole die Pferde erst bei Einbruch der Dunkelheit von der Weide ans Haus, am nächsten Morgen ist Beschlagstermin. Wir müssen auf der Sandstraße an den benachbarten Weidepferden vorbei, die neugierig wiehernd zum Zaun galoppiert kommen. Quirina scheint roßig zu sein, sie bleibt nach einigen Metern still stehen und ist weder vorwärts noch rückwärts zu bewegen. Sie dreht den Kopf hinüber zu den fünf jungen Stuten und beachtet weder mich noch Muscade. Die steht geduldig still. Ich probiere die üblichen Tricks des Im-Kreis-Gehens, des Wendens, ich befehle, bitte und locke …

Ich kann nicht von hinten treiben, denn wir führen die Pferde an kurzen Strikken, die nicht zu einem aufmunternden Schlag an die Flanke reichen. Und ich habe ein zweites Pferd an der Hand. Die ersten Minuten bin ich noch amüsiert, das ändert sich jedoch bald. Quirina bleibt stur. Schließlich machen wir eine Kehrtwendung und wandern die Sandstraße entlang weg von Weiden und Haus, der fernen Nachbarin Babette zu. Mit beiden Pferdestricken hinter meinem Rükken in einer Hand, drücke ich die Torsprechanlage. Automatisch öffnet Babette die zwei knarrenden Torflügel, ihre beiden Hunde stürmen freudig auf uns zu … Wir entwirren uns wieder und sammeln uns. Und wir erreichen an diesem Abend auch noch unser Zuhause. Dank Babette, die in weißen Stöckelschuhen auf dem Mountainbike hinter uns herfährt und aus sicherer Entfernung Quirina energisch anspornt … Robert nimmt von nun an einen Haselstock oder eine Gerte mit, wenn er die beiden Pferde führt. Nur ein Wink mit der Gerte und voila, Quirina bewegt sich wieder vorwärts … Eines Nachmittags ruft uns Babettes Mann besorgt an. Er sei im Büro in Paris und könne seit dem Morgen seine Frau nicht erreichen. Sie wollte mit ihrer Stute einen Ausritt machen, sei offenbar noch nicht nach Hause zurückgekehrt. Ob wir sie zufällig gesehen hätten? Wir verstehen seine Besorgnis gut. Die Gegend ist menschenleer, und die Wege sind weit verzweigt, ein Unfall kann dem besten Reiter geschehen …

So suchen wir erst bei Babette, dann in der näheren und weiteren Umgebung mit dem Jeep die Wege ab, erfolglos. Bei der Heimkehr ruft uns Babette ein wenig kleinlaut an. Sie war mit ihrem Pferd bei einer Freundin eingekehrt, alles sei in Ordnung. Wir haben unsere so mühsam erkämpften Alleinritte inzwischen aufgegeben. Sind wir beide da, reiten wir gerne gemeinsam aus. Und wenn einer von uns verreist ist, finde ich das Alleine Ausreiten zu gefährlich. Kein Mensch wartet auf die Rückkehr, niemand weiß die Reitroute, bei einer Verletzung des Pferdes kann alleine nicht Hilfe geholt werden, niemand sucht im Fall des Falles … In diesem Sommer verläßt uns Old Shatterhand. An meinem Geburtstag, in der Obhut von Martina, die mit ihrem Mann zehn Tage die Tiere hütet. Er schläft einfach friedlich ein, der alte Herr, mit einem tiefen Seufzer, im eigenen Bett auf der Veranda. Wir hatten uns vor der Abreise wohlweislich von ihm verabschiedet, wir wußten, daß er dem Ende seiner Tage zuging. Mit seinen über 16 Jahren hatte er uns in den letzten Wochen seine Müdigkeit gezeigt, altersschwach war er, anscheinend aber ohne Schmerzen. Stundenlang konnte er mit Céline in der Sonne liegen, die Wärme auftanken. Doch niemals mehr hat er mit ihr Runden ums Haus gedreht. Martina hat unseren tapferen Dackelmann auf Rosenblättern im Wald begraben. Céline vermißt ihren kleinen Kameraden, sie trottet ein wenig verloren herum, drückt sich an uns, will ständig gestreichelt werden … Wir vermissen unseren Gefährten der früheren hektischen Bürotage ebenfalls, automatisch rufe ich ihn manchmal noch zum Fressen … Old Shatterhand mit dem tapferen Löwenherz, der mit uns von Land zu Land gezogen ist …

Wie schon in den vergangenen Sommern, plagen uns wieder Hornissen. Gefährlich groß und dick surren sie um Haus und Stall, wir suchen ihre Schlupfwinkel. Und alarmieren dann schnellstens die Feuerwehr. Sie räuchern die Nester aus, wahrscheinlich ist das ökologisch schlecht. Doch wir fürchten die Stiche. Unsere Ritte sind etwas kürzer geworden, meist kehren wir nach einer oder anderthalb Stunden nach Hause zurück. Trotz oder wegen der vielfältigen Wege, die sandig, steinig oder grasbewachsen sind, haben sich die eisenlosen Hinterhufe unserer Pferde bewährt. Deren Horn ist nun wesentlich besser und fester als jenes der Vorderhufe, Robert raspelt alle zwei Wochen, der Schmied erledigt das nötige Nachschneiden beim Beschlagstermin. Die durch Pferdekrankheiten oder Reisen bedingten Reitpausen machen mir manchmal zu schaffen. Besser gesagt, der Wiederbeginn nach Tagen oder Wochen des Nichtreitens scheint ein kleines Problem. Nein, Angst habe ich nicht vor dem Reiten, nur immer öfter wenig Lust dazu … Periodenweise kommt diese Reitunlust, grundlos und nicht erklärbar. Reiten braucht viel Zeit. Das Holen der Pferde, das Putzen, reitfertig machen – und nach dem Ritt dasselbe in umgekehrter Reihenfolge. Ist es Müdigkeit, Bequemlichkeit? Meist überwinde ich meinen inneren Schweinehund, weil ich weiß, wie gerne Robert reitet. Und finde immer die Freude am Reiten langsam wieder. Sich da oben auf dem Pferderücken mit den schwingenden Bewegungen des Tieres mitwiegen. Sich tragen lassen, bei mitgehendem Körper. Spüren, wie zufrieden die Pferde da draußen mit uns dahinziehen.

Im Schritt treten unsere Pferde mit den Hinterbeinen ohne jede Einwirkung weit über die Spur der Vorderbeine. Quirina überrascht mich zuweilen noch mit improvisierten Einlagen, wenn sie beispielsweise eine Pfütze überspringt … Einfach so, aus dem Stand. Ob sie wohl den verlorenen Chancen als Spring- oder Dressurpferd nachtrauert? Je nach Laune reiten wir schweigsam, genießen die Gegend, oder plaudern, diskutieren. Diese Stunde auf dem Pferderücken entspannt uns, man kann so im wiegenden Gehen auch leichter die Lösung von Problemen finden. Oder einfach ins Pferd hineinhorchen … Oder die Natur beobachten. Seit einiger Zeit scheint unsere Umgebung etwas mehr bevölkert, besonders an Wochenenden treffen wir öfter Spaziergänger, Motocrossfahrer, Radfahrer. *Was wollen alle die Leute in unserem Wald*? Wir haben uns an die Menschenleere wohl zu sehr gewöhnt. Manchmal gehen wir mit den Pferden an der Hand spazieren, vor allem dann, wenn uns Wilma und Hinne besuchen. Mit den Pferden und mit Céline ziehen wir über Feld- und Waldwege, von anderen Spaziergängern mißtrauisch beäugt. *Pferde sind zum Reiten da*, meint mißbilligend eine Bekannte, wohl stellvertretend für viele andere, als sie von unseren Ausflügen hört. Da bin ich mir nicht so sicher …

## Schrauben im Huf

Seit einigen Wochen bemerken wir in Muscades rechtem Vorderhuf einen haarfeinen Riß, vom Kronrand abwärts, genau vorne am Huf. Der Schmied beruhigt uns, *keine Sorge*. Verwenden wir Huffett und Lorbeeröl vielleicht nicht genügend? *Alles in Ordnung*, brummt Monsieur Marcel. Um uns vier Wochen später mitzuteilen, daß nun schleunigst drastische Maßnahmen gegen Muscades Hufspalt unternommen werden müssen. Wieder ziehen wir schnell unsere Bücher zu Rat. Der Schmied möchte unter dem Riß vier Löcher in den Huf bohren, die sollen eine mit vier Schrauben befestigte Plakette aus Kunststoff halten. Dadurch soll ein Weiterreichen und Verbreitern des Risses vermieden werden. Beim

Aufheben des Beins zeigt er uns, wie weit der Riß dehnbar ist, es sieht schlimm aus ... Pierre the vet kommt hinzu, weil wir mit der von Monsieur Marcel vorgeschlagenen Schraubenlösung nicht einverstanden sind. Wir möchten, daß diese Plakette an den Huf geklebt wird ... Fast kommt es zum Streit. Doch wir geben klein bei. Unsere zwischenzeitlichen Nachforschungen haben ergeben, daß die wenigen anderen Schmiede dieser Region keinen guten Ruf haben. Und Pierre versichert uns, daß nur die durch die Schrauben erzeugte Spannung im Horn den Erfolg der Maßnahme garantieren könne.So schreiten sie an die Tat.

Mittendrin geht Robert dann kurz weg, zur Beruhigung. Denn man geht französisch zu Werk. Eben noch hat uns Monsieur Marcel erklärt, daß man beim Bohren der Löcher sehr vorsichtig sein müsse, um nicht ans Leben zu kommen. Und jetzt schwingt er einen Elektrobohrer, den er appoximativ an Muscades Horn ansetzt ... *Arme Muscade, armer Robert.* Noch schlimmer kommt es mit den Schrauben. Der Schmied hat keine zwei gleichen, auch nicht gleich lange. So zwickt er zwei, drei Schrauben nach Augenmaß ab. Und beim Eindrehen der vierten Schraube kommt er dann auch ans sogenannte Leben, Muscade zuckt vor Schmerz und wehrt sich. Sie steht kurz auf den Hinterbeinen. Robert auch, ich habe ihn selten so böse gesehen ... *Gut, die vierte Schraube lassen wir* eben *sein, die dritte auch*, brummt Monsieur Marcel grantig. *Und die Löcher*, fragen wir naiv. *Müssen die nicht verschlossen werden, wenn da Schmutz hineinkommt*? Vor unserem geistigen Auge sehen wir schon neue Entzündungen in Muscades Problemhuf. Pierre erklärt uns geduldig, daß es im Fall einer Entzündung besser sei, die Löcher offenzulassen. Beruhigend. Die Plakette spannt sich jetzt über den Vorderhuf, vor dem Anbringen hat der Schmied sie zwecks Biegsamkeit etwas erwärmt. Diese Plakette wächst nun mit dem Horn langsam an Muscades Huf hinunter, wird erst nach etlichen Beschlagsterminen abgenommen. Die neue Plakette wird dann allerdings geklebt, Robert hat mittlerweile ein spezielles Hornspalt-Kit aus der Schweiz besorgt. Tut denselben Dienst, mit Klebstoff. Ohne Löcher im Horn. Wir füttern Biotin zu, massieren den Kronrand mit wachstumsanregender Pomade und schonen Muscade beim Reiten.

Ab sofort müssen unsere Pferde laut Schmied beim Reiten dicke weiche Glokken über den Hufen tragen. *Mindert die Erschütterung*, erklärt er. Und seit ihrer hohlen Wand trägt Muscade Kunststoffsohlen zwischen Horn und Eisen. Darunter wird jeweils Silikon gespritzt, das nach dem Erhärten abfedernd wirken soll. Dieses Jahr war voll von Sorgen über unsere Pferde. *Ob sich zu manchen Zeiten gewisse Dinge häufen?* Fast scheint es so. Quirina hatte zwischendurch eine Beule an der Backe, die Pierre aufschneiden mußte. Ursache unbekannt. Muscade bekam einen dick geschwollenen Kopf, der nach zwei Tagen wieder seine normale

Form annahm. Fliegen- oder Mückenproblem. Quirina hatte ein zugeschwollenes, tränendes Auge, das Pierre mit Salben behandelte, beide rissen sich verschiedentlich das Fell an spitzen Zweigen auf. Quirina hatte einen nässenden Ausschlag an der Flanke … *Mon dieu, was ihr immer für Probleme mit euren Pferden habt*, wundern sich unsere Freunde und Bekannten. Schwierig für Pferdelose, sich in unsere Sorgen und Probleme hineinzudenken.

In Österreich steigen in diesen Tagen mein Bruder und seine Frau auf Westernreiten um. Ihr riesiger alter Wallach Spesenbringer steht auf einer Weide, kann nicht mehr geritten werden. Diese gutgemeinte Lösung bringt neue Probleme, er ist soviel Freiheit und Pferdegesellschaft wohl nicht gewohnt, die Umstellung macht ihm zu schaffen, er magert ab … Probleme, die wohl jeder Freund eines alten Pferdes kennt und nicht lösen kann. Begeistert erzählen Ernest und Maria von dieser anderen Art des Reitens, ich sehe ihnen bei meinen Besuchen zu, bewundere ihre zwei ruhigen Quarter Horses. Sie machen mich mit anderen Westernreitern bekannt, unkomplizierte fröhliche Leute. Und auf einem Westernreithof beobachte ich voll Staunen, wie eine Quarterhorsestute nach dem Reiten mit dem Hochdruckstrahler abgespritzt wird. Sie genießt die deftige Dusche sichtlich, das dumpfe Dröhnen des Motors beunruhigt sie kein bißchen … *Sollen wir das auch einmal probieren*, fragt mein Mann unternehmungslustig, er ist Neuem gegenüber immer aufgeschlossen. *Nicht gleich, vielleicht später …*

## Glück im Unglück

Im Februar stürzt Robert von Muscade, gar nicht weit vom Haus entfernt. Ich reite mit Quirina auf einem schmalen Pfad oberhalb unseres Grundstücks voraus, wir traben flott. Bis ich hinter mir den Ausruf meines Mannes höre … Wir fallen in Schritt, ich drehe mich um und sehe, wie unsere sanfte Muscade Robert mit einem bösen Buckler auf den Boden befördert. Später höre ich, daß sie einige Male ihr altes Füdli gelüpft hatte, sie mochte wohl nicht hinter Quirina herreiten. Rechts vom Pferdekopf fällt Robert hinunter, Kopf voraus. Und bleibt reglos als zusammengekauertes Häufchen auf dem steinigen Pfad liegen. Steht mein Herz still? Anscheinend nicht, denn ich stelle Quirina quer, ergreife die auf uns zugaloppierende Muscade am Zügel und steige mit zitternden Knien ab. Noch immer kein Leben in Robert. Mein Herz tut weh vor Angst, als ich mit beiden Pferden hinter mir an der Hand näherstolpere. *Ich weiß fast nichts von erster Hilfe*, durchfährt es mich. *Wie kann ich Hilfe holen, ohne Robert hier alleine liegen zu lassen*? Da endlich bewegt er sich, stöhnt mehrmals. *Er lebt*. Nichts ist mehr wichtig, alles wird gut, er lebt.

Benommen rappelt sich Robert stöhnend auf, er hat Schmerzen im Brustkorb. *Nein, alles ok, Arme und Beine funktionieren, nur der Kopf tut weh …* Ich schikke Stoßgebete in den Himmel, so wie früher, als Kind. *Lieber Gott, laß ihn ok sein, dann werde ich …* Nach einigen Minuten hat Robert eine Entscheidung getroffen. Er will wieder aufs Pferd, den Rundweg fertig nach Hause reiten. Meine starken Proteste machen ihn böse, ich lasse ihn tun, was er tun muß. In langsamem Schritt ziehen wir dann des Rest des Weges heimzu, ich bin zum Platzen gespannt. Robert stöhnt leise im Sattel, ist nach vorne gebeugt. Muscade geht vorsichtig und brav unter ihm, Quirina spitzt die Ohren hinüber zu den ungewöhnlichen Lauten. Manchmal braucht es ein Unglück, um sich seines bisherigen und tatsächlichen Glücks bewußt zu werden … Wie sich herausstellt, hat Robert sich einige Rippen gebrochen. Er erhält ein Wickelkorsett, lange Wochen schmerzen tiefe Atemzüge, Niesen und Lachen … Wir haben wieder eine längere Reitpause. *Kinder, hört doch auf mit dem Reiten*, seufzt meine Mutter am Telefon. Die Arbeiten im Wald reißen nicht ab, Alain hat uns aus Zeitgründen verlassen. Monsieur Jacques kommt nun vier Stunden pro Woche, um tote Äste abzusägen, Bäume zu fällen. Fast jede Woche lodert ein riesiges Feuer auf unserem Grundstück, die Pferde haben sich an das Knistern und Knacken, an die Flammen und an den Rauch gewöhnt.

## Elektrobänder

Im Frühling lassen wir die Weidedrähte entfernen und beginnen mit dem Bohren: Vier Löcher für zwei Isolatoren an jedem der 700 Pfosten. Robert macht den Löwenanteil dieser Arbeit, ich springe nur zwischendurch ein. Belastet den Rükken, diese Bohrstellung … Robert schafft ein genial ausgklügeltes System, so daß die Batterie immer an ihrem Platz bleiben kann, jedoch verschiedene Weiden speist. Und diesen Sommer stehen Muscade und Quirina hinter braunen Elektrobändern und wiehern hinüber zu den Nachbarpferden. Wir lassen aber nach wie vor noch eine Weide dazwischen frei, wir sind vorsichtig geworden. Und finden tatsächlich unsere Künstlerin Muscade eines Morgens auf der Nebenweide, die leer steht. *Wie hat sie sich nur durch die Elektrobänder gewurstelt*? Quirina nimmt die Ausreißerin blubbernd in Empfang. Auch in diesem Frühling hat Muscade wieder zu husten begonnen. Er beginnt, wie immer, etwa Ende Februar und klingt gegen Juni, Juli ab. Wieder versuchen wir allerlei Mittel, schonen sie beim Reiten. Ein homöopathischer Hustensaft scheint langsam zu helfen. Ob es eine Allergie ist? *Sie ist dämpfig*, sagt uns ein Tierarzt. *Sie ist allergisch, irgendein Blütenstaub ist schuld*, ein anderer. *Kommt von unsichtbarem Schimmel in Heu und Stroh*, versichert man uns. *Ihre frühere Kondition, das Alter, einfach das Alter*, meint Pierre.

Muscade ist nun 19, Quirina 15. Beiden sieht man ihre Jahre nicht an, sie glänzen, sind wohlgenährt, spielen übermütig miteinander, laufen gerne unter uns und fressen, soviel sie nur können ... Quirina hat sich ihre alte Liebe für Stroh bewahrt, oft zieht sie es dem Heu vor. Apropos Heu. Die Heuernten finden wir aufregend. Vor allem, weil wir nun echten Bauern gleich gespannt den Wetterbericht verfolgen und jede dunkle Wolke wegschieben möchten ... Der Zeitpunkt des Schneidens, die Häufigkeit des Wendens, die Größe und Dicke der Ballen, die Farbe und der Geruch des Heus, die Probleme der Lagerung ... Zweimal müssen wir unser Heu dort einlagern, wo eigentlich unsere Pferde ihren Winterunterstand haben sollten. Paletten müssen besorgt und untergelegt werden. In diesen Wintern fegen unsere beiden einige Male die Notabsperrung um den heugefüllten Unterstand in ihrem Winterauslauf weg. Und verteilen die zerfledderten Heuballen malerisch im Paddock ...

Wir finden sie morgens auf dicken Heubetten, im Liegen zufrieden an den zartgrünen Halmen kauend. Wir stellen fest, daß die unbeschlagenen Hufe der Pferde auf der Nachbarweide reißen und bröckeln, ausgefranst und gebrochen sind. *Sollen wir uns einmischen? Wegsehen*? Aus ihrem großen Trinkbottich fischen wir eines Abends eine tote Elster, kurz darauf finden wir eine ebensolche auch im Bottich unserer Pferde ... Neugierig schnaubt Muscade ins Wasser. Und einmal sehe ich eine Elster auf dem Rücken meiner liegenden Quirina sitzen, natürlich habe ich keinen Fotoapparat dabei ... Schließlich weisen wir eines Tages den wasserbringenden Pferdeknecht diskret auf die Problemhufe seiner Pferde hin. Er zuckt wegwerfend die Schultern. *Die Chefin hat kein Geld*, seufzt er, *der Schmied will nicht mehr kommen*. Doch hat unsere Nachfrage Erfolg. Nach drei Tagen finden wir die Pferde mit geschnittenen, geraspelten Hufen vor. Und spendieren ihnen einen Leckstein, den sie erst mißtrauisch, dann begeistert umringen und kosten. Streng nach Rangordnung wird fortan geleckt, so daß wir bald in einen zweiten Stein investieren ...

## Die kleinen Abenteuer

Unsere kleinen Abenteuer setzen sich fort. Robert entläßt eines Morgens Quirina aus ihrer Box in den Laufgang, öffnet dann die Tür von Muscades Box. Unsere Boxentüren haben eine Hebevorrichtung. Just als Robert die Boxentür öffnet, tritt Quirina schnell einige Schritte zurück, auf die Tür zu. Und rammt sich das abgerundete Eisenteil des Verschlußmechanismus etwa drei Zentimeter tief in die rechte Popobacke. Pierre the vet muß die Wunde nähen, vorsichtig legt er einen Strohballen zwischen sich und Quirinas Hinterteil, flickt die zehn Zentimeter lange Wunde mit großen Stichen … *Nur eine Fleischwunde*, beruhigt er uns. Nichts wirklich Ernstes, doch es sieht spektakulär aus, und Pierre hat wieder Grund, seine von mir verabscheuten Antibiotikaspritzen zu setzen. Antibiotika werden bei Mensch und Tier, besonders auch bei Kindern, in unserer Region in der Regel bei kleinsten Verletzungen oder Krankheiten sofort als Vorbeugemaßnahme verabreicht. Da stehe ich dann mit meinen homöopathischen Kügelis und Tropfen … Pierre erzählt uns zum Trost von jener Klientin, die ihr Pferd nur einige Minuten mit Halfter in der Box stehen ließ, um das Nachbarpferd zur Weide zu führen. Das Pferd erhängte sich mit dem Halfter an der Türverriegelung … Die Schauergeschichten reißen nicht ab. Wir haben soeben vom Tod einer Pferdefrau unseres Dorfes erfahren. Sie züchtete *selles françaises* und hatte uns einmal in den vergangenen Jahren bei Heuknappheit freundlich ausgeholfen. Ihr Betrieb war mustergültig, sie lebte für ihre Pferde. Und sie starb im Alter von 54 Jahren inmitten ihrer geliebten Tiere. Ein Pferd hatte nach ihr ausgeschlagen, die Angst vor diesem Schlag mußte zu einem Herzinfarkt geführt haben. Sie war sofort tot …

Wilma und Hinne senden uns Zeitungsausschnitte aus Holland. Dort war eine junge Westernreiterin vor kurzem im Roundpen von ihrem Pferd offenbar zu Tode gebissen worden … Wir widmen uns wieder unseren Ausritten, besuchen den Bürgermeister, der jetzt keiner mehr ist. Zu alt, zu müde. Wir reiten den Mittainviller Dorfteich entlang, und Quirina hopst entsetzt mit mir auf die Straße. Ist doch da glatt ein Frosch zwischen ihren Beinen aufgesprungen … Aufgeregt schnaubt sie hinüber zu Muscade. *Soll ich auch*? scheint diese sich zu fragen und entscheidet sich dann gegen unnötige Aufregung … Es hat doch gewisse Vorteile, wenn man langsam älter wird. Martina erzählt uns telefonisch von ihrem letzten Reitschrecken. Mitten im Wald sei sie mit Candle und ihrer Hündin Jessie geritten, als ihnen zwei freilaufende Pferde entgegengekommen seien. Im Galopp, nur mit Halfter. Sie habe Candle mit etwas Mühe halten können, ihre Jessie habe sich rechtzeitig in Sicherheit gebracht. Doch wenig später habe sie die beiden Pferde wieder gehört, diesmal von hinten kommend. Sie hatten kehrtgemacht und überholten nun in vollem Galopp …

Ich kann mir die Situation lebhaft vorstellen, das kostet Nerven … Endlich sei an der nächsten Biegung der Bauer aufgetaucht, dem die beiden beim Zurweideführen ausgerissen waren. Außerhalb von Wien habe ich wenig später gemeinsam mit meiner Schwägerin Maria ein unvergeßliches Erlebnis. Knapp vor einem Lastwagen springt ein Pferd mit Sattel, baumelnden Steigbügeln und wehenden Zügeln von der Seitenböschung auf die Autobahn. Galoppiert dann minutenlang vor uns in der Mitte der Straße. Wir sind auf der dritten Spur, keine Autos vor uns. Wir warnen mit Hand- und Lichtzeichen nachfolgende Fahrer vor der Gefahr, blockieren die Straße, so gut es geht. Der Fahrer des Lastwagens versucht nun, das Pferd seitlich in die Enge zu treiben, es wechselt auf die dritte Spur – und springt gleich darauf über die Mittelsperre auf die Gegenfahrbahn ... Das Tier konnte unverletzt eingefangen werden, wie wir später erfahren. Uns sitzt der Schreck in den Gliedern. Vom Zweipferdeanhänger hören wir, der wegen des zu schwachen Zugfahrzeugs in einer kritischen Situation umfällt. Auf der Autobahn. Die beiden Pferde können mit nur leichten Abschürfungen eingefangen werden ... Unsere Ausritte verlaufen da vergleichsweise harmonisch und ruhig, meist ohne besondere Vorkommnisse. Bis auf die Geschichte mit dem Faden. Erst als Muscade auf dem schmalen Waldpfad plötzlich stoppt, merken wir es. Ihre Vorderbeine sind von einem dünnen, weißen Faden umwickelt. Wir befreien sie, bevor sie in Panik gerät. Und sehen nun, daß in der Mitte des Weges, etwa zwanzig Zentimeter vom Boden entfernt, ein feiner weißer Faden läuft. Wir verfolgen ihn einige Kilometer lang, spulen ihn auf ... Auch auf anderen Wegen finden wir in den nächsten zwei Tagen diese Fäden und entfernen sie. Manche sind im Zickzack über die Wege gespannt, andere verlaufen in deren Mitte, hängen in Gräsern und Buschwerk. Finden wir zu gefährlich für Pferde, Hunde, Wildtiere. Der Zweck dieser Fäden bleibt uns trotz Nachfragen ein ungelöstes Rätsel.

Einige wenige Male halten wir zum Picknick im Forêt de Rambouillet. Wir breiten die mitgebrachten Brote auf den Knien aus und füttern die am Wanderhalfter grasenden Pferde zwischendurch mit Apfelstücken. Oder wir unternehmen einen seltenen Mondscheinritt, ziehen langsam durch die im Mondlicht seltsam verzaubert scheinenden vertrauten Wege. Um die Wahrheit zu sagen: Es gibt auch wahre Horrorritte auf meiner Quirina. Selten zwar, aber doch. An gewissen Tagen, wohl wenn ich selbst gespannt, nicht in bester Verfassung bin, scheint sie explodieren zu wollen. Ein kleines Erlebnis genügt: Vorbeireiten an einer Pferdeweide, Reiter, die uns überholen und im Galopp von uns wegstieben, freilaufende Hunde, lästige Mücken oder Bremsen ..., und Quirina tänzelt mit hoch erhobenem Kopf, den sie ständig schüttelt, zappelt und läuft schief unter mir. Ist durch tiefes Einsitzen und leise Worte nicht zu beruhigen. Dabei hätte ich selbst Beruhigung nötig. *Zeig ihr, wer der Herr ist*, meint mein Mann dann enerviert. *Zeig ihr die Peitsche, nimm die Zügel an, verwöhnt ist dieses Ross, einfach verwöhnt. Die braucht eine starke Hand.* Mag sein. Erfahrungsgemäß eskalieren harte Griffe jedoch die beiderseitige Aufregung, was wir beide brauchen, ist einfach innere Ruhe. In solchen Momenten bin ich nach zehn Jahren Quirina-Reiten dem Aufgeben sehr nahe.

*Nie wieder steige ich auf ihren Rücken*, schwöre ich mir. Und fühle mich wieder einmal als Versager. Robert verreist mehr und mehr, immer länger und öfter werden seine Abwesenheiten. Landflucht, nenne ich es. Die Übergänge zwischen Singledasein und Partnerschaft gelingen uns nicht immer problemlos, man geht während des Alleinseins eben eigene Wege. Muß das auch tun. Findet aber immer noch zum Gemeinsamen zurück. Unser gesellschaftliches Leben wird durch diese zahlreichen Reisen etwas beeinträchtigt. Entweder ist Robert gerade nicht da, kommt eben zurück oder fährt soeben weg ... Ein kleiner Kreis guter Bekannter bleibt. Ich habe mich endlich aufgerafft, gemäß allen Regeln die Weiden abzunehmen. Alle Pferdeäpfel zweimal wöchentlich aufzusammeln. Konsequent führe ich mein Vorhaben durch, manche unserer immer selteneren Hausgäste werden miteingespannt. Nicht einfach. Die Bollen aus den langen Halmen kitzeln, sich im Gras verfangen, nachfassen. Schwerarbeit. Erst beachte ich die leisen Schmerzen im Kreuz und im rechten Bein kaum. Bis ich eines Morgens fast nicht mehr aufstehen kann. Ein Ischiasanfall, informiert mich der Arzt in Rambouillet. *Sie sind zu lang für diese einseitigen Bewegungen*, meint er, der auch Reiter ist. Verschiedene Therapien helfen nicht, wochenlang kann ich vor Schmerzen nicht auftreten, ich reite dennoch. Das Auf- und Absteigen wird zur Tortur. Das Leben geht weiter, Robert verreist, ich muß die Pferde versorgen, meine täglichen Arbeiten verrichten. Alles braucht unendlich viel Zeit, wenn man sich nicht frei bewegen kann.

Im Schneckentempo erklimme ich meinen Jeep, leere die Wasserkanister. Und komme mir plötzlich sehr alt und sehr alleine vor. So ein richtiges Tief sinkt da auf mich in meinem Wald, trotz meiner Tiere. Dann erinnere ich mich endlich an Claudine. Ihre wunderbaren Hände helfen mir nach zweimaligem Auflegen zumindest so weit, daß ich wieder auftreten kann. Langsam weichen die Schmerzen. Ich beginne in diesen Wochen zu zweifeln. Die Schmerzen, das Alleinsein im Wald, die nicht enden wollende Arbeit, deren Erledigung niemand sieht, machen mich mürbe. Ich werde älter, schneller müde, langsamer ... Und ich habe Angst, das Leben da draußen zu verlieren, mich in Wald und tägliche Tierpflichten zu verlieren. Einzuigeln, abzukapseln. *Was passiert, wenn einer von uns ernstlich krank wird*? Solange wir und alle Tiere gesund sind, läuft die Sache einigermaßen rund. Obwohl das große Haus, das riesige Grundstück ständige Reparaturen und enormen Unterhalt fordern, von den Pferden ganz zu schweigen. *Irgendwann werden wir es nicht mehr schaffen*, stellen wir traurig fest. Irgendwann werden wir von hier weggehen müssen … Irgendwann werde ich nicht mehr alleine im Wald sitzen wollen, während mein Mann ständig verreist. Nun war Mittainville ja nicht als Endstation unseres Lebens gedacht, wir haben unsere Zeit hier immer als langes Abenteuer betrachtet. Und die Gedanken an ein darauffolgendes Zuhause weit weggeschoben. *Unmöglich, von hier wegzugehen*, da sind wir uns einig. *Unmöglich, für immer hier zu bleiben*, das stellen wir auch einhellig fest.

## Gestatten: Dandy

Vor einer langen Asienreise Roberts fällt die Entscheidung. Seit dem Tod von Old Shatterhand schieben wir den Gedanken an einen neuen zweiten Hund hinaus. Céline ist mittlerweile fast acht Jahre alt und hat nicht mehr allzuviel Lebenszeit vor sich. Je größer ein Hund, desto kürzer sein Leben … Mit zehn, elf Jahren sind Irish Wolfhounds schon seltene Methusalems. Die ersten Zeichen des Alters zeigen sich bei unserem Riesenmädchen, sie wird schnell müde, ergraut langsam. Ich habe Angst, sie zu verlieren. Ob es stimmt, daß ein Welpe ein Jungbrunnen für so ein Grosi ist? Ganz egoistisch sehe ich auch die Nutzenseite von Céline. Was, wenn sie plötzlich stirbt? Ein neuer Welpe hat keine Wachhundqualitäten. Proforma studiere ich die verschiedenen Rassen, doch die Wahl ist längst getroffen, denn ich mag sanfte Hunde. Ein Irish Wolfhound wirkt allein durch seine Größe imposant und abschreckend, so sanft sein Charakter auch ist. Die majestätische Ruhe dieser Rasse, die verschmuste Sanftheit, das lustige, rustikale Äußere, die pflegeleichte Robustheit …

Wir haben Platz, genügend Platz für so ein zweites Riesenbaby. Ich suche telefonisch in vier Ländern und werde in Bayern fündig. Die Züchterfamilie wird mir Dandy, eben drei Monate alt, sogar ins Haus bringen. Man wollte ohnehin ins Disneyland bei Paris … So tritt Dandy in unser Leben, eigentlich purzelt er wackelig aus dem Wagen. Und schleckt mir gleich die Nase zum Gruß. Knapp 50 cm Rückenhöhe, riesige Patschpfoten mit einer weißen Dandy-Gamasche, eine kleine bayrische Wildsau mit graugeringeltem Fell, so nimmt Dandy seine neue Familie in Besitz. Fasziniert besucht er die Pferde im Auslauf. Und folgt Céline auf Schritt und Tritt, beobachtet ihr Tun und imitiert es sorgfältig. Nach anfänglichem Zögern schnuppern unsere Katzen am Familienzuwachs und adoptieren ihn. Voll. Schon nach wenigen Tagen streichen sie mit aufgestellten Schwänzen um seine Nase. Dandy schießt in die Höhe, von Woche zu Woche markieren wir seine Rückenhöhe an der Holzwand des Stalls. Er macht uns auch

Sorgen, denn zuweilen scheint sein Körper durch das schnelle Wachstum wackelig und unsicher … *Ist normal bei den Iren*, beruhigt uns die Züchterin. Ansonsten fügt sich Dandy problemlos ins Familienbild, ist nach zwei Ausrutschern stubenrein, überzeugter Langschläfer und ausdauernder Beller. Vor allem dann, wenn Céline wieder mal partout nicht spielen will. Er japst seiner Ersatzmutter ungeduldig ins Ohr, *komm, unternehmen wir was, beweg dich* … Gelassen ignoriert unsere Große das Gekläffe und läßt sich seufzend zur Seite fallen. Es stimmt übrigens. Céline wird mit Dandy wieder jung, sie tollt und tobt und rast und spielt ausgelassen mit dem Kleinen … Zudem ist und bleibt sie die Chefin und genießt das sichtlich. Sie zeigt viel Geduld mit dem kleinen Wildling, doch wenn's dann zuviel wird, genügt ein scharfer Laut, und Dandy gehorcht … Die Familie ist wieder komplett. Zwei Pferde, zwei Hunde, drei Katzen.

## Mauke

Dieser Winter ist eiskalt, zum ersten Mal sinken hier die Temperaturen auf minus zehn Grad. Mehrmals täglich bringen wir warmes Wasser in den Paddock. Kaum läßt die eisige Kälte nach, schwillt Muscades rechtes Hinterbein an. Wir entdekken in ihrer weißen Fesselbeuge eine Entzündung. Pierre the vet tritt wieder in Aktion, *aha, eine crevasse*, stellt er fest. Wohl zu übersetzen mit Mauke. Dabei haben unsere Pferde doch nicht in schmutziger Einstreu gestanden, sondern auf dem harten Erdboden. Ist Mauke vielleicht also doch eine Art Stoffwechselkrankheit? *Kommt bei weißen Beinen öfter vor, ihr hättet die Fesselbeugen bei dieser Kälte mit Vaseline schützen sollen*, informiert mich Pierre hilfreich. Ich bin etwas kleinlaut, waren wir nachlässig? Man lernt tatsächlich nie aus. Robert ist an diesem Tag wieder abgereist, Pierre instruiert mich genau. Zweimal täglich muß die schrundige Wunde mit Vétédineseife ausgebürstet, dann gespült, gut getrocknet werden. Dann wird Schwefelsalbe auf Vaselinebasis aufgetragen. *Trocken halten*, schärft mir Pierre ein. *Schau mir genau zu*, mahnt er mich, als er eine Antibiotikainjektion in Muscades Hals setzt. Mache ich gehorsam, aber geistesabwesend. Und schrecke erst auf, als Pierre mir sieben Ampullen und etliche Nadeln in die Hand drückt. *Jeden Morgen injizierst du eine Ampulle*. Erst denke ich, er scherzt. Dann begreife ich, daß er allen Ernstes von mir erwartet, ich möge Muscade eine drei Zentimeter lange, dicke Nadel in den Hals rammen. Alles in mir wehrt sich. Das kann ich einfach nicht. Und will es auch nicht. Wo ich doch ohnehin gegen diese eiligen Antibiotikagaben bin …

Pierre the vet bleibt ganz cool und ungerührt. Geduldig erklärt er mir, wie ich die Spritze aufziehen muß, daß keine Luft in der Spritze sein darf. Daß ich erst die Nadel kerzengerade ins Fleisch stoßen soll, dann die Spritze befestigen ... Kein Blut soll aufgezogen werden, ganz langsam injizieren, Muscade muß ruhig stehen. Und ich solle die Nadel nicht abbrechen. Aha. An diese Möglichkeit hatte ich nicht einmal gedacht. Er rasiert links und rechts an Muscades Hals in ihren dicken Winterpelz eine winzige Stelle. *Dahinein stichst du abwechselnd, du schaffst das schon*, grinst er. Da heule ich einfach los und geniere mich dafür fürchterlich. Pierre tut das offenbar auch, er ergreift schnell die Flucht. Alleine, verlassen, überfordert und unfähig komme ich mir vor ... Diese Nacht träume ich von riesigen Injektionsnadeln, die sich in weiches Fleisch bohren. Arme Muscade. Am Morgen übe ich an einem dicken Polster den geraden Einstich, das Polster zuckt nicht ... Wir schaffen es, Muscade und ich. Siebenmal schaffen wir es, mit viel Überwindung und Herzklopfen. Muscade steht exemplarisch still, nur einmal kommen wir in Probleme. Während des langsamen Injizierens dröhnt ein Motocrossfahrer vorne am Weg vorbei, Muscade zuckt, wird unruhig ... Seltsam, wieviel Kraft mich diese täglichen Übungen kosten. Vielleicht scheint es auch so schwierig, weil ich alleine bin, ohne jemanden, dem ich von meinen Befürchtungen und dem Triumph des Sichüberwindens erzählen kann. Per Fax und Telefon spricht Martina, die ja Tierärztin ist, mir Mut zu, meine Schwägerin Maria und meine Freundin Lola in Wien tun das auch. Meine Faxfreundinnen stehen mir zur Seite. Nach wenigen Tagen entwickelt sich auch an Quirinas weißer Fesselbeuge Mauke. Ihr Bein schwillt jedoch nicht an, ich behandle sie gleich wie Muscade. Aber ohne Pierre, ohne Antibiotika.

Einige Wochen dauert es, bis bei beiden Pferden die Mauke verschwunden ist, die Haut in den Fesselbeugen sich wieder rosig und glatt präsentiert ... Meine Zweifel sind wiedergekehrt. Ich bin anscheinend doch nicht für diese Art von Leben geschaffen, ziemlich schwierig und entmutigend scheint es mir. *Wie machen das die anderen, zweifeln sie nie*? Jetzt im Frühling soll Dandy eine ordentliche Grundausbildung erhalten. Er lernt zwar an Céline, befolgt nach ihrem Vorbild brav die Anordnungen zum Sitzen, Liegen und bei Fuß Kommen. Nur mit dem Kommen auf Ruf, da hapert es ... Dandy rührt an mein verschüttetes Mutterherz, er flüchtet in ungewissen Situationen an meine Seite, versteckt den Kopf in meinem Arm und läßt sich trösten ... Der erste Stromschlag vom Elektrozaun – laut wimmernd saust die graue Kugel in die Küche, wirft sich in meine Arme. Klar, daß ich die bereits ausgebreitet hatte ... Eine scharfe Zurechtweisung von Céline, und hops, ist Dandy an meiner Seite. Ich verwende viel Zeit in der möglichst gleichen Aufteilung von Streicheleinheiten und Zuwendung an beide Hunde ... Wir nehmen Dandy einmal probeweise auf einen kurzen Ausritt mit und sind angenehm überrascht. Er bleibt in unserer Nähe, scheint von diesem Ausflug begeistert und tollt im Trab hinter den Pferden her. Der *maitre du chien,* der Dandy am Haus unterrichten will, setzt auf *dressage tendresse* und besteht auf ständigem Reden mit dem Hund. Viel Lob. Das mag Dandy wohl. Er ist lernbegierig, und jetzt im Flegelalter beginnt er, seine Grenzen auszutesten …

Er begleitet uns nun regelmäßig auf unseren Ritten, bekommt Kondition. Er strahlt soviel Freude am Laufen mit den Pferden aus, wenn er neben oder vor uns mit flappenden Ohren dahinläuft … Eigentlich konzentriere ich mich beim Reiten neuerdings mehr auf Dandy als auf Quirina. Die aber scheint den jungen Mann auch im Auge zu behalten, wird unruhig, wenn er zu weit hinten bleibt. Leider will unser Jüngling die Welt entdecken und tut dies, indem er immer öfter einen kleinen Bogen im Wald läuft. Parallel zu uns, nur wenige Meter vom Weg entfernt, aber eben nicht bei Fuß … Korrekturen stehen an. Robert steigt ab und führt Dandy an der Leine, wenn wir auf Spaziergänger oder Motocrossfahrer treffen oder an eine Straße kommen. Noch ist Dandy sich seiner selbst nicht sicher, noch getraut er sich an schreckerregenden Ungeheuern wie gelben Motocrossrädern oder einer unerwarteten Ansammlung von Menschen im Wald nicht selbständig vorbei. Das kommt noch …

Einmal wöchentlich hat er mit mir Stadtdienst, er geht einwandfrei an der Leine, bei Fuß mit Körperkontakt. Bei seinen Körpermaßen ist das ein Muß. Sein Rücken ist mittlerweile 94 cm hoch, er wiegt fünfundsechzig Kilo, und wenn er den Kopf im Gehen aufmerksam hochnimmt, sind seine Ohren auf Höhe meiner Ellenbogen … Wir werden oft angesprochen, wir beide. *Ist das ein Hund? Oh la la, quel monstre, c'est Napoleon … Ist das ein Lama? Hat ihr Pony keinen Sattel? Was ist denn DAS?* Wir nehmens mit Humor und Ruhe. Meine zwei sanften Riesen … Noch immer ist Céline die Chefin, doch die von ihr sorgsam vergrabenen Knochen zerrt Dandy immer öfter triumphierend und halbvermodert aus dem Erdreich … Müde ist unser altes Irenmädchen nun oft zwischen den heftigen Spielen mit Dandy, lange Spaziergänge mag sie nicht mehr. Doch noch immer grunzt sie mit halb geschlossenen Augen vor Wohlbehagen, wenn man ihre Ohren massiert. Und die Katzen schlafen nachts bei ihren Hunden, spielen mit ihnen vor dem Haus. Unser Paradies ist vor allem für die Tiere noch intakt. Auch wenn am menschlichen Horizont bereits Wolken aufziehen … Neue paradiesische Fernen gesucht?